Lingua[gem] 81

# FILOLOGIA HISTÓRIA E LÍNGUA

## olhares sobre o português medieval

Leonardo Lennertz Marcotulio
Célia Regina dos Santos Lopes
Mário Jorge da Motta Bastos
Thiago Laurentino de Oliveira

parábola

Direção: Andréia Custódio
Capa e diagramação: Telma Custódio
Revisão: Thiago Zilio Passerini

**CIP-BRASIL. CATALOGAÇÃO NA FONTE**
**SINDICATO NACIONAL DOS EDITORES DE LIVROS, RJ**

F524

Filologia, história e língua : olhares sobre o português medieval / Leonardo Lennertz Marcotulio ... [et al.]. - 1. ed. - São Paulo : Parábola, 2018.
336 p. ; 23 cm. (Linguagem ; 81)

Apêndice
Inclui bibliografia
ISBN 978-85-7934-144-1

1. Manuscritos portugueses. 2. Manuscritos medievais - Portugal. 3. Filologia portuguesa. 4. Língua portuguesa - História. I. Marcotulio, Leonardo Lennertz. III. Série.

18-49077 CDD: 469
CDU: 811.134.3

Meri Gleice Rodrigues de Souza - Bibliotecária CRB-7/6439

Direitos reservados à
**PARÁBOLA EDITORIAL**
Rua Dr. Mário Vicente, 394 - Ipiranga
04270-000 São Paulo, SP
pabx: [11] 5061-9262 | 5061-8075 | fax: [11] 2589-9263
home page: www.parabolaeditorial.com.br
e-mail: parabola@parabolaeditorial.com.br



**ISBN: 978-85-7934-144-1**

# Sumário

## Parte II

## O LABOR HISTÓRICO-LINGUÍSTICO
Da história externa à história interna dos textos

### CAPÍTULO 3



### CAPÍTULO 4



### CAPÍTULO 5

# Agradecimentos

A concepção deste livro contou, inicialmente, com o apoio institucional da FAPERJ (Edital E-28/2014), da CAPES/DGPU (Processo 7214/15-4) e da Faculdade de Letras da Universidade Federal do Rio de Janeiro.

Agradecemos aos colaboradores que, direta ou indiretamente, nos auxiliaram com olhares críticos, sugestões e dicas luminosas para a execução deste projeto.

Aos alunos dos cursos de graduação, em particular, aos alunos da disciplina "História da língua portuguesa" dos cursos de 2016 e 2017 da UFRJ, que utilizaram a versão preliminar do livro, apresentando sugestões para seu aprimoramento.

Aos nossos bolsistas de iniciação científica e de apoio técnico do CNPq, FAPERJ e UFRJ pela ajuda no tratamento das imagens.

Aos professores e pesquisadores do Instituto da Lingua Galega da Universidade de Santiago de Compostela, em especial a Francisco Xavier Varela Barreiro, Ramón Mariño Paz, Rosario Álvarez Blanco e Henrique Monteagudo, pelas valiosas lições e intercâmbio de ideias sobre o olhar desde a perspectiva do galego medieval.

Aos leitores do manuscrito, em particular à professora Vanessa Monte, da USP, e a Rafael Cardoso, da UFRJ, pela leitura crítica dos capítulos 1 e 2, que guiou, em muitos casos, nosso olhar. Quaisquer erros subsistentes são, no entanto, de nossa inteira responsabilidade.

# Lista de símbolos fonético-fonológicos

## Consoantes portuguesas

/p/ oclusiva bilabial surda
/b/ oclusiva bilabial sonora
/t/ oclusiva dental surda
/d/ oclusiva dental sonora
/k/ oclusiva velar surda
/g/ oclusiva velar sonora
/β/ fricativa bilabial sonora
/ð/ fricativa dental sonora
/ɣ/ fricativa velar sonora
/f/ fricativa labiodental surda
/v/ fricativa labiodental sonora
/s̺/ fricativa (ápico-)alveolar surda
/z̺/ fricativa (ápico-)alveolar sonora
/s/ fricativa (predorso)dental surda
/z/ fricativa (predorso)dental sonora
/ʃ/ fricativa palatal surda
/ʒ/ fricativa palatal sonora
/ts/ africada dental surda
/dz/ africada dental sonora
/tʃ/ africada palatal surda
/dʒ/ africada palatal sonora

/l/ lateral alveolar
/ʎ/ lateral palatal
/m/ nasal bilabial
/n/ nasal alveolar
/ɲ/ nasal palatal
/r/ vibrante simples
/R/ vibrante múltipla

## Vogais portuguesas

/a/ vogal baixa central não arredondada
/ɛ/ vogal média baixa anterior não arredondada
/e/ vogal média alta anterior não arredondada
/i/ vogal alta anterior não arredondada
/ɔ/ vogal média baixa posterior arredondada
/o/ vogal média alta posterior arredondada
/u/ vogal alta posterior arredondada

/j/ semivogal anterior
/w/ semivogal posterior

[ɐ̃] vogal baixa central nasal
[ẽ] vogal média anterior nasal
[ĩ] vogal alta anterior nasal
[õ] vogal média posterior nasal
[ũ] vogal alta posterior nasal

## Vogais latinas

/a:/ vogal baixa central longa (Ā)
/a/ vogal baixa central breve (Ă)
/e:/ vogal média anterior longa (Ē)
/e/ vogal média anterior breve (Ĕ)
/i:/ vogal alta anterior longa (Ī)
/i/ vogal alta anterior breve (Ĭ)
/o:/ vogal média posterior longa (Ō)
/o/ vogal média posterior breve (Ŏ)
/u:/ vogal alta posterior longa (Ū)
/u/ vogal alta posterior breve (Ŭ)

# Introdução

*Gosto de sentir a minha língua roçar*
*a língua de Luís de Camões!*
(Caetano Veloso)

A leveza da língua proferida pela boca dos poetas! Dizem tudo em breves e precisas palavras, que nos fazem sentir o sabor na ponta de nossas próprias línguas. Contudo, como nós, simples mortais autores deste livro, não merecemos aquela sina, nos resta pedir o apoio compungido de nossos leitores à torrente de palavras (vãs?) que mobilizaremos a seguir para lhes apresentar as (melhores) intenções e o conteúdo do livro que suportam em suas mãos.

Resgatar a origem de uma língua, acompanhar sua formação a partir dos contatos entre povos diferentes através do tempo e dos espaços de propagação, identificar os fundamentos gerais e históricos da mudança linguística e compreender a correlação entre fatores linguísticos e sociais na formação das línguas são objetivos fundamentais para a formação de um profissional das áreas de letras e história.

De modo a dar conta dessas metas gerais, a disciplina "História da língua portuguesa", que consta da grade curricular de muitas universidades brasileiras, tem como objeto de estudo uma língua em particular, definida temporal e espacialmente. A principal preocupação da disciplina é abordar os seus fenômenos evolutivos a partir das relações estabelecidas entre a língua em si e a comunidade que a utiliza, ao longo de sua história. Nesse sentido, os fatos linguísticos (fonético-fonológicos, morfossintáticos, semântico-lexicais) devem estar correlacionados com os processos históricos que os condicionaram. Como disciplina auxiliar ao estudo da história da língua — no caso em questão, da história do português —, está a linguística histórica, que procura construir uma teoria global para explicar a natureza da mudança linguística.

Para esses cursos, estão disponíveis manuais inegavelmente de boa qualidade, como *História e estrutura da língua portuguesa* (1979), de Joaquim Mattoso Camara Jr.; *Curso de história da língua portuguesa* (1991), de Ivo Castro; *Tempos linguísticos* (1994), de Fernando Tarallo; *História da língua portuguesa* (2001), de Paul Teyssier, além das inúmeras gramáticas históricas do português (Dias, 1959; Nunes, 1960; Brandão, 1963; Said Ali, 1964; Coutinho, 1976; Huber, 1986; Williams, 1994, entre outros).

Esses materiais, no entanto, se limitam, em maior ou menor medida, à descrição factual e cronológica da história externa da língua, acompanhada das características propriamente linguísticas no âmbito da fonologia, morfologia, sintaxe e léxico. Ademais, um dos maiores impasses com que se depara o docente da disciplina é habilitar seu graduando à leitura dos textos remanescentes, permitindo que ele próprio construa a história do português a partir dos textos escritos em sincronias passadas. Essa capacidade de leitura dos textos antigos acaba renegada a um segundo plano, seja pelo pouco tempo disponível para a disciplina, seja pela falta de material de apoio preparado para tal fim.

A conjugação da descrição de fenômenos históricos e linguísticos à análise de textos remanescentes tem sido pouco explorada, embora possamos encontrar, durante o século XX, algumas tentativas de caráter mais filológico, como as obras de Vasconcellos (1959), Oliveira Machado (1964) e, mais recentemente, Spina (2008) e Silva e Osório (2008). Trata-se de coletâneas de textos medievais portugueses que dão algum destaque à apresentação das características do período arcaico da língua portuguesa, a partir de fragmentos extraídos dos textos apresentados. As duas últimas obras, mais do que as primeiras, apresentam aspectos linguísticos e sociais do português e oferecem, de alguma forma, ao leitor, uma coletânea de textos comentados, em seções apartadas, estabelecendo algum tipo de diálogo com o conteúdo apresentado.

Este é um dos tantos olhares que pretendemos desvelar com nosso livro: o estudo vinculado a textos de diferentes gêneros que permitam ao estudante reconhecer aspectos linguístico-discursivos nas práticas sociais mediadas pela escrita. A elaboração de uma obra didática com diferentes olhares, como essa que apresentamos, mira os textos remanescentes do português vistos como unidades discursivas complexas e vivas. Não queremos enxergar as listas de características linguísticas e de aspectos históricos isolados e desconectados do contexto de produção dos textos, mas abrir outras possibilidades de percepção do nosso objeto.

Tentando ampliar o foco de visão, adotaremos, em linhas gerais, os princípios da sociolinguística histórica para o estudo e interpretação dos materiais históricos assumidos como fontes documentais. Desse modo, tanto nos ocupamos dos fundamentos gerais e históricos da mudança, como procuramos compreender e explicar os processos de mudança concretos do português a partir da correlação entre os fatores linguísticos e os sociais (Labov, 1994; Gimeno, 1983: 184-185, *apud* Conde Silvestre, 2007: 35; Hernández-Campoy; Conde Silvestre, 2012).

Por essa razão, para a elaboração de um livro que faça cruzar diferentes olhares, reunimos uma equipe interdisciplinar de pesquisadores: três deles das áreas de filologia, linguística histórica e história da língua portuguesa, e um quarto, especialista em história medieval. Além de a proposta ser relevante em termos da sua interdisciplinaridade, existem outras motivações relacionadas à formação do profissional de letras e do de história, que atuarão no mercado de trabalho como professores-pesquisadores.

A formação de um graduando em letras pressupõe, por exemplo, a compreensão do dinamismo das línguas que funcionam como sistemas em constante processo de mudança. A partir dos princípios variacionistas da mudança (Weinreich; Labov; Herzog, 2006), é possível vincular os processos de variação observados no presente aos processos de mudança identificados no passado. O paralelismo entre os fatores de variação e de mudança ajuda a entender que a realidade linguística está em constante mutação, estabelecendo relações entre suas diversas manifestações temporais. É preciso ter consciência de que o desenvolvimento de um fenômeno linguístico no presente pode ajudar a inferir um processo ocorrido no passado e vice-versa. Tal perspectiva é fundamental para a formação do professor-pesquisador.

A compreensão de processos que ocorreram no passado aliada ao conhecimento do presente mostra que a dinamicidade da língua navega em fluxos e contrafluxos, entre inovação e conservação dos aspectos linguísticos. A reação social costuma ser negativa à ideia de que as línguas mudam; porém, o conceito de mudança é fundamental para eliminar preconceitos linguísticos em relação às variantes populares. A perspectiva de mudança linguística é, pois, primordial para refutar a ideia de que há uma norma fixa e constante a ser ensinada na escola. As normas de uso se alteram com o tempo, e o professor precisa ter essa perspectiva como princípio de ação para evitar o artificialismo de certas normas gramaticais. Precisamos ir além e eliminar uma visão míope de que a norma linguística brasileira corrompeu a língua portuguesa, de que a "norma correta" a ser seguida é a portuguesa, como se só na variedade brasileira houvesse variação e mudança.

Nosso livro segue tal perspectiva de mudança linguística e pretende aprimorar a capacitação do graduando para a leitura de textos antigos. Os textos estudados e analisados nas diferentes séries do ensino básico nem sempre são atuais ou contemporâneos. Sendo assim, é necessário que o futuro professor-pesquisador conheça certas estruturas de sistemas linguísticos anteriores ao que utiliza para estar apto a ler e compreender textos produzidos em sincronias passadas. Nas cantigas trovadorescas, há diversos elementos do português medieval que podem dificultar a leitura e interpretação de um poema, por exemplo, em uma aula de literatura. Os primeiros textos escritos em galego-português apresentam aspectos gramaticais de um período diferente do atual. Os poemas barrocos de Gregório de Matos, os sermões de Antônio Vieira, as obras narrativas do romantismo e de outros estilos de época fazem parte do repertório do ensino básico e são estudados nos diferentes exames escolares do país. A falta de habilidade de leitura desses textos pode gerar dúvidas na sua compreensão e interpretação, por isso a ênfase de nossa abordagem consiste em partir do texto para a depreensão dos aspectos históricos e linguísticos e não o contrário.

Defendemos, portanto, que as fontes documentais que fazem parte deste livro sejam vistas a partir do seu contexto de produção. Cada material é datado e precisa ser entendido em seu contexto social. Um documento pertence a um gênero específico e o significado dos gêneros é atualizado em função do contexto de uso e da época. Assumimos que a mudança linguística não ocorre isoladamente. Ocorre em uma língua/gramática que permite tal mudança. O investigador precisa apreender não só o texto, mas também o contexto histórico em que ele se insere.

Pretendemos despertar sua percepção para a contemplação ativa da história da língua por meio de seus textos remanescentes pelas seguintes razões:

(a) a infindável relação entre passado e presente na língua, por si só, já é uma forte justificativa para que o profissional de letras e história tenha um grau de conhecimento satisfatório da história do seu objeto de trabalho;
(b) o saber histórico fornece preciosos subsídios teóricos para lidar com questões concretas relacionadas à língua portuguesa;
(c) a identificação dos estágios anteriores da língua pode, muitas vezes, esclarecer uma aparente incoerência, eliminando o uso de regras artificiais e sem sentido ("É assim porque é! Está na gramática!");
(d) o conhecimento do passado da língua não só enriquece os saberes linguísticos, como também amplia o campo de visão em relação aos fatos da língua;
(e) o trabalho a partir da perspectiva da (sócio)linguística histórica aqui adotada chama a atenção do professor-pesquisador de português e de história para o fato de que, assim como a língua, a sociedade também se modifica e, por isso, é necessário enxergar o contexto em que os textos foram produzidos.

Nesse sentido, *Filologia, história e língua: Olhares sobre o português medieval* se define como um material didático de apoio às atividades de ensino de história da língua, adotando um viés alternativo que alia os objetivos gerais e específicos da disciplina. Não temos a pretensão de substituir a rica literatura sobre o tema. Nosso olhar talvez seja até mesmo contido: queremos apenas oferecer um material didático para os cursos de história da língua portuguesa e de história medieval. Digamos que o que está em suas mãos é um livro-laboratório com noções de paleografia, filologia e história externa e interna do português para viabilizar a leitura e compreensão de textos remanescentes.

## Sobre o português medieval e as fontes para seu estudo

Precisamos deixar claro o recorte que fizemos quanto ao objeto de estudo deste livro. Se quiser, você pode olhar para outro lugar e pular essas informações básicas. Fique à vontade, mas resolvemos esclarecer o que estamos considerando como português medieval, quais são as fontes documentais e onde exatamente surgiram os textos que vamos examinar. Queremos começar dizendo o que você tem para ver: onde e quando os textos foram escritos? Que tipos existiam à época? O que entender por *português medieval*?

O latim vulgar levado ao noroeste da Península Ibérica, na região da Gallaecia Magna, assume feições particulares, diferenciando-se do latim falado em outras zonas ibéricas. Inicialmente, tem-se um *romance* que, por questões histórico-políticas e linguísticas, viria a se diferenciar, em momentos posteriores, em *galego* e *português*.

O antigo Condado Portucalense (cujo centro corresponde hoje à região do Porto), que se torna independente com Afonso Henriques no século XII, marca as origens do futuro reino de Portugal. No cenário da "Reconquista" Cristã na Península Ibérica, o Condado estende-se ao sul do rio Douro, incorporando as terras dominadas pelos mouros. Como consequência, o romance original da antiga Gallaecia Magna também será levado para zonas mais meridionais da Península. Como é de se esperar de qualquer sistema linguístico, que é vivo e passível de variações e mudanças, a língua levada ao sul vai se diferenciando da língua do norte, até o momento de alcançar o eixo Coimbra-Lisboa e ser considerada como língua de um novo reino, passando a ser chamada de *português*.

Por razões históricas, a variedade que permanece no norte, na atual região da Galiza, não teve a mesma sorte que o português. Esse romance, que viria a ser chamado de *galego*, foi a língua do efêmero reino da Galiza, que posteriormente passou a fazer parte dos reinos de Leão e/ou Castela, onde se firmava o castelhano. Por essa razão, o galego passa, no período medieval, a coexistir e a estar à margem de outra língua, até chegar, no século XVI, a seu momento de maior obscurantismo e desprestígio, em um período que será conhecido como *séculos escuros* (séculos XVI, XVII e XVIII), caracterizado pela ausência quase total de literatura em galego em função da imposição do castelhano.

Por mais que fossem variedades de regiões político-administrativas distintas (pertencentes a reinos diferentes), contando com variações internas de natureza diatópica e diastrática, não se pode negar que, durante o período medieval, sobretudo nos séculos XIII e XIV, contamos ainda com uma relativa unidade linguística entre a variedade praticada acima do rio Minho, pertencente agora ao reino de Leão e/ou Castela, e a variedade ao sul do Minho, no Reino de Portugal. Isso não significa, no entanto, que haja uma uniformidade absoluta; pelo contrário, esse sistema conta com variação de natureza diatópica e diastrática. A partir do século XV, o galego e o português tendem a acentuar as suas diferenças em dois ambientes político-administrativos que seguiram caminhos diferenciados, já que o português se torna a língua de um novo Estado e o galego vai sendo paulatinamente ofuscado pelo castelhano (Maia, 1986).

Em vista de estabelecer uma periodização do português (e, consequentemente, do galego), diversas propostas foram elaboradas nos últimos tempos. Para uma síntese dessas discussões, remetemos o leitor à obra de Mattos e Silva (2006). A partir de critérios norteadores diferenciados (privilegiando ora aspectos históricos, ora literários, ora linguísticos, além de distintas perspectivas teóricas), encontramos uma variada gama de etiquetas para o período medieval, entendido como um bloco único ou como um período que comporta subperíodos que apontam para a primitiva unidade galego-portuguesa e a consequente diferenciação entre galego e português.

De modo a simplificar a questão (sem, no entanto, desconhecer as inúmeras discussões e os debates que estão por trás das etiquetas), utilizaremos neste livro, deliberadamente, sem distinção, os termos *galego-português, português medieval, português antigo* ou *português arcaico* para fazer referência ao português escrito durante o lapso temporal do século XIII (ou finais do século XII) ao XVI, incluindo, sob esses rótulos, textos medievais tipicamente considerados como portugueses ou galegos. O agrupamento desses séculos em um único bloco, no entanto, se justifica exclusivamente pelo caráter didático desse material.

Em relação às fontes para o estudo do português no período medieval, de acordo com Mattos e Silva (2006: 35), os textos remanescentes podem ser divididos em três grandes tipologias:

(1) *documentação poética*: lírica galego-portuguesa ou cancioneiro medieval português;

(2) *documentação em prosa não literária*: textos de natureza jurídica;

(3) *documentação em prosa literária*.

O primeiro grupo — *documentação poética* — comporta o cancioneiro trovadoresco: cantigas profanas (de amor, de amigo, de escárnio e maldizer) e cantigas religiosas (ou marianas), referentes às Cantigas de Santa Maria, elaboradas por Afonso X.

Pertence à segunda tipologia a *documentação em prosa não literária*. Dentro desse grupo, encontramos:

(a) *documentos notariais*, de caráter público ou privado, como cartas de doações, testamentos, contratos de compra e venda, inventários etc.;

(b) *foros*, que também são chamados de *costumes*, documentos que reúnem o direito consuetudinário dos concelhos do reino;

(c) *forais*, leis locais breves que estabelecem as normas a pautar as relações entre os habitantes e os representantes legais;

(d) *leis gerais*, outorgadas pelo rei para todo o reino.

Por fim, a última tipologia — *documentação em prosa literária* —, que começa a aparecer no século XIV, conta com textos ficcionais, históricos, religiosos e pragmáticos.

Cada tipologia, segundo Mattos e Silva (2006), apresenta vantagens e limitações ao estudo de determinados aspectos linguísticos. A documentação poética oferece dados valiosos para o estudo do léxico, da morfologia e da fonética e fonologia, sendo estas últimas facilitadas pela estrutura formal dos poemas, cujas rimas podem revelar informações importantes sobre encontros vocálicos, timbre vocálico, vogais e ditongos nasais e orais. Por outro lado, a sintaxe deve ser vista com bastante cuidado nesses textos, exatamente pelas especificidades das construções poéticas.

A documentação em prosa não literária, por sua vez, é bastante significativa para o conhecimento do português medieval. Diferentemente da documentação poética, esses textos apresentam a data e o local onde foram escritos, o que permite realizar estudos de natureza diacrônica e diatópica. Muitas vezes, também conseguimos obter informações acerca dos notários/escrivães, o que nos possibilita levantar mais elementos para entender a variação dialetal no período medieval. No plano linguístico, os textos em prosa não literária são valiosos para estudos grafemáticos e fonético-fonológicos, facilitados pela presença do polimorfismo gráfico, assim como estudos morfológicos e lexicais. A sintaxe, no entanto, assim como ocorre com as cantigas, deve ser abordada com ressalvas, tendo em vista a estrutura formulaica desses documentos, bastante influenciada por modelos da tradição jurídica latina.

Por fim, a documentação em prosa literária, embora imponha limitações de natureza temporal e espacial, já que os textos nem sempre são datados e localizados no espaço, é bastante recomendada para estudos de natureza diversa, sobretudo da sintaxe, pelo fato de os textos serem extensos, de temáticas variadas, isentos dos formalismos presentes na documentação poética e em prosa não literária.

De modo a obtermos um conhecimento mais global do período medieval através de suas fontes, o mais aconselhável seria trabalhar com textos de distintos gêneros textuais. Por essa razão, e respeitando os limites e objetivos deste livro, selecionamos um texto de cada tipologia: uma cantiga de amor (capítulo 2), o *Testamento de D. Afonso II* (capítulos 3, 4 e 5), e, por fim, a *Demanda do Santo Graal* (capítulo 6). Outros textos distintos também poderão ser vistos nas "Atividades complementares" (p. 295ss.].

## O labor com as fontes documentais: o historiador e os textos

A perspectiva interdisciplinar que nos orienta reservou este preâmbulo para a apresentação da abordagem de textos históricos pelos historiadores. No entanto, por que se supõe que os estudiosos das sociedades humanas em seu trânsito temporal tenham alguma intimidade com os textos e, portanto, algo a manifestar acerca deles? Ora, a história é um conhecimento de natureza fundamentalmente textual, isto é, ela se formula e divulga por intermédio de escritos elaborados com base no vocabulário corrente das línguas nacionais e parte essencialmente da análise de outros documentos — o das famosas fontes primárias — legados por agentes sociais situados no interior, no contexto espaçotemporal das sociedades que abordamos.

Talvez derive do caráter tão estreito desta relação — textos de hoje elaborados a partir de textos de outrora — a centralidade que a questão do discurso assume nas polêmicas que atravessam o campo da história desde a virada do milênio e, em última análise, põem em xeque a natureza do próprio ofício do historiador. Será a história, como querem muitos dos seus promotores, apenas mais um gênero literário particular, e seu objeto tão somente os ecos quase inaudíveis dos discursos revelados por escritos mais ou menos antigos? No quadro atual de uma disciplina marcada por tão diversas controvérsias, a relação dos profissionais com os textos e a textualidade não constitui um tópico de menor importância na promoção dos diálogos de surdos que reinam na confraria dos historiadores. Antes, portanto, de pensarmos em uma metodologia básica de abordagem histórica dos textos — o que será feito com detalhes no capítulo 3 —, parece-nos necessário estabelecer um panorama, ainda que bem geral, do estado atual da disciplina, marcado por uma diversidade de concepções relativas à própria natureza do conhecimento que o historiador seria capaz de produzir, seus limites e sua mais adequada configuração. Dedicaremos, por razões óbvias, especial atenção nesse balanço às perspectivas assumidas em relação aos documentos pelas diversas vertentes da prática historiográfica, a seu estatuto, função, lugar e papel reconhecido nos vários regimes de historicidade.

Uma das mais marcantes características do campo da história nas últimas décadas consiste na sua fragmentação em inúmeras subespecialidades e múltiplas vertentes de abordagem. Se a ciência, como um todo, avança vertiginosamente às custas de uma redução aparentemente infinita das dimensões de seus objetos de análise, a história não escapa a essa tendência geral. Seccionam-se as sociedades humanas em diversas dimensões, instâncias, níveis do real (para aqueles que ainda acreditam na existência dele), proliferando os especialistas em segmentos cada vez mais ínfimos dos temas a que se dedicam. Exemplificando a manifestação mais extrema dessas tendências, quanta história vem sendo feita, atualmente, tendo por base a referência a uma única fonte primária? Seguindo nessa toada, os testemunhos históricos, textuais inclusive, vão superando a condição de meios, de instrumentos do conhecimento, para assumir progressivamente a condição de fins em si mesmos, objetos do esforço derradeiro de compreensão pelos historiadores.

Estimamos que nosso leitor, com quem iniciamos um "diálogo" que se estenderá pelas próximas páginas deste livro, seja um jovem aprendiz de historiador que, mesmo recém-ingressado numa universidade brasileira, já tenha ouvido falar que a história, como a concebemos atualmente, ainda é em grande parte resultado da "revolução francesa" da historiografia (Burke, 1991), promovida há menos de um século pela Escola dos Annales. Em torno da revista fundada em 1929, na França — *Annales d'histoire économique et sociale* — por Marc Bloch e Lucien Febvre, foram estimuladas e divulgadas perspectivas e iniciativas diversas que pretendiam reinventar a disciplina em novas bases, visando superar os parâmetros acadêmicos então ainda dominantes e ditados, desde o século XIX, pelo historicismo e pela escola metódica da historiografia.

Como você deve saber, o inventário das proposições é muito extenso. Tratava-se, literalmente, de refundar a história, dando-lhe mais sabor e substância. Constituir uma disciplina pautada pela colocação e resolução de problemas, promover a pesquisa fundada em hipóteses, renovar e inovar (em) seus objetos, suas abordagens, incutir nos historiadores o famoso adágio romano de que tudo o que é humano lhes (nos) interessa, dando à história a amplitude própria à complexidade e à diversidade da experiência humana. Como resistir aqui à citação da célebre máxima que Marc Bloch redigiu, em terríveis condições, sob a clandestinidade de sua luta na Resistência Francesa às vésperas de ser fuzilado pelos nazistas? "Já o bom historiador se parece com o ogro da lenda. Onde fareja carne humana, sabe que ali está sua caça" (Bloch, 2002: 54).

A imagem de um ogro já não é a de um monstro capaz de assustar as jovens gerações. De qualquer forma, não era pavor o que o grande historiador francês pretendia promover, mas sim uma abertura de apetite, um anseio de humanidade, derivada da perspectiva de que não há manifestação humana, por mais aparentemente corriqueira e banal, que possa ser desprezada pelo historiador na sua busca por estabelecer a unidade da existência em qualquer sociedade e período dados. Mas já vão longe os anos 1940 e os das décadas imediatamente seguintes e, desde então, a prática historiográfica vem subvertendo progressivamente a máxima blochiana, divertindo-se o historiador diariamente no laboratório a seccionar seu objeto em ínfimas e inarticuladas dimensões: o humano que chora não é o mesmo que ri, que sonha, que trabalha, que se alimenta com maior ou menor dificuldade, que sofre a exploração e manifesta sua resistência...

Contudo, e paradoxalmente, se essa vigorosa tendência de fragmentação do conhecimento que afeta o campo científico impõe o encastelamento que atinge as várias disciplinas — uma vida inteira de leituras mal basta para manter o especialista em dia com a produção em seu pequeno campo de atuação! —, nunca se valorizou tanto a prática da interdisciplinaridade, de fato, muito mais difícil de ser efetivada do que referida como anseio de princípio.

Sob os escombros da implosão do campo das ciências sociais, encontramos como sua consequência, talvez a mais perversa, a cisão ocorrida entre a história, a linguística e a literatura. Desde então, essas "três irmãs univitelinas" (Maestri, 2006: 124) seguem suas trajetórias isoladamente, debruçadas sobre seus objetos e rejeitando, deliberadamente ou não, suas origens e patrimônio comuns. Em nossas universidades, nem mesmo a frequente vizinhança física dos referidos departamentos é capaz de reverter a tendência de que o aprendizado da história seja alheio, de forma efetiva, ao conhecimento da literatura e da linguística, da mesma forma que para esses profissionais a história permanece como uma espécie de parente distante.

Promovido um balanço de perdas e danos, o conhecimento histórico muito tem a perder em decorrência desse estranhamento, sobretudo quando se tem em conta o imenso esforço metodológico empreendido pela literatura e pela linguística, principalmente nas últimas décadas, visando ao conhecimento da complexidade constitutiva das línguas, dos textos e dos discursos. Tratamos aqui de questões fundamentais na promoção de nosso ofício, posto que se referem aos principais instrumentos por meio dos quais o historiador acessa as realidades que aborda, mesmo levando-se em conta a crescente ampliação e diversificação do nosso arsenal de fontes primárias. Imagens produzidas em suportes diversos, vestígios materiais recuperados pela arqueologia, mapeamento de hábitats pregressos etc., mesmo que tenham ampliado as bases para a compreensão da historicidade das sociedades, não reverteram a tendência do predomínio absoluto, na prática historiográfica, do recurso a fontes de natureza textual e discursiva. Os historiadores continuam, sobretudo, interpretando fontes escritas para fazer história e, inclusive hoje, sob a tendência progressivamente hegemônica de limitar o conhecimento resultante ao "simples" exercício dessa interpretação. Afinal, qual é o nosso objeto de trabalho: as sociedades que abordamos (inclusive) por intermédio dos textos das quais emanam ou os textos "em si"? Analisamos fontes ou sociedades?

A rigor, a importância dessa relação vem sendo reconhecida há algum tempo por algumas vertentes historiográficas. Assim, em um famoso manual dedicado aos métodos da história, publicado em fins do século XIX, Langlois e Seignobos (1946: 1) criticavam a embaraçosa ingenuidade com que os historiadores vinham realizando a "interpretação" dos textos, preocupados apenas em recolher as informações diretas (superficiais) sobre os fatos históricos ali relatados. O afã da colheita fácil dos registros fazia com que não se prestasse a menor atenção às diversas determinações que se impõem, no âmbito de qualquer sociedade, à sua produção textual bem como à natureza específica de cada texto, fatores que, se não delimitam o teor de cada mensagem, circunscrevem o universo de suas possibilidades (Cardoso, 1988: 61-92; Cardoso; Vainfas, 1997: 375-399).

Ainda que possamos fazer retroceder a pelo menos um século a existência de uma preocupação hermenêutica, ou seja, a interpretação dos textos, do sentido das palavras, a relação tradicional dos historiadores com os documentos manteve-se predominantemente centrada no nível dos conteúdos. Tais documentos configuram-se como suportes de informação acerca dos referentes do texto, isto é, relativos à sua mensagem ou ao "universo mental" dos seus autores. Considera-se, basicamente, que haja uma homologia (semelhança de estruturas) plena e direta entre os conteúdos do discurso e a ideologia do seu autor:

> Ao usar-se, segundo esse enfoque, o discurso de um político burguês com o intuito de configurar os traços da ideologia burguesa em dado contexto histórico-social se está postulando, de forma implícita ou explícita, que o sentido de um texto resulta imediatamente disponível de sua leitura ou, em outras palavras, que sua dimensão discursiva — a forma como está intrinsecamente estruturado o texto em questão — não é pertinente à análise (Cardoso, 1988: 63).

Mas as vantagens, para o historiador, da consideração da estrutura formal dos textos que constituem sua matéria-prima já haviam sido ressaltadas pelos celebrados fundadores dos *Annales*, como parte das iniciativas que visavam atingir uma maior precisão na relação do historiador com a linguagem. Marc Bloch considerou, por exemplo, algumas das particularidades da relação do historiador com as línguas e os discursos. Entre os aspectos considerados pelo autor, ressaltam-se, em especial, aqueles relativos à nomenclatura na história e à relação do discurso do historiador com os discursos que se referem ao seu objeto.

> Os homens não esperam, para dar nome a seus atos, a suas crenças e aos diversos aspectos de sua vida em sociedade, que eles se tornem objeto de uma investigação desinteressada. Seu vocabulário recebe-o a história, portanto, na maior parte dos casos, da própria matéria do seu estudo. Ela aceita-o, já usado e deformado por uma longa tradição (Bloch, 2002: 137).

Os documentos escritos que nos parecem, tantas vezes, transparentes e de fácil compreensão, nos ameaçam com armadilhas diversas embutidas em cada palavra. Dentre outras, consideremos, por exemplo, que as palavras são como que "gastas". "Para grande desespero dos historiadores, os homens não têm o hábito de mudar o vocabulário a cada vez que mudam os costumes" (Bloch, 2002: 138). As mudanças das realidades materiais e ideais estão longe de arrastarem sempre consigo mudanças imediatas nos nomes que as referem.

> Algumas vezes são causas particulares à evolução da linguagem que levam ao desaparecimento da palavra, sem que tenha havido a menor alteração no objeto ou no ato, porque os fatos linguísticos têm seu próprio coeficiente de resistência ou de ductilidade. Casos há em que o fenômeno é de ordem estritamente fonética, e conduz a erro tomá-lo por característica de civilização (Bloch, 2002: 138).

Febvre (1942) também ressaltou o potencial da análise lexical em seu *O problema da descrença no século XVI*. Baseado em uma pesquisa exaustiva do vocabulário do célebre humanista francês François Rabelais, o autor configurou o que lhe parecia ser uma expressão da "mentalidade pré-lógica" característica do povo europeu do século XVI: indivíduos essencialmente religiosos e, por isso mesmo, "incapazes de não acreditarem na existência divina". Algum tempo depois, mais precisamente em 1953, o *annaliste* reafirmaria, nos *Combates pela história*, sua convicção da importância da linguística como "aliada da história" (Febvre, 1977: 135).

E foi por essa altura, aliás, que teve lugar o primeiro contato efetivo entre as duas disciplinas, ocorrido nas décadas de 1950 e 1960. Primeiro, de forma bem "pragmática e oportunista". Ora, a adoção de procedimentos mais rigorosos de análise talvez viesse conferir à história, finalmente, um caráter científico. Tornou-se moda então o emprego de técnicas sistemáticas de análise de conteúdo. Tratava-se de estabelecer as correlações entre os conteúdos de um texto, ou grupo de textos, e certas variáveis extralinguísticas (opiniões, atitudes, juízos), aplicando-se ao texto uma série de hipóteses integradas, relativas a tais variáveis. Uma das vertentes dessa técnica — surgida em 1952, com a análise distribucional proposta por Z. Harris — consistiu nos trabalhos de lexicologia e lexicografia aplicadas elaborados inicialmente nos EUA e, em seguida, na França (Cardoso, 1997: 376). Fundamentavam-se, em ambos os casos, na elaboração de estatísticas das palavras empregadas nos textos estudados, que eram em seguida indexadas segundo a frequência de sua aparição. Predominava ainda, contudo, no plano da interpretação, uma absoluta dissociação do "linguístico" em relação às hipóteses interpretativas, que eram de tipo "sociológico".

É preciso considerar que, nos primeiros estudos desse tipo, muitas vezes a contagem das palavras tinha de ser realizada de forma manual. É fácil entender, portanto, que o progresso da computação não só facilitou toda a empreitada como permitiu que a metodologia ganhasse progressiva complexidade. Foi desenvolvida, por exemplo, uma análise de tipo semântico dos conteúdos, cuja principal técnica consistia em tomar a unidade lexical juntamente com seu contorno à direita e à esquerda, visando estudar as relações de distribuição das palavras com base nos índices de concordância, de oposições e incompatibilidades. Essa metodologia foi essencialmente aplicada à análise de enunciados apoiada em hipóteses — extralinguísticas — relativas às ideologias, com destaque para os estudos do Centro de Lexicologia Política de Saint-Cloud (Provost-Chauveau, 1971: 10-11).

Começava a se esboçar, então, o que podemos configurar como o segundo encontro entre a história e a linguística, favorecido pelo vigor atingido pelo estruturalismo na década de 1960. Elevada à condição de paradigma "científico" de todas as ciências sociais, surgia, então, a linguística do discurso (Cardoso, 1988: 63). Talvez o aspecto mais proveitoso dessa aproximação tenha sido a tomada de posição mais equilibrada sobre o próprio processo do conhecimento da realidade pela espécie humana. O tema não é simples, mas digamos que predominava, até então, uma concepção que nos fazia seres passivos no processo do conhecimento, como se aquilo que conhecemos fosse decorrência de um simples reflexo em nosso pensamento e linguagem de toda a realidade externa que se refletiria neles. A partir de então, ao contrário, firmou-se uma perspectiva interacionista das relações humanas com o meio natural e social, segundo a qual os homens são sujeitos ativos que transformam a realidade que apreendem como parte de suas próprias ações. Portanto, sendo a língua um instrumento modelador da apreensão e compreensão do mundo pelos humanos, é inadequado considerar, por exemplo, que a "realidade social" exista previamente à sua determinação linguística. Assim, as classes sociais e "a luta de classes é também luta ideológica travada no plano linguístico. Não se deve, pois, considerá-la, assim como a consciência de classe, como um fato preexistente que se refletisse, aprioristicamente, na língua" (Ponzio, 1974: 238).

Se as décadas imediatamente seguintes marcaram o auge do emprego de metodologias de base linguística nas atividades de gabinete dos historiadores — tendência que podemos atestar entre nós pela elevada incidência do recurso a esses instrumentais nas dissertações e teses elaboradas em nossos programas de pós-graduação em história — desde fins do século passado, o quadro se inverteu radicalmente. A partir de então, as reflexões dos historiadores e sua relação crítica com os discursos vivem uma longa fase de depressão, contrabalançada apenas pelas primeiras investidas em metodologias derivadas da semiótica do discurso.

Nesse contexto, passaram a florescer no campo da história três manifestações aparentemente contraditórias ou, ao menos, desencontradas entre si. Por um lado, verificamos que certas perspectivas historiográficas — que pareciam inviabilizadas, porque sustentadas em concepções da teoria do conhecimento tornadas caducas em decorrência da compreensão das mediações sociais dos discursos — proliferam ainda aqui e além. Insistem, resistentes a todas as críticas acumuladas, numa postura simplista, ingênua e equivocada de que a realidade histórica possa ser reconstituída — recuperada a história "tal como ela foi" — a partir das informações de superfície que jazem como verdades nos textos históricos, bastando ser colhidas em cuidadosas operações realizadas em "laboratórios". Uma versão atualmente em voga, "requentada" dessa "velharia", mas que se pretende muito sofisticada e antropologicamente respaldada, consiste em pretender que os textos de época revelem uma "sociedade vista do seu próprio interior" e que, portanto, promovem uma visão mais equilibrada e fidedigna, que o historiador deveria apoiar e divulgar no seu presente como versão mais autorizada daquele passado.

Por outro lado, nesse mesmo contexto, os métodos analíticos de base linguística seriam potencialmente abandonados em prol de metodologias mais refinadas, especialmente derivadas da semiótica do discurso, como se pode verificar no verdadeiro manual para semioticistas diletantes em que se transformou o conjunto de instrumentais sistematizados e postos à disposição dos historiadores pela reconhecida e generosa preocupação didática de Cardoso (1997).

Mas é sobretudo na terceira das manifestações desencontradas a que nos referimos que pretendemos nos concentrar. Ela nos remete ao que reputamos ser a mais perniciosa das manifestações surgidas — ou ao menos propagadas — naquele contexto, expressão dos descaminhos trilhados na relação entre história, língua e literatura, dando origem a perspectivas inadequadas e, no entanto, hegemônicas no quadro atual da nossa disciplina. Ainda em 1969, Dupront (1969: 15-16) viria a radicalizar as proposições originais de Lucien Febvre relativas à linguagem ao afirmar que o método de pesquisa dos historiadores deveria consistir numa "semântica histórica", cabendo-lhes essencialmente promover uma perspectivação histórica dos discursos. Não tardaria muito para que outros levassem ao extremo a redução da história à linguagem.

Assim, inspirados em Saussure, Foucault ou Hayden White, chega-se, nos dias que correm, à negação da capacidade explicativa da história, configurando-se a disciplina como um gênero narrativo ou fazendo-a prisioneira das insuperáveis estruturas discursivas. Por essa via sucumbe nossa prática aos ditames do pós-modernismo, com sua "morte dos centros" e sua "incredulidade em relação às metanarrativas" (Cardoso, 1997: 375). Suas premissas, quando aplicadas à história-disciplina, levam à negação da existência da história — em benefício de uma multiplicidade de histórias produzidas "por" e "para" diversos grupos restritos de poder — bem como de qualquer teoria global do social que fundamente a interpretação. O conhecimento se reduz a processos de semiose e interpretação (hermenêutica), alheios a qualquer possibilidade de avaliação crítica ou valorativa.

Os modernos partidários de uma concepção hermenêutica dos estudos sociais, retomando uma antiga bandeira dos neokantianos de fins do século XIX e começo do século XX, propõem que as ciências sociais seriam irremediavelmente alheias a qualquer cientificidade, devendo assumir um enfoque voltado à compreensão, isto é, à interpretação e à crítica cultural tomadas, no campo da história, de empréstimo a certa antropologia (Clifford Geertz) ou a alguma vertente de culturalismo relativista. Ademais, seria preciso reconhecer que o observador é parte integrante, com sua própria subjetividade, do seu objeto de estudo, "descoberta" que leva a uma postura de extremo ceticismo em relação à validade das formas de conhecimento até então correntes.

A conjugação desses elementos conduz, inevitavelmente, a um relativismo extremo e radical. As interpretações acerca de dado tema são necessariamente variadas e não há formas aceitáveis de escolher entre elas. São todas válidas se satisfizerem aos critérios do autor e daqueles que com ele concordarem. Foram particularmente influentes entre os historiadores as reflexões relativas às formas sociais das representações, que viriam a ser tomadas como elementos constitutivos do pensamento histórico. A indagação primordial do historiador, a despeito de qualquer conteúdo específico, deveria se concentrar nas formas que o saber histórico recebe de sua estrutura literária, de sua textualidade ideologicamente condicionada (as epistemes, para Foucault). Ora, a redefinição do labor historiográfico — orientado, a partir de então, pelas "formas de representação" e pelos "níveis de discursividade" — faria soar o dobre de finados a qualquer vã presunção de atribuir objetividade, racionalidade e, por que não dizer?, cientificidade ao conhecimento produzido pelos historiadores. Resta-nos apenas, conscientes e humildes (ou humilhados?), abandonar qualquer pretensão analítica, estrutural, de macroanálise e explicação (ilusões cientificistas) em benefício da hermenêutica e da configuração da história como um gênero narrativo ou literário (Lyotard, 1984: 17).

O historiador pós-modernista F. R. Ankersmit, por exemplo, declara:

> Suponhamos que perguntemos pela causa da [...] "Revolução Industrial" ou da "Guerra Fria". Devemos agora lembrar que esses termos não se referem a uma realidade histórica fora do texto, mas a elementos da narrativa. Isso significa que essas perguntas não são perguntas sobre a causa de um complexo estado de coisas no fim do século XVIII ou após a II Guerra Mundial, mas sobre a causa de uma ideia ou de um elemento da narrativa (Ankersmit, 1990: 285).

Tal perspectiva assume, como postulado evidente — mas que está longe de constituir uma verdade! — a ideia de que o "discurso" e a "realidade humana" (individual ou coletiva) são grandezas incomensuráveis e irredutíveis: o primeiro falaria, por tal razão, sempre sobre si mesmo, a pretexto de falar sobre a segunda. David Carr, por exemplo, opôs-se à concepção, cara a Paul Ricoeur e a Hayden White, da descontinuidade radical que se interpõe entre a narrativa e o mundo real físico ou humano. Segundo o autor, as narrativas seriam uma condição intrínseca e indispensável dos processos da própria vivência humana individual ou coletiva.

> A função narrativa é prática antes de ser cognitiva ou estética, razão pela qual, longe de poder negar-se qualquer relação entre o discurso narrativo e a realidade, a narrativa histórica mantém relações necessárias e estreitas com o seu objeto social real (Carr, 1986: 26).

Parece-nos, lamentavelmente, que a abertura do historiador à linguística, à semiótica e à crítica literária — como de resto às demais ciências humanas, ao menos sob tal perspectiva acrítica e subserviente de interdisciplinaridade — concorre menos para o pleno cumprimento de seu ofício de fazer história do que para a intenção de se evadir dele!

Esboçada assim a crítica, fixemos a perspectiva de base que adotamos neste livro: considerar o conteúdo histórico do texto dependente de sua forma não implica, de modo algum, reduzir a história ao texto, como fazem os autores estruturalistas ou pós-estruturalistas, que negam a existência da história fora do discurso. Trata-se, antes, de relacionar texto e contexto, de buscar os nexos entre as ideias contidas nos discursos, as formas pelas quais elas se exprimem e o conjunto de determinações extratextuais que presidem à produção, à circulação e ao consumo dos discursos. Em uma palavra, o historiador deve sempre, sem negligenciar a forma do discurso, relacioná-la ao social (Cardoso; Vainfas, 1997: 378).

Por outro lado, negar a redutibilidade da história ao texto não significa admitir que haja uma história independente do texto. A história é sempre texto, ou mais amplamente, discurso, seja ele escrito, iconográfico, gestual etc., de forma que apenas a partir da decifração dos discursos que exprimem ou contêm a história poderá o historiador realizar seu ofício. Como destaca Verón (1981: 192), no funcionamento de uma sociedade historicamente dada, o sentido não se encerra em uma instância particular, antes se encontra por toda a parte, assim como a ideologia e o poder, de forma que o sentido de um texto sempre o ultrapassa. Segundo o mesmo autor, as "condições de produção" de um discurso têm a ver com o "ideológico", com os valores sociais da comunidade que o produz, ao passo que as "condições de seu reconhecimento" dependem do poder, isto é, das instâncias capazes de legitimar ou não a sua aceitação na sociedade.

Assim, as práticas veiculadas pelos discursos não são, em si, predominantemente discursivas, não se limitam ou reduzem-se ao plano da "discursividade". Não se trata, inclusive, apenas de aludir ao aspecto prático dos discursos. Para sua plena compreensão, é fundamental considerar a diversidade das práticas sociais, inserindo-as no campo de estudos a partir de alguma teoria relativa ao funcionamento e à mudança das sociedades humanas (McNally, 1999: 33-49).

A emergência, numa sociedade, de um enunciado, de um costume, de uma experiência, num contexto dado — o fato de isso ocorrer — não depende apenas (nem principalmente) das "regras que controlam, no caso em questão, a produção dos discursos", e sim do jogo complexo das condições econômico-sociais, políticas e ideológicas diversas. Depende, essencialmente, do estado desse conjunto de fatores num dado contexto específico. Portanto, todo historiador que assume — intencional ou desavisadamente — como sua profissão de fé a reprodução acrítica dos discursos de outrora, submete o passado à naturalização de suas formas diversas de dominação, reduzindo a história a uma espécie abjeta de discurso triunfante de elites que jazem em suas muitas fatias de duração do tempo.

## O que há para olhar? Como estruturamos o livro?

*De quem é o olhar que espreita por meus olhos?*
*Quando penso que vejo, quem continua vendo enquanto estou pensando?*
(Fernando Pessoa)

Ainda que todo autor se invista, em graus diversos, da autoridade de conduzir e controlar os olhares de seus leitores, a ordenação dos capítulos proposta aqui é apenas um guia, ou seja, você poderá começar a olhar este livro por onde quiser. Optamos por iniciar pelo labor filológico por seu caráter instrumental, mas tal perspectiva não é necessariamente obrigatória. Você pode seguir por outros caminhos, a depender de seus objetivos. Se quiser, siga o historiador pelo viés da contextualização histórica. Caso queira, olhe aspectos da grafia dos textos ou encare aspectos mais linguísticos, fonético-fonológicos ou morfossintáticos. Desvie seu olhar para o que lhe for conveniente. Nossa proposta é mais prática do que teórica, então, mire os capítulos que desejar. A estrutura do livro foi organizada a partir dos seguintes labores: o filológico, o histórico e o linguístico. Outras ordenações são possíveis. Contemple-o como quiser!

Na Parte I, *O labor filológico: da leitura à edição de textos antigos*, o objetivo central é fornecer o instrumental necessário para você poder proceder à leitura e, posteriormente, à edição de textos antigos. O primeiro capítulo (*Edição filológica: a preparação de textos para o estudo da história da língua*), de Leonardo Marcotulio e Célia Lopes, encara o presente e volta para o passado. O intuito é ver a importância do trabalho do filólogo no processo de preservação e fixação dos textos, através da elaboração de edições filológicas diferenciadas de acordo com o grau de intervenção do editor: edição diplomática, semidiplomática e modernizada. O segundo capítulo (*Leitura e edição de textos medievais*), escrito por Leonardo Marcotulio, traz os elementos necessários para procedermos à leitura de textos medievais, assim como atividades práticas relacionadas à edição de uma cantiga trovadoresca.

Depois de encarar o trabalho filológico de leitura e edição dos textos, partimos para outros olhares, tarefa a ser executada nos capítulos da parte II deste livro: *O labor histórico-linguístico: da história externa à história interna dos textos*. O objetivo é entender como historiadores e linguistas podem trabalhar com as fontes documentais, de modo a desenvolver as suas análises. Para tanto, essa segunda parte está dividida em quatro capítulos, sendo três deles articulados em torno de um mesmo texto, o *Testamento de D. Afonso II*. O capítulo de Mário Bastos, intitulado *O labor histórico*, inaugura essa parte. Após uma reflexão sobre o comentário histórico de textos, a atenção se volta para o *Testamento*. O quarto capítulo do livro (*O labor linguístico (I): aspectos grafemáticos e fonético-fonológicos*), de Leonardo Marcotulio, inicia uma sequência de capítulos dedicados a um olhar interno sobre os textos medievais, com a exploração de aspectos grafemáticos e fonético-fonológicos do *Testamento*. Por fim, os dois últimos capítulos, de Célia Lopes, Thiago Oliveira e Leonardo Marcotulio, dirigem o olhar à apreciação de aspectos morfossintáticos, primeiramente no *Testamento de Afonso II* (capítulo 5, *O labor linguístico (II): aspectos morfossintáticos*) e, por fim, na *Demanda do Santo Graal* (capítulo 6, *O labor linguístico (III): tópicos complementares em morfossintaxe*).

Após as referências bibliográficas utilizadas, compõem a estrutura deste livro três anexos: um *Glossário*, elaborado a partir dos textos utilizados na obra, com o intuito de dirimir as dificuldades que o léxico dos textos medievais pode proporcionar a leitores modernos; uma lista de *Corpora para o estudo do português medieval*, assim como orientações gerais para sua utilização, e uma sequência de *Atividades complementares*, que tem como objetivo proporcionar ao estudante replicar os procedimentos de análise apresentados nos capítulos a outros textos medievais, de modo a incentivá-lo a seguir o trabalho de investigação por conta própria.

Esperamos que este livro seja útil a docentes e discentes interessados no estudo do português no período medieval a partir de uma perspectiva interdisciplinar que articula, de forma integrada, distintos olhares sobre o mesmo tema: o filológico, o histórico e o linguístico. E, por fim, que nossos leitores prefiram cultivar este e outros livros para sua formação e atuação, mesmo sabendo que é sempre possível "lançá-los pra fora das janelas!" (Caetano Veloso).

**Os Autores**

Rio de Janeiro, Outono de 2018

# PARTE I

# O labor filológico

## Da leitura à edição de textos antigos

Uma das formas de resgatar a história de uma língua é partir da história dos textos redigidos desde sua origem como língua escrita. A realização dessa tarefa, entretanto, pode não ser muito simples quando nos deparamos com os primeiros manuscritos de épocas mais remotas.

Além do desgaste natural da ação do tempo sobre a documentação (rasuras e deteriorações do suporte de escrita, manchas etc.), há as dificuldades para decifrar uma escrita diferente daquela que se tem hoje na era digital e entender as características específicas de cada tradição textual.

A reconstrução da história da língua numa perspectiva de resgate dos seus textos antigos exige que o historiador tenha alguns conhecimentos básicos da área da filologia (também entendida como crítica textual), que pode ser definida como

> a ciência que estuda a gênese e a escrita dos textos, sua difusão e a transformação dos textos no decurso da sua transmissão, as características materiais e o modo de conservação dos suportes textuais, o modo de editar os textos com respeito máximo pela intenção manifesta do autor (Castro, 1992: 124).

O filólogo seria o pesquisador responsável por estudar os textos antigos, considerando seu contexto sócio-histórico de produção e circulação, além de se ocupar da recuperação, preservação, fixação e edição dos textos que podem ser posteriormente submetidos a análises linguísticas. Todo historiador da língua deve conhecer o trabalho filológico de leitura e preparação das fontes que serão seu material de estudo. E é exatamente isso que faremos nos dois capítulos da primeira parte deste livro.

Mas por que esse trabalho é importante? Para que serve? O que seria a edição de textos? Que elementos são necessários para a leitura de textos antigos e, mais particularmente, medievais? A resposta a estas perguntas se dará a partir da realização de atividades práticas. Para tanto, trabalharemos com três textos de momentos distintos no tempo: um texto atual e um texto novecentista, no capítulo 1; e um texto medieval, no capítulo 2.

Capítulo 1

# Edição filológica
## Preparação de textos para o estudo da história da língua

### 1.1. Um texto atual

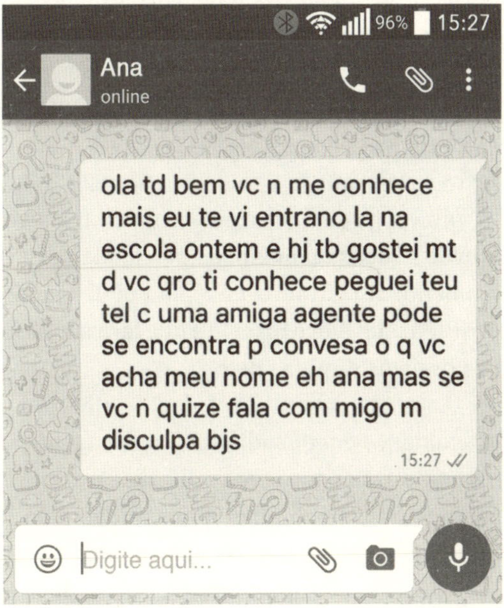


Imagine a seguinte situação: seu avô, que mora com você, acaba de comprar um celular de última geração e recebe equivocadamente a mensagem ao lado:

Após fazer a primeira leitura, seu avô compreende algumas partes do texto, mas não consegue decodificar totalmente a mensagem. Nesse momento, não há ninguém em casa que possa ajudá-lo. Como ele ainda não domina as ferramentas do celular e do novo aplicativo de troca de mensagens instantâneas, não sabe que as mensagens recebidas ficam automaticamente armazenadas. Pensando que, ao desligar o celular, a mensagem poderia desaparecer, ele decide copiar fielmente a mensagem numa folha de papel para mostrar a alguém.

Após transcrever a mensagem em papel, o resultado seria o seguinte:

ola td bem vc n me conhece
mais eu te vi entrano la na
escola ontem e hj tb gostei mt
d vc qro ti conhece peguei teu
tel c uma amiga agente pode
se encontra p convesa o q vc
acha meu nome eh ana mas se
vc n quize fala com migo m
disculpa bjs

Observe essa transcrição e verifique se houve ou não uma reprodução fiel e literal do texto. Qual é a importância de se fazer esse tipo de trabalho? A transcrição feita seria acessível a todos os tipos de leitores?

Você deve ter notado que essa transcrição se manteve fiel à mensagem enviada pelo aplicativo do celular. Para não perder nenhuma informação, seu avô reproduziu literalmente o que leu e fez uma transcrição sem nenhum tipo de intervenção. Em outras palavras, o objetivo central dessa tarefa foi a *preservação do texto*. Como o avô desejava que o texto chegasse a outros leitores que, nesse caso, pudessem ajudá-lo a decodificar a mensagem, foi preciso conservar o texto em outro suporte que, na perspectiva de nosso personagem, preservasse o texto em seus aspectos originais. Esse tipo de transcrição, no entanto, somente estaria disponível a um público que pudesse decodificar o texto sem nenhum tipo de intervenção, o que não é o caso do seu avô.

Ao chegar em casa, seu avô mostra a você a folha de papel em que transcreveu a mensagem e pede sua ajuda para decodificar algumas partes. Nesse momento, no entanto, você não pode ajudá-lo, pois precisa estudar para uma prova. Assim, você promete que lerá a mensagem recebida e tentará esclarecer as possíveis dúvidas dele.

Antes de dormir, você decide olhar o texto transcrito. Nota que não teve dificuldades em decodificar a mensagem, já que compartilha dessa prática de escrita e das convenções utilizadas no texto. Você se pergunta quais poderiam ter sido as dificuldades enfrentadas pelo seu avô. O que acha que pode ter impedido a decifração da mensagem?

Vamos supor que o grande "vilão" para o entendimento do texto tenha sido o grande número de *abreviaturas* desconhecidas pelo seu avô. A ordenação da mensagem em si e algumas questões relacionadas a aspectos mais formais da língua presentes não seriam, em sua opinião, impedimentos à decodificação da mensagem, já que retratariam uma forma bastante comum de escrever em português nesse tipo de ferramenta digital. Assim, você lista as abreviaturas presentes, desenvolvendo-as em uma nova versão que incorpora as intervenções feitas. Seu objetivo não é só *preservar o texto*, mas *torná-lo mais acessível ao leitor*. Que abreviaturas estão presentes na versão original? Destaque todas as abreviaturas presentes na mensagem e desenvolva-as.

Após essa tarefa, você deve ter chegado à seguinte lista:

| FORMA ABREVIADA | FORMA DESENVOLVIDA |
|---|---|
| td | tudo |
| vc | você |
| n | não |
| hj | hoje |
| tb | também |
| mt | muito |
| d | de |
| qro | quero |
| tel | telefone |
| c | com |
| p | para |
| q | que |
| m | me |
| bjs | beijos |

Na manhã seguinte, seu avô encontra a lista com as abreviaturas desenvolvidas e uma nova versão, juntamente com uma nota que diz: "*Vô, alguém deve ter te mandado essa mensagem por engano. Ela tá escrita na linguagem dos jovens de hoje, por isso você teve dificuldades pra ler. Fiz uma lista das abreviaturas que os jovens usam hoje em dia na internet e uma nova versão da mensagem. Espero que agora você entenda. Qualquer coisa, de noite a gente conversa. Abraços!*". O avô sente-se muito agradecido pela ajuda do neto, afinal, agora, já conseguirá decodificar melhor o texto. Por que razão o avô não tinha conseguido entender as abreviaturas da mensagem?

Em qualquer sociedade que utiliza a escrita, há uma série de estratégias que têm como objetivo dinamizar seu processo, diante da necessidade de economizar tempo e espaço. Dentre essas estratégias, estão as abreviaturas: letras ou conjunto de letras que se empregam em textos escritos para representar de forma breve as palavras, até o mínimo possível, para que possam ser entendidas. Qualquer abreviatura faz parte do conjunto de convenções compartilhadas por determinado grupo, no que se refere à prática da escrita em determinado gênero textual. Por essa razão, os jovens, por utilizarem frequentemente as ferramentas digitais de comunicação e fazerem parte desse grupo, conseguem depreender o seu significado e fazer uso bastante frequente delas. Quem não está nesse grupo, como no caso do avô, pode apresentar certas dificuldades de leitura.

Vejamos a nova versão do texto com as abreviaturas já desenvolvidas:

ola t***u***d***o*** bem v***ocê*** n***ão*** me conhece<br>
mais eu te vi entrano la na<br>
escola ontem e h***oje*** t***am***b***ém*** gostei m***ui***t***o***<br>
d***e*** v***ocê*** q***ue***ro ti conhece peguei teu<br>
tel***efone*** c***om*** uma amiga agente pode<br>
se encontra p***ara*** convesa o q***ue*** v***ocê***<br>
acha meu nome eh ana mas se<br>
v***ocê*** n***ão*** quize fala com migo m***e***<br>
disculpa b***eijo***s

Podemos observar que, nessa nova versão, as abreviaturas foram desenvolvidas. Como se apresentam as sequências ausentes na versão original e que foram agora introduzidas? Qual seria a importância deste procedimento?

Você percebeu: para o desenvolvimento das abreviaturas, foi utilizado um recurso para destacar as letras ou sequências de letras ausentes na forma abreviada, de modo que o leitor soubesse exatamente o que pertencia ao texto original e o que foi fruto da intervenção de quem trabalhou com o texto. Quais seriam as vantagens e a importância de uma transcrição em que o nosso grau de intervenção se restringisse ao desenvolvimento das abreviaturas? Quais seriam suas limitações? Esse texto seria facilmente decodificado por qualquer tipo de leitor?

Ao voltar para casa, seu avô agradece as intervenções que você fez e comenta que agora já consegue entender o texto, ainda que com um pouco de dificuldade. Ele relata que algumas coisas ainda chamam a atenção e que precisou ler algumas vezes, inclusive em voz alta, para entender o sentido completo da mensagem. Nesse momento, você lhe explica que a mensagem foi enviada por uma ferramenta digital que, ainda que apresente a mensagem em uma versão escrita, se aproxima bastante da fala. A própria forma como é apresentada, dentro de balões, simula uma conversa cara a cara, usualmente encontrada em histórias em quadrinhos. Você diz também que essas outras dificuldades que ele teve não prejudicariam uma compreensão global do texto e retratariam aspectos da língua escrita nesse tipo de veículo, mas que, certamente, não permitiriam que leitores menos acostumados tivessem uma leitura mais fluida da mensagem.

Como se pode ver, a transcrição mostrada anteriormente apresenta um maior grau de intervenção, já que as abreviaturas foram desenvolvidas. Essa versão apresentaria a vantagem de resguardar muitos aspectos do texto original, conservando características de determinado estágio da língua. Seu acesso, no entanto, estaria obviamente restrito a leitores que os compreendam e se interessem pelo seu estudo.

Além das abreviaturas, que outros aspectos podem ter dificultado a leitura mais corrida feita pelo avô? Para facilitar a compreensão desta e de futuras mensagens que seu avô venha a receber, organize detalhadamente cada um dos elementos que dificultam a leitura, a partir das seguintes categorias:

(a) oscilações na grafia (*polimorfismo gráfico*);
(b) grafias que mostram aspectos fonéticos do português brasileiro;
(c) formas segmentadas que deveriam estar unidas e formas que aparecem unidas e deveriam estar separadas;
(d) emprego da pontuação;
(e) recursos e uso da acentuação;
(f) maiúsculas e minúsculas;
(g) estruturação do texto.

Compare sua sistematização com o quadro abaixo:

(a) **Polimorfismo gráfico**. Os casos em que encontramos mais de uma forma gráfica são: a conjunção adversativa ***mas*** (*mas, mais*) e o clítico acusativo ***te*** (*te, ti*).

(b) **Grafias fonéticas**. Em algumas palavras, podemos observar, através das grafias utilizadas, pistas para entender aspectos fonéticos possíveis em dialetos do português brasileiro: ditongação ([a > aj]: *mais*); assimilação consonântica ([nd > n]: *entrano;* [rs > s]: *convesa*); não realização do R final em verbos (*conhece[Ø], encontra[Ø], convesa[Ø], quize[Ø], fala[Ø]*); e realização da vogal média em posição átona como vogal alta (*ti, disculpa*). Chama a atenção também, neste grupo, a utilização da grafia <z> em contexto intervocálico (*quize*), talvez para reforçar que se trata de uma sibilante sonora e não de uma surda.

(c) **Segmentação e junção**. A forma pronominal de 1ª pessoa do plural *a gente* aparece como uma única palavra (*agente*) e o pronome oblíquo que se combina com a preposição *com* (*comigo)* ocorre segmentado (*com migo*).

(d) **Pontuação**. Não observamos, no texto, a presença de nenhum sinal gráfico de pontuação.

(e) **Acentuação**. A acentuação está ausente em algumas palavras (*ola, la*). Por outro lado, no entanto, encontramos um recurso alternativo, através do uso da grafia <h> (*eh*).

(f) **Maiúsculas e minúsculas**. Encontramos somente letras minúsculas no texto, mesmo nos casos de começo de sentença e de nome próprio (*ana*).

(g) **Estruturação do texto**. O texto não apresenta uma estruturação em parágrafos.

Todos esses aspectos, por se afastarem do *padrão escrito* do português (ao menos do padrão conhecido e esperado pelo avô!), embora sejam frequentes em mensagens instantâneas, podem gerar dificuldades de leitura para quem não está acostumado a esse gênero.

Seu avô, encantado pela mensagem que recebeu, ainda que por engano, quer mostrá-la aos amigos, mas tem receio de que não a entendam em uma primeira leitura devido aos aspectos acima apontados. Assim, ele lhe pede que faça uma nova versão do texto, fazendo as modificações necessárias que garantam uma leitura mais fluida da mensagem, já que seu principal objetivo é que seus amigos sejam capazes de *compreender o conteúdo da mensagem*.

Você, então, decide, mais uma vez, ajudar seu avô, fazendo uma versão mais modificada do texto, a partir das informações anteriormente sistematizadas, tentando aproximar o texto dos padrões vigentes do português. Para fazer isso, parta da versão apresentada antes, incluindo as abreviaturas já desenvolvidas. Siga as seguintes instruções:

(a) organize o texto em parágrafos;
(b) segmente as palavras que estão unidas e junte as que estão separadas;
(c) pontue o texto de acordo com os padrões modernos;
(d) normatize o uso de maiúsculas e minúsculas segundo o padrão moderno;
(e) normatize a ortografia e a acentuação de acordo com o padrão vigente.

Compare a sua versão com o texto abaixo:

> Olá, tudo bem?
> Você não me conhece, mas eu te vi entrando lá na escola ontem e hoje também. Gostei muito de você. Quero te conhecer. Peguei teu telefone com uma amiga. A gente pode se encontrar para conversar. O que você acha?
> Meu nome é Ana.
> Mas se você não quiser falar comigo, me desculpa.
> Beijos.

Quais são as vantagens deste tipo de versão? Quais suas limitações? A que público-alvo ela está direcionada?

Ao fazermos todas essas modificações, o texto, sem dúvidas, adquire mais clareza e pode ser lido por uma quantidade maior de leitores que se interessem, sobretudo, pelo seu conteúdo. Não seria uma versão interessante, por exemplo, para alguém que desejasse visualizar aspectos relacionados à forma da prática de escrita no gênero mensagens instantâneas no começo do século XXI. Com isso, deixamos claro que todas as versões de um texto são igualmente interessantes, mas obedecem a *critérios específicos* e diferenciados em função dos seus objetivos e do público-alvo que se queira atingir.

Até aqui vimos três versões de um mesmo texto:

| | |
|---|---|
| **Texto original** | 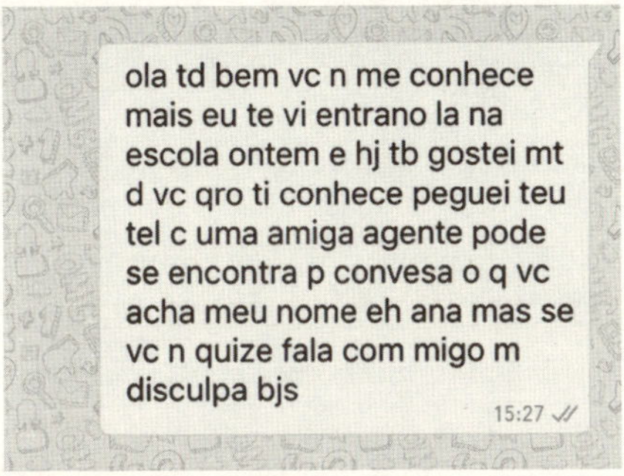 |
| **Versão 1** | ola td bem vc n me conhece<br>mais eu te vi entrano la na<br>escola ontem e hj tb gostei mt<br>d vc qro ti conhece peguei teu<br>tel c uma amiga agente pode<br>se encontra p convesa o q vc<br>acha meu nome eh ana mas se<br>vc n quize fala com migo m<br>disculpa bjs |
| **Versão 2** | ola t***udo*** bem v***ocê*** n***ão*** me conhece<br>mais eu te vi entrano la na<br>escola ontem e h***oje*** t***am***b***ém*** gostei m***uito***<br>d***e*** v***ocê*** q***ue***ro ti conhece peguei teu<br>tel***efone*** c***om*** uma amiga agente pode<br>se encontra p***ara*** convesa o q***ue*** v***ocê***<br>acha meu nome eh ana mas se<br>v***ocê*** n***ão*** quize fala com migo m***e***<br>disculpa b***eijo***s |
| **Versão 3** | Olá, tudo bem?<br>Você não me conhece, mas eu te vi entrando lá na escola ontem e hoje também. Gostei muito de você. Quero te conhecer. Peguei teu telefone com uma amiga. A gente pode se encontrar para conversar.<br>O que você acha?<br>Meu nome é Ana.<br>Mas se você não quiser falar comigo, me desculpa.<br>Beijos. |

Partindo do texto original, as versões feitas levavam em consideração:

(a) um maior ou menor grau de intervenção, com critérios claros e definidos;

(b) objetivos específicos;

(c) um público-alvo predeterminado.

Sistematizando essas informações, chegamos ao seguinte quadro:

| Versão | 1 | 2 | 3 |
|---|---|---|---|
| **Grau de intervenção** | Baixo | Médio | Alto |
| **Intervenções realizadas** | Nenhuma (transcrição fiel ao original). | Desenvolvimento de abreviaturas. | 1. Desenvolvimento de abreviaturas;<br>2. Normatização da ortografia e acentuação;<br>3. Junção e segmentação de palavras segundo o padrão vigente;<br>4. Normatização do uso de maiúsculas e minúsculas;<br>5. Normatização da pontuação;<br>6. Estruturação do texto. |
| **Objetivos** | Preservar o texto em seu estado original | Preservar o texto, tornando-o mais acessível. | Proporcionar uma leitura mais fluida do texto. |
| **Público-alvo** | Especialistas em determinado estágio da língua, que saibam decifrar aspectos da escrita de outras épocas. | Pesquisadores de determinado estágio da língua que se interessem, sobretudo, por aspectos linguísticos e não tenham tantos conhecimentos sobre as convenções de escrita específicas de uma época. | Leitores que se interessem, sobretudo, pelo conteúdo do texto. |

Todo o trabalho que desenvolvemos até agora faz parte da rotina de um *filólogo*, pesquisador responsável por preservar e preparar o texto que poderá ser submetido a investigações linguísticas. Embora seja possível fazer versões mais modernizadas, como tivemos a oportunidade de ver, pensando em um público-alvo mais amplo, as versões que mais interessam aos historiadores da língua seriam as duas primeiras, nas quais se observa a preservação dos aspectos encontrados no original, o que significa dizer que há uma preocupação em relação à *fidedignidade* do texto. Por mais que na segunda versão tenhamos feito intervenções no desenvolvimento das abreviaturas, o recurso utilizado para destacar em itálico as sequências inseridas nos permite distinguir exatamente o que estava presente na versão original e o que foi fruto do trabalho do filólogo.

No campo da *filologia*, tomada aqui no sentido de *crítica textual*, as tarefas realizadas se referem à *edição de textos*. Cada uma das versões mostradas anteriormente são conhecidas como *edições filológicas* e recebem os seguintes nomes: a *edição diplomática* (também chamada, por alguns editores, de *paleográfica*) seria a primeira delas, caracterizada por uma transcrição extremamente conservadora; a segunda versão corresponde à *edição semidiplomática* (ou *semipaleográfica* ou *diplomático-interpretativa* ou *paleográfico-interpretativa*), em que resguardamos as características do texto original, intervindo exclusivamente em alguns poucos aspectos, como o desenvolvimento das abreviaturas, por exemplo; por fim, a última versão seria a *edição modernizada*.

Essas categorias não devem, no entanto, ser vistas como compartimentos estanques. Uma edição considerada *semidiplomática*, por exemplo, poderia incorporar mais intervenções do que o desenvolvimento das abreviaturas, como atualizações na pontuação e na acentuação, por exemplo. Mais importante do que os rótulos são os critérios utilizados por cada editor, estabelecidos em função de seus objetivos e do público-alvo que deseja atingir.

Para saber mais sobre a *filologia/crítica textual* e sobre o *processo de edição de textos*, recomendamos a leitura da obra de Cambraia (2005), intitulada *Introdução à crítica textual*.

## 1.2. Um texto novecentista

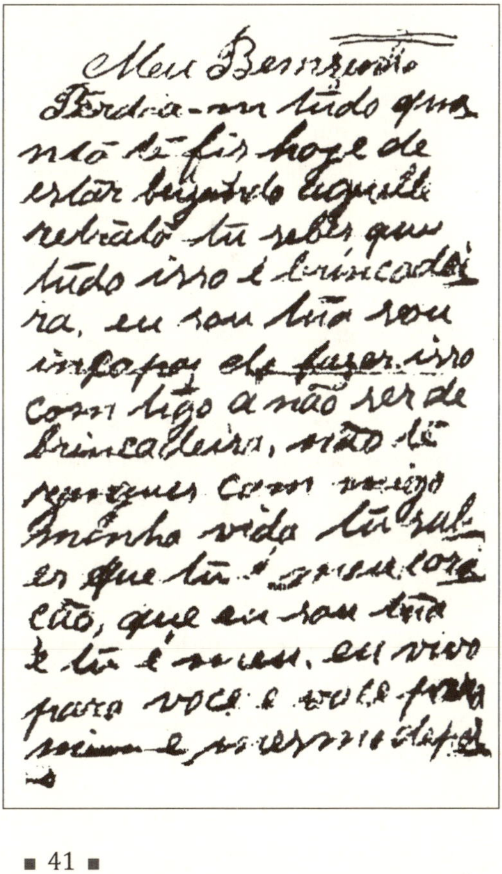

Agora que já entendemos o trabalho do filólogo no processo de preservação e fixação dos textos, vamos trabalhar com textos de outros momentos da história do português. Recuemos no tempo.

Vamos imaginar que você se depare, por algum motivo, com o texto ao lado.

Você é capaz de ler o bilhete? Quais são as dificuldades de leitura encontradas?

Diferentemente da mensagem instantânea com a qual trabalhamos na seção anterior, estamos diante, agora, de uma mensagem manuscrita. Qualquer leitor de hoje, ainda que não possa decodificar inteiramente a mensagem, é capaz de ler algumas sequências e reconhecer que se trata de um texto escrito em português.

Com a produção textual manuscrita, uma preocupação a mais surge: decifrar e entender o código gráfico. Essa experiência não é uma novidade para nós. Todos já sentimos maior ou menor dificuldade em entender a letra de outras pessoas, principalmente quando seu curso ou traçado diferem em maior medida da forma como estamos habituados a escrever. Aos poucos, após algumas leituras, vamos nos acostumando à letra dos textos e conseguindo decifrar a mensagem.

Antes de explorar a mensagem, é interessante fazer um exercício. Transcreva em uma folha de papel, à mão, tudo o que conseguir entender. Respeite todas as características encontradas e a disposição do texto, sem introduzir nenhum tipo de intervenção. Em outras palavras, façamos uma *edição diplomática* do bilhete em questão. Deixe um espaço para as palavras ou sequências que você não conseguiu decifrar.

Você deve ter notado que, em algumas partes, não teve grandes dificuldades em transcrever o texto. Por mais estranhos que possam parecer à primeira vista, os problemas em entender as letras utilizadas são sanados à medida que avançamos na elaboração da edição. Não seria raro encontrar, nos dias de hoje, alguém que tivesse o mesmo tipo de caligrafia.

Vamos passo a passo. O primeiro procedimento seria *identificar as sequências de letras* que podem ser entendidas como uma *palavra*. Para tanto, observamos a existência de espaços e/ou sinais de pontuação entre elas:

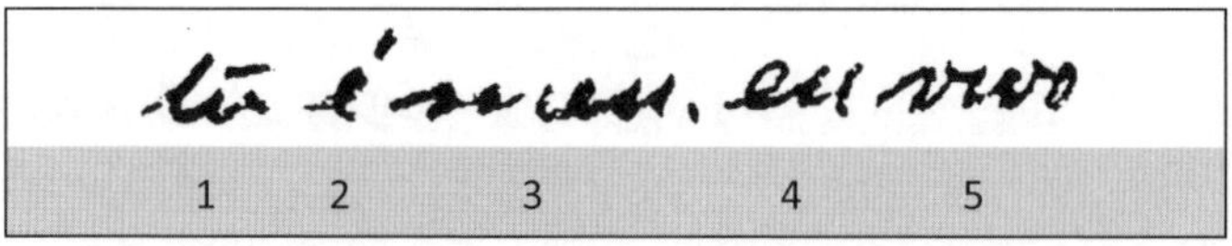


O fragmento acima conta com cinco palavras, três antes da vírgula, duas depois. Essa técnica, no entanto, nem sempre poderá ser aplicada, já que, em alguns casos, a fronteira vocabular nem sempre é respeitada, como tivemos a oportunidade de ver com *agente* na mensagem da primeira seção. Por outro lado, a existência de espaços também não é garantia de que haja duas palavras distintas, como vimos no exemplo da palavra segmentada *com migo*.

Dando continuidade, o segundo procedimento consiste em *desvendar letra a letra de uma palavra*, observando seu traçado e tentando reconhecer seu início e seu fim. Quando não conseguimos proceder à leitura de algumas letras específicas, utilizamos o procedimento de *buscar letras semelhantes* no mesmo texto, que podem estar em palavras de mais fácil compreensão. Vejamos os exemplos a seguir.

| | |
|---|---|
| l. 16 | 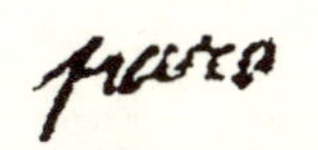 |
| l. 8 | 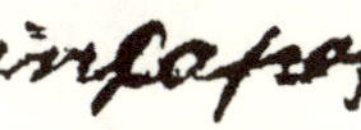 |

Imaginemos que tenhamos tido dificuldade para decifrar a primeira letra da palavra destacada na linha 16. O leitor, neste caso, pode levantar algumas hipóteses em relação à sua leitura e, até mesmo, pensar na possibilidade de se tratar de uma sequência com duas letras. Comparando a forma que não conseguimos decifrar com a 5ª letra da palavra selecionada na linha 8, concluímos que se trata da mesma grafia. Como conseguimos ler mais facilmente *incapaz* nessa linha, somos capazes de identificar como <p> a primeira letra de *para*.

Além do trabalho de decodificação das letras, podemos usar nossa sensibilidade, como leitores do texto, para *atribuir uma leitura à palavra* em função da sequência textual ou de informações gramaticais específicas. Tomemos como exemplo a primeira linha do texto:

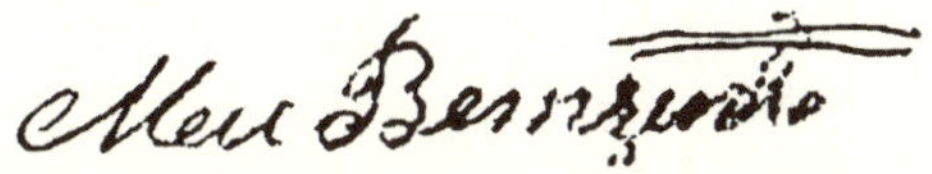

Observamos a presença de duas palavras separadas por espaço. Na primeira delas, lemos claramente o vocábulo *Meu*, com a inicial em maiúscula. A segunda palavra apresenta um pouco mais de dificuldade em relação à primeira. Nesse caso, podemos pensar nos gêneros textuais que seriam iniciados por *Meu* e na classe gramatical do termo que poderia acompanhar um possessivo. Trabalhando exclusivamente com este último procedimento, criamos a expectativa de que a segunda palavra do texto seja um nome, núcleo do sintagma nominal que apresenta o possessivo como termo determinante.

Vamos, então, criar um repertório, a partir das palavras que você conseguiu decodificar, para nos auxiliar na decifração de letras e sequências que não foram entendidas. É bastante provável que você tenha conseguido ler as seguintes palavras, que não apresentariam, em princípio, grandes dificuldades aos leitores de hoje:

| Linha | Palavra | |
|---|---|---|
| 1 | 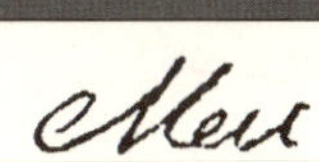 | Meu |
| 3 | 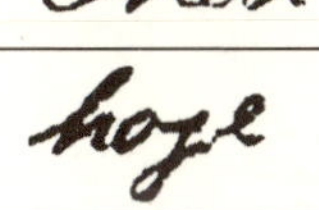 | hoje |
| | 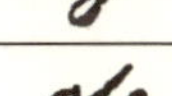 | de |

| 5 | 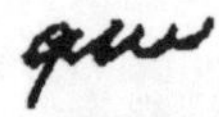 | que |
|---|---|---|
| 6 | 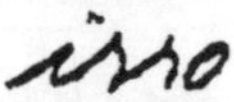 | isso |
| |  | é |
| 7 |  | eu |
| |  | sou |
| 8 |  | incapaz |
| |  | de |
| | 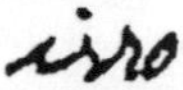 | isso |
| 9 |  | com |
| |  | a |
| | 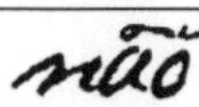 | não |
| | 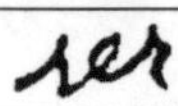 | ser |
| |  | de |
| 10 |  | não |
| 11 |  | com |
| | 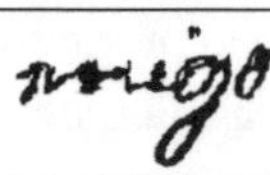 | migo |
| 12 | 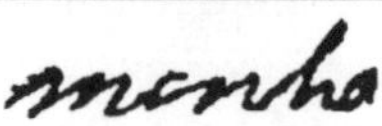 | minha |
| | 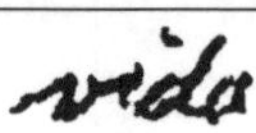 | vida |
| 13 | 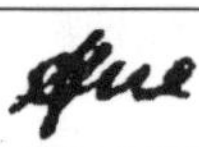 | que |
| |  | é |
| |  | meu |
| 14 | 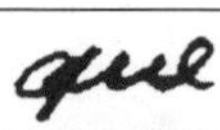 | que |
| |  | eu |
| |  | sou |

| | | |
|---|---|---|
| 15 |  | e |
| |  | é |
| | 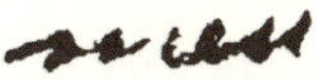 | meu |
| |  | eu |
| |  | vivo |
| 16 |  | para |
| |  | voce |
| |  | e |
| | 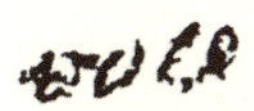 | voce |
| |  | para |
| 17 |  | mim |
| |  | e |

Tratemos agora de algumas palavras que podem ter gerado maior dificuldade de compreensão. Algumas palavras apresentam a mesma letra que a primeira da palavra abaixo, retirada da linha 6:

Nesta palavra, podemos identificar a presença de quatro letras. Dessas, as três últimas não apresentam problemas de leitura se as compararmos com as de palavras já decifradas:

| | | | |
|---|---|---|---|
|  | 2ª letra |  | eu (l.7) |
| | 3ª letra |  | de (l.9) |
| | 4ª letra |  | vivo (l.15) |

Observemos que a 2ª letra é <u>, a 3ª é <d> e a 4ª é <o>. Juntando essa sequência, podemos inferir que a primeira letra da palavra é <t>, formando *tudo*. Neste caso, o traço horizontal que corta a haste da letra na parte superior está deslocado para a direita, dando a falsa impressão de se tratar de um recurso de acentuação gráfica sobre a vogal. Resolvida essa questão, já somos capazes de ler todas as palavras do texto que apresentam essa letra:

| Linha | Palavra | |
|---|---|---|
| 2 | 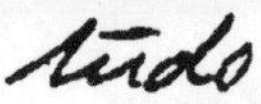 | tudo |
| 3 |  | te |
| 4 | 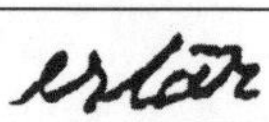 | estar |
| 5 | 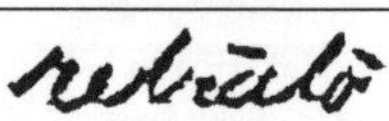 | retrato |
| |  | tu |
| 6 | 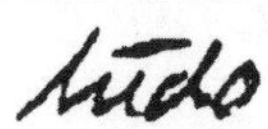 | tudo |
| 7 |  | tua |
| 9 | 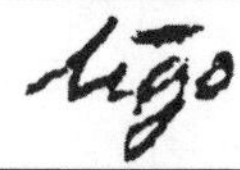 | tigo |
| 10 |  | te |
| 12 |  | tu |
| 13 | 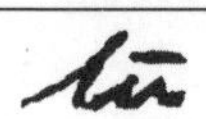 | tu |
| 14 | 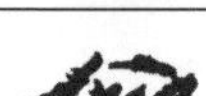 | tua |
| 15 |  | tu |

Em alguns casos, palavras que se encontram ao final da linha aparecem segmentadas, isto é, parte da palavra na linha superior e parte na linha inferior. Vejamos o que ocorre nas linhas 6 e 7:

| | |
|---|---|
| l. 6 | 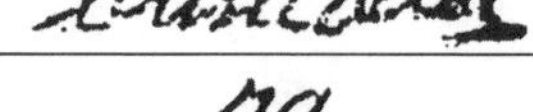 |
| l. 7 | 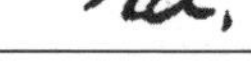 |

Vemos que parte da palavra, em uma sequência de nove letras, está na linha 6, sendo finalizada por um traço subscrito como recurso de segmentação. Na linha seguinte, encontramos as duas últimas letras que compõem a palavra. Para facilitar a leitura, nesse caso, podemos adotar o mesmo procedimento que utilizamos anteriormente: buscar cada letra em palavras de mais fácil leitura. Além disso, podemos também resolver essa questão se a palavra aparecer de forma não segmentada em outra parte do texto, como ocorre na linha 10, em que podemos ler, sem grandes dificuldades, *brincadeira*:

Entretanto, quando trabalhamos com textos históricos, nem sempre o procedimento adotado para a segmentação de uma palavra será o de separação silábica, o que pode provocar desconforto na leitura e impedir a decifração do vocábulo. Isso ocorre com a palavra *sabes*, intacta na linha 5, mas segmentada nas linhas 12 (*sab-*) e 13 (*es*):

| | |
|---|---|
| l.5 | 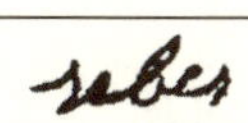 |
| l.12 | 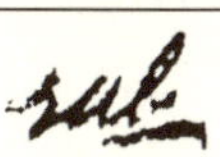 |
| l.13 |  |

Vejamos as outras palavras segmentadas no texto. Diferentemente do que ocorre com a palavra *coração*, as demais — *quanto* e *depois* — não apresentam uma segmentação que respeite as fronteiras silábicas do vocábulo:

| | | |
|---|---|---|
|  |  | qua- / nto |
|  | 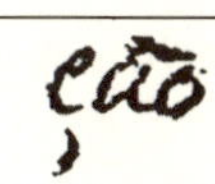 | cora- / ção |
| 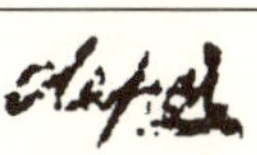 |  | depoi- / s |

Ainda falta resolvermos o problema de algumas palavras de difícil leitura. Utilizando os procedimentos apresentados (pela comparação de letras de outras palavras, classe gramatical de determinado contexto ou pelo sentido do texto), tente decifrar as seguintes palavras:

| LINHA | PALAVRA |
|---|---|
| 1 | 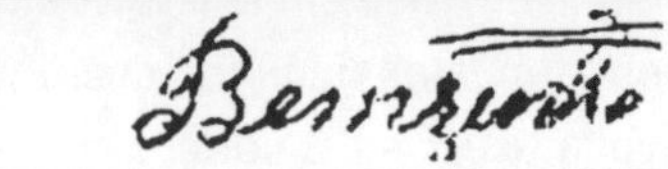 |
| 2 | 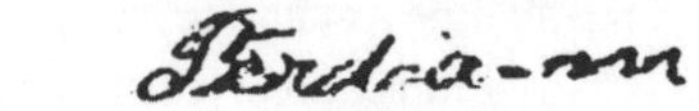 |
| 3 |  |
| 4 | 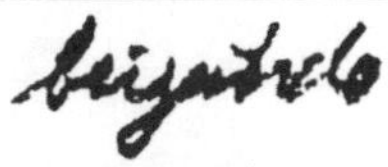 |
| | 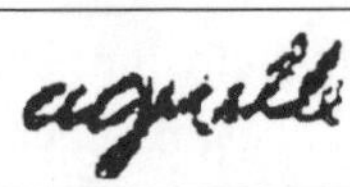 |
| 8 |  |
| 11 | 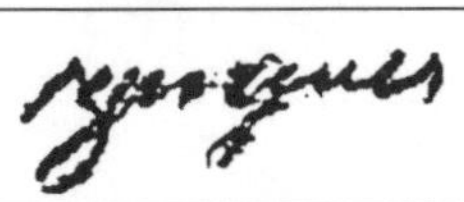 |
| 17 | 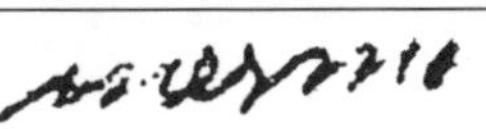 |

Conseguiu decifrar todas as palavras? À medida que trabalhamos com textos manuscritos de determinada época, vamos treinando nossa vista e aprimorando a capacidade de lê-los com mais facilidade. Se você não conseguiu decifrar todas as palavras, não se preocupe. O trabalho filológico exige bastante tempo e dedicação. Num primeiro momento, é bastante comum confundirmos letras cujos traçados se assemelham, como <s> e <r>, <q> e <g>, <z> e <y> etc. As palavras apresentadas no quadro acima são: *Bemzinho* (l. 1); *Perdoa-me* (l. 2); *fis* (l. 3); *beijando* (l. 4); *aquelle* (l. 4); *fazer* (l. 8); *zangues* (l. 11); e *mesmo* (l. 17).

Após esse exercício, você provavelmente deve ter alcançado um maior entendimento do texto. Complete as lacunas da edição diplomática que você realizou de modo que ela fique assim:

Meu Bemzinho
Perdoa-me tudo qua-
nto te fis hoje de
estar beijando aquelle
retrato tu sabes que
tudo isso é brincadei-
ra, eu sou tua sou
incapaz de fazer isso
com tigo a não ser de
brincadeira, não te
zangues com migo
minha vida tu sab-
es que tu é meu cora-
ção, que eu sou tua
e tu é meu, eu vivo
para voce e voce para
mim e mesmo depoi
-s

Vamos agora explorar o texto a partir da edição que acabamos de preparar. Como o texto está estruturado? A mensagem está completa? Há uso de recursos abreviativos como vimos na mensagem da seção anterior?

Em primeiro lugar, observamos que o texto está escrito em um suporte pautado, com 18 linhas escritas de forma corrida, sem segmentação em parágrafos. Não há tampouco o uso de recursos abreviativos. Observamos também que a mensagem está incompleta, pois o fragmento termina subitamente no meio de uma frase que, certamente, tinha de ter continuação. Esse fato não significa que o texto em si esteja incompleto, mas simplesmente que o que chegou até nós, resistindo à ação do tempo e a outras causas externas, é somente o que está sendo apresentado.

Essa é uma das questões com as quais o historiador da língua precisa lidar. Como precisamos trabalhar com fontes escritas, temos de estar conscientes de que nosso material de estudo se constitui de textos que sobreviveram, por algum acaso, ao longo do tempo. Muitas vezes, não serão textos completos, como neste caso, mas textos que apresentam alguns impedimentos ao global, como manchas, rasuras, fragmentos deteriorados pela falta de conservação adequada ou sequências inacabadas. Trabalhamos sempre com o material disponível e tentamos fazer o melhor uso dele, de modo a cumprir o nosso objetivo maior, que é o estudo da história da língua a partir da documentação disponível.

Exploremos, agora, outras questões. A que gênero textual pertence o texto? Que elementos podem ser utilizados para essa classificação?

Podemos observar que na primeira linha do texto é possível ler *Meu Bemzinho*. Somente por essa informação e pelo conhecimento que temos dos gêneros textuais que circulam hoje em dia e dos quais fazemos uso, inferimos que se trata de uma carta ou, talvez pela sua extensão e pela disposição dos elementos textuais, de um bilhete. Seja como for, estamos diante de uma mensagem escrita por um remetente que desconhecemos a um destinatário tratado como *Meu Bemzinho*. Pelo tratamento utilizado nesse vocativo e pelo conteúdo do texto em si, podemos dizer que se trata de um bilhete amoroso. Diferentemente do que é recorrente em textos epistolares, não observamos a presença de uma seção de contato inicial, na qual o remetente geralmente pergunta ao destinatário como ele se encontra. Após a nomeação do destinatário, encontramos diretamente o corpo da mensagem. Pela ausência da continuidade do texto, também não podemos visualizar, por exemplo, uma seção de despedida e assinatura.

Quanto ao conteúdo, que tipo de mensagem de amor está presente? Que outra expressão é utilizada pelo remetente para dirigir-se ao destinatário? Podemos obter alguma pista sobre o perfil social dos personagens, ou seja, sobre quem poderiam ser essas pessoas?

Para ter uma compreensão mais geral das fontes, o historiador da língua, sempre que possível, deve procurar aliar o estudo da história da língua depreendida pelos textos, num plano mais linguístico (*história interna*), ao estudo dos contextos de produção, num plano extralinguístico, que considere aspectos sócio-históricos dos indivíduos que produziram tais textos (*história externa*). Adotando uma perspectiva *sociolinguística*, que parte do pressuposto de que língua e sociedade estão em estreita relação, a análise de aspectos gramaticais, por exemplo, deveria ser acompanhada pelo estudo dos aspectos sociais de seus informantes. Nesse sentido, conhecer aspectos sociais e culturais dos personagens, como gênero, faixa etária, grau de escolaridade, grau de contato com a cultura escrita etc., quando, por que razão e com que finalidade seus textos foram produzidos certamente nos proporciona uma maior conexão entre a história dos textos e a história de seus autores.

No entanto, muitas vezes, essas informações não estão disponíveis para o historiador da língua. Os diversos acervos, como arquivos e bibliotecas, em que os textos históricos podem ser encontrados costumam reservar um maior espaço a personagens mais ilustres da sociedade. Para o estudo da produção desses informantes, dispomos de uma vasta bibliografia, como enciclopédias, livros de genealogia e diversas fontes secundárias. No caso de personagens populares e, muitas vezes, desconhecidos, a recuperação de dados que nos ajudem a reconstruir seu perfil social é, quase sempre, prejudicada pela escassez ou ausência de informação sistematizada. Nesse caso, o historiador da língua deve explorar o texto e tentar, ao máximo, extrair informações de natureza extralinguística a partir das pistas linguísticas disponíveis.

No caso do nosso bilhete, como não dispomos de informações sobre seus informantes, precisamos fazer um exercício de exploração. Com base na leitura do texto, podemos entender que se trata de um bilhete escrito por uma mulher e dirigido a um homem. A partir de que informações gramaticais chegamos a essa conclusão? As pistas gramaticais que nos permitem inferir essas informações advêm basicamente dos vocábulos que deixam transparecer, no plano da morfologia, uma informação de gênero gramatical que se associa à distinção de sexo observada no mundo biossocial. Em *eu sou tua* e *tu é meu*, vemos que a flexão de gênero dos possessivos em posição de predicativo do sujeito aponta para a existência de um *eu feminino* que escreve para um *tu masculino*.

Quanto à relação estabelecida entre esses personagens, diversas passagens nos informam tratar-se de uma relação mais íntima, típica de namorados ou noivos. Além das formas de endereçamento vocativo *Meu Bemzinho* e *minha vida*, passagens como *eu sou tua, tu sabes que tu é meu coração, eu sou tua, tu é meu, eu vivo para voce* e *voce para mim* constroem um discurso amoroso, com uma mensagem de desculpas e perdão pelo fato de a remetente ter "estado beijando aquele retrato".

Por fim, algumas pistas gráficas e linguísticas podem ser cruciais para identificar o grau de escolaridade e/ou contato com a cultura escrita de nossa escrevente. Que pistas poderíamos levantar para essa caracterização? No plano grafofonético, isto é, na representação escrita dos sons da língua, observamos algumas evidências:

(a) falta de domínio da relação letra-som no quadro das consoantes sibilantes e nasais: *fis*, *Bemzinho*;
(b) segmentação de partes de um mesmo vocábulo: *com tigo, com migo*;
(c) falta de domínio de padrões de separação silábica: *qua-/nto, sab-/es, depoi-/s*;
(d) ausência de acentuação gráfica: *voce*.

No plano da morfossintaxe, registramos a ausência de concordância verbal: *tu é*. No plano de organização textual, identificamos:

(a) falta de sinais de pontuação: ausência de dois pontos ou vírgula depois do vocativo *Meu Bemzinho;* ausência de ponto depois de *aquele retrato, brincadeira, minha vida;* de vírgula antecedendo o vocativo *minha vida* etc.;
(b) falta de letra maiúscula em começo de frase*: tu sabes, eu sou tua, não te zangues*, entre outros aspectos.

Essas informações, em contraste com as que são disponibilizadas em outro tipo de documentação, considerada de maior prestígio por se aproximar de um padrão mais culto da época (como os textos impressos veiculados pelos jornais e textos manuscritos redigidos por personagens mais letrados), nos revelariam um perfil de menor letramento para nossa informante.

Uma vez visualizadas questões relevantes para o historiador da língua, retomemos nosso trabalho filológico. Como o texto não apresenta nenhuma abreviatura, não faremos uma *edição semidiplomática*. Partiremos, assim, diretamente para a elaboração de uma *edição modernizada* do texto.

A *edição modernizada* é destinada a leitores que se interessam sobretudo pelo conteúdo do texto. Pensando nesse público-alvo, que intervenções podemos fazer no texto para que ele possa ser mais facilmente lido por leitores de hoje? Resgate o trabalho que fizemos com a mensagem instantânea na seção anterior e sistematize os aspectos do texto que poderiam ser responsáveis por possíveis problemas de leitura. Utilize as seguintes orientações:

(a) segmentação e junção de palavras;
(b) ortografia;
(c) acentuação;
(d) maiúsculas e minúsculas;
(e) pontuação;
(f) estruturação do texto.

Compare os seus resultados com o quadro abaixo:

(a) **Segmentação e junção de palavras**: *qua-/nto; sab-/es; depoi/s; com tigo; com migo.*
(b) **Ortografia**: *Bemzinho; fis; aquelle.*
(c) **Acentuação**: *voce.*
(d) **Maiúsculas e minúsculas**: à exceção das palavras do vocativo inicial (*Meu, Bemzinho*) e da primeira linha do texto em si (*Perdoa-me*), todas as demais letras estão em minúscula, inclusive em início de sentença.
(e) **Pontuação**: é bastante irregular no texto. Há somente três vírgulas.
(f) **Estruturação do texto**: não há segmentação em parágrafos.

Elaboremos, então, nossa *edição modernizada*. Leve em consideração os seguintes procedimentos de intervenção:

(a) organize o texto em parágrafos;
(b) faça a segmentação e junção de palavras que estão unidas ou separadas;
(c) pontue o texto de acordo com os padrões modernos;
(d) normatize o uso de maiúsculas e minúsculas segundo o padrão moderno;
(e) normatize a ortografia e a acentuação de acordo com o padrão vigente.

Após finalizar esta tarefa, compare a sua edição com a que apresentamos abaixo:

Meu benzinho,
Perdoa-me tudo quanto te fiz hoje, de estar beijando aquele retrato.
Tu sabes que tudo isso é brincadeira. Eu sou tua, sou incapaz de fazer isso contigo, a não ser de brincadeira.
Não te zangues comigo, minha vida. Tu sabes que tu é meu coração, que eu sou tua e tu é meu, eu vivo para você e você para mim. E mesmo depois [...]

As intervenções nessa edição poderiam ser ainda maiores. Como você deve ter observado, não modificamos o padrão de concordância encontrado com o pronome *tu*, seguido de verbo na 3ª pessoa do singular (*tu é*). Vemos, assim, que, ainda que modernizada, essa edição continuaria a servir a estudos no campo da morfossintaxe e da pragmática. No entanto, pode ser que para algum editor seja mais interessante atualizar outras questões, intervindo, assim, mais acentuadamente no texto.

O texto com o qual trabalhamos nesta seção está disponível na plataforma do *Laboratório de História da Língua Portuguesa* (*HistLing*): <https://bit.ly/2qC8bWr>. Trata-se de um bilhete amoroso, escrito no Rio de Janeiro, em 1908, por RS[1], a seu amante ASM. Esse bilhete, juntamente com outros doze

[1] Abreviamos o nome dos autores para preservar sua identidade.

textos, se encontram anexados a um processo judicial que investigou o assassinato de ASM, cometido por AFN, com quem RS era amasiada havia seis anos.

Segundo Engel (2001: 117), AFN era brasileiro, capitão-tenente da Armada, tinha 29 anos, sabia ler e escrever e teve dois filhos com RS. A jovem, no entanto, teria se envolvido afetivamente com ASM, homem "branco, desempregado, solteiro, 20 anos, brasileiro, sabendo ler e escrever". Este último havia sido acolhido por AFN em sua casa por encontrar-se desempregado e por não ter onde morar. Três meses depois, o marido começou a desconfiar de um caso entre seu amigo e sua esposa. De acordo com seu depoimento, mandou a companheira viajar, deixou seus filhos na casa dos avós paternos e expulsou o amante de sua casa, depois de ter confirmado a relação com a esposa. No dia seguinte, os dois se encontraram, discutiram e o marido deu três tiros no amante de sua esposa, matando-o. Foi absolvido por privação de sentidos e da inteligência.

■ ■ ■

Esperamos que neste capítulo tenha ficado clara a importância da filologia/crítica textual e do trabalho do filólogo no processo de preparação dos textos que poderão ser submetidos à análise linguística. Em função de critérios específicos, selecionados de acordo com objetivos predefinidos e com o público-alvo a quem o texto será dirigido, o filólogo pode realizar distintos tipos de edição, com um maior ou menor grau de intervenção. O labor filológico é importantíssimo para a preservação e fixação do texto, mantendo a fidedignidade em relação ao texto original.

Capítulo 2

# Leitura e edição de textos medievais

Até aqui, trabalhamos com dois textos de dois momentos distintos no tempo: o texto do aplicativo de mensagens instantâneas dos dias de hoje e o bilhete de amor, escrito no começo do século XX. Tivemos a oportunidade de ler um texto em suporte digital, cujos caracteres são os mesmos utilizados impressos de hoje, e um documento manuscrito.

Daremos agora um grande salto no tempo, até chegar ao período medieval. O historiador da língua que deseje trabalhar com esse período deve ter em mente que grande parte da produção escrita está sob a forma de manuscritos, uma vez que somente a partir do século XV, com a invenção da imprensa tipográfica pelo alemão Johannes Gutenberg, assistimos a uma transição da cultura dos manuscritos à cultura dos impressos.

Trabalhar com manuscritos do período medieval supõe um grau maior de dificuldades de leitura, se compararmos com o que pudemos experimentar com o bilhete de 1908, já que estaremos diante de outros tipos de escrita, não tão familiares a um leitor de hoje.

O texto[1] com o qual iremos trabalhar nesta seção é o de número 111 do *Cancioneiro da Ajuda*: uma cantiga de amor do trovador João Nunes Cama-

1 A seleção dessa cantiga não seguiu como critério a relevância ou representatividade do texto ou do trovador no conjunto da lírica trovadoresca. Como nosso objetivo principal é, mais do que explorar aspectos linguísticos e literários das cantigas medievais galego-portuguesas, proporcionar ao leitor um primeiro contato com um texto do período medieval e proceder à sua leitura, os critérios utilizados foram, além da dimensão reduzida do texto, a qualidade do manuscrito (diretamente relacionada à decifração dos grafemas utilizados) e a quantidade reduzida de aspec-

nês. Pouco se sabe desse poeta, que deixou como legado três *cantigas de amor* e cinco *cantigas de amigo*. Pelo apelido, Camanês, deduz-se que seria natural da região de Caman (Pontevedra, Galiza). É possível também que tivesse frequentado a corte de Afonso X, *o Sábio*, rei de Leão e Castela (1252-1284) (Torres, 1977: 135; Vasconcelos, 1990 [1904]: 347). Vejamos o texto[2] ao lado.

Você é capaz de ler o manuscrito? Quais são as dificuldades encontradas? Que palavras e/ou sequências podem ser reconhecidas?

De uos sennor quer
ria eu saber pois te
seiades mia mort auer. e eu non mour e
quema morrer que me digades que fa
rey eu y.
c on mia mort me seria gran ben.
por que sei ca uos prazeria en.
e pois non mouro uenn auos poren.
q ue me digades que farei eu y.
p or mia morte que uos ui deseiar.
rogueu a ds sempr e non mia qr dar
e uenno uos mia senor pguntar.
q ue me digades que farei eu y
p or mia morte roguei ds e amor
e nō mia dan por me fazer peor.
estar connosque uenn a uos senor
que me digades que farei eu y.

---

tos linguísticos específicos do período medieval que pudessem representar um obstáculo à leitura e ao entendimento do sentido por parte dos leitores modernos. As questões de natureza linguística (aspectos grafemáticos, fonético-fonológicos e morfossintáticos) serão tratadas com mais detalhes nos capítulos 4, 5 e 6 deste livro.

2 Fac-símile disponível no site do Projeto Littera: Lopes, Graça Videira; Ferreira, Manuel Pedro *et al*. (2011-), *Cantigas Medievais Galego Portuguesas* [base de dados *online*]. Lisboa: Instituto de Estudos Medievais, FCSH/NOVA. Disponível em: http://bit.ly/2BsUEb5 [acesso: 12Abril2018].

## 2.1. Elementos para a leitura de um texto medieval

Para responder a essas questões e compreender o texto medieval, adotaremos os seguintes procedimentos de leitura:

*Níveis de compreensão*

**1. Compreensão literal**
1.1. Nível filológico-paleográfico
1.2. Nível linguístico-lexical

**2. Compreensão literária**
2.1. Aspectos formais
2.2. Aspectos estilístico-literários

Nossa proposta de leitura da cantiga medieval se dará em dois momentos, de acordo com os *níveis de compreensão* propostos. Num primeiro momento, a atenção será voltada à sua decodificação. Para tanto, no nível de *compreensão literal*, trabalharemos com *aspectos filológicos e paleográficos* que nos permitirão decifrar os caracteres medievais e entender os elementos gráficos. A seguir, uma vez terminada essa tarefa filológica, passaremos ao *nível linguístico-lexical*, no qual observaremos, de forma mais geral, particularidades fonético-fonológicas, morfossintáticas e lexicais do português medieval.

Concluído esse primeiro nível de leitura, daremos início ao segundo nível, de *compreensão literária*. Ele também poderia ser dividido em outros menores, que contemplariam, por um lado, *aspectos formais*, como a estrutura do texto poético, métrica, rimas etc., e, por outro, *aspectos estilístico-literários.*

### Compreensão literal: nível filológico-paleográfico

#### *Suporte*

O objetivo primeiro da escrita é fixar, através de sinais gráficos, um texto produzido em uma língua. Para que essa fixação aconteça, são necessários *instrumentos* apropriados e um material que funcione como *suporte* da escrita.

Quanto aos suportes gráficos, encontramos diversas possibilidades, como *pedra* (sobretudo o mármore), *metal* (bronze, por exemplo), *madeira*, *papiro* (lâmina flexível retirada do talo de uma planta, *Cyperus papyrus*, preparada para ser suporte da escrita), *pergaminho* (folha lisa e delgada obtida a partir de pele de animais) e *papel*. Para cada suporte, é necessário um instrumento de escrita adequado.

Durante a Idade Média, o pergaminho, juntamente com pena de aves e tintas, foi a base material da prática de escrita. Exatamente nesse material é que foi compilado o *Cancioneiro da Ajuda*.

Hoje, em plena era digital, poderíamos incluir outros tipos de suporte para a escrita. Para mais informações, consultar as obras de Núñez Contreras (1994) e Santos (2000).

### *Iluminuras e letras capitulares*

Antes de procedermos à leitura guiada do texto, é interessante destacar alguns pontos relevantes. Na parte superior do manuscrito, podemos observar a presença de uma iluminura:

Alguns códices medievais podiam incluir, em seus fólios, um conjunto de elementos "decorativos" denominado *iluminura*. Dentro desse conjunto, destacam-se representações de cenas de temáticas diversas, referentes à vida cotidiana, às relações amorosas, às cortesãs, a batalhas etc. No caso do *Cancioneiro da Ajuda*, encontramos alguns poucos exemplos de iluminuras, que não necessariamente se relacionam diretamente às cantigas com as quais compartilham os fólios. Tratam, de forma geral, de cenas palacianas em torno da música, elemento fundamental do trovadorismo medieval. No caso do fólio que contém a cantiga de amor de João Nunes Camanês, vemos uma cena, em um interior, com três personagens: um nobre (ou músico) sentado à esquerda, um jogral de pé, ao centro, tocando uma cítola, e uma rapariga, à direita, com castanholas.

Além das imagens, o termo *iluminura* também se refere à pintura decorativa encontrada em algumas letras nos códices medievais. Ainda que esteja desprovida de pintura, vemos, abaixo da imagem, um texto de 17 linhas iniciado por uma letra "D" adornada, de maior dimensão que as demais letras:

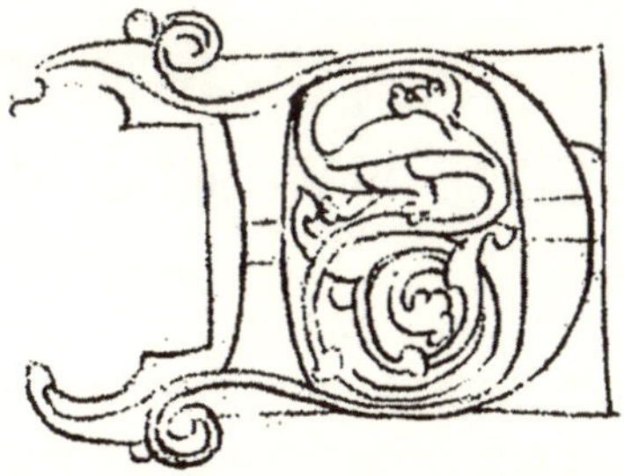

Essa letra recebe o nome de *letra capital, letra capitular* ou *capitular* e é frequentemente encontrada no início de obras, capítulos ou parágrafos de manuscritos e impressos.

Vemos também que as primeiras cinco linhas são separadas por espaços grandes:

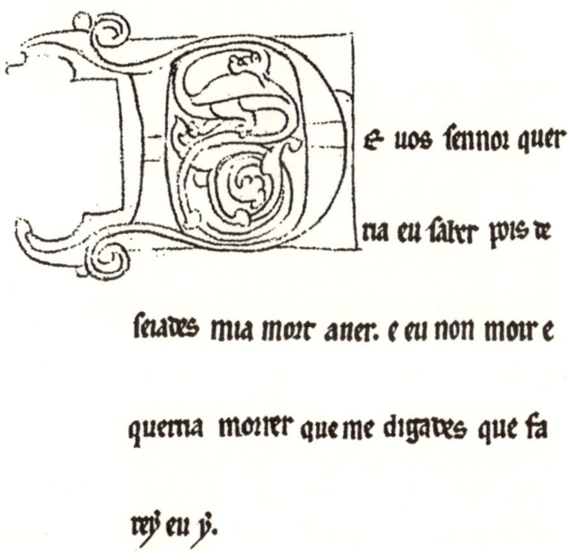


Como as cantigas eram cantadas, os espaços visualizados serviriam para abrigar a partitura da primeira estrofe da cantiga, que se repetiria nas demais, tarefa que não chegou a ser realizada. Por essa razão, a primeira estrofe não apresenta a mesma segmentação em versos que pode ser visualizada nas três estrofes seguintes.

Também podemos observar que as linhas 6, 9, 10, 13 e 14 apresentam um recuo à direita. Tal como ocorre na primeira linha, iniciada por uma letra capital, esses espaços também seriam preenchidos por letras com algum tipo de adorno, ainda que não tão grandes quanto a primeira letra do texto. Por não estarem presentes no manuscrito, caberá ao filólogo restituí-las em sua leitura. Para ilustrar, vejamos as linhas 6 e 7:

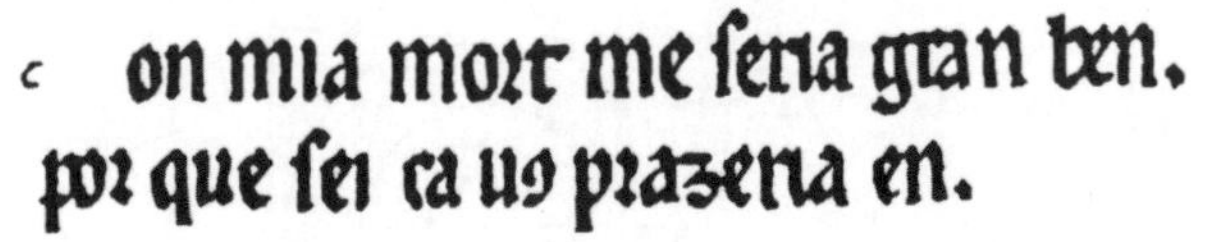
c on mia mort me seria gran ben.
por que sei ca uos prazeria en.

Iniciemos, agora, a leitura da cantiga. Para tanto, precisamos de algumas informações básicas, que nos auxiliarão nesse procedimento: a realização de algumas letras específicas, a segmentação e junção de palavras, as letras omitidas, os casos de elisão vocálica, as abreviaturas e, por fim, o polimorfismo gráfico.

### *Palavras, grafemas e alógrafos*

No plano da escrita, uma *palavra* seria um sinal ou um conjunto de sinais gráficos. Esses sinais, comumente conhecidos pelo nome mais geral de *letras*, são tecnicamente denominados de *grafemas*[3], unidades mínimas pertencentes ao *sistema grafemático*.

Antes, no entanto, de apresentar os grafemas que mais chamam a atenção dos leitores de hoje em dia, vamos fazer o mesmo exercício que fizemos com o bilhete. Leia a cantiga e transcreva todas as palavras e sequências que conseguir, deixando um espaço para as passagens de difícil decifração. Esse exercício já constitui o início da elaboração da *edição diplomática* que iremos realizar na seção 2.2.

Em primeiro lugar, você deve ter observado a presença clara de espaços entre algumas sequências de letras que poderiam ser, em princípio, palavras. Após a sensação inicial de dificuldade para proceder à leitura do manuscrito, você notou que algumas sequências podem ser facilmente decifradas por um leitor moderno. Em outros momentos, no entanto, pode ser que consigamos entender as letras, mas não sejamos capazes de atribuir um significado a determinada sequência. Essa sensação é completamente normal quando enfrentamos

[3] Ainda que *grafema* seja o termo técnico aplicado em linguística, em determinados momentos do texto, utilizaremos o termo genérico *letra* como sinônimo de *grafema*.

um texto medieval pela primeira vez. O primeiro passo da leitura consiste exatamente em decifrar as letras de determinada sequência; posteriormente, voltamos ao texto para capturar seu sentido e significado.

Após esse primeiro exercício, é bastante provável que você tenha sido capaz de reconhecer as seguintes palavras e/ou sequências e que tenha tido a sensação de que o texto está escrito em português:

| Linha | Palavra | |
|---|---|---|
| 2 | eu | eu |
| | pois | pois |
| 3 | mia | mia |
| | e | e |
| | eu | eu |
| | non | non |
| | e | e |
| 4 | que | que |
| | me | me |
| | que | que |
| 5 | eu | eu |
| 6 | mia | mia |
| | me | me |
| | ben | ben |
| 7 | que | que |
| | en | en |
| 8 | e | e |
| | pois | pois |
| | non | non |
| 9 | me | me |
| | que | que |
| | eu | eu |
| 10 | mia | mia |
| | que | que |
| 11 | a | a |
| | e | e |
| | non | non |
| | mia | mia |
| 12 | e | e |
| | mia | mia |
| 13 | me | me |
| | que | que |
| | eu | eu |
| 14 | mia | mia |
| | e | e |
| 15 | e | e |
| | mia | mia |
| | me | me |
| 16 | a | a |
| 17 | que | que |
| | me | me |
| | que | que |
| | eu | eu |

Neste primeiro reconhecimento, é possível que o grafema que tenha imposto a maior dificuldade tenha sido o <e> que, em alguns casos, apresenta a dobradura superior da haste de forma bastante fechada, impedindo a formação clara de uma estrutura arredondada. Essa é a razão pela qual, muitas vezes, facilmente confundimos o grafema <e> com o <c>, que também apresenta uma estrutura curvada, sem o fechamento na parte superior. Este último pode ser visto na linha 7, na palavra "ca": ca.

No texto com o qual estamos trabalhando, podemos observar que alguns grafemas se realizam de distintas formas, como o <s>, o <r> e o <d>. Vejamos o quadro abaixo, que sistematiza essas possibilidades:

| | | | |
|---|---|---|---|
| <s> | s | digades | digades (l.13) |
| | ſ | ſei | sei (l.7) |
| <r> | r | dar | dar (l.11) |
| | ꝛ | ſennoꝛ | sennor (l.1) |
| <d> | d | digades | digades (l.13) |
| | ꝺ | digaꝺes | digades (l.13) |

Neste momento, é fundamental tecer alguns comentários mais gerais sobre os conceitos básicos correspondentes às unidades utilizadas na descrição do *sistema grafemático*: os *grafemas* e os *alógrafos*. Seguimos aqui a Rodríguez Guerra e Varela Barreiro (2007: 475), em seu estudo intitulado *As grafias no Cancioneiro da Ajuda*, para quem os grafemas seriam a menor unidade distintiva e/ou significativa da cadeia escrita, composta por uma letra ou por um grupo de letras (como no caso dos dígrafos ou das geminadas, por exemplo), por uma letra acentuada ou acompanhada de um sinal auxiliar. Paralelamente ao que ocorre em outros níveis da língua, como a fonologia e a morfologia, um *grafema* pode ser realizado, em termos paleográficos, de distintas formas. Esses seriam os *alógrafos* de um mesmo grafema.

No quadro acima, o grafema <s> pode ser realizado pelo "s" longo ſ, como em *sei* (l. 7), ou pelo "s" de dupla curva (também conhecido como "s" redondo ou "s" sigmático) s, visto em *digades* (l. 13).

O grafema <r>, por sua vez, conta com dois alógrafos: um "r" de traço reto (ou "r" martelo) r, em *dar* (l. 11), ou um "r" redondo ꝛ, em *sennor* (l. 1).

Por fim, o grafema <d> pode ser expresso pelo "d" reto d e pelo "d" uncial ꝺ, como podemos ver no primeiro e no segundo <d> de *digades* (l. 13), respectivamente.

Desses grafemas, é bastante fácil confundir, por exemplo, o <s>, em sua realização longa, com o grafema <f>. Este último, no entanto, apresenta um traço horizontal que cruza a haste em sua metade, como podemos ver em "*fazer*" (l. 15) e "*farei*" (l. 17), respectivamente: fazer, farei.

Da mesma forma, a primeira representação do grafema <r>, de traço reto, como apresentado anteriormente, também mostra semelhanças com o grafema <t>, como em "*estar*" (l. 16) e "*morte*" (l. 14), respectivamente: eſtar, moꝛte. A diferença, bastante sutil em alguns casos, está no fato de o grafema <t> apresentar um prolongamento vertical da haste, que continua após o traço horizontal que a corta.

Alguns grafemas também podem representar tanto sons vocálicos quanto consonânticos, como <u> e <i>:

| | | | |
|---|---|---|---|
| | /u/ | p̃guntar. | preguntar (l. 12) |
| <u> | /w/ | eu | eu (l. 13) |
| | /v/ | uos | uos (vós) (l. 1) |
| | /i/ | digades | digades (l. 13) |
| <i> | /j/ | ſei | sei (l. 7) |
| | /(d)ʒ/ | deſeiar. | deseiar (desejar) (l. 10) |

O português atual mantém a utilização dos grafemas <u> e <i> para as vogais (/u/, /i/) e semivogais (/w/, /j/). No caso dos sons consonânticos (/v/, /(d)ʒ/), utilizamos os grafemas <v> e <j>, que ainda não estão presentes no nosso texto, mas que passariam a fazer parte da documentação em português em períodos posteriores.

O grafema <y> apresenta um ponto sobreposto como parte constitutiva da letra. Da mesma forma que o grafema <i>, pode representar tanto a vogal /i/ quanto a semivogal /j/:

| | | | |
|---|---|---|---|
| <y> | /i/ | ẏ | y (i) (l. 13) |
| | /j/ | fa reẏ | farey (farei) (l. 4-5) |

Agora que já sabemos essas informações de natureza paleográfica, somos capazes de decifrar mais algumas palavras ou sequências. Volte ao manuscrito e veja que novas palavras ou sequências você poderia incorporar ao primeiro levantamento feito.

Após essa tarefa, é bastante provável que sua lista inicial agora tenha aumentado. Lembre-se de que nosso objetivo, por ora, é proceder à leitura dos grafemas e não necessariamente entender o que determinadas sequências significam.

Compare o seu trabalho com o quadro abaixo:

| Linha | Palavras / Sequências | |
|---|---|---|
| 1 | uos | uos |
| | sennor | sennor |
| | quer | quer |
| 2 | ria | ria |
| | saber | saber |
| | de | de |
| 3 | seiades | seiades |
| | mort | mort |
| | auer. | auer |
| | moir | moir |
| 4 | querria | querria |
| | morrer | morrer |
| | digades | digades |
| | fa | fa |
| 5 | rey | rey |
| | y | y |
| 6 | on | on |
| | mort | mort |
| | seria | seria |
| | gran | gran |
| 7 | por | por |
| | sei | sei |
| | prazeria | prazeria |
| 8 | moiro | moiro |
| | uenn | uenn |
| | auos | auos |
| | poren | poren |
| 9 | ue | ue |
| | digades | digades |
| | farei | farei |
| | y | y |
| 10 | or | or |
| | morte | morte |
| | ui | ui |
| | deseiar. | deseiar |
| 11 | rogueu | rogueu |
| | sempr | sempr |
| | dar | dar |
| 12 | uenno | uenno |
| 13 | ue | ue |
| | digades | digades |
| | farei | farei |
| | y | y |
| 14 | or | or |
| | morte | morte |
| | roguei | roguei |
| | amor | amor |

| | | |
|---|---|---|
| 15 | dan | dan |
| | poꝛ | por |
| | fazer | fazer |
| | peoꝛ. | peor |
| 16 | eſtar | estar |
| | conuoſque | conuosque |
| | uenn | uenn |
| | uos | uos |
| 17 | digades | digades |
| | farei | farei |
| | ẏ | y |

*Segmentação e junção de palavras*

Vejamos agora outras informações que nos ajudarão a entender o texto. Algumas palavras se encontram de forma segmentada. Em três casos, a segmentação se dá em função de a palavra ocupar a última posição da linha, sem a presença de nenhum elemento gráfico que sinalize a separação silábica. Todos esses exemplos se encontram justamente na primeira estrofe, que não apresenta a segmentação de versos correspondente às demais estrofes:

| | |
|---|---|
| quer (l. 1) | querria |
| ria (l. 2) | |
| de (l. 2) | deseiades |
| ſeiades (l. 3) | |
| fa (l. 4) | farey |
| reẏ (l. 5) | |

Além desses casos, registramos uma segmentação que ocorre em um mesmo verso, que corresponde a um uso distinto do padrão atual. Podemos observar, na linha 7, que a conjunção *porque* se encontra segmentada: **poꝛ que**.

Por outro lado, alguns vocábulos se apresentam unidos, sem a presença de um espaço que defina a fronteira vocabular:

| Linha | Sequência | |
|---|---|---|
| 3 | auer̃. | a_uer |
| 8 | auos | a_uos |
| | pꝛen | por_en |
| 11 | mia | mi_a |
| 15 | mia | mi_a |

Esses casos certamente dificultam a leitura de um texto antigo. Nos dois primeiros exemplos, temos a junção da preposição *a* a outro elemento: o verbo *ver* (l. 3) e o pronome *vós* (l. 8). Ainda na linha 8, encontramos mais um caso de junção, dessa vez da preposição *por* ao pronome anafórico *en*. Por fim, nos dois últimos casos apresentados, estamos diante da ausência de segmentação entre o pronome objeto indireto *mi* e o pronome objeto direto *a*. É interessante apontar que, nesse caso, a forma gráfica que essa junção assume se iguala ao pronome possessivo feminino *mia*, como pode ser visto na linha 3, por exemplo: **mia**.

### *Elisão vocálica*

Casos mais particulares de junção, relacionados à elisão vocálica, também podem ser encontrados. Vejamos os dados:

| Linha | Sequência | |
|---|---|---|
| 11 | ꝛogueu | rogu'eu |
| 16 | conuoſque | conuosqu'e |

No primeiro caso, observamos a junção do verbo *rogar*, conjugado na 1ª pessoa do singular do presente do indicativo ("rogo"), ao pronome *eu*. Já no segundo exemplo, vemos a união entre o pronome oblíquo *convosco* e a conjunção aditiva *e*. Diferentemente dos casos apontados no quadro anterior, aqui estamos diante de junções em que a última letra da primeira palavra está elidida. Nesses casos particulares, a presença do grafema <u> pode ser explicada por questões fonéticas, para justificar a união entre consoantes oclusivas velares e a vogal média /e/.

O recurso à elisão é bastante frequente nas cantigas, já que os versos precisavam ter um número específico de sílabas, respeitando determinada métrica. Por isso, muitas vogais finais, em posição de centro de sílaba, são suprimidas, já que eliminar uma vogal significava automaticamente eliminar uma sílaba do verso. Assim, a consoante final da primeira palavra passa, agora, a compor uma sílaba com a primeira vogal da palavra seguinte[4].

Vejamos outros exemplos de elisão na cantiga:

| LINHA | SEQUÊNCIA | |
|---|---|---|
| 3 | moꝛt auer̃. | mort'a_uer |
| 3 | moir e | moir'e |
| 8 | uenn auos | uenn'a_uos |
| 11 | ſempꝛ e | sempr'e |
| 16 | uenn a uos | uenn'a uos |

Esses casos de elisão não se encontram em palavras unidas, como ocorre com *rogueu* e *conuosque*. Aqui, vemos um espaço entre os vocábulos. No primeiro caso, podemos observar que a última vogal do nome *morte* está ausente. A oclusiva surda /t/ passa a formar uma sílaba com a preposição *a*. Vale observar que o mesmo nome em sua forma plena encontra-se na linha 14: **moꝛte**. Já no segundo caso, foi suprimida a última vogal do verbo *morrer* conjugado na 1ª pessoa do singular do presente do indicativo ("moiro"). Aqui, a vibrante em ataque silábico passa agora a formar uma sílaba com a vogal /e/, isto é, com a conjunção aditiva *e*. A título de comparação, o verbo cuja última vogal foi elidida encontra-se em sua forma plena na linha 8, em que vemos *moiro*: **moiro**. Na linha 11, observamos a elisão da última vogal do advérbio *sempre*, diante da conjunção aditiva *e*. Por fim, nos casos das linhas 8 e 16, encontra-se suprimida a última vogal do verbo *vir* na 1ª pessoa do singular do presente do indicativo ("venho"). Precisamos entender que a sequência <nn> representa a consoante nasal palatal /ɲ/. Essa consoante passa a estar ligada, então, à preposição *a* na sequência *venho a vós*. É igualmente interessante observar que o verbo em questão apresenta-se em sua forma plena na linha 12: **uenno**.

---

4 Esse recurso ainda se mantém em português, como na sequência copo *d'água*, por exemplo.

### *Omissão de grafemas*

Tratemos, agora, dos grafemas omitidos em casos distintos aos de elisão. Como comentado anteriormente, as linhas 6, 9, 10, 13 e 14 estão recuadas à direita por carecerem da primeira letra de suas primeiras palavras. Nesse caso, o filólogo será o responsável por restituí-las, indicando através de colchetes as intervenções realizadas. Vejamos:

| LINHA | PALAVRA | |
|---|---|---|
| 6 | on | [c]on |
| 9 | ue | [q]ue |
| 10 | or | [p]or |
| 13 | ue | [q]ue |
| 14 | or | [p]or |

Um único caso, distinto do que acabamos de ver acima, precisa ser comentado. Como se sabe, as cantigas foram compiladas em códices através do trabalho de copistas. Qualquer trabalho humano pode apresentar algum tipo de falha, e não seria diferente com os copistas medievais. Muitas vezes, por descuido, podemos introduzir algum tipo de erro no ato da cópia, como copiar uma mesma sequência duas vezes ou deixar de copiar uma letra, uma palavra ou até mesmo uma linha inteira. Na nossa cantiga, temos, na linha 6, um caso de omissão de vogal em um contexto que não permitiria elisão, uma vez que a palavra seguinte começa por uma consoante. Nesse caso, em que não há nenhuma explicação aparente, cabe ao filólogo restituir a letra ausente. Para contraste, podemos ver que em outros momentos do texto, como na linha 14, a palavra em questão se encontra em sua forma plena:

| LINHA | PALAVRA | |
|---|---|---|
| 6 | mort | mort[e] |
| 14 | morte | morte |

### *Abreviaturas*

Outros elementos que talvez possam obstruir a leitura são as *abreviaturas*, também conhecidas como *recursos braquigráficos*. Antes, no entanto, de apresentá-las, façamos a seguinte atividade: releia o texto e faça uma lista das abreviaturas encontradas. Você é capaz de reconhecê-las?

Após esse exercício, você deve ter chegado ou se aproximado do seguinte quadro. Na última coluna, as abreviaturas estão desenvolvidas e as letras omitidas estão destacadas em *itálico sublinhado*, para que saibamos que letras estavam presentes no original e quais foram fruto de nossa intervenção. Os traços gerais abreviativos que se encontravam claramente sobrepostos a vogais e consoantes foram reproduzidos como "-" sobre o respectivo grafema:

| LINHA | ABREVIATURA | | |
|---|---|---|---|
| 3 |  | uēr | u*e*er |
| 7 |  | u9 | u*os* |
| 10 |  | u9 | u*os* |
| 11 |  | d's | d*eu*s |
| 11 |  | q̄r | q*ue*r |
| 12 |  | u9 | u*os* |
| 12 | 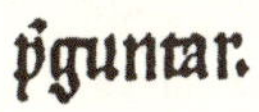 | p̄guntar | p*re*guntar |
| 14 |  | d's | d*eu*s |

Observamos, no quadro acima, a presença de diferentes recursos abreviativos. Tomando por base o estudo de Arbor Aldea, Rodríguez Guerra e Varela Barreiro (2014) sobre as abreviaturas no *Cancioneiro da Ajuda*, os recursos abreviativos encontrados são classificados da seguinte forma: *traço geral abreviativo*; *signos particulares*; *letras sobrepostas* e *siglas*. De todos esses recursos, registramos na cantiga que estamos analisando apenas os dois primeiros procedimentos.

O *traço geral abreviativo* pode, no *Cancioneiro da Ajuda*, se realizar de diferentes maneiras, de acordo com sua posição em relação à caixa de escritura ou à haste vertical de alguns grafemas. Podem ser, assim,

(a) *traços sobrepostos*, realizados como pequenos traços ou pontos com ou sem prolongamento à direita ou à esquerda;
(b) *traços inferiores horizontais* que cortam a haste vertical;
(c) *traços que cortam a haste vertical em sua zona média*, de forma oblíqua ou laçada.

Em nosso caso, encontramos somente traços sobrepostos, como em *uēr* (l. 3), *q̄r* (l. 11) e *p̄guntar* (l. 12), que abreviam as sequências <e>, <ue> e <re>, respectivamente.

No caso do desenvolvimento das abreviaturas presentes em textos medievais, o filólogo deve buscar no mesmo texto, em outros do mesmo autor ou em autores coetâneos, isto é, do mesmo período, se o vocábulo em questão aparece de forma desenvolvida. Assim, o desenvolvimento das abreviaturas se dará em função das formas patentes encontradas. Em nosso caso, não encontramos tais formas desenvolvidas, mas se pensarmos de uma forma mais ampla, considerando todo o *Cancioneiro da Ajuda*, encontraremos elementos que apoiam os desenvolvimentos sugeridos. Essa é a razão pela qual desenvolvemos *uēr* por "u*e*er", *q̄r* por "q*ue*r" e *p̄guntar* por "p*re*guntar".

No que se refere aos *signos particulares*, contamos com dois recursos distintos na cantiga de João Nunes Camanês: o uso do *apóstrofo* <'> (em posição superior) e um sinal abreviativo em forma de "nove" que se situa na caixa de escritura <9> (ainda que, em outros casos, também possa estar sobreposto <$^{9}$>). Não contamos na cantiga com um sinal muito utilizado durante o período medieval, a *nota tironiana* <τ>, utilizada para representar a conjunção aditiva *e*. Na cantiga, encontramos o apóstrofo na forma *d's* (l. 11; 14), estando a sequência <eu> abreviada: "d*eu*s".

O signo paleográfico <9>, por sua vez, pode ser visto em *u9* (l. 7, 10, 12). Esse é um recurso utilizado na tradição escrita latina para abreviar algumas sequências, dentre as quais nos interessa mais particularmente a terminação "*-us*". Nos textos romances, no entanto, alguns filólogos preferem desenvolvê-lo por "*-os*", como em "u*os*". É interessante perceber como um recurso paleográfico pode indicar claramente uma distribuição morfossintática: por um lado, os pronomes tônicos de 2ª pessoa do plural presentes na cantiga, seguidos de preposição, são representados por *uos* em *DEuos* (l. 1) e *a uos* (l. 16); as formas átonas, por outro, aparecem abreviadas como *u9*. Esse talvez tenha sido um recurso para compensar a ausência de acentuação e diferenciar as formas pronominais. Obviamente, essas observações, que se aplicam à cantiga analisada, precisam ser relativizadas se tomarmos todo o *Cancioneiro* como *corpus*, em que também se registra, ainda que com menor frequência, o sinal <9> como recurso abreviativo nas formas tônicas.

Vejamos agora outras abreviaturas presentes na cantiga. À diferença das mostradas anteriormente, elas coexistem no texto com as respectivas formas plenas. Nesses casos, o desenvolvimento das abreviaturas se dará em função do que estiver presente nas formas não abreviadas.

Na palavra *sēnor* (l. 12; 16), vemos a presença do traço geral que abrevia a consoante nasal que compõe a sequência <nn>, representativa da nasal palatal.

Por fim, na linha 15, observamos que a consoante nasal em posição final de palavra se encontra abreviada por um traço abreviativo apoiado sobre a vogal: *nō*. Nos dois casos, temos evidências na própria cantiga de como desenvolvê--las: "se*n*nor" e "no*n*", respectivamente.

| Palavra abreviada | | | | Palavra não abreviada | | |
|---|---|---|---|---|---|---|
| l. 12 | ſēnoꝛ | sēnor | se*n*nor | l. 1 | ſennoꝛ | sennor |
| l. 15 | nō | nō | no*n* | l. 3 | non | non |
| l. 16 | ſēnoꝛ | sēnor | se*n*nor | l. 1 | ſennoꝛ | sennor |

*Polimorfismo gráfico*

Também chama a atenção nos manuscritos medievais o *polimorfismo gráfico*, possibilidade de encontrarmos palavras grafadas de diferentes formas. Leia novamente a cantiga e verifique que casos podem ser encontrados.

Compare os seus resultados com o quadro abaixo:

| Polimorfismo gráfico | | |
|---|---|---|
| fa rey (l. 4-5) | farei (l. 9, 13, 17) | farey — farei |
| me (l. 6, 9, 13, 17) | mi (l. 11, 15) | me — mi |
| ſennoꝛ (l. 1) | ſēnoꝛ (l. 12, 16) | sennor — sēnor |
| non (l. 3, 8, 11) | nō (l. 15) | non — nō |

Há oscilação em diversos níveis do plano gráfico. No primeiro caso, o verbo *farey* coexiste com *farei*, em que vemos uma flutuação na forma de representar a semivogal em posição final de palavra, ora com <y>, ora com <i>. O pronome objeto indireto de 1ª pessoa também assume duas formas, com os grafemas <e> e <i>. Esse último caso, no entanto, ocorre somente quando o clítico dativo está diante do pronome clítico objeto direto *a*. Os dois últimos mostram ocorrências de oscilação entre uma palavra desenvolvida (*sennor, non*) e as respectivas formas abreviadas (*sēnor, nō*).

O *polimorfismo gráfico* é, talvez, um dos aspectos mais salientes dos textos medievais, sobretudo na documentação em prosa não literária; mas podemos ver que ele também ocorre, ainda que em menor escala, na documentação poética. A falta de uniformidade gráfica se reflete numa variação que pode ser definida como a coexistência entre elementos gráficos distintos utilizados para expressar o mesmo conteúdo representacional (Emiliano, 1995). Tal como vimos no caso dos grafemas <i> e <u>, também aqui poderíamos dizer que as variantes podem ser entendidas como *alógrafos* de um mesmo grafema.

A coexistência de distintos padrões muitas vezes torna os textos medievais um tanto quanto caóticos para alguns leitores iniciantes, por introduzir um grau considerável de dificuldade na sua decifração e decodificação. Mas por que isso ocorre?

A ausência de normatização encontra explicação na própria história da tradição escrita em línguas romances. Sabemos que a modalidade do latim vulgar que se desenvolve no noroeste da Península Ibérica é, sobretudo, a falada. Durante a Idade Média, a produção escrita circulava, em um primeiro momento, em latim. No entanto, a partir do século XIII (ou finais do XII),

> a evolução linguística tinha distanciado tão profundamente do latim a língua falada na região que os documentos públicos já não eram compreendidos pelo povo que, embora os não lesse, os ouvia ler aos escribas que fixavam por escrito, dando-lhes forma jurídica, os contratos, as doações, os testamentos, os actos de compra e venda, os arrendamentos, os actos de partilhas etc. Tal situação acabaria por exigir o uso da língua vulgar em textos desse teor, surgindo, a partir de então, os primeiros documentos relativos ao domínio galego-português (Maia, 1986: 884-885).

Como os textos até então eram escritos em latim, o século XIII presenciaria o processo de emergência de uma *scripta* romance a partir de uma *scripta* latino-romance e, consequentemente, o início da fixação gráfica em galego-português. Nesse cenário, os escribas e copistas tinham à sua disposição os modelos gráficos do latim. No entanto, no processo de diferenciação do latim vulgar, novos sons, inexistentes no latim, foram inseridos no sistema da língua, sobretudo no que se refere às consoantes palatais, como veremos no capítulo 4.

Como representar, na escrita, esses novos sons? Durante algum tempo, os escribas adotaram soluções gráficas conservadoras e seguiram representando esses sons da mesma forma ou de forma aproximada ao latim, com grafias etimológicas ou latinizantes, até o momento em que começaram a surgir soluções gráficas mais criativas e inovadoras, obtidas a partir de algum tipo de experimentação, que passariam a incorporar o repertório gráfico do novo romance. Nesse sentido, é bastante frequente encontrarmos hesitações gráficas em textos elaborados pelo mesmo escriba e, até mesmo, dentro de um mesmo texto, em uma situação de instabilidade repleta de casos de polimorfismos gráficos (Maia, 1986; Cabrera Morales, 2003; Boullón Agrelo; Monteagudo, 2009).

Isso ocorria porque não havia, no período medieval, uma norma gráfica comum, uma *scripta* propriamente dita (não se deveria aplicar o termo *orto-*

*grafia* ainda). Vale lembrar que, durante o século XIII, a produção escrita, ainda que fosse praticada em romance, continuava a se dar, também, em latim, já que o português somente seria oficializado como língua escrita em 1279, na chancelaria régia de D. Dinis.

Segundo Castro (1991: 356), o português da Idade Média não conhecia ainda "o poder coercitivo das gramáticas, que nessa época se concentravam exclusivamente sobre o latim — única língua então ensinada na escola, e a poucos". Para que haja uma ação de natureza normativizadora, teremos de esperar até o final do período medieval. É no século XVI que começam a aparecer as primeiras reflexões metalinguísticas sobre o português: a *Grammatica da lingoagem portuguesa*, de Fernão de Oliveira, em 1536 e a *Grammatica da lingua portuguesa*, de João de Barros, em 1540. Esta última traz a primeira proposta ortográfica para a língua portuguesa. Em 1574, Pêro Magalhães de Gândavo publicaria as *Regras que ensinam a maneira de escrever e a ortografia da língua portuguesa*, uma nova proposta de normativização ortográfica. Essas propostas, inspiradas em grande parte no modelo latino de escrita, não eram, no entanto, estritamente seguidas pelos seus próprios autores e, como não seria de se estranhar, pelos escribas do século XVI.

Na ausência de um modelo fixo ou padrão, no período medieval, cada copista ou escriba possuía uma espécie de norma gráfica pessoal, adquirida através do ensino e de uma prática com a cultura escrita ao longo de sua vida (Castro, 2004).

Segundo Emiliano (1995: 14-15), os casos de polimorfismo gráfico foram geralmente explicados pelos filólogos tradicionais como oscilações, hesitações, vulgarismos ou erros, como acidentes no processo da escrita causados pela ineficiência dos escribas. No entanto, os usos gráficos variáveis não representam uma anomalia, uma desordem na representação de determinados sons. Como o fato de escrever em romance era uma situação nova para os escribas, havia a necessidade de experimentar novas soluções a partir do repertório do qual se dispunha, de herança latina. A variação se traduz assim na existência de princípios gráficos alternativos em competição, obedecendo a características culturais e linguísticas da época em que os textos foram elaborados. Em outras palavras, em vez de colocarmos o peso em fatores alheios à escrita, como a falta de preparo dos escribas, e de vermos a *escrita hesitante* como anomalia, deveríamos entender a variação como uma propriedade intrínseca da língua escrita medieval, um aspecto próprio da prática de escrita, que não se manifesta através de padrões aleatórios, mas de padrões reconhecíveis e detectáveis (Emiliano, 1995; Cabrera Morales, 2003; Castro, 2004; Boullón Agrelo; Monteagudo, 2009).

Os elementos até aqui tratados nos mostram que, de maneira geral, o texto medieval apresenta uma pluralidade de padrões não só no que se refere à *scrip-*

*ta*, mas a distintos níveis: no nível paleográfico, vimos a existência de formas alógrafas para representar os grafemas <s>, <r> e <d>; no nível gráfico, tivemos a oportunidade de visualizar a ausência de junção ou segmentação de alguns vocábulos, assim como algumas abreviaturas, que podiam ou não ocorrer. Vamos observar, agora, mais alguns elementos que podem apontar para uma ausência de padronização: a pontuação e o uso de maiúsculas e minúsculas.

### *Pontuação*

Antes de comentarmos a pontuação presente na cantiga, faça você mesmo essa atividade. Que sinais de pontuação podem ser encontrados e como são utilizados? Há alguma regularidade em seu uso?

Para um leitor moderno, a pontuação é certamente um dos fatores que mais dificultam a leitura na escrita medieval. À primeira vista, num texto em prosa não literária, por exemplo, como teremos a oportunidade de experimentar nos capítulos 3, 4 e 5, a pontuação parece ser precária e caótica, sendo utilizada de forma bastante peculiar, muito distanciada do padrão moderno do português. Nesse sentido, do mesmo modo que ocorre com o polimorfismo gráfico, a pontuação medieval é entendida por muitos como sendo pouco sistemática, irregular, aleatória e arbitrária, fruto de estratégias próprias dos escribas, tendo seu uso associado à pausa respiratória da língua falada, isto é, de natureza exclusivamente prosódica (Machado Filho, 2004: 55).

Nos textos latinos mais antigos, a pontuação é praticamente inexistente. Ainda considerando a história da cultura escrita em latim, introduzem-se, em momentos posteriores, alguns sinais, como o ponto. No período medieval do português, enquanto "muitas das soluções gráficas, para indicação da pontuação, se baseavam ainda, pela própria força da tradição comum à língua escrita, em antigos sistemas latinos, outras introduziam-se, para dar conta das necessidades da realidade linguística e das novas mentalidades humanas que se conformavam" (Machado Filho, 2002: 356).

Cada época histórica apresenta sistemas particulares. É exatamente isso que acontece com a grafia, como tivemos a oportunidade de ver nas páginas anteriores, e com a pontuação. De acordo com Machado Filho (2004), o sistema de pontuação medieval deve ser visto como um sistema próprio que, ainda que incipientemente, apresentava sistematicidade e regularidade, servindo como recurso auxiliar na notação não só de aspectos melódicos, rítmicos ou pausais (orientativos para o ato da leitura em voz alta, prática tão comum à época), mas também sintáticos, tal como ocorre com a pontuação moderna do português:

> Os hábitos de pontuar [...] relativos ao período arcaico da língua portuguesa não teriam sido assim indiligentes nem muito menos assistemáticos, mas parec[em], antes, se fundamentar "entre uma utilização lógico-gramatical e um emprego provavelmente apoiado em características da língua falada" (Machado Filho, 2002: 354).

A sistematicidade apontada pelo autor pode ser encontrada na cantiga que estamos analisando. Você deve ter observado que o único sinal encontrado é o ponto. Diferentemente do que encontramos em outros textos do período, sobretudo na documentação notarial, no caso dessa cantiga em particular podemos dizer que a utilização da pontuação, ainda que não seja a mesma do padrão atual do português no que se refere ao seu emprego diante de letras minúsculas, é, de alguma forma, regular: os pontos são utilizados única e exclusivamente no final de versos, encerrando determinada ideia. Esse procedimento fica bastante visível nas linhas 5, 6, 7, 8, 9, 10, 12, 15 e 17. O caso do ponto presente na linha 3 poderia, em princípio, destoar dos demais, mas devemos lembrar que a primeira estrofe não está organizada em versos como as demais.

### *Maiúsculas e minúsculas*

Que dizer em relação ao emprego de maiúsculas e minúsculas em nosso texto? Há alguma regularidade? Leia-o novamente e comente.

Quanto ao emprego de maiúsculas e minúsculas, na cantiga medieval, ainda não encontramos um uso sistemático. De forma geral, a cantiga apresenta majoritariamente letras minúsculas. A única exceção pode ser vista na linha 1, na primeira palavra do texto, "DE", em que as duas letras estão em maiúsculas, sendo a primeira delas a letra capitular que introduz a cantiga:

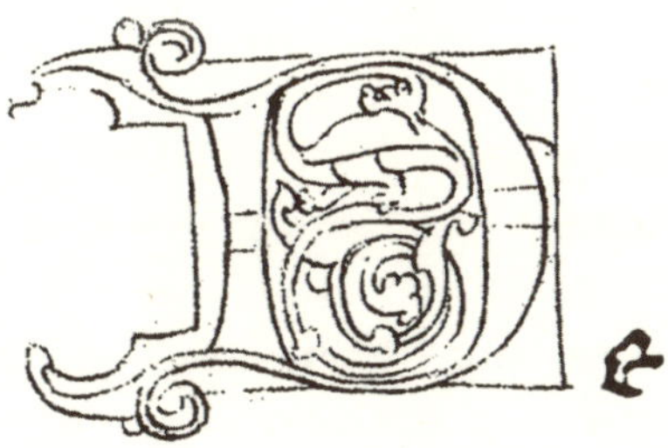

Em todo o restante, observamos a presença de letras minúsculas, em casos nos quais, segundo o padrão atual do português, utilizaríamos maiúsculas: depois do ponto, indicando início de uma nova sentença, e em nomes próprios que designam entidades religiosas como *Deus*:

| Letras minúsculas | |
|---|---|
| após ponto | ſeiades mia moꝛt auer̄. e eu non moir e |
| Deus | dś |

Até aqui, já conseguimos realizar uma primeira leitura no nível da *compreensão literal*, entendendo os grafemas presentes e algumas questões relacionadas com o plano gráfico (*nível filológico-paleográfico*). Você deve ter observado que somente compreender as letras e algumas de suas particularidades não é requisito suficiente para conseguir decodificar a mensagem. Isso ocorre porque, como leitores modernos, desconhecemos algumas construções gramaticais e o significado de algumas palavras antigas que não sobreviveram em estágios posteriores do português e/ou que sofreram algum tipo de mudança semântica. Para dar continuidade à compreensão literal da cantiga, vejamos, agora, o *nível linguístico-lexical*.

### Compreensão literal: nível linguístico-lexical

Ainda no nível da *compreensão literal*, vejamos algumas questões linguísticas e lexicais que nos permitirão entender o significado da cantiga. Comecemos pelo *nível linguístico*. Como trataremos dos aspectos linguísticos de forma mais pormenorizada nos capítulos 4, 5 e 6, simplificaremos aqui a abordagem e apontaremos somente as formas linguísticas que poderiam representar, do ponto de vista morfossintático, algum problema à compreensão literal da cantiga para um leitor de hoje. Remetemos o leitor ao estudo intitulado *Morfoloxía do Cancioneiro da Ajuda*, de Maria Sol López Martínez e Eduardo Moscoso Mato, de 2007, para uma caracterização mais abrangente dos aspectos morfológicos e morfossintáticos. No que se refere aos aspectos grafemáticos e fonético-fonológicos, resgataremos as informações já mencionadas e faremos um comentário mais sintético.

Selecionamos os seguintes casos para o comentário morfossintático: *sennor/sẽnor, mia, uos, y, en, ca* e *moiro*. Você é capaz de explicar as particularidades dessas formas presentes na cantiga? Para realizar essa atividade, pesquise em gramáticas históricas do português e dicionários etimológicos.

No que se refere à morfologia nominal, chama a atenção a presença, na primeira linha, da forma *sennor* (também registrada como *sẽnor* em outras linhas). As cantigas de amor se caracterizam pela presença de uma voz masculina (a do poeta), que canta suas inquietudes amorosas para seus colegas ou diante da própria dama. Nesse tipo de cantiga, é bastante frequente ocorrer a forma *senhor* no primeiro ou no segundo verso (Vasconcelos, 1990 [1904], v. 1, *glossário*: 85). No período medieval, os nomes terminados em "*-or*" ainda eram invariáveis em relação ao gênero, ou seja, podiam ser tanto masculinos quanto femininos. No texto, essa forma é utilizada para caracterizar o destinatário, no caso, a amada, sendo, portanto, uma forma feminina. Podemos ver uma evidência do gênero feminino na linha 12, com *mia sẽnor*, em que o possessivo átono de 1ª pessoa *mia* ("minha") está na forma feminina exatamente como consequência da relação de concordância estabelecida com o nome.

Em relação ao sistema pronominal, além da forma possessiva *mia*, observamos que o trovador utiliza a forma *uos* (Vós) para se dirigir à amada. Remetemos à leitura do capítulo 6 para maiores detalhes sobre o assunto. Para o nível de compreensão linguística proposto aqui, basta mencionar que *Vós* era usado no português medieval como tratamento de cortesia e/ou distanciamento. Na cantiga, o poeta marca o respeito no tratamento de sua amada, ao utilizar formas próprias do paradigma de *Vós* para somente um interlocutor, como formas pronominais tônicas (*uos*), átonas (*u9*) e formas verbais na 2ª do plural, ainda marcadas pela desinência *-des*: *deseiades*, *digades*.

As formas *y* e *en* também chamam a atenção de leitores modernos. Trata-se de pronomes anafóricos, de natureza adverbial, utilizados para retomar informações já mencionadas anteriormente no discurso (*vide* capítulo 5). Podem equivaler, numa leitura modernizada, a locativos (no caso de *y*) como *aí* ou a demonstrativos combinados ou não com preposições: *(d)isso, (n)isso*. Na cantiga, o anafórico *y*, presente no refrão, em *que me digades que farei eu y*, retoma toda a ideia desenvolvida na estrofe. O poeta, que desejava morrer para acabar com o sofrimento do amor não correspondido, não morria. Sem saber o que fazer, pergunta à sua amada: *que me digais que farei eu disso / em relação a isso?* (= ao fato de não morrer e ter de seguir vivo sofrendo de amor). Os dois casos de *en* (forma abreviada de *ende*), por sua vez, poderiam ser substituídos, numa leitura modernizada, por *isso*. Em *por que sei ca u9 prazeria en* (= porque sei que vos prazeria *isso*), o trovador quer dizer que sua morte agradaria à donzela, ou seja, que *isso* (= a morte do poeta) traria a ela alegria. No verso *e pois non moiro uenn auos poren*, o poeta declara que não morre e que vai à dama por *isso* (= pelo fato de não morrer e não saber o que fazer).

A forma *ca* (=*que*) também mereceria algum comentário por não ser de fácil leitura para um leitor moderno. Essa forma, no período medieval, pode desempenhar funções diversas, como teremos a oportunidade de ver no capítulo 6. Na cantiga, vemos: *ca* introduz uma oração que seria o complemento direto do verbo *saber*, funcionando como conjunção integrante: [*por que sei* [*ca* (= que) *u9 prazeria en*]].

Por fim, observemos alguns aspectos da morfologia verbal. Em função das mudanças linguísticas operadas no latim vulgar, algumas alterações fonético-fonológicas tiveram repercussão direta na morfologia. Um desses casos se refere exatamente às formas de 1ª pessoa do singular que, no período medieval, apresentam uma terminação chamada de arcaica, distinta da que conhecemos hoje. O verbo *morrer*, por exemplo, hoje conjugado como *morro* na 1ª pessoa do singular, apresentava-se como *moiro*: *e pois non moiro uenn auos poren*. De acordo com Teyssier (2001: 29), essa particularidade também pode ser encontrada em outros verbos: "*senço* (hoje *sinto*), *menço* (hoje *minto*), *arço* (hoje *ardo*), *perço* (hoje *perco*), (...) *paresco* (hoje *pareço*) etc.". Outras questões de morfologia verbal também poderiam ser apontadas, ainda que não representem uma dificuldade maior de leitura. O verbo *querria* (*DE uos sennor querria eu saber*) representa a forma flexionada no futuro do pretérito *quereria*. O verbo *preguntar* (*e uenno u9 mia sēnor p̄ḡuntar*) tem sua sequência abreviada desenvolvida por <*re*> por ser essa a forma mais frequente no período medieval. A forma moderna *perguntar* só se firmará no final do período medieval, após a atuação de um processo de metátese.

Em termos mais estritamente sintáticos, cabe destacar, além das inúmeras inversões na ordem de constituintes que caracterizam não necessariamente a língua antiga, mas as especificidades do texto poético (*DE uos sennor querria eu saber*; *pois deseiades mia mort auēr; por que sei ca u9 prazeria en*), a presença da preposição *a* na sequência verbal (*deseiades a uēr*) em *pois deseiades mia mort auēr*. Chamaria a atenção inclusive, ao menos de um leitor brasileiro, a sequência formada pelo clítico dativo *mi* seguido pelo clítico acusativo *a*, formando uma única sílaba (*rogueu a d's sempr e non mia q̄r̄ dar; e nõ mia dan por me fazer peor*). Além disso, vemos também a utilização do clítico *me* (*me seria gran ben*) em contextos em que hoje preferimos utilizar sintagmas preposicionados (*seria gran ben para mim*). Por fim, destacamos também, no refrão da cantiga, a presença de *que* com leitura de conjunção final: *que* (=para que) *me digades que farei eu y*.

Quanto aos planos grafemático e fonético-fonológico, algumas questões já mencionadas anteriormente serão aqui retomadas. A consoante fricativa /v/ era representada pelo grafema <u> (*uos, u9, uēr, ui, uenno, conuosqu'*), mesmo grafema utilizado para representar a vogal /u/ (*p̄ḡuntar*) e a semivogal /w/ (*eu*). O grafema <i>, por sua vez, é utilizado na cantiga na representação da vogal /i/ (*digades, querria, seria, prazeria, ui*), da semivogal /j/ (*sei, pois, mia, moiro, roguei, farei*), assim como da africada (ou fricativa) palatal /(d)ʒ/ (*deseiar*). Os dois primeiros fonemas também ocorrem com o grafema <y>: *y* e *farey*. A africada medieval /dz/ é representada por <z> (*fazer, prazeria*). A consoante nasal palatal /ɲ/ é representada por <nn> (*sennor, uenno*) ou por um único grafema <n> antecedido por algum signo geral abreviativo (*sẽnor*). A nasalidade é representada por <n> tanto em posição implosiva final de palavra (*non, con, gran, ben, en, dan*) quanto em posição medial (*p̃guntar, conuosqu'*), ainda que registremos o sinal geral abreviativo para o primeiro caso (*nõ*).

Chamam ainda a atenção aspectos fonético-fonológicos particulares do período medieval, que podem ser inferidos pelas grafias (neste caso, costumamos dizer que estamos diante de *grafias fonéticas*). Vejamos os seguintes exemplos:

| | |
|---|---|
| uẽr. (l. 3) | ueer |
| non (l. 3) | non |
| nõ (l. 15) | nõ |
| dan (l. 15) | dan |
| peoꝛ (l. 15) | peor |
| me (l. 6, 9, 13, 17) | me |
| mi (l. 11, 15) | mi |

Em *uẽr*, forma abreviada que corresponde ao verbo "ueer", observamos a presença de duas vogais em hiato, resultantes da síncope da oclusiva em contexto intervocálico (lat. VIDERE). Assim, encontrar um caso destes nos textos medievais nos mostra que a resolução de hiatos, que, nesse caso, será desfeita por crase (VIDERE > *veer* > *ver*), ainda não ocorrera no período. Em *non* (l. 3), *nõ* (l. 15) e *dan* (l. 15), podemos ver que as terminações nasais ainda não haviam sido regularizadas na direção do ditongo <*-ão*>. Em *peor* (l. 15), forma derivada do adjetivo latino PEJOR, a grafia <e>, que aponta para a realização de uma vogal média, a mesma encontrada no étimo latino, mostra que ainda não se havia operado o processo de elevação que resultará na vogal alta /i/ (*pior*). Por fim, como já mencionado na seção de *polimorfismo gráfico*, a variação gráfica encontrada entre <e> (*me*) e <i> (*mi*) no clítico dativo de 1ª pessoa do singular pode ser uma evidência a favor da variação fonética entre [e] e [i] em contextos átonos. Ao alcance de nosso texto, essa variação apresenta uma distribuição bastante regular: *mi* somente ocorre antes do clítico acusativo *a* e *me* nos demais contextos.

Quanto ao nível lexical, diferentemente de outros textos medievais, a cantiga que estamos estudando não apresentaria grandes dificuldades de léxico para os leitores de hoje. A palavra que talvez represente, não necessariamente uma dificuldade em si, mas um estranhamento inicial, seria o vocábulo *praze-*

*ria,* que significa *agradar*, no caso, *agradaria*. O significado de outros itens já mencionados, como *ca, en* e *y*, poderia ser decodificado através de uma consulta a glossários ou dicionários etimológicos.

## Compreensão literária

Agora que já somos capazes de entender tanto o nível gráfico quanto o nível linguístico-lexical do texto, isto é, a *compreensão literal*, podemos partir para a *compreensão literária* e depreender a mensagem presente na cantiga.

A compreensão literária será subdivida em dois momentos:

(1) aspectos formais (rimas, estrutura métrica etc.);

(2) aspectos estilístico-literários (a voz da cantiga, símbolos nela presentes, desenvolvimento do tema etc.).

### *Aspectos formais*

As cantigas dos cancioneiros medievais obedecem a certos procedimentos utilizados em sua composição, dividindo-se entre *cantigas de mestria* (sem refrão) e *cantigas de refrão*. No que se refere às rimas, estas também seguem uma classificação específica em função do tipo de repetição e de sua distribuição por estrofes.

A cantiga de amor de João Nunes de Camanês com a qual estamos trabalhando é uma *cantiga de refrão*, isto é, com estribilho, composta por quatro estrofes, dentro das quais há três versos e um refrão (*que me digades que farei eu y*). O que dizer da estrutura dos versos? Para responder a essa pergunta, podemos trabalhar com qualquer verso da segunda, terceira ou quarta estrofes (lembre-se de que a primeira estrofe não está distribuída em versos como as demais, razão pela qual não convém considerá-la nesse primeiro momento). Vejamos:

| por que sei ca u9 prazeria en |
|---|

Contando as sílabas do verso acima, temos:

| 1 | 2 | 3 | 4 | 5 | 6 | 7 | 8 | 9 | 10 |
|---|---|---|---|---|---|---|---|---|---|
| por | que | sei | ca | u9 | pra | ze | ri | a | en |

A partir da escansão desse verso, contamos dez sílabas *métricas*, que caracterizam versos *decassílabos*. Para a contagem de sílabas métricas, consideramos até a última sílaba tônica do verso. Isso quer dizer que se a última for átona, ela não é considerada.

A contagem de sílabas métricas pode nos auxiliar na identificação dos versos da primeira estrofe, que não estão dispostos como os demais. Primeiramente, localizamos o refrão (*que me digades que farei eu y*) e a partir dele contamos 10 sílabas de trás para a frente para delimitar o terceiro verso e os anteriores. Faça o exercício:

*DE uos sennor quer*
*ria eu saber pois de*
*seiades mia mort auẽr. e eu non moir e*
*querria morrer* || ***que me digades que fa***
***rey eu y.***

Isolado o refrão, a última palavra é *morrer*. Se contarmos para trás 10 sílabas a partir dela, teremos o terceiro verso:

| 1 | 2 | 3 | 4 | 5 | 6 | 7 | 8 | 9 | 10 |
|---|---|---|---|---|---|---|---|---|---|
| *e* | *eu* | *non* | *moi* | *r'e* | *quer* | *ri* | *a* | *mor* | *rer* |

A partir dele, podemos segmentar todo o início:

| *DE uos sennor quer*<br>*ria eu saber* \|\| *pois de*<br>*seiades mia mort auẽr.* \|\| *e eu non moir e*<br>*querria morrer* \|\| ***que me digades que fa***<br>***rey eu y.*** | *DE uos sennor querria eu saber*<br>*pois deseiades mia mort auẽr.*<br>*e eu non moir e querria morrer*<br>***que me digades que farey eu y.*** |
|---|---|

Somente com esse exemplo conseguimos visualizar, inclusive, como os casos de *elisão vocálica* permitem que o trovador mantenha a estrutura métrica da cantiga. Em *moir'e*, a última vogal do verbo *morrer*, conjugado na 1ª pessoa do singular do presente do indicativo (*moiro*), está elidida (*moir'*). Em consequência, a vibrante passará a compor uma sílaba com a vogal /e/ (conjunção aditiva *e*), como podemos ver na quinta sílaba do terceiro verso (*r'e*).

Com essa atividade, observamos como o trabalho do filólogo precisa ser multidisciplinar. Além dos conhecimentos de paleografia necessários à decifração das formas gráficas encontradas, esse pesquisador, a partir de conhecimentos advindos do campo da literatura, é capaz de organizar a estrutura da primeira estrofe da cantiga.

Outro recurso que ajuda a identificar as estrofes é a realização das rimas. Em termos técnicos, dizemos que as estrofes estão constituídas por *cobras singulares*, ou seja, estrofes com séries de rimas próprias. Temos um tipo "aaaB" diferente em cada estrofe:

| ESTRUTURA | 1ª ESTROFE | 2ª ESTROFE | 3ª ESTROFE | 4ª ESTROFE |
|---|---|---|---|---|
| a | ... sab**er** | ... b**en** | ... desej**ar** | ... Am**or** |
| a | ... v**eer** | ... **en** | ... d**ar** | ... pe**or** |
| a | ... morr**er** | ... **en** | ... pergunt**ar** | ... senh**or** |
| B | ... **i** | ... **i** | ... **i** | ...**i** |

Em cada um dos três versos de uma mesma estrofe, há uma rima específica -*er* (1ª estrofe), -*en* (2ª estrofe), -*ar* (3ª estrofe), -*or* (4ª estrofe) — e -*i* que se repete no refrão de toda a composição. A partir da observação dessas rimas, podemos confirmar a segmentação que fizemos da primeira estrofe, na qual os três primeiros versos terminam em -*er* e o refrão em -*i*.

Agora que já sabemos como funciona a estrutura da cantiga, podemos resgatar alguns aspectos que apresentamos anteriormente na *compreensão literal* e verificar como a métrica dos versos nos ajudaria a entendê-los. É importante que o historiador da língua esteja atento a questões desse tipo, sobretudo se deseja extrair informações de cunho fonético-fonológico. Muitas vezes, pelas rimas presentes, também somos capazes de inferir como se dava a realização fonética de alguns sons.

Em nossa cantiga, temos três evidências interessantes de natureza fonético-fonológica. A primeira diz respeito ao pronome possessivo *mia*. O português medieval conta com uma série de possessivos femininos átonos (*ma, ta, sa*). Ao lado dessas formas, também estavam disponíveis as tônicas correspondentes (*minha, tua, sua*). O possessivo de 1ª pessoa, no entanto, podia ocorrer nos textos medievais de diferentes formas. Além de *ma*, a forma átona também era representada por *mha, mya e mja* (em que as grafias <h>, <y> e <j> representariam a semivogal palatal /j/, constituindo, assim, um ditongo [mja]), e a forma tônica, além de *minha*, por *mĩa*, sendo a nasal palatal representada pelo traço geral abreviativo sobre a vogal palatal. Tanto átonas quanto tônicas podiam ser representadas por *mia*. Essas formas levantam um problema filológico-linguístico, exatamente pelo fato de não sabermos como entender a tonicidade do possessivo, se átono [mja], com ditongo, ou tônico [mi-a], com hiato. Para resolver esse problema, podemos contar com a métrica dos versos: se for uma forma átona (com ditongo), o possessivo ocupará uma única sílaba do verso; por outro lado, se for tônico, ocupará duas sílabas (com hiato). Vejamos o verso abaixo:

| [p]or mia morte que u9 ui deseiar |
|---|

| [p]or | **mia** | mor | te | que | u9 | ui | de | se | iar |
|---|---|---|---|---|---|---|---|---|---|
| 1 | **2** | 3 | 4 | 5 | 6 | 7 | 8 | 9 | 10 |

Com base na segmentação silábica, conseguimos visualizar que o possessivo ocupa somente uma sílaba do verso (sílaba 2), razão pela qual devemos entendê-lo como uma forma átona, variante da forma arcaica *ma*, e não como uma forma tônica de duas sílabas, variante da forma que sobrevive no português moderno *minha*.

Com o recurso da métrica dos versos, também somos capazes de entender por que a sequência de pronome clítico dativo *mi* e pronome clítico acusativo *a* aparecia formando uma única "palavra" no manuscrito, exatamente por constituir uma única sílaba do verso. Em outros textos, essa sequência já se apresenta contraída em *ma* (me + a):

| e nõ **mi a** dan por me fazer peor | | | | | | | | | |
|---|---|---|---|---|---|---|---|---|---|
| e | nõ | **mi a** | dan | por | me | fa | zer | pe | or |
| 1 | 2 | **3** | 4 | 5 | 6 | 7 | 8 | 9 | 10 |

A terceira sílaba do verso comportaria dois elementos (clítico dativo *mi* + clítico acusativo *a*). A partir dessa análise, podemos refinar as observações que fizemos anteriormente em relação à variação entre *me* e *mi*. Consideremos, para tanto, o verso abaixo:

| que **me** digades que farei eu y | | | | | | | | | |
|---|---|---|---|---|---|---|---|---|---|
| que | **me** | di | ga | des | que | fa | rei | eu | y |
| 1 | **2** | 3 | 4 | 5 | 6 | 7 | 8 | 9 | 10 |

A variação gráfica encontrada entre *me* e *mi* (alternância entre os grafemas <e> e <i>) poderia ser uma evidência a favor da variação fonética entre [e] e [i] em ambientes átonos. Essa variação parece apresentar uma distribuição bastante regular, já que *mi* ocorre somente antes do clítico *a* e *me* nos demais contextos. Agora, a partir desse recurso formal responsável pela estruturação métrica da cantiga, podemos verificar que, na verdade, estamos diante de uma diferença na realização fonética da vogal do clítico dativo: diante do clítico acusativo *a*, a vogal anterior do clítico dativo se realiza como semivogal [j], sendo representada pelo grafema <i> em *mi* (veja que, se *mi + a* ocupam a mesma sílaba, a sequência vocálica só pode representar um ditongo); nos demais contextos, a vogal anterior do clítico dativo se realiza como vogal /e/, representada por <e> (como no exemplo anterior, em que *me* ocupa a segunda sílaba do verso e /e/, consequentemente, seu centro silábico).

O terceiro e último exemplo se refere ao verbo *uēr*. O desenvolvimento dessa abreviatura não só se apoia em formas plenas patentes no próprio cancioneiro, mas também na própria estrutura do verso que, se deve apresentar dez sílabas, o verbo em questão precisa ocupar duas delas. Vejamos a estrutura do segundo verso:

| pois deseiades mia mort a **ueer** | | | | | | | | | |
|---|---|---|---|---|---|---|---|---|---|
| pois | de | se | ia | des | mia | mor | t'a | **ue** | **er** |
| 1 | 2 | 3 | 4 | 5 | 6 | 7 | 8 | **9** | **10** |

Neste caso, o fato de o verbo ter de ocupar duas sílabas do verso (9 e 10) é uma evidência de que temos dois centros silábicos, razão pela qual estaríamos, de fato, diante de um caso de um encontro vocálico em hiato: *ue-er*.

## *Aspectos estilístico-literários*

Do que trata a cantiga de amor de João Nunes Camanês? Como poderíamos sintetizar o seu conteúdo?

Ao resgatar as informações da análise da palavra *senhor*, podemos dizer que se trata de uma *cantiga de amor*, já que a voz presente é masculina, isto é, o cantar é feito por um homem (o trovador) que se dirige à sua dama para mostrar seu amor por ela. É exatamente a *voz da cantiga* que distingue, de forma geral, as cantigas de amor das de amigo, em que se tem uma voz feminina. Nas cantigas de amor, é costume encontrar, nos primeiros versos, a palavra *senhor*, tal como ocorre no primeiro verso: *DE uos sennor querria eu saber*. Em outros versos da cantiga, repete-se essa fórmula, acompanhada ou não do possessivo *mia*: *e uenno u9 mia sēnor p̄guntar*; *estar conuosque uenn a uos sēnor*. As formas *senhor* e *mia senhor* — assim como o tratamento de cortesia (*Vós*) dispensado à dama — também podem ser vistas como uma marca de *vassalagem amorosa*, já que o poeta se coloca em uma posição de subordinação à dama, a quem se dirige e pergunta o que fazer.

Quanto à temática da cantiga, o motivo central da composição, como é frequente nas cantigas de amor, é a *coita* (pena, sofrimento, desgraça) de amor. O poeta, apaixonado pela dama, vive um *amor não correspondido* que lhe produz *frustração*. Sem esse amor, o poeta não merece viver e, em termos metafóricos, *ambiciona a própria morte*, que, no caso, também é desejada pela dama. Chega a rogar a Deus por sua morte, para acabar com o *sofrimento* em que se encontra. Para o poeta, não ter a amada é como a morte. Como não morre, e isso poderia ser visto como um castigo de Deus, se sente pior, se desespera por não saber como agir e pergunta à dama o que deve fazer.

## 2.2. Edições de uma cantiga medieval

Uma vez finalizada a tarefa de leitura e compreensão do texto, vejamos algumas questões filológicas relacionadas à preservação e fixação do texto da cantiga. Para tanto, resgate o que fizemos com o texto do aplicativo de mensagens instantâneas e com o bilhete do início do século XX no capítulo 1.

### Edição diplomática

Para começar, vamos elaborar uma *edição diplomática*. Faça esse primeiro exercício à mão, respeitando rigorosamente as características paleográficas das letras, os recursos abreviativos, a disposição dos elementos do texto, a pontuação e o uso de maiúsculas e minúsculas. Não introduza nenhum tipo de intervenção.

O exercício que você acabou de realizar é de extrema importância. Por meio dele, nos colocamos no lugar dos copistas medievais no ato de escrita/cópia do texto. Obviamente, ainda que a cantiga tenha sido produzida em um sistema de escrita antigo, com *letra gótica*, também podemos realizar uma edição diplomática utilizando editores de texto modernos oferecidos pelas tecnologias da informação e da comunicação. Nesse caso, o filólogo pode utilizar fontes especiais que reproduzem os caracteres góticos e os sinais de abreviatura encontrados, ou adaptá-los às ferramentas disponíveis em seu editor de texto, indicando sempre quais foram as adaptações e convenções adotadas.

Façamos esse experimento. Compare sua versão manuscrita com a edição diplomática que disponibilizamos a seguir. Você observará que essa edição foi realizada em um editor de textos comum, sem recursos especiais no que se refere aos aspectos paleográficos que melhor retratariam um texto medieval. Imaginemos que essa edição chega às mãos de um leitor que não teve acesso ao fac-símile da cantiga. Que tipo de informação pode acompanhar a edição para que o leitor saiba quais foram as decisões tomadas?

Se pretendemos oferecer aos leitores de nossas edições informações de cunho paleográfico, devemos registrar, além das informações específicas de uma edição diplomática, como procedemos à adaptação dos grafemas medievais ao novo repertório que estamos utilizando. Além disso, devemos informar a procedência do texto. Esse conjunto de informações é chamado de *normas ou critérios de transcrição/edição* e deve sempre acompanhar qualquer texto que tenha sido editado. Sempre que possível, é recomendável que nossa edição venha acompanhada do fac-símile do texto para que, em caso de dúvidas ou discordâncias, o leitor possa verificar a leitura que fizemos.

DE uos sennor quer
ria eu saber pois de
seiades mia mort auēr. e eu non moir e
querria morrer que me digades que fa
rey eu y.
on mia mort me seria gran ben.
por que sei ca u9 prazeria en.
e pois non moiro uenn auos poren.
ue me digades que farei eu y.
or mia morte que u9 ui deseiar.
rogueu a d's sempr e non mia q̄r̄ dar
e uenno u9 mia sēnor p̄guntar.
ue me digades que farei eu y
or mia morte roguei d's e amor
e nō mia dan por me fazer peor.
estar conuosque uenn a uos sēnor
que me digades que farei eu y.

Compare as informações que você sistematizou com as normas que apresentamos abaixo:

**Normas de edição**

Tipo de texto: cantiga de amor

Autor: João Nunes Camanês

Procedência: Códice do *Cancioneiro da Ajuda*, A 111 (séculos XIII-XIV)

Fac-símile disponível em:

< http://bit.ly/2BsUEb5> [acesso: 13Abril2018]

Tipo de edição: diplomática

Edição realizada por: (nome do filólogo)

1. Realizamos uma edição diplomática de natureza conservadora.
2. Respeitamos a disposição de todos os elementos textuais presentes no manuscrito, como quebras de linha e espaços entre linhas.
3. Mantivemos:
   (a) as abreviaturas;
   (b) as segmentações e junções de palavras presentes no texto;
   (c) as maiúsculas e minúsculas tais como se apresentam;
   (d) a pontuação original.

4. Não atuamos na restituição de letras omitidas e preservamos os recursos de elisão da mesma forma em que se encontram no manuscrito.
5. Não realizamos nenhum tipo de atualização da grafia, salvo os casos descritos abaixo, tendo em vista a natureza das fontes disponíveis no editor de textos utilizado:
   (a) unificamos a representação de s e ſ como <s>;
   (b) unificamos a representação de r e ꝛ como <r>;
   (c) unificamos a representação de d e ꝺ como <d>;
   (d) o grafema ẏ foi transcrito como <y>.
6. Adaptamos os recursos abreviativos da seguinte forma:
   (a) o traço geral abreviativo em ſẽnoꝛ, nõ, q̄r e p̄guntar. foi transcrito como um traço sobrescrito: <sēnor>, <nō>, <q̄r>, <p̄guntar>;
   (b) o traço abreviativo em d's foi transcrito como um apóstrofo: <d's>;
   (c) o recurso abreviativo em uꝰ foi transcrito como "9": <u9>.
7. A iluminura que antecede a cantiga não foi considerada como parte integrante do texto por não ilustrar, de forma direta e específica, o seu conteúdo, razão pela qual não há menções a ela na edição apresentada.

## Edição semidiplomática (I)

Dando continuidade ao nosso trabalho filológico, vejamos agora uma *edição semidiplomática* da cantiga. Observe a edição abaixo e descreva que intervenções foram feitas e como foram sinalizadas. Quais as vantagens desse tipo de edição? Quais seriam suas limitações?

DE uos sennor quer
ria eu saber pois de
seiades mia mort aue***e***r. e eu non moir e
querria morrer que me digades que fa
rey eu y.
[c]on mia mort[e] me seria gran ben.
por que sei ca u***os*** prazeria en.
e pois non moiro uenn auos poren.
[q]ue me digades que farei eu y.
[p]or mia morte que u***os*** ui deseiar.
rogueu a d***eus*** sempr e non mia q***ue***r dar
e uenno u***os*** mia se***n***nor p***re***guntar.
[q]ue me digades que farei eu y
[p]or mia morte roguei d***eu***s e amor
e no***n*** mia dan por me fazer peor.
estar conuosque uenn a uos se***n***nor
que me digades que farei eu y.

Você deve ter observado que a edição apresentada se assemelha bastante à primeira no que se refere a seu caráter conservador. No entanto, duas intervenções foram feitas:

(a) desenvolvimento das abreviaturas, sinalizando em ***itálico negritado*** a sequência inserida;

(b) restituição de grafemas ausentes em contextos distintos aos de elisão vocálica, alocados dentro de colchetes.

De forma geral, a edição semidiplomática se caracteriza pelo seu baixo grau de intervenção por parte do editor, de modo a facilitar o acesso ao texto a leitores não familiarizados com aspectos grafemáticos e recursos abreviativos de estágios mais pretéritos, sem perder, contudo, a fidedignidade ao texto original.

No entanto, é notório que esse tipo de edição, assim como a edição puramente diplomática, restringe o público leitor. Podem se interessar por essa versão pesquisadores que conheçam os aspectos linguísticos desse estágio da língua, mas talvez não seja a forma mais interessante de apresentar um texto literário em poesia, se levarmos em consideração o público que pode se interessar por questões literárias como a estrutura da composição.

## Edição semidiplomática (II)

Vamos fazer mais um exercício de edição, pensando agora em um público-alvo específico: os pesquisadores da lírica medieval. Que aspectos seriam relevantes para esses leitores? Que intervenções poderíamos realizar?

Veja a edição abaixo, sistematize as intervenções realizadas e elabore as normas de edição do texto. Assuma o lugar do filólogo e tente justificar as modificações encontradas.

De vós, senhor, querria eu saber,
pois desejades mia mort'a veer
e eu non moir'e querria morrer,
que me digades: que farei eu i?

Con mia morte me seria gran ben
porque sei ca vos prazeria en;
e pois non moiro, venh'a vós por en
que me digades: que farei eu i?

Por mia morte, que vos vi desejar,
rog'eu a Deus sempr'e non mi a quer dar;
e venho-vos, mia senhor, preguntar,
que me digades: que farei eu i?

> Por mia morte roguei Deus e Amor
> e non mi a dan, por me fazer peor
> estar convosc'; e venh'a vós senhor
> que me digades: que farei eu i?

É possível que o filólogo autor dessa edição tenha tido o seguinte pensamento: um pesquisador da lírica medieval, ainda que tenha como alvo de interesse os aspectos propriamente literários do texto, tanto no que se refere ao conteúdo quanto à estrutura formal da composição dos versos, conhece minimamente alguns aspectos linguísticos da língua medieval.

Observamos que inúmeras intervenções foram feitas, mas ainda assim somos capazes de ver o texto editado como pertencente à época medieval. Esse filólogo, em função de seu público-alvo, buscou um ponto intermediário entre uma *edição semidiplomática conservadora* e uma *edição modernizada*. Podemos dizer, assim, que a edição realizada pode continuar sendo considerada *semidiplomática*, mas com um maior grau de intervenção do que observamos anteriormente.

Com isso, queremos deixar claro que não há, como ponto de partida, regras rígidas e preestabelecidas para a elaboração desse tipo de edição filológica. O filólogo toma uma série de decisões em função do público que deseja atingir. Como os critérios variam de edição a edição, é fundamental que o historiador da língua tenha conhecimento das normas utilizadas na edição dos textos com os quais pretende trabalhar, de modo que seus interesses sejam contemplados.

No texto editado, em primeiro lugar, chama a atenção a nova disposição que a cantiga adquire, já que é possível visualizar a presença de quatro estrofes claramente delimitadas. À exceção da primeira estrofe, as demais já se encontravam nessa disposição, tendo sido acrescentado um espaço entre elas. O maior trabalho reside na reconfiguração da primeira estrofe.

Vejamos as normas de edição utilizadas pelo filólogo. Compare sua sistematização com o quadro abaixo:

> **Normas de edição**
> Tipo de texto: cantiga de amor
> Autor: João Nunes Camanês
> Procedência: Códice do Cancioneiro da Ajuda, A 111 (séculos XIII-XIV)
> Fac-símile disponível em:
> < http://bit.ly/2BsUEb5 > [acesso: 14Abril2018]
> Tipo de edição: semidiplomática
> Edição realizada por: (nome do filólogo)

1. Realizamos uma edição semidiplomática. As intervenções realizadas são especificadas abaixo.
2. No que se refere à transcrição:
   (a) substituímos o grafema <u> por <v> quando representava a fricativa labiodental sonora /v/;
   (b) substituímos o grafema <i> por <j> quando representava a africada/fricativa palatal sonora /(d)ʒ/;
   (c) o grafema <y> foi eliminado e transcrito como <i> na representação de vogais e semivogais;
   (d) atualizamos a representação da nasal palatal. A sequência <nn> foi substituída pelo dígrafo <nh>;
   (e) eliminamos o grafema <u> das elisões em que figurava como um apoio à junção de uma consoante oclusiva velar com uma vogal palatal, como em "rogu'eu" e "convosqu'e". Nesse último caso, atualizamos também a grafia da oclusiva e substituímos <q> por <c>.
3. As abreviaturas presentes no texto foram desenvolvidas, e as letras ausentes foram restituídas. Optamos por não sinalizar as sequências inseridas.
4. Normatizamos de acordo com o padrão moderno do português:
   (a) a segmentação e junção de palavras;
   (b) a pontuação;
   (c) a acentuação de palavras;
   (d) o uso de maiúsculas e minúsculas.
5. Não regularizamos as terminações nasais, nem em direção ao grafema nasal utilizado atualmente no português em posição implosiva final, como <-m>, nem em direção ao padrão moderno como ditongos nasais <-ão>.
6. Inserimos um apóstrofo (') nos casos de elisão vocálica.
7. Inserimos um hífen (-) quando o pronome se encontrava em posição enclítica ao verbo.
8. Reorganizamos a primeira estrofe, levando em consideração a estrutura formal da cantiga.
9. Inserimos quebras de linha entre as estrofes.
10. A iluminura que antecede a cantiga não foi considerada como parte integrante do texto pelo fato de não ilustrar, de forma direta e específica, seu conteúdo, razão pela qual não há menções a ela na edição apresentada.

Podemos observar que o filólogo autor dessa edição tomou algumas decisões em função do público-alvo que tinha em mente. Seu objetivo maior foi respeitar aspectos que permitissem um estudo literário da cantiga através de um texto que tem sua leitura, de certa forma, facilitada pelas intervenções feitas. Assim, atualizações na grafia, nas fronteiras vocabulares, na pontuação etc. foram consideradas como intervenções pertinentes para a obtenção de determinado efeito. É interessante observar que alguns aspectos particulares da língua medieval foram mantidos: no plano fonético-fonológico, destacamos a manutenção de formas como *veer*, *mi*, *peor* e *dan*, por exemplo; no plano morfológico, *moiro*, *en*, *mia* e *i*; por fim, nenhuma alteração pode ser observada na estruturação sintática do texto.

As decisões tomadas no plano gráfico visam estritamente a uma melhor compreensão das sequências textuais. Por essa razão, o filólogo sentiu a necessidade de normatizar os usos gráficos de <u> e <v>, com o intuito de proporcionar um maior conforto na leitura. Por outro lado, no entanto, não julgou pertinente atualizar os usos gráficos na representação das nasais finais, que se mantêm representadas pelo grafema <n> e não atualizadas ao padrão moderno do português em <m>, nem mesmo as que são modernizadas em ditongos nasais <-ão>. Provavelmente, essa questão não supõe uma dificuldade à leitura do texto, na opinião do filólogo.

Reiteramos: se as decisões tomadas se dão em função de um público-alvo específico, na mesma proporção em que facilitamos a leitura do texto a esses receptores particulares, podemos neutralizar seu interesse para determinados investigadores. Essa edição, por exemplo, contemplaria pesquisadores interessados em aspectos fonético-fonológicos, morfossintáticos e semântico-lexicais, mas talvez em menor medida pudesse atender aos propósitos do investigador interessado em questões paleográficas, grafemáticas e grafofonológicas.

## EDIÇÃO MODERNIZADA

Para finalizar esta seção, façamos nosso último exercício. Imaginemos a seguinte situação: você é professor de língua portuguesa e respectivas literaturas em uma escola do ensino médio. Em poucas semanas, você iniciará a unidade didática relativa à produção literária no período medieval e terá de ministrar uma sequência de aulas utilizando as cantigas. Pensando no planejamento da unidade com a qual irá trabalhar, você decide preparar uma edição da cantiga de João Nunes Camanês para o primeiro contato de seus alunos com esse tipo de texto. Nesse momento, seu objetivo maior é introduzir o tema e apontar questões mais gerais, que serão especificadas e pormenorizadas nas aulas seguintes. Nesse sentido, que tipo de edição você elaboraria? Que intervenções você faria na cantiga para que ela pudesse ser uma porta de entrada que despertasse o interesse dos seus alunos?

Não há resposta única para as questões levantadas. Somente você, que é conhecedor do grupo, poderá tomar as decisões mais acertadas. Uma possibilidade seria trabalhar com a edição anteriormente apresentada, acompanhada de um glossário que auxiliasse na compreensão do texto. Essa seria uma forma interessante para você?

Suponhamos que você tenha decidido que a edição realizada deveria atender a um objetivo central: tornar a cantiga acessível e agradável a um público que muito provavelmente nunca enfrentou um texto medieval, de modo que os alunos não rechaçassem produções escritas mais antigas e se interessassem pelo seu estudo. Obviamente, você é consciente de que estará apresentando uma versão adaptada da cantiga, mas que, para os fins didáticos que se apresentam, é uma opção viável. Assim, como seus alunos desconhecem os aspectos linguísticos do português medieval, você decide fazer uma edição modernizada da cantiga. Depois de pensar na melhor forma de apresentar o texto, você decide que talvez seja mais conveniente proceder não só à atualização da grafia, mas também à substituição de algumas palavras arcaicas que atualmente não se encontram disponíveis em português. No entanto, por se tratar de uma obra literária em poesia, você decide não alterar a estrutura sintática dos versos, mantendo a mesma ordenação dos elementos, já que, em sala de aula, poderá sanar qualquer tipo de dúvidas em relação a aspectos mais sintáticos.

Pensando nessas questões, releia a cantiga e liste as alterações que faria em termos de atualização da grafia e de substituição de formas arcaicas por formas modernas. Lembre-se de que as decisões que irá tomar podem ser justificadas pelo seu objetivo específico de trabalhar a cantiga numa primeira aula sobre o tema. Como não é seu objetivo, nesse primeiro momento, trabalhar com questões relacionadas à estrutura formal da cantiga, esteja ciente de que a substituição de formas arcaicas por modernas sacrificará a métrica dos versos, já que não necessariamente os substitutos terão o mesmo número de sílabas. Depois de elaborar sua lista de intervenções, parta da edição semidiplomática anteriormente apresentada e elabore uma edição modernizada da cantiga.

Oferecemos abaixo uma sugestão de edição que, talvez, se aproxime em maior ou menor medida da edição que você elaborou. Leia a proposta e descreva quais foram as intervenções realizadas:

De vós <u>senhora</u> <u>quereria</u> eu saber,<br>
pois <u>desejais</u> <u>minha</u> <u>morte</u> a ver<br>
e eu <u>não</u> <u>morro</u> e <u>quereria</u> morrer,<br>
<u>para</u> <u>que</u> me <u>digais</u>: que farei eu <u>em relação a isso</u>?

<u>Com</u> <u>minha</u> morte me seria <u>grande</u> <u>bem</u><br>
porque sei <u>que</u> vos <u>agradaria</u> <u>isso</u>;<br>
e pois <u>não</u> morro, <u>venho</u> a vós por <u>isso</u><br>
<u>para</u> <u>que</u> me <u>digais</u>: que farei eu <u>em relação a isso</u>?

Por <u>minha</u> morte, que vos vi desejar,<br>
<u>rogo</u> eu a Deus sempre e <u>não</u> <u>me</u> a quer dar;<br>
e venho-vos, <u>minha</u> <u>senhora</u>, <u>perguntar</u>,<br>
<u>para que</u> me <u>digais</u>: que farei eu <u>em relação a isso</u>?

Por minha morte roguei a Deus e ao Amor
e não me a dão, para me fazer sentir pior
estar convosco; e venho a vós senhora
para que me digais: que farei eu em relação a isso?

Para facilitar essa exposição, destacamos, com o recurso do sublinhado, todas as alterações realizadas. Além de desfazer os casos de elisão vocálica, considerando aspectos gráficos, fonético-fonológicos e morfológicos, atualizamos, de acordo com o padrão moderno do português, as seguintes palavras:

| EDIÇÃO SEMIDIPLOMÁTICA | EDIÇÃO MODERNIZADA |
|---|---|
| Senhor | senhora |
| querria | quereria |
| desejades | desejais |
| mia | minha |
| mort' | morte |
| non | não |
| moiro | morro |
| digades | digais |
| Con | Com |
| gran | grande |
| ben | bem |
| venh' | venho |
| rog' | rogo |
| sempr' | sempre |
| mi | me |
| preguntar | perguntar |
| dan | dão |
| peor | pior |
| convosc' | convosco |

Interviemos nos seguintes aspectos: modernização da flexão de gênero de *senhor*; regularização das terminações nasais em ditongos nasais (*não, dão*) ou em <m> em posição implosiva (*Com, bem*); atualização da morfologia de formas verbais arcaicas como *morro, quereria, perguntar*; supressão do "d" etimológico das terminações de 2ª pessoa do plural (*desejais, digais*); padronização na representação do pronome clítico dativo *me*, do comparativo *pior* e do possessivo *minha*; substituição da forma apocopada pela forma plena *grande*; e, por fim, restituição dos grafemas suprimidos em contextos de elisão (*morte, venho, rogo, sempre, convosco*).

Já em relação às substituições morfossintáticas e lexicais, as alterações feitas constam do quadro abaixo:

| Edição semidiplomática | Edição modernizada |
|---|---|
| que | para que |
| i | em relação a isso |
| ca | que |
| prazeria | agradaria |
| en | isso |
| roguei Deus e Amor | roguei a Deus e ao Amor |
| por | para |
| fazer peor | fazer sentir pior |

Substituímos alguns vocábulos ou sequências de sabor mais arcaico por soluções mais modernas. Em alguns casos, a atualização também se deu por inserção de alguns elementos. Modernizamos: a conjunção integrante *ca*; os anafóricos medievais *i* e *en*; a forma *que* e a preposição *por* com sentido de finalidade; a regência do verbo *rogar* em *roguei Deus e Amor*; a sequência *fazer peor*; e, por fim, o vocábulo *prazeria*.

Finalizamos, assim, mais uma sequência de atividades em nosso livro, relacionadas ao trabalho filológico, cujas questões mais genéricas ou mais específicas estarão presentes no dia a dia de qualquer historiador da língua. A edição dos textos antigos, seguindo os preceitos da crítica textual, é fundamental na preparação do texto, da forma mais fidedigna possível ao original, para as análises linguísticas. Nesse processo de restituição e fixação do texto, cabe ao filólogo entender aspectos linguísticos e extralinguísticos da produção escrita com a qual está trabalhando. Para tanto, são imprescindíveis conhecimentos de outras áreas como a paleografia, a literatura, a história, entre outras.

# PARTE II

# O labor histórico-linguístico

## Da história externa à história interna dos textos

Na primeira parte deste livro, tivemos a oportunidade de experimentar algumas etapas do trabalho filológico de leitura e edição de textos manuscritos, em que fizemos a restituição e fixação de um documento contemporâneo e de outro, antigo. Agora, nesta segunda parte, experimentaremos outras atividades do historiador da língua, relacionadas à história externa e interna dos textos, exercitando o labor histórico-linguístico. Para facilitar nossa viagem por esse campo, trabalharemos apenas com textos já editados por filólogos e veremos como se apresentam os textos medievais no que se refere a aspectos históricos, grafemáticos, fonético-fonológicos e morfossintáticos.

Ainda que hoje, através dos diversos *corpora* do português disponíveis na rede, seja bastante prático proceder à busca de dados linguísticos, é fundamental que o historiador da língua seja capaz de ler e entender os textos antigos dos quais extrai seu material de análise. Faremos um trabalho na seguinte direção: em vez de irmos do dado ao texto (muitas vezes reduzido pelo fato de as diversas plataformas permitirem apenas a extração de um fragmento no qual o dado se insere), observaremos primeiramente o texto, como uma unidade de sentido, localizado no tempo, espaço e contexto de produção próprios e, após sua leitura e entendimento, faremos atividades para refletir sobre a língua em seu contexto de uso, observando sua realidade (ao menos, a escrita) em uma determinada época.

Os três primeiros capítulos desta parte II se articulam em torno do *Testamento de D. Afonso II*: "O labor histórico" (capítulo 3); "O labor linguístico I: aspectos grafemáticos e fonético-fonológicos" (capítulo 4) e "O labor linguístico II: aspectos morfossintáticos" (capítulo 5). De modo a complementar as informações deste último campo, o capítulo 6 é dedicado ao estudo de temas complementares em morfossintaxe a partir de *A demanda do Santo Graal*.

Antes, no entanto, de iniciarmos a sequência dos capítulos que utilizam o *Testamento* como fonte de análise, precisamos conhecer o texto. Para tanto, façamos as seguintes atividades.

Vejamos o texto abaixo. Você é capaz de o ler e entender? Podemos dizer que é um texto escrito em português? Quais são as dificuldades de leitura? O que chama a sua atenção?

| | |
|---|---|
| 1 | En'o nome de Deus. Eu rei don Afonso pela gracia de Deus rei de Portugal, seendo sano e saluo, temẽte o dia de mia morte, a saude de mia alma e a proe de mia molier raina dona Orraca e de me(us) filios e de me(us) uassalos e de todo meu reino fiz mia mãda p(er) q(ue) depos mia morte mia molier e me(us) filios e meu reino e me(us) |

uassalos e todas aq(ue)las cousas q(ue) De(us) mi deu en poder sten en paz e en folgãcia. P(ri)meiram(en)te mãdo q(ue) meu filio infante don Sancho q(ue) ei da raina dona Orraca agia meu reino enteg(ra)m(en)te e en paz. E ssi este for morto sen semmel, o maior filio q(ue) ouuer da raina dona Orraca agia o reino entegram(en)te e en paz. E ssi filio barõ nõ ouuermos, a maior filia q(ue) ouuermos agia'o. E ssi no tẽpo de mia morte meu filio ou mia filia q(ue) deuier a reinar nõ ouuer reuora, segia en poder da raina sa madre e meu reino segia en poder da raina e de me(us) uassalos ata q(uan)do agia reuora. E ssi eu for morto, rogo o apostoligo come padre e senior e beigio a t(er)ra ante seus pees q(ue) el recebia en sa comẽda e so seu difindemẽto a raina e me(us) filios e o reino. E ssi eu e a raina formos mortos, rogoli e pregoli q(ue) os me(us) filios e o reino segiã en sa comẽda. E mãdo da dezima dos morauidiis e dos dieiros q(ue) mi remaserũ de parte de meu padre q(ue) sũ en Alcobaza e do outr'auer mouil q(ue) i posermos pora esta dezima q(ue) segia partido pelas manus do arcebispo de Bragaa e do arcebispo de Santiago e do bispo do Portu e de Lixbona e de Coĩbria e de Uiseu e de Lamego e da Idania e d'Euora e de Tui e do tesoureiro de Bragaa. E out(ro)ssi mãdo das dezimas das luctosas e das armas e dout(ra)s dezimas q(ue) eu tenio apartadas en tesouros per meu reino, q(ue) eles as departiã assi como uirẽ por derecto. E mãdo q(ue) o abade d'Alcobaza lis de aq(ue)sta dezima q(ue) el ten ou teiuer e eles as departiã segũdo De(us) como uirẽ por derecto. E mãdo q(ue) a raina dona Orraca agia a meiadade de todas aq(ue)lias cousas mouils q(ue) eu ouuer a mia morte, exetes aq(ue)stas dezimas q(ue) mãdo dar por mia alma e as out(ra)s q(ue) tenio en uoontade por dar por mia alma e non'as uiier a dar. Et mãdo q(ue) si a raina morrer en mia uida q(ue) de todo meu auer mouil agia ende a meiadade. Da out(ra) meiadade solten ende p(ri)meiram(en)te todas mias devidas e do q(ue) remaser fazam en[de] t(re)s partes e as duas partes agiã me(us) filios e mias filias e departiãse ent(r)'(e)les igualm(en)te. Da t(er)ceira o arcebispo de Bragaa e o arcebispo de Santiago e o bispo do Portu e o de Lixbona e o de Coĩbria e o de Uiseu e o d'Euora fazã desta guisa: q(ue) u q(ue)r q(ue) eu moira q(ue)r en meu reino q(ue)r fora de meu regno fazam aduzer meu corpo p(er) mias custas a Alcobaza. [...] E mandei fazer treze cartas cũ aq(ues)ta tal una come outra, q(ue) p(er) elas toda mia mãda segia (con)p(ri)da, das quaes ten una o arcebispo d(e) Bragaa, a out(ra) o arcebispo de Santiago, a t(er)ceira o arcebispo de Toledo, a q(ua)rta o bispo do Portu, a q(ui)nta o de Lixbona, a sexta o de Coĩb(ri)a, a septima o d'Evora, a octaua o de Uiseu, a nouea o maestre do Tẽplo, a dezima o p(ri)or do Espital, a undezima o p(ri)or de Santa Cruz, a duodecima o abade d'Alcobaza, a t(er)cia dezima facer guarda[r] en mia reposte. E forũ feitas en Coinbria IIIIor dias por andar de Junio, E(ra) Ma CCa L IIa.

Depois de uma primeira leitura, com maior ou menor dificuldade, você provavelmente conseguiu entender a ideia geral do texto, pelo menos em alguns trechos. Mais importante do que isso: apesar de o texto trazer uma série de palavras e estruturas "estranhas", você deve ter percebido que ele está escrito em português. Não o português utilizado nos dias de hoje, mas talvez um português de uma fase mais antiga da língua. Para dificuldades relacionadas ao léxico do texto, sugerimos que você consulte o glossário, que pode ser encontrado nos anexos deste livro (p. 279ss.).

Alguns aspectos também devem ter chamado a sua atenção, tais como: a ausência de organização em parágrafos; a ausência de pontuação; a presença de palavras escritas de uma forma distinta do padrão atual, muitas vezes se assemelhando a aspectos da fala; a presença de algumas estruturas linguísticas distintas do português atual; a presença de palavras cujo significado você não conhece; e, finalmente, o grande número de sequências gráficas entre parênteses. De todos esses aspectos, qual você considera ser o que mais dificulta a leitura do texto?

Tratemos, brevemente, de algumas dessas questões. Sobre a disposição do texto, temos de lembrar que, como comentamos nos capítulos anteriores, os textos antigos (sobretudo os textos em prosa) muitas vezes se apresentam sem uma segmentação em parágrafos. Sobre essa questão, vale dizer que muitos textos do período medieval foram escritos em pergaminho, nome dado a uma pele de animal, geralmente de cabra, carneiro, ovelha ou cordeiro, preparada para o ato da escrita. Se hoje em dia encontramos facilmente suportes físicos para a escrita, como é o caso do papel, o mesmo não ocorria no período medieval. Por questões de economia, os textos medievais costumavam ser escritos em suportes de dimensões reduzidas, razão pela qual parecem estar concentrados num único bloco.

O grande número de sequências gráficas entre parênteses tem uma explicação de base filológica. Nos capítulos da parte I, vimos que os textos trabalhados apresentavam algumas abreviaturas que dificultavam a leitura. Pensando em tornar o texto mais claro para o leitor, o filólogo, na elaboração de uma edição semidiplomática, procede ao desenvolvimento das sequências abreviadas, cujas letras ausentes são destacadas para que o leitor saiba o que pertence ao texto original e o que foi fruto de sua intervenção. Diversas são as formas de fazer esse destaque. Nos capítulos anteriores, utilizamos o recurso do destaque com itálico; já no texto que acabamos de ler, as sequências desenvolvidas foram sinalizadas com um recurso distinto, sendo alocadas entre parênteses. Assim, sabemos que na palavra *me(us)*, na linha 3, somente a sequência *me* estava disponível no texto original e o filólogo, ao desenvolver esta abreviatura, inseriu a sequência *us*. Para que conheçamos todas as decisões tomadas pelo filólogo, é imprescindível que o historiador da língua esteja atento às normas de edição utilizadas.

Em relação aos planos grafemático e fonético-fonológico, você deve ter observado que alguns dos aspectos estudados no capítulo 2 também estão presentes nesse texto, como o uso do grafema <u> para representar a consoante /v/ (*uassalos*, l. 3) e a nasalidade sendo representada por um til sobre a vogal (*mãdo*, l. 6). Neste último caso, vale dizer que essa foi uma decisão do editor para representar o recurso do traço geral abreviativo. Além disso, também podemos observar o polimorfismo gráfico, isto é, formas distintas utilizadas para escrever uma mesma palavra, como entre *ssi* (l. 7) e *si* (l. 27); entre *nõ* (l. 9) e *non* (l. 26), por exemplo. Por fim, também chama a atenção a presença de soluções gráficas, às quais devemos estar atentos, que apontam para aspectos fonético-fonológicos, como a utilização dos grafemas <li>, em *filios* (l. 3), para representar a consoante lateral palatal /λ/. Esses e outros casos serão tratados com detalhes mais adiante, no capítulo 4 deste livro.

De volta ao texto: você foi capaz de decodificar a sua mensagem? Qual é o gênero? Do que ele trata? Como ele está estruturado?

O texto que você acabou de ler é o *Testamento de D. Afonso II*, rei de Portugal, escrito em 1214. Trata-se de um texto pertencente à documentação notarial de caráter público. Este é, sem dúvidas, um texto bastante representativo para a história do português por se tratar, de acordo com alguns filólogos, do primeiro texto em prosa escrito em romance no território português.

Mesmo que algumas passagens possam ser incompreensíveis para um leitor moderno, a mensagem básica pode ser decifrada: o rei quer garantir a sucessão de seu trono para seus filhos caso venha a falecer. Nesse processo sucessório, o rei determina que, pela ordem, o filho mais velho seja seu sucessor; na falta de filho homem, a filha mais velha deve sucedê-lo, e assim por diante. No caso da menoridade do herdeiro ou herdeira, determina que o papa proteja o reino. Determina também o destino de seus bens materiais, primeiro para a rainha, filhos, filhas e para instituições eclesiásticas (dioceses, mosteiros etc.). O *Testamento*, organizado em um parágrafo único, tem uma estruturação sintática bastante simples, com uma série de orações absolutas e/ou coordenadas apresentando descritivamente esse processo sucessório no caso da morte do rei.

Agora que já somos capazes de ler minimamente o *Testamento*, exploraremos, no próximo capítulo, questões mais pormenorizadas relacionadas à sua história externa, para, após esse momento, adentrar na história interna do texto, tarefa a ser realizada nos capítulos 4 e 5 deste livro.

Capítulo 3

# O labor histórico

A formação de um profissional de história, em geral, e de história da língua, em particular, deve prever basicamente o aprimoramento de certas habilidades, como a de manejar os instrumentais, as metodologias e as teorias, em sentido amplo, necessários à análise das matérias-primas que sustentam a produção do conhecimento histórico, social e linguístico. E, ainda que a estrutura universitária brasileira venha insistindo na distinção da formação de licenciados e bacharéis em história e letras, defendemos a indissociabilidade entre ensino e pesquisa em todos os níveis de sua realização. Só há aprendizado efetivo com prática ativa, isto é, o processo de "tomar conhecimento" é inerente ao esforço da elaboração do conhecimento que se pretende adquirir.

Os professores não podem ser caracterizados como meros reprodutores de um conhecimento cuja elaboração desconhecem e da qual não estão capacitados a participar. Mesmo que a participação ocorra, ela só será efetiva se o professor for capaz também de mobilizar seus alunos para a prática, para uma participação ativa na produção do conhecimento que adquirem. E ao pesquisador não será essencial, por sua vez, dispor da capacidade de divulgar de forma didática o conhecimento que chega a estabelecer?

Assim, concordamos com Marcelo Badaró Mattos sobre como deve ser a formação não só do historiador como pesquisador-docente (e vice-versa), mas de todo educador:

> A formação do historiador, nos cursos de graduação, deve manter o duplo viés da preparação para a pesquisa e o ensino, principalmente porque não há pesquisador (...) que possa abrir mão da necessidade de transmitir os resultados de uma pesquisa e, nessa

transmissão (...), são imprescindíveis as qualidades da organização do raciocínio expositivo, da síntese e do didatismo não simplista — inerentes ao exercício do magistério. Da mesma forma, é mais do que tempo de se romper com a imagem do professor de 1º e 2º graus como um repassador de conhecimentos produzidos pelos especialistas acadêmicos, [o que só é possível] quando tal profissional se capacita para a produção do conhecimento original (Mattos, 1998: 110-111).

Embora haja metodologias diversas e sistemáticas aplicáveis ao "tratamento" e interpretação dos textos (escritos ou não) e seja sempre necessário adotar as mais adequadas a cada tipo de texto e aos objetivos específicos de determinada análise (Cardoso, 1997), trataremos a seguir do método básico comumente designado por "comentário de textos históricos". Tendo em vista o caráter introdutório desta obra, apresentaremos um exercício formal, ainda hoje bastante utilizado nas universidades europeias — e, talvez de maneira mais informal, também nas universidades brasileiras — como atividade básica e cotidiana da formação dos historiadores.

## 3.1. O comentário histórico de textos

Antes de chamar a atenção do leitor para a razão do deslocamento da adjetivação no subtítulo acima, cabe-nos registrar que qualquer testemunho ou documento histórico é uma expressão, um fragmento mais ou menos amplo e complexo da realidade histórica vivida e, como tal, para a construção da história como conhecimento, pelos historiadores, das sociedades vigentes em determinadas dimensões espaçotemporais. Assim, os vestígios de experiências históricas vividas em latitudes e em fatias diversas de duração do tempo — as famosas fontes históricas, nos seus mais variados tipos — não são meros reflexos de determinada comunidade de existência social, mas expressões suas, manifestações de um ente social real inscrito na história.

Quanto ao deslocamento, na medida em que qualquer texto pode e é definido como histórico, usaremos essa expressão para definir certa forma de abordagem do texto que caracterizaria uma intervenção em grau elevado, específica dos historiadores. Trata-se de estabelecer um "comportamento básico" do historiador, constituído por um conjunto de procedimentos, em face dos textos que submete à sua consideração no processo da produção do conhecimento histórico.

Os procedimentos a serem apresentados visam ao exercício da elaboração de comentários históricos de textos escritos que, se adaptados em função das necessidades e situações específicas, podem servir em situações didáticas diversas, desde aquelas que envolvam a formação dos historiadores até aquelas que remetam ao ensino da história nos seus mais variados níveis. O exercício em questão baseia-se, essencialmente, no enquadramento do texto em determinado contexto de produção, em obter de sua análise as referências que permitam caracterizar um fenômeno histórico específico, um processo e/ou uma dimensão particular, mais ou menos ampla, da sociedade cujo texto constitui uma expressão.

Trata-se, em última análise, de promover a produção de conhecimento — a partir da interpretação e compreensão sistemáticas dos textos —, acerca da sociedade em meio à qual ele foi elaborado, sociedade essa que o texto em questão pode nos permitir conhecer de forma mais ampla ou mais restrita.

Pretendendo constituir uma metodologia, ainda que básica, o comentário deve seguir uma pauta de procedimentos que façam mais sistemática e rigorosa a abordagem do(s) texto(s), evitando — risco sempre presente e equívoco mais grave — que aquele que o realiza descambe para uma simples paráfrase do texto. Desvirtua-se, assim, o comentário, que acaba por reproduzir com outras palavras o discurso do documento, mesmo que com ortografia e sintaxe atualizadas. Outra impropriedade que deve ser evitada consiste na naturalização das perspectivas que qualquer texto elabora e divulga acerca do contexto de sua produção.

Transformar "visões de mundo" expressas pelos textos, sempre socialmente delimitadas e parciais, em "teses explicativas", em "chaves de interpretação" acriticamente referendadas de um dado tema, deforma radicalmente nosso exercício e, junto com ele, o estatuto relativo do historiador e das fontes na produção do conhecimento histórico: de objetos (meios) para o conhecimento, transformam-se os documentos em repositórios de verdades imaculadas sobre a realidade a que se referem; de agentes críticos produtores do conhecimento, transformam-se os historiadores em passivos reprodutores de perspectivas (parciais) emanadas sobretudo de elites diversas mais ou menos perdidas (ou localizadas) no tempo e no espaço...

As obras especializadas apresentam esquemas para a organização dos comentários de textos que envolvem, em geral, quatro fases principais:

(1) **a fase preliminar**;
(2) **a fase de informação**;
(3) **a fase de análise e explicação propriamente ditas**;
(4) **a conclusão**.

A **fase preliminar** envolve todas as iniciativas que visam à preparação do exercício. É importante, para começar, realizarmos a leitura atenta do texto, na verdade mais de uma, para poder reconhecer seu universo geral e as suas referências mais importantes. Convém, em busca de precisão, numerar, em alguma de suas margens, cada linha do texto, o que facilita a localização das partes que compõem a mensagem integral (os "fragmentos de sentido") e que se distribuem ao longo do texto, conjugando-se para formar sua argumentação ou manifestação fundamental. Esse expediente ajuda também na localização das palavras-chave que vão sendo reconhecidas e assinaladas, em torno das quais se estruturam as referências fundamentais que se distribuem ao longo do texto.

Integra ainda a fase preparatória a reunião da bibliografia de apoio indispensável ao comentário. Toda produção de conhecimento em história decorre de uma articulação incessante entre teoria, historiografia e fontes primárias. Não podemos esquecer que as fontes precisam ser interrogadas, já que não "falam" por si mesmas! É fundamental preparar-se e estar pronto para conduzir o interrogatório. E onde vai o historiador colher seus subsídios, tomar suas notas, elaborar seus roteiros senão na bibliografia especializada pertinente e na teoria que lhe permite dar sentido a seu objeto de estudo?

As fontes primárias reduzem-se apenas à sua condição comum e corrente de amontoados de dados, de registros muito limitados, parciais, tendenciosos, mesmo das porções de real a que se referem. Parafraseando Marc Bloch, o historiador deve se comportar como o ogro da lenda também ao digerir, triturar, esgarçar impiedosa e desrespeitosamente a matéria-prima que "consome" para realizar a sua obra.

Conclui a fase preliminar a tomada de decisão acerca do método de comentário que será utilizado. Isso se o proponente da atividade não for um autoritário total e conceder a você, leitor, alguma margem de escolha! São três as alternativas básicas à sua disposição. A primeira é conhecida como método literal, linear ou progressivo, e segue rigorosamente a ordem do texto, isto é, as seguidas referências que compõem sua estrutura, que vão sendo objeto dos sucessivos comentários. A segunda constitui o chamado método lógico que, em vez de seguir a própria ordem do texto, reestrutura-o para o comentário pela hierarquização dos seus temas e referências consideradas fundamentais e secundárias, que são assim agrupadas. Abdica-se, neste caso, da sequência linear do próprio texto em prol de sua reordenação pela ordem de importância atribuída a seu conteúdo ou mensagens. O método dito misto, que configura a terceira opção, combina os dois anteriores ao reagrupar os tópicos do texto pela hierarquia de importância que lhes é atribuída e promover, em seguida, o comentário progressivo, passo a passo, de cada um deles.

Parece ter razão André Nouschi ao destacar que o comentário de textos é concebido segundo distintas perspectivas. Alguns o consideram uma oportunidade para abordar um tema mais ou menos amplo, quando o texto constitui essencialmente um "pretexto" para uma dissertação geral sobre uma questão de história. Outros preferem uma crítica detalhada do texto, visando, com base em cada dos seus tópicos definidos como significativos (palavras-chave, frases, parágrafos etc.), analisar não apenas o contexto geral em que se situa o texto, mas, sobretudo, captar no bojo de cada uma de suas "fórmulas" as intenções e questões precisas, colocadas tanto pelo que é explicitamente comunicado quanto pelo que se mantém implícito ou até mesmo omitido.

> No primeiro caso, a parte mais interessante é feita de considerações gerais; o texto não é mais do que uma ilustração particular. No segundo, o problema geral serve apenas de introdução ao exame detalhado de questões mais particulares. É evidente que o mesmo texto pode servir tanto à primeira quanto à segunda abordagem (Nouschi, 1969: 7).

A **fase de informação** reúne o conjunto de dados acerca do texto que será fundamental para sua contextualização. Dentre os vários elementos a serem considerados, destacam-se:

***1. Natureza do texto*** — trata-se de estabelecer, em face da diversidade dos registros que integram o universo corrente dos documentos escritos, a tipologia do texto, ou de um fragmento a ser comentado. Na promoção dessa classificação, os parâmetros mais geralmente utilizados observam a forma do texto, distinguindo-se os informativos (crônicas, memórias, informes, tratados, textos jurídicos, estatísticos etc.) dos narrativos (relatos, legendas, autobiografias etc.); seu conteúdo (textos de teoria política, economia, aspectos sociais, culturais etc.); e sua origem, podendo o texto proceder, por exemplo, de um poder ou autoridade pública (leis, constituições, tratados internacionais etc.), de pessoas privadas (cartas, por exemplo), de autoridades religiosas (sermões, encíclicas, atas conciliares etc.). Juanjo Romero arrola alguns outros exemplos em apoio à tarefa de classificação dos textos históricos:

> **A. Políticos**: discursos, tratados, declarações, acordos, manifestos, informes, crônicas, panfletos...;
> **B. Histórico-literários**: memórias, artigos de imprensa, manifestações de experiências pessoais (relatos de viagens, narrativas, ensaios, cartas...);
> **C. Histórico-circunstanciais**: referenciam fatos, acontecimentos, situações isoladas ou concretas...;
> **D. Histórico-jurídicos**: constituições, leis, tratados, normas, decretos...;
> **E. Econômicos**: referem-se, normalmente, a atividades produtivas que podem estar expressas em normas, gráficos e estatísticas comentadas, atas de comércio, relações econômicas diversas...;
> **F. Sociais**: abordam estruturas e relações familiares, indivíduos, grupos, vida cotidiana, classes sociais, estruturas e condutas sociais, censos, informes...;
> **G. Culturais**: textos que se referem às distintas formas do pensamento, visões de mundo, arte...;
> **H. Historiográficos**: textos e obras elaboradas por "historiadores", entendidos em acepção genérica de produtores de registros de natureza histórica (Romero, s.d.: 2).

***2. Autoria(s)*** — É fundamental identificar, com a maior precisão possível, o autor do texto que se tem em mãos, iniciativa muitas vezes dificultada pela falta de informações, como nos casos de autoria anônima, por exemplo. Em face de uma situação como essa, todo o esforço de enquadramento ao menos do "contexto de produção" do texto — o Estado, a Igreja, uma instituição particular etc. — ameniza o problema, e não é incomum que informações e pistas sejam obtidas no próprio texto em questão. De qualquer forma, ainda que o estabelecimento de uma autoria individual seja relevante para a contextualização do texto, quando se faz possível — nesses casos, convém desenvolver uma pequena biografia do autor, considerando-se sua trajetória, inserção social, outros textos de sua autoria etc. —, é importante considerar o que poderíamos chamar de "autoria coletiva" de um texto. É preciso ter sempre em mente que todo autor é porta-voz, caixa de ressonância de um coletivo no qual ele se insere e que o transcende e que sua individualidade se multiplica e é condicionada por fatores como posição de classe, geração, gênero etc., de forma que se impõe considerar tais inserções e determinações para que possamos dimensionar de forma crítica o próprio teor das mensagens divulgadas pelo texto, sua ideologia manifesta.

***3. Contexto de produção*** — nesse nível, importa considerar elementos diversos, em especial o enquadramento espaçotemporal do texto, que deve levar em conta o "local geopolítico" de sua elaboração (uma cidade, uma aldeia, um país etc.); o "local social" (o estado, representado por alguma de suas instituições, a igreja ou alguma instituição religiosa, uma comunidade de algum tipo etc.); e sua cronologia, isto é, a época de sua elaboração. Muitas vezes essas referências não estão explicitamente dadas nos textos, casos em que se deve tentar enquadrá-las da forma mais precisa possível, mesmo que por balizamentos mais gerais, para os quais o teor de sua mensagem pode nos favorecer com registros ou menções a lugares, fatos datados, personagens etc.

***4. Destinatário(s)*** — todo autor tem sempre em mente, explícita ou implicitamente, o destinatário ao qual seu texto está especialmente dedicado — um indivíduo, uma comunidade local, nacional etc. —, mesmo que possa alcançar circulação e públicos mais amplos do que os originalmente previstos. E o destino original e específico previsto para qualquer texto condiciona, em grau elevado, tanto sua forma quanto seu conteúdo, razão pela qual convém circunscrever, com a maior precisão possível, o "público-alvo" do texto que iremos abordar.

***5. Intencionalidade*** — também é importante considerar o fim, os objetivos ou as intenções que dado texto, implícita ou explicitamente, assume e visa alcançar com sua mensagem, devendo-se avaliar também, sempre que possível, as possibilidades e efetiva capacidade do texto de realizar, integral ou parcialmente, suas intenções. Para tanto, devem ser observadas, por exemplo, as condições de circulação ou de divulgação de sua mensagem num dado contexto, além das possíveis expressões que indiquem o grau de sua aceitação ou apropriação, plena ou parcial, naquele mesmo quadro de referência, o que nos ajuda a considerar a importância do texto em sua significação histórica.

A **fase de análise e explicação** (propriamente dita) constitui o coração do comentário, devendo, por isso mesmo, ser sua parte mais desenvolvida e aprofundada. Analisar um texto consiste em compreendê-lo, criticá-lo e avaliá-lo, buscando nele respostas para várias perguntas, como:

De que o texto trata?

Que elementos o integram?

Por que o autor afirma o que afirma?

Que referências se mantêm implícitas no texto? Etc.

Se o comentário adotar o método lógico, que extrai do texto seus conceitos, ideias, fenômenos e dados, a ordenação da análise se fará pela distinção entre ideia(s) central(is) e secundárias, bem como pelas informações complementares e até pelos elementos "anedóticos".

A ideia principal é aquela que estrutura o texto, constitui sua coluna dorsal, dando-lhe seu sentido essencial ao articular o conteúdo fundamental da mensagem que o texto divulga. Pode ocorrer de um texto possuir mais de uma ideia principal, caso em que se deve comentar cada uma delas antes de estabelecer as relações que mantêm entre si. As ideias secundárias complementam o sentido do texto na condição, em geral, de argumentos de apoio à ideia central. Como destaca Juanjo Romero:

> O essencial, nesta fase, é a explicação das ideias e dos dados com base numa ordenação que mostre sua significação maior ou menor, e que aponte as relações entre as mesmas. É aqui que surge a ameaça do apelo à paráfrase do texto ou à repetição do texto — que deve ser evitada a todo custo, posto que não se confunde com a atividade que abordamos aqui — ainda que se possa citar alguns trechos do mesmo, literalmente e entre aspas, em apoio à sua explicação (Romero, s/d.: 2).

A **conclusão** do comentário deve ser dedicada à elaboração de uma síntese interpretativa final do documento que estabeleça seu sentido global. Esse é o momento de considerar a relevância do texto para a compreensão de seu contexto, dos processos e dos temas que aborda; de considerar criticamente as posições e orientações assumidas por seu autor em relação àqueles elementos e de contrastar, sempre que possível, as perspectivas do texto abordado com outros que se conheça e que concorram para uma percepção mais complexa dos fenômenos em estudo.

Em suma, os aspectos mencionados podem ser assim sintetizados:

**ESQUEMA DO COMENTÁRIO HISTÓRICO DE TEXTOS**

1. **Fase preliminar:**
   (a) leitura(s) atenta(s);
   (b) demarcação das unidades de sentido (linhas, parágrafos...);
   (c) leitura da bibliografia de apoio;
   (d) definição do método.

2. **Fase de informação:**
   (a) determinação da natureza do texto;
   (b) determinação de sua autoria;
   (c) determinação do contexto de produção;
   (d) determinação de seu(s) destinatário(s);
   (e) determinação da intencionalidade do texto.

3. **Fase de análise e explicação:**
   (a) explicação das ideias e dos dados do texto;
   (b) determinação das relações entre as ideias e os dados.

4. **Conclusão**:
   (a) desenvolvimento de uma síntese interpretativa final;
   (b) determinação do sentido global do texto.

## 3.2. O *Testamento de D. Afonso II*

Feitas essas observações metodológicas iniciais, vamos tentar aplicar tal proposta de comentário histórico a um texto, o *Testamento de D. Afonso II*, ou seja, vamos ver como se faz. Como se trata de praticar o comentário, vamos realizá-lo observando cada uma das fases anteriormente referidas.

### Fase preliminar

Começamos, então, a **fase preliminar** ou de preparação, pela leitura atenta do texto, realizada tantas vezes quantas necessárias a sua plena compreensão e à percepção de todos os seus registros e detalhes. O texto em questão tem uma estrutura explicitamente articulada em parágrafos pelo(s) seu(s) próprio(s) autor(es), o que constitui uma unidade de sentido importante na qual se dispõem os diversos conteúdos que integram o texto, servindo de orientação para nosso trabalho de segmentação visando à análise. Contudo, casos há em que o texto — como esse com o qual trabalharemos — ou não toma o parágrafo por referência de estruturação, ou o faz segundo uma perspectiva de época específica e difícil de ser adotada como parâmetro para nossa orientação. Nesses casos, convém numerar as linhas para criar uma base de controle que nos permita seccionar o texto nas suas partes essenciais.

Vejamos, então, o "seccionamento" do *Testamento*, feito aqui nessa fase preliminar do comentário que servirá de base para posterior utilização (vale lembrar que estamos trabalhando com a numeração adotada anteriormente, tal como mostramos na introdução da parte II deste livro. A ordenação "real", isto é, a distribuição por linhas presente no manuscrito será contemplada no capítulo 4):

**Linha 1** — En'o nome de Deus. Eu rei don Afonso pela gracia de Deus rei de Portugal

**Linhas 2-6** — temẽte o dia de mia morte, a saude de mia alma e a proe de mia molier raina dona Orraca e de me(us) filios e de me(us) uassalos e de todo meu reino fiz mia mãda p(er) q(ue) depos mia morte mia molier e me(us) filios e meu reino e me(us) uassalos e todas aq(ue)las cousas q(ue) De(us) mi deu en poder sten en paz e en folgãcia.

**Linhas 6-12** — P(ri)meiram(en)te mãdo q(ue) meu filio infante don Sancho q(ue) ei da raina dona Orraca agia meu reino enteg(ra)m(en)te e en paz. E ssi este for morto sen semmel, o maior filio q(ue) ouuer da raina dona Orraca agia o reino integram(en)te e en paz. E ssi filio barõ nõ ouuermos, a maior filia q(ue) ouuermos agia'o. E ssi no tẽpo de mia morte meu filio ou mia filia q(ue) deuier a reinar nõ ouuer reuora, segia en poder da raina sa madre e meu reino segia en poder da raina e de me(us) uassalos ata q(uan) do agia reuora.

**Linhas 12-15** — E ssi eu for morto, rogo o apostoligo come padre e senior e beigio a t(er)ra ante seus pees q(ue) el recebia en sa comẽda e so seu difindemẽto a raina e me(us) filios e o reino. E ssi eu e a raina formos mortos, rogoli e pregoli q(ue) os me(us) filios e o reino segiã en sa comẽda.

**Linhas 15-20** — E mãdo da dezima dos morauidiis e dos dieiros q(ue) mi remaserũ de parte de meu padre q(ue) sũ en Alcobaza e do outr'auer mouil q(ue) i posermos pora esta dezima q(ue) segia partido pelas manus do arcebispo de Bragaa e do arcebispo de Santiago e do bispo do Portu e de Lixbona e de Coĩbria e de Uiseu e de Lamego e da Idania e d'Euora e de Tui e do tesoureiro de Bragaa.

**Linhas 20-22** — E out(ro)ssi mãdo das dezimas das luctosas e das armas e dout(ra)s dezimas q(ue) eu tenio apartadas en tesouros per meu reino, q(ue) eles as departiã assi como uirẽ por derecto.

**Linhas 22-23** — E mãdo q(ue) o abade d'Alcobaza lis de aq(ue)sta dezima q(ue) el ten ou teiuer e eles as departiã segũdo De(us) como uirẽ por derecto.

**Linhas 23-26** — E mãdo q(ue) a raina dona Orraca agia a meiadade de todas aq(ue) lias cousas mouils q(ue) eu ouuer a mia morte, exetes aq(ue)stas dezimas q(ue) mãdo dar por mia alma e as out(ra)s q(ue) tenio en uoontade por dar por mia alma e non'as uiier a dar.

**Linhas 26-33** — Et mãdo q(ue) si a raina morrer en mia uida q(ue) de todo meu auer mouil agia ende a meiadade. Da out(ra) meiadade solten ende p(ri)meiram(en)te todas mias devidas e do q(ue) remaser fazam en[de] t(re)s partes e as duas partes agiã me(us) filios e mias filias e departiãse ent(r)'(e)les igualm(en)te. Da t(er)ceira o arcebispo de Bragaa e o arcebispo de Santiago e o bispo do Portu e o de Lixbona e o de Coĩbria e o de Uiseu e o d'Euora fazã desta guisa: q(ue) u q(ue)r q(ue) eu moira q(ue)r en meu reino q(ue)r fora de meu regno fazam aduzer meu corpo p(er) mias custas a Alcobaza. [...]

**Linhas 34-40** — E mandei fazer treze cartas cũ aq(ues)ta tal una come outra, q(ue) p(er) elas toda mia mãda segia (con)p(ri)da, das quaes ten una o arcebispo d(e) Bragaa, a out(ra) o arcebispo de Santiago, a t(er)ceira o arcebispo de Toledo, a q(ua)rta o bispo do Portu, a q(ui)nta o de Lixbona, a sexta o de Coĩb(ri)a, a septima o d'Evora, a octaua o de Uiseu, a nouea o maestre do Tẽplo, a dezima o p(ri)or do Espital, a undezima o p(ri) or de Santa Cruz, a duodecima o abade d'Alcobaza, a t(er)cia dezima facer guarda[r] en mia reposte.

**Linhas 40-41** — E forũ feitas en Coinbria IIIIor dias por andar de Junio, E(ra) Ma CCa L IIa.

## Fase de informação

A esta altura da realização da atividade, já fomos capazes de depreender o "enquadramento" temático e espaçotemporal de nosso texto por meio da pesquisa e leitura da bibliografia indispensável à problematização e ao aprofundamento de sua abordagem. Perceba que antecipamos logicamente a realização de uma tarefa que integra, a rigor, a segunda fase da estruturação do comentário histórico de textos, a da **informação**, no item dedicado à determinação de seu contexto de produção. Historiadores que somos, concentramos nossa atenção em "camadas diversas" dos registros do texto que nos permitiram estabelecer ter sido ele elaborado no contexto do reino de Portugal de princípios do século XIII, tendo por sujeito histórico fundamental de promoção a realeza portuguesa.

Não é incomum que, nesse momento, a preparação do comentário esbarre na dúvida relativa ao que ler, a quanto ler, correndo-se o risco de apostar nos extremos. Leitura "de menos" dificultará a realização de um bom comentário por falta de conhecimentos que permitam "criticar" o texto e aprofundar sua caracterização; leitura "demais" — ainda que, em face da dúvida, sempre pareça mais aconselhável "pecar por excesso"! — pode, em primeiro lugar, comprometer a realização da atividade caso se disponha de um tempo preciso e limitado para desenvolvê-la, como num exercício realizado em sala de aula como parte do estudo da temática. Além disso, um leque muito amplo de referências pode mesmo "turvar" nossa capacidade de discernir e hierarquizar a importância dos vários aspectos ou elementos tratados no texto, dando peso maior no seu comentário a questões secundárias e, por consequência, peso menor a questões centrais, o que redundaria num comentário "equivocado" em sua elaboração.

Que parâmetros podemos estabelecer para realizar uma pesquisa bibliográfica adequada e equilibrada? Tomando como exemplo nosso texto de trabalho — e a via que parece ser a mais frutífera para a aproximação bibliográfica com qualquer tema em seu contexto —, começamos pela leitura de ao menos uma obra de caráter geral atualizada, de síntese, que circunscreva as principais linhas de estruturação da sociedade portuguesa em fins do século XII e primeiras décadas do século XIII. Será interessante se essa obra conceder, preservado seu caráter geral, algum tipo de primazia à caracterização das relações políticas naquele contexto, o que certamente a levará a abordar a configuração da realeza portuguesa nas primeiras décadas da formação do reino.

Esclarecido o contexto mais geral para a realização do comentário, será conveniente realizar algumas leituras que, mais especificamente, abordem o contexto do reinado em que se inscreve o *Testamento*. Para defini-lo com precisão, temos de submeter o leitor a uma breve digressão, com o intuito de alertá-lo sobre o cuidado que devemos ter, em especial, ao lidar com textos de épocas mais remotas, com a diversidade das estratégias e parâmetros adotados para o cômputo do tempo por sociedades e civilizações diversas, tanto no passado como na atualidade.

Ainda hoje vigoram, mesmo em nosso mundo cada vez mais globalizado, diversos calendários que, entre outros aspectos, adotam pontos de partida diversos de contagem do tempo: calendários chinês, japonês, judaico, muçulmano etc. O calendário cristão ocidental é, a rigor, apenas um entre eles, mas que goza da primazia de calendário oficial (civil) por pautar as relações internacionais, refletindo a hegemonia e a ascendência histórica global imposta ao mundo pelas economias capitalistas centrais (EUA, Inglaterra, Comunidade Europeia etc.).

Tomando, porém, o nascimento de Cristo como ponto de inflexão no tempo — o ano 1 da era comum —, a própria unificação do calendário cristão foi fenômeno tardio, proposto apenas na segunda metade do século XVI por iniciativa do papa Gregório XIII (daí o calendário ser também conhecido como calendário gregoriano), mas que levaria ainda séculos para se "generalizar". Durante toda a Idade Média e princípios da Idade Moderna, portanto, vigoraram calendários e cômputos formais diversos, com destaque para as variações do calendário juliano (instituído por Júlio Cesar no século I a.C., ele constituiu a chamada "Era de César").

Na Península Ibérica cristã (cujos limites espaciais oscilaram ao longo dos séculos em que ali se manteve a presença de entidades políticas muçulmanas), durante os séculos medievais — contexto geopolítico de elaboração do nosso documento de trabalho —, predominou nos registros formais uma variante regional do calendário juliano que instituía a chamada "era hispânica" (Norman, 2003: 190). Seu marco de referência ou ponto de partida equivale ao ano 38 a.C., o da conquista da região pelo "fundador do Império". Essa notação vigoraria na região até ser progressivamente abandonada em momentos diversos e regiões distintas, em prol da datação pautada pelo ano de nascimento de Cristo: na Catalunha, em fins do século XII; em Navarra, nas primeiras décadas do século XIII; em Aragão, em meados do século XIV; e em Portugal, que aqui mais nos interessa, apenas a partir de determinação do D. João I, datada de 1422.

Portanto, é preciso ter muito cuidado ao datar qualquer texto antigo, inclusive — e talvez sobretudo — nos casos em que ele nos indique explicitamente sua datação. No *Testamento*, linhas 40 e 41, lemos a indicação de que as cópias do testamento "(...) forũ feitas en Coinbria IIIIor dias por andar de Junio, E(ra) Ma CCa L IIa". Observem que a data está formulada no cômputo da chamada "era hispânica", usual nos documentos da época, mencionando o ano de 1252. Considerados os 38 anos de diferença, para mais, dessa fórmula de contagem do tempo em relação à "era cristã", o ano em questão equivale a 1214 d.C.

Agora somos capazes de apurar que o ano em questão integra o período de reinado de D. Afonso II, terceiro rei do então ainda recente reino de Portugal. Podemos "fechar" as leituras de apoio indispensáveis à realização de nosso comentário com obras — talvez artigos recentes, em especial, se houver — que abordem a conjuntura constituída por seu período de reinado, considerando linhas de rumo dominantes, questões fundamentais vigentes e, por fim, estudos sobre seu *Testamento*. A leitura do rol que estabelecemos deve ser mais do que suficiente para a realização de um bom exercício, bem fundamentado e capaz de desenvolver uma boa abordagem crítica da documentação.

Avancemos, então, para a segunda fase do exercício, dedicada à reunião de um conjunto de informações relativas ao texto que será objeto do comentário histórico. Devemos começar por determinar sua natureza. Trata-se de tentar classificá-lo em meio a uma enorme variedade de tipos de escrituras, considerando suas principais características e sua própria estrutura. Todavia, como costuma acontecer quando estabelecemos tipologias, sua exatidão dificilmente é absoluta. Muitos textos, apesar da diversidade de suas formas, partilham os mesmos conteúdos, registrados e divulgados de maneiras diversas ao visarem, por exemplo, públicos distintos.

Em meio às diversas "tabelas de classificação", nomenclaturas e tipologias distintas criadas pelos especialistas, se utilizarmos a classificação proposta por Juanjo Romero, diremos que o *Testamento* constitui um texto de natureza **histórico-jurídica**, que interessa não só à história política, mas também à história econômico-social, à história cultural etc. Podemos colher no *Testamento* referências à caracterização da realeza, às crenças religiosas, à estrutura familiar, aos regimes sucessórios, de herança e partilhas etc. É possível inserir o texto em um conjunto documental mais amplo, composto por outros de igual natureza e/ou diversos, porém articulados por suas temáticas, o que possibilita, sem dúvida, uma excelente base para o desenvolvimento de pesquisas diversas e de muito maior fôlego.

Um testamento ou "manda", segundo Beirante (1982: 362), é sempre expressão de uma vontade, normalmente a última, deixada por escrito pelo testador, mediante a qual pretende, essencialmente, garantir a continuidade da sua casa, nomeando um herdeiro que o suceda e indicando convenientemente a partilha de seus bens. Mas, sobretudo, e isso era questão primordial na mentalidade da Idade Média, o testador procurava assegurar o bem da sua alma após o passamento deste mundo. Para isso, ordenava o rigoroso cumprimento de certos atos religiosos que deveriam ser observados pelos seus herdeiros, incumbindo também a prática diária de missas e orações em certas igrejas, as quais eram favorecidas com somas para satisfação da sua vontade, ou seja, a "encomendação da sua alma" a Deus.

Quanto às partes constitutivas do testamento, podemos identificar, de acordo com Santalha (2015), o seu **Protocolo** (sua parte introdutória), composto pela **Invocação** *En'o nome de Deus* (l. 1) e pela **Intitulação** *Eu rei don Afonso pela gracia de Deus rei de Portugal [ ] e todas aq(ue)las cousas q(ue) De(us) mi deu en poder sten en paz e en folgãcia* (l. 1-6). Segue-se a **Parte dispositiva** do documento, na qual o testador delibera sobre o **destino de seu reino** *P(ri)meiram(en)te mãdo q(ue) meu filio infante don Sancho [...] E ssi eu e a raina formos mortos, rogoli e pregoli q(ue) os me(us) filios e o reino segiã en sa comẽda* (l. 6-15) e **de seus bens** *E mãdo da dezima dos morauidiis e dos dieiros q(ue) mi remaserũ de parte de meu padre [...] q(ue) u q(ue)r q(ue) eu moira q(ue)r en meu reino q(ue)r fora de meu regno fazam aduzer meu corpo p(er) mias custas a Alcobaza* (l. 15-33). [...] O **Escatocolo** (a parte conclusiva) encerra o testamento *E mandei fazer treze cartas cũ aq(ues)ta tal una come outra, q(ue) p(er) elas toda mia mãda segia (con) p(ri)da [...] E forũ feitas en Coinbria IIIIor dias por andar de Junio, E(ra) Ma CCa L IIa* (l. 34-41).

Quanto à autoria do texto, devemos atribuir sua elaboração à iniciativa do rei D. Afonso II, mesmo considerando que o ato da escrita não tenha sido seu, mas de seus redatores régios. De todo modo, o documento emana da realeza, é expressão do poder régio e, em sua origem mais ampla, expressa perspectivas do grupo social dominante da sociedade de então, a aristocracia. Aquele que viria a ser o segundo de uma lista de Afonsos que governaram o reino de Portugal nasceu em Coimbra, em 12 de abril de 1185, vindo a falecer na mesma cidade ou em Santarém, em 24 ou 25 de março de 1223, com 37 anos de idade, sendo enterrado no Mosteiro de Alcobaça. Foi filho primogênito do rei Sancho

I e da rainha Dulce de Aragão e neto de Afonso Henriques, o "fundador" do reino. Exerceu o poder régio de 1211 até a morte. Casou-se com Urraca, filha de Afonso VII de Castela, com quem teve uma filha e três filhos, dois dos quais também foram reis de Portugal, Sancho II e Afonso III. Recebeu apelidos de tom pejorativo à época: "O Gordo" — a obesidade o teria afligido por toda a vida, podendo sua morte ter derivado de complicações associadas a ela —, "o Crasso" ou "o Gafo" — que significaria que teria contraído lepra, ou mais provavelmente alguma outra doença com manifestações na pele (cf. Serrão, 2001: 123; Vilar, 1995: 54-69).

O enquadramento da autoria do texto favorece o encaminhamento do próximo item do comentário — a determinação do seu contexto de produção. Lembre-se de que essa atividade precisou ser "logicamente" antecipada para que pudéssemos definir a bibliografia de apoio indispensável à melhor realização de nossa atividade. Já sabemos que o testamento foi elaborado no contexto do reino de Portugal de princípios do século XIII, tendo por "local social" de elaboração o Estado monárquico sob D. Afonso II. Essa instituição, se na sua forma "ampliada" envolvia a própria Igreja da época, no seu núcleo fundamental congregava o rei e a numerosa família régia, além de um grupo de tamanho variado, mas em geral amplo, composto por vários nobres, grandes aristocratas leigos e eclesiásticos de diversas regiões que frequentavam a corte com muita frequência, alguns cumprindo funções de governança na corte e nas localidades onde passavam longas temporadas e em constantes deslocamentos pelo reino.

Um grupo numeroso de "servidores domésticos" exercia, a par da "nobreza de corte", funções na administração régia, nesse caso tanto na casa senhorial do rei — que, acima de tudo, era um grande aristocrata e, como tal, usufruía de vasto patrimônio pessoal — quanto na gestão dos aparatos da administração do reino. No período da elaboração de nosso documento, princípios do século XIII, era ainda bastante limitada a especialização dos oficiais da administração nos Estados monárquicos europeus. De qualquer forma, a historiografia portuguesa destaca que o reinado de Afonso II foi um marco precoce em medidas administrativas que visavam apoiar a gestão régia em diferentes níveis da administração. Aqui merecem destaque — tanto que voltaremos ao tema — as iniciativas de aprimoramento da chancelaria régia, setor responsável pela produção, expedição e guarda de documentos, dentre os quais o testamento redigido por seus escrivães que estamos abordando (Vilar, 2004: 3-48).

Em 1211, D. Afonso II herdou um reino dilacerado pela crise interna e pela longa doença do seu pai. Ele também sofreu uma oposição mais ou menos clara à sua coroação, apesar de ser o primogênito de Sancho I de Portugal e de Dulce de Aragão. O novo rei parece não ter obtido aceitação unânime dos grupos que secundavam seu pai, mas as causas dessa objeção não são claras na documentação. Contudo, o acordo celebrado pelo futuro rei Afonso com membros da nobreza e do clero, refletido na carta aberta que relata seu juramento nas mãos de seu pai agonizante, talvez tenha sido o preço pago pela posse do trono. Preço que viria a ser questionado por alguns de seus parentes, em especial pelo irmão Pedro, nascido cerca de um ano depois, e cuja sombra encobrirá seu reinado.

O reinado de Afonso II enfrentou já em seus primeiros anos, além de uma invasão de Afonso IX, de Leão, no início de 1212, uma longa e sangrenta guerra civil travada entre Afonso e suas irmãs, as infantas Teresa, Sancha, Branca, Berengária e Mafalda. Suas irmãs eram apoiadas por nobres portugueses opositores do rei, como Gonçalo Mendes de Sousa, a pretexto da posse dos lugares e bens legados por Sancho I em testamento.

Para um rei incapacitado de fundamentar em habilidades de guerra a legitimidade do exercício de seu poder, o desenvolvimento de ações que procuravam cimentar esse mesmo exercício em bases alternativas às militares deve ter assumido enorme importância. Foi durante o governo de um rei com o trono e o poder em risco e constantemente questionado que assistimos às primeiras medidas pioneiras de aplicação de algumas medidas legais. Destaca-se a criação do primeiro registro de chancelaria conhecido para Portugal, e um dos primeiros da Europa ocidental, para registrar a documentação expedida pelo rei. O registro impõe-se como resultado de uma chancelaria organizada e adaptada às realidades de uma realeza e de uma administração que, de forma crescente, repousava na escrita e a utilizava como forma de comunicação e de gestão.

O reinado de Afonso II foi palco também do estabelecimento das primeiras leis escritas e da primeira reunião de Cortes — assembleias ampliadas — com representantes do clero e da nobreza, em 1211, na cidade de Coimbra, principal sede régia naquela altura. Também foram realizadas as Inquirições, em 1220, inquéritos promovidos por funcionários régios com vistas a determinar a situação jurídica das propriedades e em que se baseavam os privilégios e imunidades dos proprietários. As Confirmações, por seu turno, validavam as doações e privilégios concedidos nos reinados anteriores, sempre que se mostravam legítimos os documentos que os comprovavam. Tais iniciativas integram o rol de questões que manteve sob constante tensão a relação do rei com as classes privilegiadas de então.

É hora de determinar quem eram os destinatários do *Testamento*. Lemos, entre suas linhas 1-6:

> (...) Eu rei don Afonso pela gracia de Deus rei de Portugal, seendo sano e saluo, temẽte o dia de mia morte, a saude de mia alma e a proe de mia molier raina dona Orraca e de me(us) filios e de me(us) uassalos e de todo meu reino fiz mia mãda p(er) q(ue) depos mia morte mia molier e me(us) filios e meu reino e me(us) uassalos e todas aq(ue)las cousas q(ue) De(us) mi deu en poder sten en paz e en folgãcia.

Considerado o conjunto de referências, a origem social do documento e a condição de seu promotor e emissor, podemos afirmar que, em sentido amplo, o *Testamento* visava ao conjunto do reino, ou seja, a todos aqueles(as) que se integravam no interior de suas fronteiras. De alguma forma e em algum nível, ao rei estaria associada a manutenção da ordem na sociedade, ou melhor, a paz e a ordem social dependiam da estabilidade do poder régio. A rigor, porém, entre a realeza e cada um(a) dos(as) "súditos(as)" que compunham o reino, interpunha-se uma considerável variedade de grupos e de nexos políticos locais e regionais. Não à toa o rei lista destinatários vários que vão de seu círculo pessoal de relações efetivas até uma genérica referência a "todo o [seu] reino". Esse era o hipotético destino final de uma mensagem de curto fôlego, que só ecoava a uma distância restrita e circunscrita às "imediações" do círculo político articulado em torno do próprio rei (e por laços, diga-se de passagem, frequentemente frouxos e titubeantes).

Tratava-se, da perspectiva de Afonso II — que redigiu seu primeiro testamento com cerca de 29 anos de idade e apenas três de governo, precocidade, mesmo para a época em questão, que talvez se explique pela gravidade de sua antiga doença —, de criar condições objetivas e subjetivas de preservação de sua família em face de uma morte que parecia rondar, mais do que a de todos, a sua real existência. Impunha-se preconizar os quadros e linhas de sucessão, a garantia da preservação material e física de sua linhagem, bem como de tentar garantir os apoios políticos e espirituais que lhe viabilizassem uma "passagem" ordenada a par da manutenção da realeza por seus descendentes. E assim acabamos de reunir todas as condições que nos permitem, enfim, evoluir para a fase central do comentário histórico de textos, a da sua **análise** e **explicação**.

## Fase de análise e explicação

A primeira referência a merecer destaque nesse comentário localiza-se logo no início do nosso texto, como expressão de uma das principais concepções relativas à origem do poder régio na Idade Média, em especial a partir do século XI: *Eu rei don Afonso pela gracia de Deus rei de Portugal...* (l. 1). Nas sociedades pré-capitalistas em geral, a medieval entre elas, bem como naquelas ditas tradicionais e que se encontram hoje sob o foco de estudo da antropologia, as manifestações de poder social transcendem frequentemente o âmbito das relações terrenas ao envolverem e mobilizarem formas sagradas diversas, potências sobrenaturais e superiores à condição humana. Ou seja, nesse amplo e diverso contexto de referência, o poder reúne condições e mobiliza capacidades que extrapolam a vida ordinária, revelando os vínculos estreitos que articulariam toda potência terrena a uma expressão de potência superior, extraordinária, sobrenatural e sagrada.

O catolicismo, como religião oficial e quadro dominante de referência na sociedade medieval, não esteve alheio a essa diferenciação qualitativa do poder e não o privou de seu componente sobrenatural, o que leva muitos medievalistas a conceberem a conhecida fórmula segundo a qual, na Idade Média, o "político" teria sido um item específico, um componente particular do campo mais amplo do "sagrado" ou da "religião". Seja qual for a validade da proposição, o fato é que a Igreja promoveu, desde a Antiguidade, ao longo da Idade Média e além, pela intervenção de autores renomados como, para citar alguns, os santos Isidoro e Tomás de Aquino, uma complexa teoria política que, entre outros aspectos, definiu a natureza, origem e funções dos "poderes temporais ou terrenos", dentre os quais os da realeza medieval.

Destaque-se, aqui, de um conjunto vasto e diverso de referências, a famosa fórmula REX DEI GRATIA, isto é, *Rei pela graça de Deus*, forjada e burilada ao longo dos séculos medievais pelos pensadores cristãos. Segundo Walter Ullmann (2010), a proposição constitui o mais vigoroso princípio da teoria cristã medieval relativo à origem do poder régio, à sua base de instauração que delimita, por extensão, seus limites, sentidos, campos de atuação e orientação. Segundo essa "concepção descendente" do poder real, os reis seriam representantes de Deus na terra, investidos pela divindade em uma função que não lhes pertencia, mas que lhes fora concedida pela graça do Criador visando ao cumprimento de certas obrigações, dentre as quais a defesa da Igreja, o respeito e a observância aos princípios morais cristãos, a promoção da fé entre os súditos e o zelo pela salvação da própria comunidade (inclusive no dia do juízo final).

O princípio da origem divina da função régia conferia uma sacralidade específica ao cargo, inclusive à pessoa do rei, além de pretender conferir uma relativa "autonomia política" ao governante e promover a estabilidade de sua posição, negando aos "súditos" qualquer ingerência em suas esferas de atuação. Pretendendo que o poder régio não conhecesse uma base social, e que não dependesse dela, a "concepção descendente" do poder pretendia submeter o governante apenas a Deus, fonte superior e única de sua posição, em que pese a intermediação do clero nessa relação. Assim, a Igreja Católica forjou um destacado ritual, realizado com variantes em todo o Ocidente medieval por séculos, concorrendo para a veiculação e divulgação daquela concepção do poder: a cerimônia da unção régia, na qual, como parte de sua sagração no trono, o rei recebia em partes do seu corpo o óleo sagrado. Mas, na medida em que a cerimônia parecia indicar a indispensável intermediação do clero na expressão daquele vínculo sagrado e sua potencial ascendência, nos últimos séculos da Idade Média, os reis chegariam a rejeitar o ritual, afirmando seu vínculo direto com a divindade.

A seguir, as questões fundamentais do nosso texto — um testamento régio — articulam-se em torno das temáticas da morte e, consequentemente, da disposição dos bens e da sucessão na herança do testador. Da condição do rei, membro da mais alta aristocracia, decorrem algumas especificidades no documento que aqui consideramos, o que não quer dizer que o *Testamento* não manifeste questões estruturais características da sociedade portuguesa (e ocidental) de princípios do século XIII. Guardadas as proporções e limites que se impunham às condições de vida dos diversos grupos sociais de então, podemos, por exemplo, considerar que a preocupação de garantir uma morte ordenada, de preparar a "passagem", de forma a evitar rupturas graves e desastrosas no interior dos coletivos sociais em que se inseriam os indivíduos, bem como de garantir a salvação da alma do defunto pela remissão de seus pecados, constituía preocupação mais ou menos geral que a todos afetava. E demandava um conjunto maior ou menor de disposições testamentárias.

Antes do mais, D. Afonso II estabelece a linha de sua sucessão no poder para depois de sua morte, cabendo a precedência no trono a seus filhos varões por ordem de idade e, na ausência desses, à filha mais velha. No caso da menoridade dos(as) herdeiros(as) do trono, o rei estabelece um regime de tutela que recai sobre a rainha, D. Urraca, e a seus mais diretos vassalos, isto é, a alta nobreza partícipe da corte e da gestão do reino. Do disposto, caberia a prioridade da sucessão na coroa ao filho primogênito Sancho, o segundo rei português que levaria este nome.

O rei manifesta preocupação com a preservação da linhagem dinástica, um dos muitos elementos críticos da estruturação política da sociedade medieval. A perenidade da manutenção no poder das famílias governantes, longe de constituir um tema marcado pela força de uma tradição apaziguadora que garantisse, por si só, a reprodução serena das linhagens encasteladas no poder, era objeto de tensões e crises constantes, especialmente manifestas nos períodos de sucessão. Ainda na alta Idade Média, mesmo as entidades políticas que vivenciaram a vigência alargada de certas famílias no exercício do poder experimentaram crises dinásticas várias, lutas intestinas e, inclusive, insurreições aristocráticas violentas que resultaram na tomada do trono e na transferência do poder.

Não tomemos, por exemplo, aqui, o caso do reino visigodo, constituído essencialmente na Península Ibérica entre o século VI e princípios do século VIII, em que a realeza foi objeto de disputas virulentas e incessantes durante toda a sua existência, até a conquista muçulmana. Nesse caso, nenhuma linhagem conseguiu se estabelecer no trono, seguidamente assaltado por algumas das mais poderosas famílias aristocráticas das várias regiões que integravam o reino. Porém, mesmo em se tratando do reino franco, que conheceu, comparativamente, dinastias longevas durante a alta Idade Média — a merovíngia e a carolíngia que, apesar das oscilações, governaram, cada uma, por cerca de três séculos —, a realeza não deixou de ser objeto de disputas, muitas vezes internas à própria linhagem régia, o que indica que a perenidade no poder não foi sinônimo de ausência de tensão, conflitos e disputas políticas recorrentes.

É fácil entender a variedade de iniciativas promovidas, ao longo de todo o período, em prol da preservação da estabilidade política e da sustentação das estruturas de poder. Tratados políticos, dogmáticos, litúrgicos, teológicos, canções de gesta e até mesmo o "culto régio" foram elaborados e desenvolvidos por autores diversos, ressaltando a ascendência régia, o dever da preservação do rei, as bases cristãs e divinas de sua ação e a diversidade de funções que lhe eram específicas. São célebres, em meio a uma enorme bibliografia hoje acumulada sobre o tema, os estudos de Bloch (1993) sobre o caráter sobrenatural do poder régio, manifesto em especial na taumaturgia, isto é, na milagrosa capacidade de cura atribuída aos reis ingleses e franceses desde o século XII, em particular do mal da escrófula, bem como o de Kantorowicz (2000), um estudo de teologia política sobre os dois corpos do rei, um corpo permanente, místico, que nunca morria, e o corpo frágil do rei vivo e governante, um simples mortal.

Mesmo que não conheçamos, para a Península Ibérica, expressões tão vincadas da sacralidade régia, a realeza não esteve isenta de um caráter místico que se realçava em meio a um conjunto de elementos que pretendiam destacar sua ascendência política e social em cada um dos vários reinos ali constituídos desde o século XI. Realezas constituídas em íntima relação com a guerra de "Reconquista", o atributo guerreiro e militar foi o mais realçado, progressivamente aliado ao ideário de cruzada e à concepção do rei como um defensor da fé e da religião cristãs (Sousa Jr., 2009). É importante notar, contudo, que D. Afonso II parece ter constituído uma exceção à regra que então se firmava, aspecto realçado por vários autores que estudam seu reinado.

Segundo Vilar (1995: 20), é bem provável que a doença que o atingiu desde criança o tenha incapacitado para o exercício da guerra e das atividades militares. Seria essa a razão de sua ausência nas reduzidas iniciativas militares que tiveram curso durante seu governo, em especial na conquista de Alcácer do Sal aos muçulmanos em 1217. O rei, afirma a autora,

> não parece se interessar pela guerra numa Península Ibérica tão marcada pela imagem e pela ação de reis guerreiros como Afonso IX de Leão e Afonso VIII de Castela... Da mesma forma, sua conduta contrasta com as dos irmãos, em cujas vidas e carreiras provariam ser cavaleiros bem mais experientes e dotados nas lides da guerra do que o rei, detentores, pois, das qualidades inerentes à imagem do guerreiro medieval (Vilar, 1995: 20).

E Hermínia Vilar (1995) vai mais longe, ao propor que a doença incapacitante, já revelada quando da morte de seu pai, talvez tenha estimulado seus opositores a exporem argumentos que visavam impedir a ascensão de Afonso ao trono. Isso não seria difícil para uma linhagem e uma dinastia que tinham feito da guerra e das capacidades guerreiras do seu fundador um dos elementos essenciais do seu recente poder e da legitimidade para o seu exercício. Assim, abriu-se uma via para o questionamento dos direitos sucessórios do filho primogênito de Sancho I, favorecida pela existência de vários filhos varões que sobreviveram a seu pai e por uma conjuntura na qual a primogenitura ainda não se impunha como direito incontornável (Vilar, 1995: 20).

Ainda que se considere que o direito do primogênito tenha se imposto, em especial, no âmbito da aristocracia, na Europa medieval em geral, desde o século XI, na Península Ibérica de princípios do século XIII, ele não constituía ainda um argumento por si só legitimador dos direitos de sucessão. Outros argumentos pesavam e contavam nos momentos de transição no poder, o régio inclusive, e nem sempre a primazia da idade prevalecia como direito inquestionável quando as condições conjunturais dominantes aconselhavam outras soluções. É provável que tenha sido esse o caso de Afonso II. Será que sua história pessoal nos ajuda a entender sua preocupação, explícita em seu *Testamento*, de firmar a precedência de seu primogênito e discorrer, ademais, sobre toda a sua linha de sucessão no trono régio? A comparação com outros testamentos portugueses de igual natureza do período nos permitiria ponderar essa questão, avaliando a incidência e o peso relativo desse tópico nas proclamações finais dos diversos monarcas.

O autor finaliza, então, o item relativo à sucessão do seu testamento encomendando ao papa a proteção da rainha, dos filhos e de todo o reino. Exercia o pontificado romano naquele momento Inocêncio III, que desempenhou o ofício entre 1198 e 1216. Ele é o mesmo papa que interveio por diversas vezes como mediador e árbitro no conflito que opôs D. Afonso II às suas irmãs logo no início do reinado (Antunes; Oliveira; Monteiro, 1984: 47-62). Tratava-se, em face das incertezas internas e das inseguranças externas decorrentes da vizinhança dos poderosos rivais ibéricos de Leão e Castela, de mobilizar a suserania e a proteção papal — requerida nos primórdios da formação do reino por Afonso Henriques, pelo Tratado de Zamora, em 1143 (Mattoso, 2014), em prol da manutenção da ordem e da autonomia daquela entidade política.

Segundo as bases do direito feudal, da vassalidade — em especial ao papa — decorria a proteção, de forma que qualquer injúria promovida contra o rei-vassalo caracterizava uma ofensa e direta agressão ao papa-suserano, o que, ao menos em princípio e em teoria, configurava uma importante fonte de apoio nos esforços de preservação da autonomia de um reino recentemente constituído. E não há nenhuma contradição, na lógica feudal das relações sociais, entre vassalidade e autonomia política, uma vez que esta não decorria da ausência de relações e de vínculos, mas da participação numa rede de relações na qual cada membro visava extrair do vigor do conjunto que integrava a força relativa de sua própria posição pessoal.

Mas não foram isentas de tensão as relações de Afonso II com o papado. Visando à obtenção do reconhecimento da independência de Portugal, seu avô Afonso Henriques concedera vários privilégios à Igreja. Anos depois, essas medidas começaram a ser tidas como fator de instabilidade para o poder régio, razão pela qual Afonso II procurou minar o poder clerical desviando parte das receitas das igrejas para outros propósitos. Sua iniciativa deu origem a um conflito diplomático entre o papado e o rei, que chegaria a ser excomungado. Também poderíamos considerar que a participação do papa Inocêncio IV na futura deposição do trono do sucessor de Afonso II — seu primogênito Sancho que, como determinou o pai no *Testamento*, viria a sucedê-lo — seria indício da fragilidade régia derivada daquela vassalagem, mas o fato é que ela preservou a continuidade dinástica na figura do segundo filho de Afonso II, que assumiu o trono como o terceiro rei de Portugal a usar aquele nome.

A sequência do *Testamento* é dedicada à determinação pormenorizada do destino dos bens materiais do rei testador: deixa mandas para diversas instituições eclesiásticas, para algumas dioceses, para mosteiros (em especial o de Alcobaça, onde determina que seja enterrado seu corpo), para a rainha Dona Urraca e para seus filhos e filhas. Ordena, ainda, que sejam pagas suas dívidas, além de encomendar sua alma. O longo rol de bens indica, em primeiro lugar, que a ascendência da linhagem régia no grupo mais amplo constituído pela aristocracia manifestava-se, também, na riqueza, em geral superior, da família governante, essencialmente mobilizada em prol da manutenção e fortalecimento da posição de mando.

Entre as injúrias dirigidas a Afonso II, consta também a de "avarento", possivelmente derivada de sua recusa a cumprir integralmente o testamento do seu pai e antecessor (Mota, 2011: 40). Além de consistir num pecado fortemente condenado pela Igreja, a posição social destacada, superior, esteve associada em muitas sociedades tradicionais ao comportamento oposto, à prodigalidade, à liberalidade e, até mesmo, ao esbanjamento e desperdício. A riqueza servia ao poder ao ser mobilizada e empregada como instrumento de articulação política, atraindo e subordinando aos nobres mais pródigos na concessão de benesses de tipos diversos — bens imóveis e móveis — um grupo maior ou menor de aristocratas de diferentes quilates, que orbitavam em torno do "chefe" e o apoiavam, com expedientes diversos, inclusive força militar, na manutenção de sua posição social.

O rei, na sua condição de *primus inter pares* ("primeiro entre iguais"), não escapava à lógica de articulação política, superando — para o bem de sua própria condição — a nobreza do reino em seu poder de atração. Em torno dele, gravitavam membros de diversos escalões da aristocracia laica e eclesiástica, muitos dos quais cumprindo funções diversas na administração e vivendo longas temporadas na corte. Destaque-se, em especial, que o apoio da Igreja, na sua mais alta hierarquia, era essencial para a estabilidade do poder e precisava ser constantemente negociado em face de conflitos frequentes e diversos. Tudo isso — somado ao receio, mais ou menos generalizado na mentalidade de época, das penas do inferno e à preocupação com a salvação — fazia com que a Igreja, representante de Deus na terra, fosse especialmente favorecida com doações frequentes dirigidas a bispos e abades, tanto em vida quanto nos testamentos dos principais expoentes da elite dominante. O autor de nosso *Testamento* não constituiu exceção, prodigalizando em especial as instituições episcopais. Aqui, mais uma vez, uma comparação entre os montantes doados e seus destinatários em outros testamentos régios seria um trabalho de grande interesse.

Por fim, as cópias do testamento. Já sabemos que nosso objeto de comentário foi o primeiro de três testamentos realizados por Afonso II, mas convém também registrar que foi seu pai, o rei Sancho I, que inaugurou o procedimento de elaborar várias cópias do testamento e distribuí-las por diversas instituições religiosas (Vilar, 1995: 23). É possível que a conjuntura crítica em meio à qual D. Sancho elaborou a sua manda nos ajude a entender a preocupação em divulgá-la e preservá-la por meio das numerosas cópias, mas a iniciativa, seguida por seus sucessores, também nos faz suspeitar da existência de outras determinações, além daquelas conjunturais.

Afonso II foi um rei particularmente preocupado com a sobrevivência de suas cartas e com a preservação da memória de suas medidas,

> distribuindo por diferentes entidades o relato escrito das suas vontades, como se dessa forma procurasse ultrapassar o esquecimento a que a voragem do tempo o poderia ditar e como se a eficácia do seu cumprimento dependesse também do conhecimento disperso dessas mesmas vontades (Vilar, 1995: 23).

Mais do que em qualquer outro dos reinados que o antecederam, deparamos com uma preocupação premente e, por vezes, avassaladora, em multiplicar o número de cópias de algumas das cartas produzidas. De seus três testamentos, datados respectivamente de 1214, 1218 e 1221, do primeiro foram elaboradas 13 cópias, dispersas por mosteiros e bispados, incluindo o de Compostela e o de Toledo, e pelo arquivo ("reposte") do rei. O mesmo ocorreu com o de janeiro de 1218 e o de novembro de 1221, acerca dos quais foi definida a elaboração respectivamente de 13 e de 8 cópias entregues a diferentes possuidores, cabendo uma ao reposte régio. Separados por um lapso temporal de mais ou menos sete anos, os três testamentos elaborados fazem de Afonso um dos mais prolixos reis da primeira dinastia no que respeita à elaboração de documentos de últimas vontades, fato normalmente interpretado como reflexo imediato da doença que o acometia e que o teria obrigado à redação de diferentes testamentos. Porém, como destaca Vilar (1995: 24), se fosse essa a razão essencial, como se explica que as vontades manifestas em 1214 e em 1218 não fossem mantidas no seu último testamento?

No ano da elaboração do seu primeiro testamento, em 1214, Afonso, ainda pouco seguro do seu lugar e do seu reino, havia saído de uma violenta e complicada guerra civil na qual foram confrontados os interesses das infantas suas irmãs, os de seu irmão Pedro Sanches e os do rei Afonso IX de Leão. Temeroso quanto à preservação da linhagem régia em face de uma morte súbita, o rei distribuiu por todas as dioceses do reino, pelos mais importantes mosteiros do território e ainda pelas mãos dos arcebispos de Compostela e de Toledo, cópias do seu testamento. Esta prática seria repetida quatro anos mais tarde, em 1218, quando elaborou seu segundo testamento e mandou reproduzi-lo em 13 cópias, de novo entregues à proteção e guarda dos bispos do reino, substituindo os arcebispos referidos — que não integravam o território do reino — pelos prelados de Lamego e de Idanha (Vilar, 1995: 25).

No último, datado de 1221, limitou-se a recorrer à confiança de uns poucos abades, priores e mestres das ordens militares, desaparecendo a referência aos bispos como destinatários de sua confiança, em virtude dos conflitos que o opunham, então, a muitos dos eclesiásticos responsáveis pelo governo das dioceses do reino. Mais do que um hipotético abandono da preocupação pela multiplicação das cópias dos exemplares, essa diminuição reflete uma conjuntura marcada pelo afastamento progressivo, que culminaria com o confronto violento que se esboçava entre Afonso e alguns dos membros do grupo episcopal e que se assumiam como protetores e depositários privilegiados dos testamentos régios.

## Conclusão

Como **conclusão**, importa realizar um balanço final do documento tomado como objeto. Os testamentos constituem, em qualquer contexto histórico em que se apresentem, documentos relevantes para a apreensão de expressões diversas das sociedades em meio às quais foram elaborados. Os medievais não constituem exceção: remetem-nos a crenças e rituais relacionados à morte, às concepções de propriedade, aos regimes de sucessão, à estrutura do parentesco, às redes de relações sociais etc., interessando, segundo classificação corrente adotada pelos historiadores, à história cultural, à história política, à história econômico-social, entre outras possibilidades.

Ao longo da Idade Média, o "testamento", uma instituição jurídica que constitui mais um entre os muitos legados latinos do período, foi particularmente favorecido pela Igreja entre seus fiéis, configurando-se como dispositivo importante para garantir uma "boa morte" e a salvação da alma do testador (Mota, 2011: 18). Isso não impede que o documento fosse também elaborado com o intuito de manifestar as últimas vontades, transmitir ou extinguir direitos, dispor, no todo ou em parte, do seu patrimônio para depois da morte, reconhecer, ou não, filhos extraconjugais, nomear tutores para os filhos em caso de menoridade, impor a incomunicabilidade dos bens, temporária ou vitalícia, indicar o lugar de sepultura e exigir determinadas manifestações religiosas, cotidianas, mensais e anuais, e ainda o perdão de qualquer ato indigno, bem como o de dívidas alheias ou o pagamento das próprias. São estas as disposições gerais dos testamentos.

Quando elaborado no âmbito das elites, em especial no da mais elevada nobreza e da realeza, a todas aquelas finalidades devemos acrescer a preocupação de garantir a reprodução da linhagem pela nomeação do sucessor à respectiva coroa ou "casa" e entregar-lhe o poder e a governança. No caso dos reis, importava especificamente garantir a continuidade da dinastia; no caso dos nobres, objetivava-se manter "casa", os títulos e mecanismos de exercício do poder, cada vez mais atribuídos, desde o século XI, ao filho primogênito, de forma que por ele se prolongasse o nome da família.

> Mas se, no início do século XII, data a partir da qual se generalizou o acto de testar, as escrituras tinham como primeiro objectivo a salvação da alma, o que se manteve até bem perto do século XIX, a partir desta época elas foram perdendo a sua finalidade espiritual, até se diluírem no tempo, ficando apenas, como motivo principal, o abordar da questão dos bens materiais (Vovelle, 1983: 632).

Há pouquíssimas variações na estrutura dos testamentos régios da primeira dinastia portuguesa. Assim como no exemplar de que tratamos, os monarcas manifestam como primeira preocupação o desejo de acudir à salvação da sua alma, ao que se segue a nomeação do legítimo herdeiro da coroa. Depois vêm a indicação do local onde pretendem ser sepultados e a explanação das últimas vontades. Portanto, as fórmulas de testar não sofrem grandes alterações e, quando existem, devem-se mais ao estilo do chanceler que executa o documento do que a mudanças conceptuais produzidas pelo evoluir do direito civil romano ou do direito canônico. D. Afonso II não fugiu àquilo que se tornaria padrão, ainda que se possam verificar algumas marcas pessoais que, de certo, evocam a conjuntura portuguesa específica em meio à qual exerceu a função régia.

Aos que acompanharam os *comentários históricos* feitos até aqui devemos dizer, para concluir este capítulo, que nossa formação universitária deve priorizar, em seu curso, o aprendizado do exercício da profissão visando à sua prática em todos os níveis e campos de atuação. Ao historiador compete, como sabemos desde Marc Bloch, submeter o presente em curso — aquele em que vive e se aflige — ao dimensionamento temporal de sua constituição. Nosso objeto, em que pesem as concepções pré-modernas e pós-modernas hegemônicas atualmente em nosso campo, em especial no da história medieval, segue sendo o estudo das sociedades humanas no tempo. Para esse esforço de conhecimento, essencial à compreensão do mundo em que vivemos, o trato com os vestígios que a humanidade nos lega em suas mais diversas expressões, suportes de registro e formas, oriundos das mais diversas camadas de tempo e de cantões variados do planeta continua a ser — e talvez o seja enquanto houver história — o exercício primordial a ser realizado em nossa oficina. Foi seu aprendizado relativo aos registros escritos, desde suas mais básicas manifestações, que pretendemos celebrar neste capítulo. Propomos, por fim, que os leitores aproveitem para exercitar o método que acabamos de abordar aplicando seus procedimentos aos outros dois textos medievais — a *Demanda do Santo Graal* (capítulo 6) e a *Cantiga de amor* (capítulo 2) — estudados neste livro. Bom trabalho!

Capítulo 4

# O labor linguístico (I)
## Aspectos grafemáticos e fonético-fonológicos

Até aqui exploramos algumas questões históricas e textuais do *Testamento de D. Afonso II*, de 1214, que nos permitiram entender o texto como uma unidade de sentido, elaborado em um contexto de produção historicamente definido, identificando seu propósito comunicativo e suas partes constitutivas. A partir de agora, faremos outra atividade, considerando dois níveis da língua. Nossa atenção estará para os aspectos grafemáticos e fonético-fonológicos que podem ser extraídos do *Testamento*. Para tanto, seguiremos as informações oferecidas por Castro (1991), em sua obra *Curso de história da língua portuguesa*, Teyssier (2001), em *História da língua portuguesa*, e Mattos e Silva (2006), em *O português arcaico*.

Nesta parte II, estamos trabalhando com uma versão já editada do *Testamento*, elaborada pelo Pe. Avelino de Jesus Costa (1979), disponibilizada na plataforma do *Corpus* Informatizado do Português Medieval (http://cipm.fcsh.unl.pt [último acesso: 13Abril2018]).

De acordo com o que estudamos nos capítulos 1 e 2 a respeito dos diferentes tipos de edição filológica, cada edição pode ser mais ou menos recomendada para determinado estudo. No caso da morfossintaxe, não seria o mais desejável, mas não haveria grandes problemas se trabalhássemos com uma edição com algum tipo de intervenção por parte do editor, como o desenvolvimento de abreviaturas, normatização da pontuação, acentuação, uso de maiúsculas e minúsculas, disposição do texto, junção e segmentação de palavras e até mesmo padronização da grafia.

Já num estudo cujo objetivo é investigar aspectos grafemáticos e fonético-fonológicos de um estágio anterior da língua, o mais aconselhável seria trabalhar com edições diplomáticas rigorosamente conservadoras, sobretudo no que se refere à transcrição dos grafemas utilizados, cotejando, sempre que necessário, a edição com o fac-símile do manuscrito. Mas em que medida o nível grafemático seria importante para um estudo fonético-fonológico?

Com o objetivo de empreender um estudo fonético-fonológico do português contemporâneo, por exemplo, ninguém negaria que o melhor material para tal pesquisa seria uma amostra de fala. Estudando bancos de dados de língua falada certamente podemos descrever e analisar os sons de uma língua.

Se podemos contar com falantes nativos do português atual, o mesmo não pode ser dito do período medieval. Além disso, também não podemos contar com descrições de gramáticos e ortógrafos, cujas obras só começam a aparecer do século XVI em diante. Diante da ausência dessas fontes, como proceder?

Para essa questão, cabe ao historiador da língua trabalhar apenas com as fontes remanescentes e explorar os aspectos fonético-fonológicos a partir do texto escrito. A porta que se abre nesse caso está exatamente na forma como os sons de uma língua são materializados e codificados através de grafemas. É estudando essa relação entre o plano grafemático e o plano fonético-fonológico que podemos nos aproximar do que talvez pudesse ter sido a realidade do português medieval:

> O exame da grafia variável documentada de um mesmo item lexical, relacionado ao étimo e às informações dos gramáticos a partir do século XVI, além da realidade atual, permitem inferir algumas afirmativas e outras suposições sobre o sistema fonológico e as realizações fônicas no período arcaico da língua (Mattos e Silva, 2006: 49-50).

Por mais que utilizemos edições filológicas confiáveis, elaboradas sob os preceitos da crítica textual no que se refere à fidedignidade ao original, erros de leitura podem ser introduzidos pelo filólogo, afinal, toda atividade humana é passível de erro. Não seria diferente com esses pesquisadores. Portanto, num estudo grafemático e fonético-fonológico, como o que faremos aqui, precisamos estar atentos a essa questão, caso contrário, poderemos fazer análises equivocadas que levam a generalizações discutíveis.

Antes de iniciar nossas atividades, faça você mesmo esse experimento. A seguir, você encontrará partes do fac-símile do *Testamento de D. Afonso II* e, logo abaixo da imagem, a edição de Costa (1979). Resgate as informações do capítulo 2 sobre aspectos paleográficos dos textos medievais, tente ler o manuscrito e verifique se as decisões do filólogo foram acertadas. Diferentemente da numeração que adotamos até agora, trabalharemos com a segmentação de linhas encontrada no texto original. Vale recordar que estamos trabalhando com o manuscrito de Lisboa, uma das duas únicas versões remanescentes das treze cópias do *Testamento*. Essa versão faz parte do acervo do Arquivo Nacional da Torre do Tombo, Lisboa, Portugal (ANTT, Mitra de Braga, maço 2, nº 48). O texto original tem 27 linhas de extensão. Aqui não estamos trabalhando com o texto completo, mas com o início (linhas 1 a 10) e com a parte final (linhas 25 a 27). Fique desde já claro que toda a análise que propomos neste capítulo estará baseada nesse fragmento e não na totalidade do *Testamento*.

## LINHA 1

En'o nome de Deus.

Eu rei don Afonso pela gracia de Deus rei de Portugal,

seendo sano e saluo, temẽte o dia de mia morte,

a saude de mia alma e a proe de mia molier raina dona Orraca

e de me(us) filios e de me(us) uassalos e de todo meu reino

fiz mia mãda p(er) q(ue) de

## LINHA 2

pos mia morte mia molier e me(us) filios

e meu reino e me(us) uassalos e todas aq(ue)las cousas

q(ue) De(us) mi deu en poder sten en paz e en folgãcia.

P(ri)meiram(en)te mãdo q(ue) meu filio infante don Sancho

q(ue) ei da raina dona Orraca agia meu reino

enteg(ra)m(en)te e en paz.

E ssi este for

## LINHA 3

morto sen semmel,

o maior filio q(ue) ouuer da raina dona Orraca

agia o reino integram(en)te e en paz.

E ssi filio barõ nõ ouuermos,

a maior filia q(ue) ouuermos agia'o.

E ssi no têpo de mia morte meu filio ou mia filia

q(ue) deuier a reinar nõ ouuer reuora,

segia en poder

## LINHA 4

da raina sa madre e meu reino segia én poder

da raina e de me(us) uassalos ata q(uan)do agia reuora.

E ssi eu for morto, rogo o apostoligo

come padre e senior e beigio a t(er)ra ante seus pees

q(ue) el recebia en sa comẽda e s seu difindemẽto

a raina e me(us) filios e o reino.

E ssi eu

## LINHA 5

e a raina formos mortos,

rogoli e pregoli q(ue) os me(us) filios e o reino segiã en sa comẽda.

E mãdo da dezima dos morauidiis e dos dieiros

q(ue) mi remaserũ de parte de meu padre

q(ue) sũ en Alcobaza e do outr'auer mouil

q(ue) i posermos pora esta dezima

q(ue) segia partido pelas manus

## LINHA 6

do arcebispo de Bragaa e do arcebispo de Santiago

e do bispo do Portu e de Lixbona e de Coĩbria

e de Uiseu e de Lamego e da Idania e d'Euora

e de Tui e do tesoureiro de Bragaa.

E out(ro)ssi mãdo das dezimas das luctosas

e das armas e dout(ra)s dezimas q(ue) eu tenio apartadas

en te

## LINHA 7

souros per meu reino,

q(ue) eles as departiã assi como uirẽ por derecto.

E mãdo q(ue) o abade d'Alcobaza lis de aq(ue)sta dezima

q(ue) el ten ou teiuer e eles as departiã

segũdo De(us) como uirẽ por derecto.

E mãdo q(ue) a raina dona Orraca agia a meiadade

de todas aq(ue)lias cousas mouils q(ue) eu ouuer

## LINHA 8

a mia morte, exetes aq(ue)stas dezimas

q(ue) mãdo dar por mia alma e as out(ra)s q(ue) tenio

en uoontade por dar por mia alma e non'as uiier a dar.

Et mãdo q(ue) si a raina morrer en mia uida

q(ue) de todo meu auer mouil agia ende a meiadade.

Da out(ra) meiadade solten ende p(ri)meiram(en)te

## LINHA 9

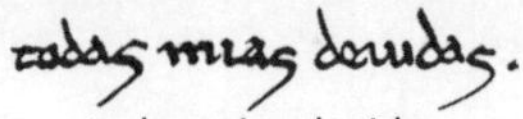
todas mias devidas

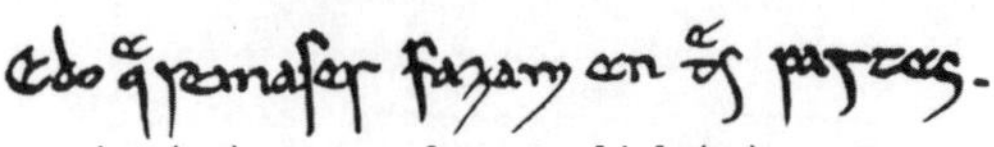
e do q(ue) remaser fazam en[de] t(re)s partes

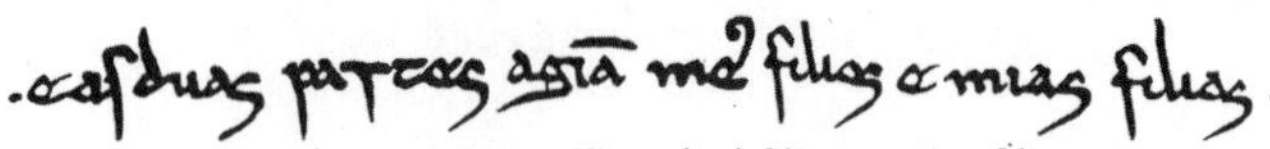
e as duas partes agiã me(us) filios e mias filias

e departiãse ent(r)'(e)les igualm(en)te.

Da t(er)ceira o arcebispo de Bragaa e o arcebispo de Santiago

e o bispo do Portu e o de Lixbona e o de Coĩbria

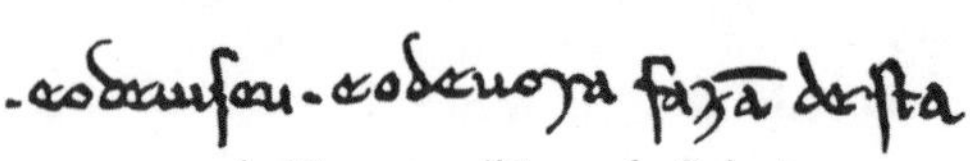
e o de Uiseu e o d'Euora fazã desta

## LINHA 10

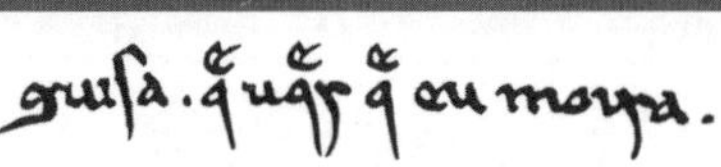
guisa: q(ue) u q(ue)r q(ue) eu moira

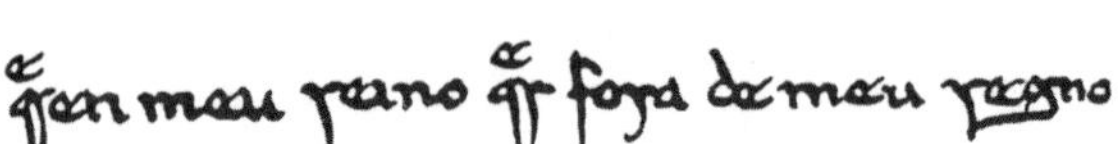
q(ue)r en meu reino q(ue)r fora de meu regno

fazam aduzer meu corpo p(er) mias custas a Alcobaza.

## LINHA 25

[...] E mandei fazer treze cartas

cũ aq(ues)ta tal una come outra,

q(ue) p(er) elas toda mia mãda segia (con)p(ri)da,

das quaes ten una o arcebispo d(e) Bragaa,

a out(ra) o arcebispo de Santiago,

a t(er)ceira o arcebispo

## LINHA 26

de Toledo, a q(ua)rta o bispo do Portu,

a q(ui)nta o de Lixbona, a sexta o de Coĩb(ri)a,

a septima o d'Evora, a octaua o de Uiseu,

a nouea o maestre do Tẽplo, a dezima o p(ri)or do Espital,

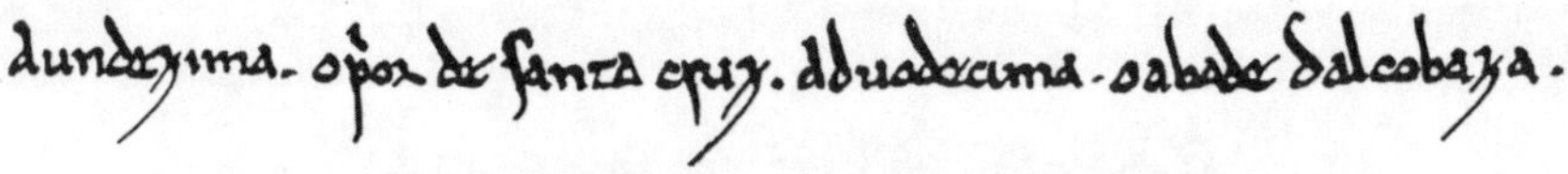

a undezima o p(ri)or de Santa Cruz, a duodecima o abade d'Alcobaza,

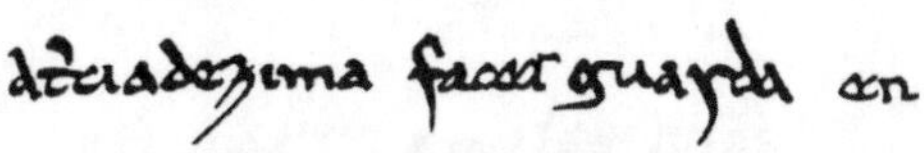

a t(er)cia dezima facer guarda[r] en

**LINHA 27**

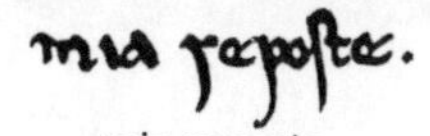

mia reposte.

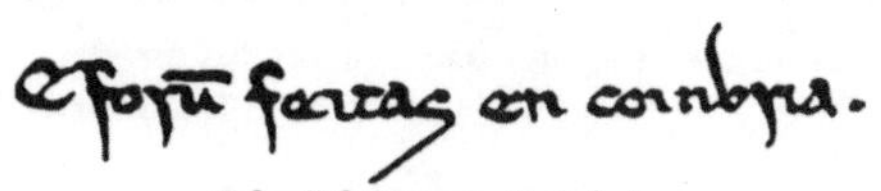

E forũ feitas en Coinbria

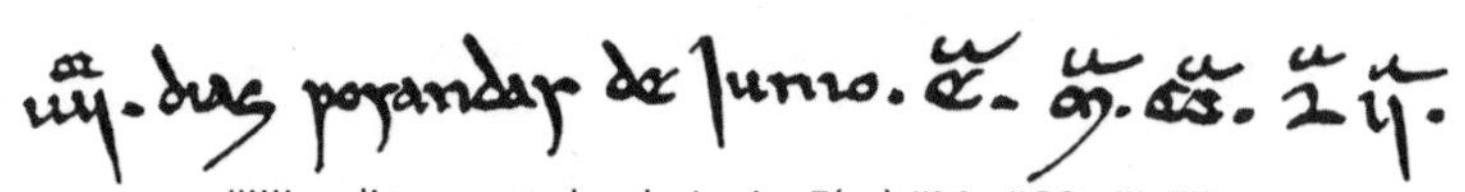

#IIIlor dias por andar de Junio, E(ra) #Ma #CCa #L #IIa.

É provável que, com mais ou menos dificuldades, você tenha conseguido ler o manuscrito com a ajuda da transcrição oferecida abaixo do fragmento destacado. Você conseguiu encontrar algum erro na edição? Que tipo de análises equivocadas esses erros poderiam gerar?

## 4.1. Questões de leitura e recursos de edição

É bastante importante diferenciar os possíveis erros de leitura das normas de transcrição adotadas pelo filólogo. Você deve ter observado que a pontuação e o uso de maiúsculas e minúsculas da edição foram modernizados. Além disso, também deve ter ficado claro que o editor interveio na junção e segmentação de palavras e, por fim, que o sistema de desenvolvimento das abreviaturas consistia em alocar entre parênteses não somente as sequências ausentes, mas também as letras sobrepostas a determinado grafema. Todas essas são decisões do filólogo na elaboração de sua edição e não devem ser consideradas erros de leitura.

Como erros de leitura, apontamos os seguintes casos:

| LINHA | FAC-SÍMILE | COSTA (1979) |
|---|---|---|
| 7 |  | per |
| 9 |  | devidas |
| 25 | 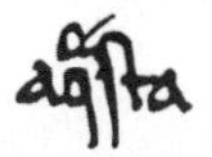 | aq(ues)ta |
| 26 |  | Evora |

Quadro 1: Erros de leitura.

Na linha 7, a preposição *per* não se encontra desenvolvida, tal como mostra o editor. Essa e todas as demais ocorrências dessa preposição só se encontram em sua versão abreviada, representada pela letra "p" cortada por um traço abreviativo em sua parte inferior. A forma apresentada pelo filólogo deveria, portanto, ser *p(er)*, mantendo a uniformidade com os demais casos. Esse tipo de erro poderia levar à afirmação equivocada de que, no *Testamento*, a preposição arcaica *per* era registrada tanto de forma desenvolvida quanto abreviada.

Ainda sobre a questão das abreviaturas, na linha 25 encontramos *aq(ues)ta*, que nos diz que, no vocábulo em questão, a sequência "ues" estaria ausente ou algum de seus elementos estaria sobreposto aos demais grafemas. No entanto, podemos ler a partir do manuscrito *aqesta*, sendo assim necessário excluir o grafema <s>, que está entre parênteses: *aq(ue)sta*. Uma vez que as demais ocorrências do demonstrativo de reforço se apresentam como *aq(ue)sta*, como na linha 7, por exemplo, aceitar a forma *aq(ues)ta* como correta suporia considerar a existência de mais um caso de oscilação gráfica: uma variação adicional no que se refere aos recursos abreviativos encontrados no texto.

Vejamos, finalmente, o que ocorre nos casos extraídos das linhas 9 e 26, em que verificamos as leituras, por parte do filólogo, de *devidas* e *Evora*, respectivamente. Esses casos merecem bastante atenção, pois mostrariam as duas únicas ocorrências em que a consoante fricativa labiodental sonora /v/ é representada pelo grafema <v>, prática não comum nos primeiros textos remanescentes, nos quais mais comumente se encontra o grafema <u>. O cotejo com o manuscrito nos permite ver, no entanto, que se trata de um erro de transcrição e que as leituras a serem fixadas deveriam ser *deuidas* e *Euora*. A manutenção da forma transcrita pelo editor nos levaria a considerar mais um caso de polimorfismo, evidenciado no caso do vocábulo *Evora* (l. 26), em contraste com outros casos, como *Euora*, na linha 9, por exemplo.

No processo de transcrição de textos antigos, os filólogos podem sentir algumas dificuldades de leitura em determinados fragmentos, provocadas pela falta de clareza de certos grafemas, que pode ser atribuída tanto ao próprio curso das letras ou a alguma questão externa relacionada à conservação do suporte da escrita. De todo modo, o editor precisa tomar uma decisão para fixar a informação. Novos leitores podem, no entanto, ter outras leituras do mesmo dado. Vejamos dois casos curiosos que poderiam mostrar "leituras duvidosas":

| LINHA | FAC-SÍMILE | COSTA (1979) |
|---|---|---|
| 8 |  | uiier |
| 9 |  | ent(r)'(e)les |

Quadro 2: Leituras duvidosas.

Nas linhas 8 e 9, vemos que Costa (1979) opta por transcrever *uiier* e *ent(r)'(e)les*, respectivamente. Você concorda com essas leituras? Que outra leitura poderíamos fazer desses vocábulos?

Muitas vezes, diante da indecisão ao transcrever determinado grafema, recorre-se à comparação do grafema em questão com outros supostamente iguais no manuscrito que ofereçam uma leitura mais clara. Noutras vezes, o contexto também pode ser levado em consideração para ajudar no entendimento do vocábulo. Parece que essa última possibilidade foi a via utilizada pelo filólogo ao propor as leituras que encontramos em sua edição. No entanto, caberia sempre a possibilidade de, baseando-nos na configuração dos grafemas, fixar as formas *uuer* e *ont(r)'(e)les*, considerando que, no primeiro caso, estamos diante de dois grafemas <u> (e não da sequência <uii>) e, no segundo, que a vogal que inicia o vocábulo é um <o> (e não <e>).

Por fim, cabe destacar dois casos ainda não contemplados. Você deve ter observado que o editor utilizou o recurso dos parênteses para o desenvolvimento das abreviaturas. No entanto, encontramos exemplos do uso dos colchetes, como podemos ver abaixo:

| LINHA | FAC-SÍMILE | COSTA (1979) |
|---|---|---|
| 9 |  | en[de] |
| 26 | 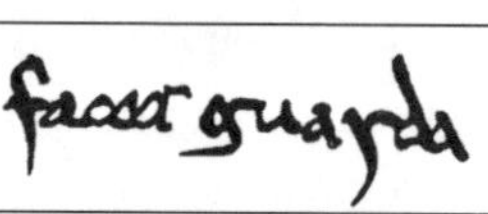 | facer guarda[r] |

Quadro 3: Recursos da edição — o uso de colchetes.

Nesses casos, infere-se, a partir desse recurso, que uma possível reconstrução tenha sido feita por parte do editor. Na linha 9, lemos o anafórico *en[de]* na edição de Costa (1979). No manuscrito correspondente, no entanto, vemos claramente a presença da forma abreviada *en*. Ainda que o editor tenha sinalizado a sequência reconstruída com os colchetes, um leitor mais desavisado e interessado em estudar os anafóricos arcaicos poderia concluir que, no *Testamento de D. Afonso II*, somente são registrados casos de *ende*, ou, então, fazer a análise de que *en[de]* (l. 9) e *ende* (l. 8), por exemplo, mostrariam um caso de oscilação gráfica entre formas desenvolvidas e formas abreviadas. Podemos, aqui, levantar alguma hipótese que sustente a decisão do editor. Sabemos que, do latim INDE, temos, nos textos medievais, o anafórico *ende* e sua forma abreviada *en* e que esta última é utilizada sobretudo em posição proclítica, antecedendo o verbo. Como no texto *en* ocupa uma posição enclítica (*e do q(ue) remaser fazam en[de] t(re)s partes*), essa poderia ser uma explicação que justifica a leitura fixada. Além disso, manter *en* também poderia implicar uma leitura como preposição *en*, bastante abundante no texto. Clarinda Maia, em *História do galego-português* (1986: 693), encontra casos semelhantes do anafórico *en* enclítico ao verbo, também no século XIII: "(...) que nos fezese <u>en</u> .ij. cartas partidas per a. b. c.".

Já na linha 26, podemos ler *facer guarda[r]*, em que a desinência de infinitivo está reconstruída entre colchetes: [r]. Essa tomada de posição poderia levantar a possibilidade de considerarmos que, no texto em questão, haveria uma variação, ao menos no plano gráfico, entre a representação dos infinitivos, contrastando o caso de *guarda[r]* (l. 26) com tantos outros verbos no infinitivo presentes no texto, todos contando com a desinência "r", como, por exemplo, *morrer* (l. 8). Esse caso, no entanto, permite uma nova possibilidade de interpretação, se considerarmos que o primeiro vocábulo da sequência é de leitura duvidosa. Se recuperarmos o fragmento em que esse vocábulo está inserido, entendemos que o rei D. Afonso II mandou fazer treze cartas de seu *Testamento*, dentre as quais a décima terceira, sob sua responsabilidade: *a t(er)cia dezima facer guarda[r] en mia resposte* (l. 26-27). Uma análise que considerasse mais estritamente a morfologia (configuração) dos grafemas poderia sugerir a leitura alternativa de *fac'eu (faço eu) guarda en mia resposte*.

Todas essas questões devem estar presentes na hora de procedermos a um estudo de natureza grafemática e fonético-fonológica. Voltamos a insistir que, por mais que haja excelentes edições, elaboradas por filólogos respeitáveis, todos estamos sujeitos a nossa própria subjetividade de leitura e, também, a erros. Por essa razão, é recomendável ter acesso ao fac-símile do manuscrito, para poder esclarecer algumas questões. Após a versão editada pelo Pe. Avelino de Jesus Costa, em 1979, o *Testamento* já foi objeto de novas edições filológicas.

Para os leitores interessados em outras propostas, recomendamos as recentes edições filológicas (dentre as quais uma crítica e outra paleográfica) elaboradas por Santalha (2015).

Uma vez tratadas essas questões iniciais, comecemos o nosso passeio pelos níveis grafemático e fonético-fonológico. Para facilitar a exposição, separamos alguns temas em subseções que permitem organizar melhor a informação em função dos aspectos depreendidos do *Testamento*. Esses agrupamentos, no entanto, não pretendem ser rigorosos. Dentro desses grandes blocos, trataremos de temas distintos necessários para o estudo dos aspectos selecionados.

## 4.2. Polimorfismo gráfico e abreviaturas

Em primeiro lugar, chamam a atenção no *Testamento* duas questões: o grande número de abreviaturas e o polimorfismo presente nos textos medievais, que consiste em distintas possibilidades de grafar o mesmo vocábulo. Veja novamente a edição do *Testamento*, em cotejo com o manuscrito, e tente identificar alguns casos de polimorfismo gráfico. Verifique também se consegue encontrar vocábulos que só se apresentam em sua forma abreviada.

Depois dessa atividade, você deve ser capaz de identificar alguns casos. Sistematizaremos aqui essas informações. Vejamos alguns casos ilustrativos de polimorfismo gráfico:

| Polimorfismo gráfico | | |
|---|---|---|
| facer (l. 26) / fazer (l. 25) |  | 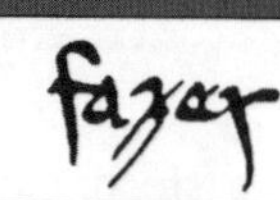 |
| si (l. 8) / ssi (l. 4) |  |  |
| come (l. 25) / como (l. 7) |  |  |
| aq(ue)las (l. 2) / aq(ue)lias (l. 7) | 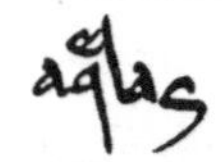 | 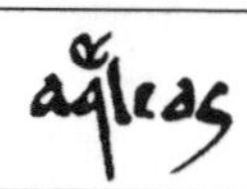 |
| reino (l. 10)/ regno (l. 10) | 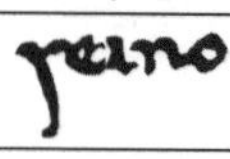 |  |

Quadro 4: Polimorfismo gráfico.

No primeiro caso, destacamos o verbo *fazer*, que ocorria ora com o grafema <c> ora com o <z>. A conjunção condicional *se* ocorria com um ou dois grafemas <s> representando a sibilante surda. A conjunção *como* aparece com <e>

e com <o> finais. O demonstrativo *aquelas* é registrado com as terminações <las> e <lias>. Por fim, o vocábulo *reino* pode ser encontrado também em sua forma latinizada *regno*.

Além do polimorfismo, também chama a atenção o grande número de abreviaturas presentes no texto. Vejamos no quadro abaixo alguns exemplos de vocábulos que só são registrados em sua forma abreviada:

| VOCÁBULOS QUE APARECEM SEMPRE ABREVIADOS | |
|---|---|
| p(ri)or (l. 26) |  |
| p(ri)meiram(en)te (l. 8) | 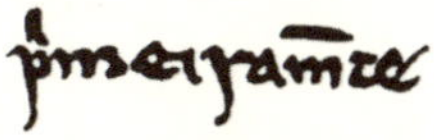 |
| q(ua)rta (l. 26) |  |
| q(uan)do (l. 4) |  |
| p(er) (l. 25) |  |
| q(ue) (l. 3) |  |
| q(ue)r (l. 10) |  |
| q(ui)nta (l. 26) |  |
| t(er)ceira (l. 9) | 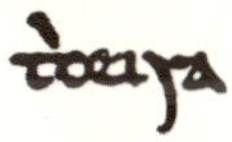 |
| t(er)cia (l. 26) |  |
| t(er)ra (l. 4) |  |
| t(re)s (l. 9) |  |

Quadro 5: Vocábulos abreviados.

Para reconstruir as sequências ausentes, o filólogo terá de recorrer a outros textos da mesma época em que, porventura, tais vocábulos apareçam por extenso. Em qualquer caso, é primordial sinalizar a sequência extensa para que o leitor saiba exatamente o que estava presente no texto original, tal como o faz Costa (1979), alocando as sequências ausentes entre parênteses.

Também podemos encontrar no *Testamento* outros casos de polimorfismo gráfico, tomado aqui num sentido mais *lato*: a coexistência entre formas desenvolvidas e formas abreviadas.

| COEXISTÊNCIA ENTRE FORMAS DESENVOLVIDAS E FORMAS ABREVIADAS | |
|---|---|
| De(us) (l. 2) / Deus (l. 1) | 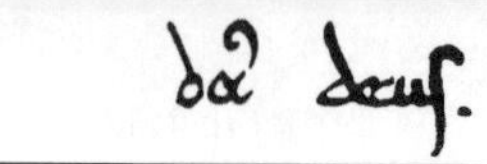 |
| meu (l. 2) / me(us) (l. 5) | 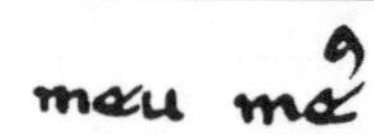 |
| en[de] (l. 9) / ende (l. 8) |  |
| eles (7) / ent(r)'**(e)les** (l. 9) | 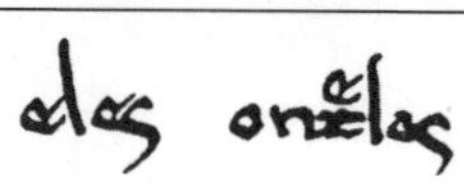 |
| **d'**Euora (l. 9) / d(e) (l. 25) / de (l. 9) | 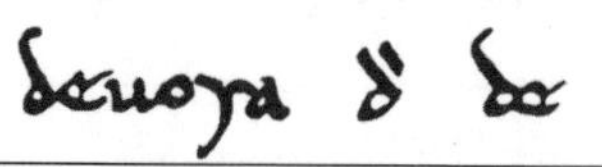 |
| **outr'**auer (l. 5) / out(ra) (l. 25) / outra (l. 25) | 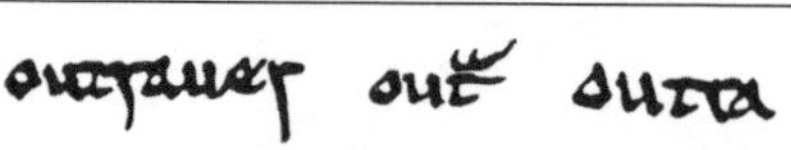 |
| Coĩb(ri)a (l. 26) / Coĩbria (l. 9) / Coinbria (l. 27) |  |
| fazã (l. 9) / fazam (l. 9) | 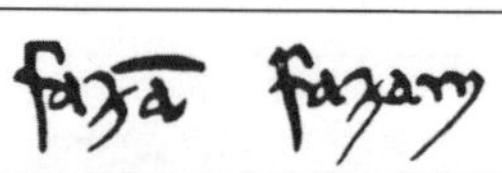 |
| m**ã**do (l. 6) / m**an**dei (l. 25) | 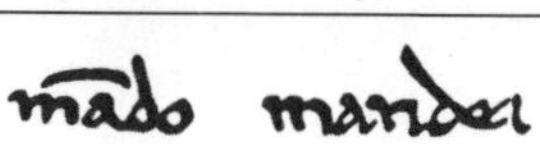 |
| n**õ** (l. 3) / n**on**'as (l. 8) | 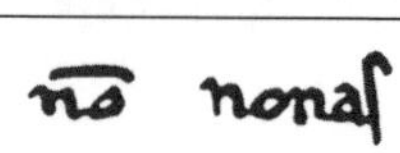 |
| no (l. 3) / En'o (l. 1) | 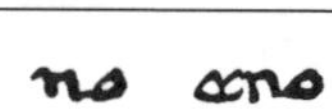 |

Quadro 6: Coexistência entre formas desenvolvidas e formas abreviadas.

No caso de *Deus*, observamos a presença da forma plena na primeira linha do texto e, na linha 2, da forma abreviada, com o recurso de um elemento sobreposto que se assemelha ao número "9", substituindo a sequência "us". O mesmo procedimento pode ser visto no uso do possessivo de 1ª pessoa, *meu*, que, no singular, aparece com todos os seus grafemas constitutivos, mas no plural ocorre sempre abreviado. O uso de *ende* conta com a forma desenvolvida e a forma abreviada, reconstruída na edição. Os casos de *eles*, *de* e *outro/a* mostram a oscilação entre formas plenas e formas com vogais elididas por conta da contração com outras palavras. Já nos casos referentes a *Coinbria*, *fazam*, *non* e às formas verbais de *mandar*, o sinal geral abreviativo, reproduzido na edição sob a forma de til, abrevia, na verdade, uma consoante nasal em posição implosiva. Por fim, no último dado, vemos a variação encontrada entre a preposição *en* mais o artigo definido *o*, por um lado, e a forma contraída *no*, por outro.

A oscilação também pode ocorrer no recurso abreviativo utilizado. No caso do vocábulo *entegramente*, observamos a supressão de duas sequências (*ra* e *en*) na linha 2 e somente de *en* na linha seguinte:

| Oscilação entre os recursos abreviativos utilizados | |
|---|---|
| enteg(ra)m(en)te (l. 2)/<br>entegram(en)te (l. 3) | 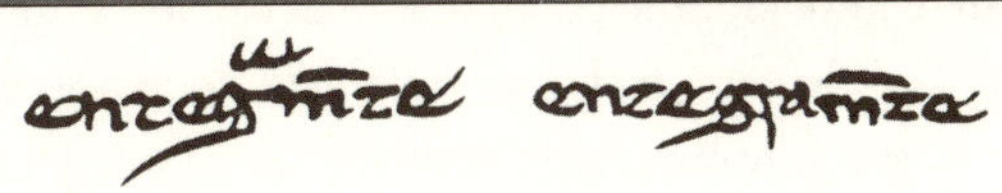 |

Quadro 7: Oscilação entre recursos abreviativos.

## 4.3. Latinismos gráficos

Em um dos casos de polimorfismo gráfico apresentados, vimos que o vocábulo *reino* (l. 10) coexistia com a forma latinizada *regno* (l. 10). No período medieval, assistimos à transição de uma cultura escrita em latim para uma cultura escrita em romance. Por essa razão, os textos dessa época apresentarão um maior ou menor grau de hibridismo entre essas duas práticas de escrita. No *Testamento de D. Afonso II*, encontramos, além de *regno*, outras evidências que poderiam ser chamadas de reminiscências latinas ou latinismos gráficos. Você é capaz de localizá-las? Volte ao texto e tente identificar alguns casos concretos. Para auxiliá-lo nesta tarefa, tenha em mãos um dicionário etimológico; ele possibilitará o resgate do étimo latino das palavras.

Compare agora sua lista com a que apresentamos abaixo:

| Latinismos gráficos | |
|---|---|
| Et (l. 8)<br>(lt. ET) |  |
| dere**ct**o (l. 7)<br>(lt. DIRECTUS, lt. vg. DERECTUS) | 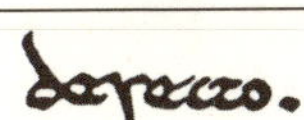 |
| lu**ct**osas (l. 6)<br>(lt. LUCTUOSA) | 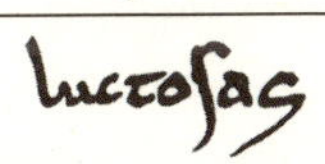 |

| | |
|---|---|
| o**ct**aua (l. 26)<br>(lt. OCTAVA) |  |
| Portu (l. 6)<br>(lt. PORTUS CALE>PORTUCALE) |  |
| se**pt**ima (l. 26)<br>(lt. SEPTIMA) | 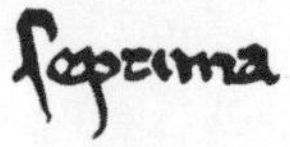 |
| re**gn**o (l. 10)<br>(lt. REGNUM) |  |

Quadro 8: Latinismos gráficos.

Essas reminiscências podem reproduzir a forma tal como ela é no latim, como em *et* e *Portu*, ou ocorrer de forma parcial dentro da estrutura do vocábulo, como acontece com a conservação do grupo <pt> em *septima*, do grupo <ct> em *derecto, luctosa e octaua*, e do grupo <gn> em *regno*.

Esses grupos consonânticos foram desfeitos na história do português. No caso de *septima*, trata-se de um processo de assimilação que afetou grupos consonânticos em posição medial (Castro, 1991: 111-112): a primeira consoante se assimilou à segunda, como em PERSICUM > *pêssego* (/rs̺ > s̺s̺ > s̺/), IPSE > *esse* (/ps̺ > s̺s̺ >s̺/), PENSARE > *pesar* (/ns̺ > s̺s̺ > s̺ > z̺/) e CAPTARE > *catar* (/pt > tt > t/). É exatamente este último processo que ocorreu com *septima*: SE[PT]IMA > *se[tt]ima* > *se[t]ima*.

No *Testamento*, temos uma evidência de que o processo de assimilação consonântica já havia ocorrido, tomando-o como argumento para sustentar o caráter de latinismo gráfico presente em *septima*. A forma *remaserũ* (), na linha 5, advém do étimo latino REMA<u>NS</u>ERUNT (Castro, 1991: 234). Nesse caso, o grupo <ns> sofre assimilação, gerando uma sibilante surda que, em contexto intervocálico, se sonoriza: REMA[NS̺]ERUNT > *rema[ns̺]erun* > *rema[s̺s̺]erun* > *rema[s̺]erun* > *rema[z̺]erun*.

Vejamos, agora, o exemplo de *derecto*, que também se aplicaria a *luctosas* e *octaua*. Advindo do étimo vulgar DERECTUS, este vocábulo se submete ao processo de evolução do grupo consonantal <ct> em posição medial, que teve lugar no marco temporal da ocupação germânica na Península Ibérica (Teyssier, 2001: 14). Por esse processo, o grupo /kt/ tem seu primeiro elemento vocalizado, passando a /jt/, tal como se pode ver em NOCTE > *no[j]te* e LECTU > *le[j]to*. O vocábulo DERECTUS teria, assim, evoluído a *dereito/dereyto*, como mostram outros textos do século XIII: DERECTUS > *dere[j]to*.

Processo análogo ocorre com *regno*, em que se dá a vocalização da oclusiva velar /g/, gerando *reino*. O próprio vocábulo *reino*, em sua forma romance, também é registrado no *Testamento*, como na linha 10: .

## 4.4. Vocalismo tônico

No que se refere ao vocalismo, trataremos, aqui, em linhas gerais, somente do quadro vocálico em posição tônica. Para começar, façamos uma primeira atividade. Abaixo você encontrará dois quadros vocálicos, um do latim e um do português do século XIII. Observe os quadros e contraste-os, verificando as semelhanças e diferenças.

| | | ANTERIORES | POSTERIORES |
|---|---|---|---|
| ALTAS | longas | i: (Ī) | u: (Ū) |
| | breves | i (Ĭ) | u (Ŭ) |
| MÉDIAS | longas | e: (Ē) | o: (Ō) |
| | breves | e (Ĕ) | o (Ŏ) |
| BAIXAS | longas | a: (Ā) | |
| | breves | a (Ă) | |

Quadro 9: Quadro vocálico (posição tônica) do latim clássico (adaptado de Castro, 1991: 113).

| | ANTERIORES | POSTERIORES |
|---|---|---|
| ALTAS | i | u |
| MÉDIAS | e | o |
| | ɛ | ɔ |
| BAIXAS | a | |

Quadro 10: Quadro vocálico (posição tônica) do português do século XIII (adaptado de Castro, 2008: 145).

Diferentemente do que ocorre com as consoantes, no vocalismo tônico, o quadro do primeiro estágio do português, que se mantém até os dias de hoje, apresenta menos unidades distintivas se comparado ao quadro latino: o sistema do português medieval, herdado integralmente do quadro do latim vulgar, conta com sete fonemas vocálicos, três a menos que o sistema do latim clássico. Nossa tarefa, agora, é entender como se dá a reorganização no quadro vocálico do latim para chegarmos ao quadro mais sintético do português.

De acordo com Teyssier (2001: 9-10), o latim clássico "possuía cinco timbres vocálicos, havendo uma vogal breve e uma longa para cada timbre, ou seja, um total de dez fonemas": Ī, Ĭ, Ē, Ĕ, Ā, Ă, Ō, Ŏ, Ū, Ŭ. Em termos articulatórios, "as breves eram sempre mais abertas que as longas correspondentes", razão pela qual vemos que, no quadro 9, as vogais longas ocupam uma posição mais alta que as breves correspondentes. A quantidade das vogais era, no latim clássico, um traço distintivo, o que fica evidente pela diferenciação de significado (lexical ou gramatical) nos seguintes pares mínimos: VĬNCIT (ele vence, VĬNCĔRE) | VĪNCIT (ele ata, VĪNCĪRE); MĔTO (eu ceifo, MĔTĔRE) | MĒTO (eu meço, MĒTĀRE); MĂLUM (mal) | MĀLUM (maçã); SŎLUM (solo) | SŌLUM (só); FŬROR (furor) | FŪROR (eu roubo, FŪRĀRI); VĔNIT (presente) | VĒNIT (perfeito); ROMĂ (caso nominativo) | ROMĀ (caso ablativo); FRUCTŬS (caso nominativo) | FRUCTŪS (caso genitivo) (Castro, 1991: 114-115).

Essa oposição de duração ou quantidade das vogais (breves e longas) teria sido perdida no processo de diferenciação do latim vulgar, durante a época da romanização, conservando-se somente "as oposições de timbre resultantes dos variados graus de abertura" (Teyssier, 2001: 9). Esse processo é sistematizado no quadro abaixo, ilustrado com dados extraídos de Castro (1991: 114) e Teyssier (2001: 9):

| Ī > /i/ | RĪVUM > rio \| FĪCUM > figo |
|---|---|
| Ĭ > /e/ | ĬLLE > ele \| SĬTIM > sede |
| Ē > /e/ | ACĒTUM > azedo \| RĒTE > rede |
| Ĕ > /ɛ/ | DĔCEM > dez \| TĔRRA > terra |
| Ā > /a/ | FĀBAM > fava \| AMĀTUM > amado |
| Ă > /a/ | PRĂTUM > prado \| LĂTUS > lado |
| Ŏ > /ɔ/ | RŎTAM > roda \| PŎRTA > porta |
| Ō > /o/ | AMŌREM > amor \| TŌTA > toda |
| Ŭ > /o/ | LŬTUM > lodo \| BŬCCA > boca |
| Ū > /u/ | FŪMUM > fumo \| PŪRUM > puro |

Quadro 11: Reorganizações do sistema vocálico em posição tônica do latim ao português.

As vogais altas longas Ī e Ū, de realização fechada, geram as vogais altas /i/ e /u/, respectivamente. As vogais anteriores Ĭ e Ē, por um lado, e Ŭ e Ō, por outro, coincidem em uma articulação média alta, fundindo-se em /e/ e /o/, respectivamente. As médias breves Ĕ e Ŏ, de realização mais aberta, produzem como resultado as vogais /ɛ/ e /ɔ/, respectivamente. Por fim, as vogais baixas Ā e Ă são unificadas em /a/.

As vogais médias anteriores, no entanto, também foram geradas por outros processos. De acordo com Castro (1991: 118) e Teyssier (2001: 10), os ditongos do latim (clássico) passaram, em latim vulgar, a vogais simples. O processo de monotongação teria feito com que <ae> resultasse em /ɛ/ (CAELUM > *c/ɛ/lo* > *c/ɛ/u*; CAECUM > *c/ɛ/go*) e <oe> tivesse originado /e/ (POENA > *p/e/na*; FOEDUM > *f/e/o* > *f/e/io*).

Em função dessas transformações, o sistema de vogais em posição tônica do latim vulgar, mantido no português medieval, apresenta sete sons vocálicos, com distinção de timbre no quadro das médias /i, e, ɛ, a, ɔ, o, u/: "O sistema do vocalismo tónico português do séc. XIII era exactamente igual ao do baixo latim, constituído pelas sete vogais resultantes da perda da distinção de quantidade e da sua compensação com dois graus de abertura para os timbres [e] e [o]" (Castro, 2008: 145).

Sobre a representação grafemática das vogais nos textos medievais, Teyssier (2001: 30) afirma que se utilizavam os mesmos grafemas que se mantiveram nos dias de hoje:

| /i/ | <i>: amigo, aqui |
|---|---|
| /e/ | <e>: verde, vez |
| /ɛ/ | <e>: perde, dez |
| /a/ | <a>: mar, levado |
| /ɔ/ | <o>: pós, porta |
| /o/ | <o>: pôs, boca |
| /u/ | <u>: tu, alhur |

Quadro 12: Representação grafemática do sistema vocálico.

No *Testamento,* também podemos recolher evidências que confirmam as soluções apresentadas por Teyssier (2001), quais sejam: os grafemas <i> e <u> são utilizados para representar, respectivamente, as vogais altas /i/ e /u/; o grafema <e> para /e/ e /ɛ/; o grafema <o> para /o/ e /ɔ/; e, por fim, o grafema <a> representando a vogal baixa /a/.

Faça você mesmo esse quadro, retirando dados do *Testamento*. Para certificar-se dos sons vocálicos representados pelos grafemas, utilize um dicionário etimológico que permita a recuperação dos étimos latinos das palavras.

Vejamos alguns exemplos:

| Fonemas | Grafemas | Étimos |
|---|---|---|
| /i/ (<ī) | <i>: filio (l. 2)  | FĪLIUM |
| /e/ (<ĭ) | <e>: este (l. 2) 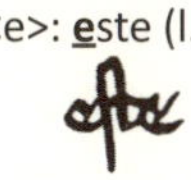 | ĬSTE |

| /e/ (<Ē) | <e>: derecto (l. 7) 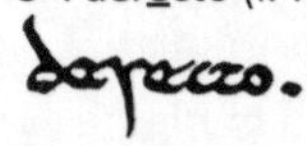 | DĒRĒCTUM |
|---|---|---|
| /ɛ/ (<Ĕ) | <e>: pees (l. 4) 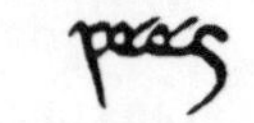 | PĔDĒS |
| /a/ (<Ā) | <a>: paz (l. 2)  | PĀCEM |
| /a/ (<Ă) | <a>: manus (l. 5)  | MĂNUS |
| /ɔ/ (<Ŏ) | <o>: morte (l. 1) 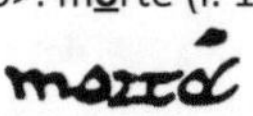 | MŎRTEM |
| /o/ (<Ō) | <o>: todo (l. 1)  | TŌTUS |
| /o/ (<Ŭ) | <o>: o (l. 3)  | ĬLLŬM |
| /u/ (<Ū) | <u>: saude (l. 1)  | SALŪTEM |

Quadro 13: Quadro vocálico extraído do *Testamento*.

No quadro acima, recolhemos alguns exemplos que mostram os resultados da reorganização do quadro vocálico do latim ao português medieval, assim como as representações gráficas mostradas por Teyssier (2001). O grafema <i> (*filio*) é utilizado para representar a vogal alta /i/ advinda da vogal latina Ī (FĪLIUM). O grafema <e> (*este, derecto, pees*) representa a vogal média fechada /e/, oriunda tanto de Ĭ (ĬSTE) quanto de Ē (DĒRĒCTUM), assim como a vogal média aberta /ɛ/, derivada de Ĕ (PĔDĒS). O grafema <a> (*paz, manus*), por sua vez, representa a vogal baixa /a/, resultado unificado de Ā (PĀCEM) e Ă (MĂNUS). Já o grafema <o> (*morte, todo, o*) é registrado na representação de /ɔ/, vindo de Ŏ (MŎRTEM), assim como de /o/, resultado da fusão entre Ō (TŌTUS) e Ŭ (ĬLLŬM). Por fim, <u> (*saude*) expressa a vogal alta /u/ originada a partir de Ū (SALŪTEM).

Em síntese, podemos concluir que, no período medieval, havia sete fonemas vocálicos em posição tônica, como pudemos ver nos dados extraídos do *Testamento*. Desses sons, os mais problemáticos seriam os das vogais médias, cujas grafias não nos deixam pistas da oposição de timbre existente.

## 4.5. Nasalidade

Vejamos agora como se representa a nasalidade no *Testamento*. No português, a presença de uma consoante nasal pode nasalizar a vogal antecedente, pertencente à sílaba anterior, como vemos em *cama* e *cana*, por exemplo. Historicamente, esses casos advêm da consoante latina simples /m/ e das consoantes geminadas /mm/ e /nn/, que serão simplificadas: AMARE > *amar*; FLAMMA > *chama*; ANNU- > *ano*; PANNU- > *pano*. Segundo Mattos e Silva (2006: 68), aqui estamos diante de *vogais nasalizáveis* ou *nasalizadas*. Esse tipo de nasalização não é, no entanto, geral a todos os dialetos do português. Não trataremos, nesta seção, desses casos. Como dispomos, para o período medieval, somente dos textos escritos remanescentes (não contando com nenhum falante nativo do período medieval, nem com amostras de fala!), o estudo de aspectos fonético-fonológicos depende basicamente dos registros que transparecem na grafia. No que se refere às vogais nasalizadas, no entanto, não encontraríamos pistas gráficas que pudessem revelá-las.

Abordaremos, aqui, os casos que estariam por trás da inserção das *vogais nasais* no português. Vale deixar claro que, para esse fim, não entraremos na discussão, atualmente bipolarizada, de se as vogais nasais seriam fonemas vocálicos nasais ou "fonemas vocálicos, foneticamente nasalizados, seguidos de arquifonema nasal, foneticamente realizado com um traço consonântico nasal, articulado como a consoante subsequente — labial, dental, velar (c[ãm]po, c[ãn]to, s[ãn]gue)" (Mattos e Silva, 2006: 69).

Na história do português, as *vogais nasais* teriam como origem as vogais seguidas de consoantes nasais no latim. De acordo com Mattos e Silva (2006: 67), podemos pensar em três grandes grupos:

(1) consoantes nasais em posição implosiva medial (fechando a estrutura da sílaba): DENTE > *dente*; CAMBIARE > *cambiar*;

(2) consoantes nasais em posição implosiva em final de palavra: AMANT > *amam*; IN > *em*; CUM > *com*;

(3) consoantes nasais /n/ em contexto intervocálico (que serão sincopadas como veremos adiante): LANA > *lã*; MANU > *mão*.

Na documentação medieval remanescente, a representação dessa nasalidade pode se dar pela presença das consoantes *n* e *m* depois da vogal, conservando a grafia etimológica latina, ou pela presença do til sobre a vogal, que seria uma espécie de abreviação da consoante nasal.

Como se representa a nasalidade do primeiro grupo (posição medial) no *Testamento*? Volte ao texto e recolha alguns exemplos ilustrativos. Compare os seus resultados com o quadro abaixo:

| REPRESENTAÇÃO DA NASALIDADE: (1) POSIÇÃO MEDIAL | |
|---|---|
| <n> | <til> |
| Af**on**so (l. 1) | Co**ĩ**bria (l. 9) |
| **an**dar (l. 27) | com**ẽ**da (l. 5) |
| **an**te (l. 4) | difindem**ẽ**to (l. 4) |
| Co**in**bria (l. 27) | folg**ã**cia (l. 2) |
| dif**in**demẽto (l. 4) | m**ã**da (l. 25) |
| **en**de (l. 8) | m**ã**do (l. 6) |
| **en**t(r)'(e)les (l. 9) | seg**ũ**do (l. 7) |
| **en**tegram(en)te (l. 3) | tem**ẽ**te (l. 1) |
| **in**f**an**te (l. 2) | T**ẽ**plo (l. 26) |
| m**an**dei (l. 25) | t**ẽ**po (l. 3) |
| q(u**i**)**n**ta (l. 26) | |

| |
|---|
| Sancho (l. 2)<br>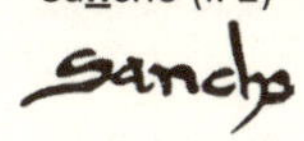 |
| Santa (l. 26)<br>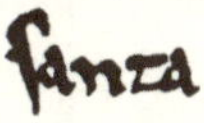 |
| Santiago (l. 9)<br>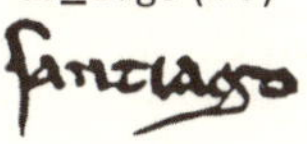 |
| seendo (l. 1)<br> |
| undezima (l. 26)<br>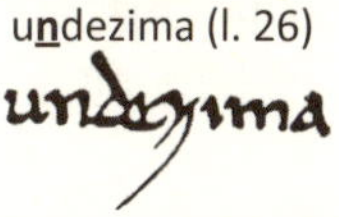 |
| uoontade (l. 8)<br>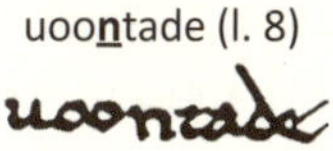 |

Quadro 14: Representação da nasalidade: posição medial.

Encontramos duas formas de representação da nasalidade em posição medial: <n> seguindo a vogal, estratégia de maior produtividade, e "til" sobre a vogal. O *Testamento* não nos deixa registros da nasalidade representada por <m>, nem mesmo no caso em que o latim comportava esse grafema, como em *Coinbria*, também representado por *Coĩbria*, a partir do étimo CONIMBRIGA.

A mesma discussão que existe hoje para o estatuto das vogais nasais no português contemporâneo também pode ser reportada ao período medieval para esses casos de nasalidade em posição medial. Segundo Mattos e Silva (2006), há, por um lado, autores que defendem que o português medieval ainda não contava com vogais nasais, mas sim com vogais seguidas de elementos nasais, como Huber (1933). Por outro, há quem defenda o estatuto nasal dessas vogais, como Cunha (1961), a partir de um estudo sobre as rimas de vogais orais com vogais nasais em cantigas medievais galego-portuguesas. Essa posição parece ser compartilhada por outros autores, como Mattos e Silva (2006: 69), Teyssier (2001: 34) e Castro (2008: 146), que postulam que o português medieval já contaria com cinco vogais nasais, representadas, no quadro a seguir, ao lado de exemplos extraídos do *Testamento*:

| | ANTERIORES | POSTERIORES |
|---|---|---|
| ALTAS | ĩ<br>(*Coĩbria*, l. 9, ) | ũ<br>(*segũdo*, l. 7, ) |
| MÉDIAS | ẽ<br>(*ende*, l. 8, 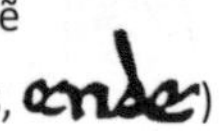) | õ<br>(*uoontade*, l. 8, ) |
| BAIXAS | ẽ<br>(*mãdo*, l. 6, ) | |

Quadro 15: Sistema vocálico: vogais nasais.

Tratemos agora do segundo grupo, relativo às vogais acompanhadas de consoante nasal em posição implosiva em final de palavra. Que casos seriam contemplados nessa categoria? Em outras palavras, de onde vêm as vogais precedidas de consoante nasal em final absoluto?

De acordo com Mattos e Silva (2006: 71), em alguns elementos gramaticais, já no latim, a consoante nasal travava a sílaba final: IN > *em*; CUM > *com*. Em outros casos, no entanto, as vogais seguidas de consoantes nasais podem ter resultado de processos distintos:

(a) com a perda de elementos finais (que fizeram com que a nasal passasse a ocupar uma posição implosiva): CORATIONE > *coraçon*; CANE > *can*; AMANT > *aman*; AMAUERUNT > *amaron*;

(b) com a fusão de vogais iguais advindas da síncope da nasal em contexto intervocálico: ALICUNU > *algũũ* > *algum* [ũ]; UNU > *ũũ* > *um* [ũ]; FINE > *fĩĩ* > *fim* [ĩ].

Nesse sentido, a autora, assim como Teyssier (2001) e Castro (2008), afirma que o sistema de vogais nasais encontrado em posição medial, com cinco unidades, é exatamente o mesmo que ocorre em posição final de vocábulo.

Sobre sua representação gráfica, Teyssier (2001) nos diz que essas vogais podem ser representadas pelas mesmas estratégias utilizadas em posição medial, isto é, com til sobre a vogal ou pelos grafemas <n> e <m> acompanhando a vogal. Em termos de produtividade, no entanto, quando "a consoante nasal termina a palavra, a grafia mais comum foi por muito tempo *-n*. Porém, desde o período do galego-português medieval, começam a aparecer nesta posição grafias em *-m*: *quen* passa a *quem*, *cantan* a *cantam* etc. É esta grafia em *-m* que se vai generalizar em português" (Teyssier, 2001: 34).

Que estratégias encontramos no *Testamento*? Comprove você mesmo e verifique que representações gráficas ocorrem para as vogais seguidas de consoante nasal em final de palavra. Compare seus resultados com o quadro abaixo:

| REPRESENTAÇÃO DA NASALIDADE: (2) POSIÇÃO FINAL | | |
|---|---|---|
| <til> | <n> | <m> |
| agiã (l. 9)  | don (l. 2) 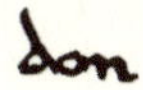 | fazam (l. 9) 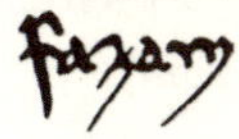 |
| barõ (l. 3) 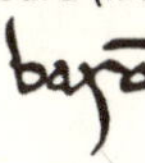 | en (l. 2)  | |
| cũ (l. 25)  | non (l. 8)  | |
| departiã (l. 7) 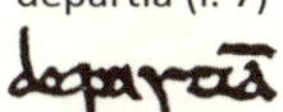 | sen (l. 3)  | |
| fazã (l. 9) 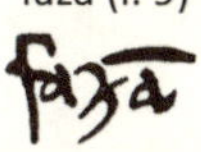 | solten (l. 8) 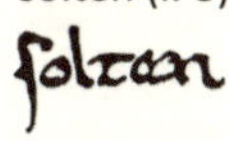 | |
| forũ (l. 27) 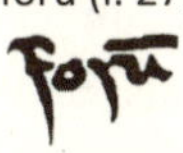 | sten (l. 2)  | |
| nõ (l. 3)  | ten (l. 7) 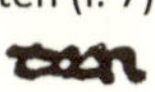 | |
| remaserũ (l. 5) 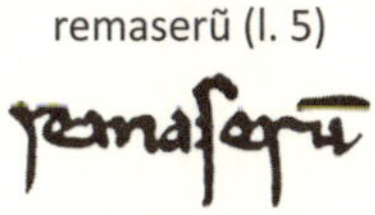 | | |
| segiã (l. 5)  | | |
| sũ (l. 5)  | | |
| uirẽ (l. 7) 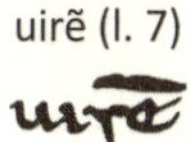 | | |

Quadro 16: Representação da nasalidade: posição final.

Diferentemente da posição medial, em que encontramos somente duas possibilidades (<n> e <til>), em posição final, soma-se a estas a representação com o grafema <m>. De forma geral, podemos concordar com Teyssier, no que se refere à grande produtividade da representação com <n>, sobretudo se comparada ao uso do grafema <m>. Este grafema, que se generalizará em etapas posteriores do português, somente foi verificado em um único caso (*fazam*).

Vejamos agora o que ocorre com o terceiro grupo nomeado por Mattos e Silva (2006), que diz respeito às vogais nasais oriundas da queda da consoante nasal /n/ em contexto intervocálico.

No processo de diferenciação do latim vulgar na Península Ibérica, um fenômeno fonético que atravessou diversos períodos históricos foi a síncope de consoantes em contexto intervocálico. Um desses casos teria se dado, segundo Teyssier (2001), por volta do século XI, coincidente com a "Reconquista" Cristã na Península Ibérica. Trata-se da queda da consoante nasal em contexto intervocálico, também conhecida como síncope do N intervocálico. Esse fenômeno, de acordo com Teyssier (2001), é exclusivo do galego-português, e consequentemente do português, não tendo ocorrido em leonês, castelhano ou nos falares moçárabes e em nenhuma outra língua românica. Antes da síncope, no entanto, ocorre a nasalização da vogal que precede a consoante nasal. Como resultado da queda do N, tem-se a formação de um hiato, uma vez que as duas vogais pertencem a sílabas distintas. As etapas de mudança poderiam ser ilustradas com a palavra *corona*: CORONA > *corõna* > *corõ-a*. Sua consequência para o português arcaico seria um grande número de palavras com hiatos, sendo a primeira vogal de natureza nasal. No entanto, como os grupos com vogais em hiato são instáveis, a maioria destes teria sido eliminada da língua até aproximadamente o século XV.

No *Testamento*, temos algumas evidências indiretas, em palavras com grafias latinizantes, da síncope do N intervocálico e da existência de um hiato, que evoluiria de maneira diferente em estágios posteriores da língua, como veremos adiante. Você é capaz de encontrar esses dados? Observe o quadro abaixo:

| **REPRESENTAÇÃO DA NASALIDADE: (3) CONSEQUÊNCIAS DA SÍNCOPE DO N INTERVOCÁLICO** | |
|---|---|
| Lixbona (l. 9) | 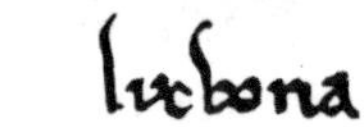 |
| manus (l. 5) | 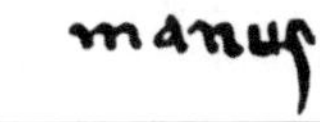 |
| raina (l. 4) | 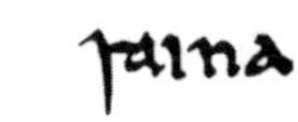 |

| sano (l. 1) | 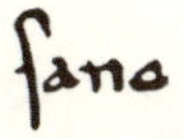 |
|---|---|
| una (l. 25) |  |
| dieiros (l. 5) |  |

Quadro 17: Representação da nasalidade: consequências da síncope do N intervocálico.

Embora o processo de síncope do N já tivesse ocorrido em fases anteriores ao período medieval e o hiato já tivesse sido formado, no *Testamento* a nasalidade ainda aparece representada pela consoante <n> (grafia latinizante), não havendo uma representação grafemática do fenômeno. Isso ocorre nos cinco primeiros dados do quadro acima, em que o grafema <n> deve ser entendido não como uma consoante nasal, mas sim como a nasalidade apoiada na vogal anterior, isto é, uma vogal nasal. Em todos esses casos, temos evidências indiretas da síncope da nasal em contexto intervocálico, cujos vocábulos apresentavam hiatos, que provavelmente se deixariam notar na língua falada: *Lixbõ-a*, *mã-us*, *raĩ-a*, *sã-o* e *ũ-a*. A título de exemplificação, vejamos dois exemplos a partir dos respectivos étimos latinos: SANU- > *sãno* > *sã-o*; UNA- > *ũna* > *ũ-a*. Uma evidência da natureza não consonântica do grafema <n> nesses dados pode ser extraída do último exemplo do quadro (*dieiros*), em que não observamos a presença do grafema <n> para indicar a nasalidade que se apoia na primeira vogal palatal: *dĩ-eiros*. O repertório de vogais nasais advindas desse processo de síncope também contemplaria as cinco vogais nasais descritas para os demais casos.

## 4.6. Hiatos

Além da queda do N intervocálico, outras consoantes também foram sincopadas em outros momentos, tendo igualmente como resultado a formação de uma série de hiatos, principalmente, no período arcaico. Vejamos o quadro abaixo:

| SÍNCOPES DE CONSOANTES E FORMAÇÃO DE HIATOS | |
|---|---|
| pees (l. 4) |  |
| seendo (l. 1) |  |

| | |
|---|---|
| maestre (l. 26) |  |
| uoontade (l. 8) | 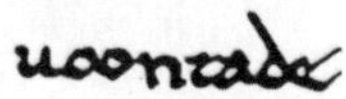 |
| saude (l. 1) |  |
| Bragaa (l. 6) | 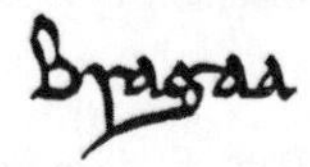 |

Quadro 18: Síncopes de consoantes e formação de hiatos.

Em todos os casos, estamos em presença de hiatos formados como consequência da síncope de consoantes em contexto intervocálico ao longo do processo de diferenciação do latim vulgar. Nos três primeiros dados, destacamos a síncope de consoantes oclusivas sonoras: /d/ em *pees* e *seendo*; e /g/ em *maestre*. Para exemplificar, vejamos o processo a partir dos étimos latinos para os casos de *pees* e *maestre*: PEDES > *pe-es*; MAGISTER > **magistre* > *ma-estre*.

Segundo Castro (1991), a síncope de oclusivas sonoras intervocálicas estaria encaixada em uma matriz maior de mudanças que afetou o quadro de oclusivas como um todo, em um fenômeno mais amplo conhecido como *lenição* ou *lenização*, ou seja, abrandamento/enfraquecimento de consoantes oclusivas em contexto intervocálico. A lenição operou no latim vulgar levado para a Península Ibérica, em plena época da Romanização.

Trata-se de uma mudança fonética assimilatória (e não fonológica, uma vez que não se modifica o número de fonemas da língua), na qual as consoantes oclusivas sofrem os efeitos das vogais que conformam o contexto intervocálico. No caso das consoantes oclusivas sonoras, há uma extensão do traço articulatório de continuidade, presente nas vogais, gerando, em um primeiro momento, sons consonânticos mais contínuos, de natureza fricativa, sendo, por fim, sincopadas: /d > ð > Ø/; /g > ɣ > Ø/. Essa mudança teria sido a primeira de uma cadeia que também conta com a sonorização das oclusivas surdas (VITA > *vida*; ACUTU > *agudo*; SAPERE > *saber*) e com a simplificação de oclusivas geminadas (SUPPA > *sopa*; ABBATE > *abade*; CATTU > *gato*; ADDITIONE > *adição*; BUCCA > *boca*; AGGREDIRE > *agredir*), ambas em contexto intervocálico.

Segundo Mattos e Silva (2006: 79),

> quando o português aparece escrito nos inícios do século XIII, há uma representação gráfica consistente que permite afirmar que a simplificação das geminadas intervocá-

licas latinas, a sonorização das surdas intervocálicas e o desaparecimento das sonoras também intervocálicas já teriam ocorrido.

Anteriormente, vimos, nos exemplos de *pees, seendo* e *maestre*, evidências da síncope das oclusivas sonoras. O *Testamento* também nos deixa registros, confirmando a afirmativa de Mattos e Silva (2006), dos demais casos: sonorização das oclusivas intervocálicas surdas (/t > d/: uiTa > *vida*, 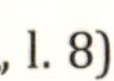, l. 8) e simplificação das geminadas latinas (/bb > b/: aBBate > abade, 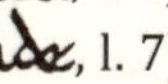, l. 7).

Segundo Castro (1991), o fenômeno da lenição é exclusivo da România Ocidental (não sendo registrado em línguas da România Oriental, como o italiano, por exemplo) e poderia estar correlacionado a um fator extralinguístico, mais particularmente a uma possível influência do substrato celta:

> Todas as línguas célticas modernas sofreram uma lenição em posição intervocálica de todas as consoantes: uma lenição, portanto, mais ampla que a latina. O facto de regiões que não foram povoadas por celtas, como a Roménia, a Sardenha e o sul da Hispânia, não terem romances afectados pela lenição ajuda a relacionar o fenómeno com a presença pré-romana de celtas (Castro, 1991: 107-108).

Sobre a simplificação das geminadas, em particular, cabe acrescentar que esse processo não afetou somente a série das oclusivas. Para cada som consonântico do latim, havia geminadas correspondentes. Essas geminadas, que ocorriam somente em contexto intervocálico, foram simplificadas, dando origem a consoantes simples: "OFFICINA > *oficina*; OSSU > *osso* [s]; FLAMMA > *chama*; ANNU > *ano*; CABALLU > *cavalo*; FERRU > *ferro* [R]" (Mattos e Silva, 2006: 75).

O dado *uoontade*, presente na linha 8 do *Testamento*, revelaria a síncope de uma consoante de outra natureza: a consoante lateral em contexto intervocálico. Após a síncope, assim como nos demais casos, temos a formação de um hiato: VOLUNTATEM > *voluntade* > *vo-ontade*. Em termos de localização temporal, esse fenômeno se dá por volta do século X, segundo Teyssier (2001), durante a ocupação árabe na Península Ibérica. Assim como a síncope do N intervocálico, a síncope do L intervocálico também seria um fenômeno exclusivo do galego-português, não sendo registrado nas demais línguas românicas. Esse mesmo fenômeno pode ser visto em *saude* (l. 1): SALUTEM > *salute* > *sa-ude*.

Além dos casos aqui descritos, o processo de síncope de consoantes em contexto intervocálico parece ter se estendido às demais consoantes que não eram oclusivas, laterais e nasais, como nos mostra o topônimo *Bragaa*, presente no texto que estamos analisando. Advindo do étimo latino BRACARA AUGUSTA, vemos a síncope da vibrante intervocálica: BRACARA > *Bragara* > *Braga-a*.

O que teria ocorrido, no português medieval, com os hiatos advindos da síncope de consoantes intervocálicas?

Alguns desses hiatos foram mantidos no português antigo e perduram até o português atual, como ocorre com *Lisboa e saúde*, embora a nasalidade tenha sido eliminada. Dos dados extraídos do *Testamento*, os demais hiatos foram eliminados ainda no período medieval através de processos distintos:

(a) semivocalização da segunda vogal do hiato e formação de ditongo: *mã-us* > *m[ãw]s* (mãos);

(b) desenvolvimento de uma consoante entre as duas vogais em hiato: *raĩ-a* > *rai[ɲ]a* (rainha); *dĩ-eiros* > *di[ɲ]eiros* (dinheiros)*;* *ũ-a* > *u[m]a* (uma);

(c) crase de vogais idênticas (*uo-ontade* > *vontade*; *se-endo* > *sendo*; *pe-es* > *pés*; *Braga-a* > *Braga*) e de vogais que antes passam por processo de assimilação (*ma-estre* > *me-estre* > *mestre*).

Falta-nos comentar, no entanto, o caso de *sã-o* (*sano*). Embora seu hiato também tenha sido resolvido por um processo de ditongação por semivocalização da segunda vogal do hiato (*sã-o* > *s[ãw]*), tal como ocorre com *mã-us*, é preciso estudar essa mudança num espectro maior que considere a regularização das terminações nasais em ditongos nasais.

A síncope da consoante nasal atingiu somente os vocábulos em que essa consoante se encontrava em contexto intervocálico. Como esse é um fenômeno que opera em uma época tardia, por volta do século X, vocábulos latinos como PANE- e LEONE-, por exemplo, não chegaram a sofrer a síncope, exatamente porque a vogal átona final sofreu primeiramente apócope, fazendo com que a consoante nasal deixasse de estar em contexto intervocálico: PANE- > *pan*; LEONE- > *leon*. O mesmo não ocorreu no caso de MANU-, que não teve sua vogal final eliminada. Nesse caso, operou-se a síncope do N: MANU- > *mã-o*. Por essa razão, no português medieval, havia o seguinte repertório advindo de nomes terminados nos étimos latinos -ANE, -ONE e -ANU: PANE > *pan* (p[ã]); LEONE > *leon* (le[õ]); e MANU > *mã-o*. De acordo com Castro (1991), à entrada do século XVI, já havia operado a uniformização em ditongo nasal [ãw] de formas portuguesas terminadas nas vogais nasais [ã] e [õ] ou no hiato nasal [ã-u]: *pão, leão* e *mão*.

Os estudiosos, segundo Teyssier (2001: 56), não apresentam uma explicação única para a convergência em <-ão>. São apresentados fatores externos e internos ao fenômeno. No primeiro caso, estaria o fato de tal unificação ter se operado no centro-sul e, por isso, tornou-se a variante de prestígio no século XVI e se espalhou como norma. Em dialetos do extremo norte, entretanto, o antigo *-om* ainda se manteve. Para os fatores internos, há outras motivações. Uma delas é a explicação oferecida por Edwin Williams, que confere a origem dessa regularização à forma verbal *vão* (lt. VADUNT). Para o autor, tal forma teria exercido uma atração analógica, em um primeiro momento, sobre as formas verbais em *ã* e *õ* (*dam, estam, som*) e, posteriormente, sobre as formas nominais (Castro, 1991: 244). Outro argumento de natureza fonética seria o desenvolvimento de uma semivogal [w], favorecendo a formação de um ditongo tanto em *-om* [õw] quanto em *-am* [ãw], como ocorre atualmente quando escrevemos *cantam* e pronunciamos o *-am* final como [ãw].

A partir desse fenômeno, podemos observar, no caso dos nomes, como processos fonético-fonológicos podem ter uma repercussão direta na morfologia: a síncope da consoante nasal intervocálica (uma evolução fonético-fonológica) está diretamente relacionada à configuração que os nomes com terminações nasais apresentam (no plano da forma, portanto, da morfologia nominal) (Teyssier, 2001).

No singular, a queda da nasal atingiu nomes derivados de formas latinas em -ANU, como MANU-, gerando *mã-o*. Por outro lado, a partir de nomes terminados nas formas latinas -ANE (PANE) e -ONE (LEONE), temos as terminações nasais em *pan* e *leon*, respectivamente. No plural, no entanto, as formas de todas as terminações são afetadas pela síncope do N intervocálico: MANUS > *mã-os*; PANES > *pã-es*; LEONES > *leõ-es*.

No fim do período medieval, as formas de singular serão regularizadas em ditongo nasal e as formas de plural terão seus hiatos resolvidos por ditongação. Essa é a razão pela qual temos, hoje, no português, somente uma terminação para nomes no singular (*-ão*) e três terminações para o plural (advindas diretamente dos étimos latinos): *-ãos, -ães, -ões*.

O mesmo processo que opera na interface entre fonologia e morfologia também ocorre nos casos de síncope da lateral em contexto intervocálico. Em SOLE-, forma de singular, a vogal átona final sofre apócope, produzindo a forma *sol*. Como /l/ não se encontrava em contexto intervocálico, não foi eliminado. Por outro lado, no plural, a lateral sofre síncope, gerando um hiato que posteriormente seria resolvido por ditongação: SOLES > *so-es* > *sóis*. Por esse fenômeno podemos entender a terminação em plural diferenciada das formas que, em singular, terminam por consoante lateral.

No *Testamento*, encontramos evidências de que essa uniformização em ditongo nasal ainda não havia acontecido. Sistematizemos nossas informações:

| Terminações nasais não uniformizadas em ditongo nasal |
|---|
| sũ (l. 5)  |
| nõ (l. 3) 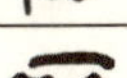 |
| non (l. 8) 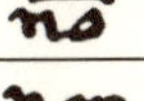 |
| sano (l. 1) 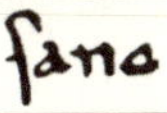 |
| barõ (l. 3) 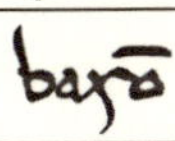 |

Quadro 19: Terminações nasais não uniformizadas em ditongo nasal.

Além da forma verbal *sũ*, encontramos também o advérbio de negação *nõ/non* e as formas nominais *sano* e *barõ*. Não contamos ainda, ao menos no *Testamento*, com formas unificadas em ditongos nasais grafados como <-ão>. A variação grafemática é ainda limitada à presença do <n> ao lado do <~> e as terminações registram apenas apócopes de vogais *barõ* (BARONE- > *baron*) e consoantes (SUNT > *sũ*), assim como a manutenção do <n> latinizante como em *sano*.

## 4.7. Consonantismo

Começaremos agora a estudar os sons consonantais do português medieval e como eles são representados por grafemas. Antes de iniciarmos essa atividade, no entanto, façamos um exercício. Abaixo você encontrará dois quadros consonânticos, um do latim, nosso ponto de partida, e o outro do português do século XIII. Observe os quadros e responda às seguintes perguntas: em que o quadro latino se diferencia do quadro do português medieval? Em que este último se diferencia do português atual?

| | LABIAIS | DENTAIS | ALVEOLARES | VELARES |
|---|---|---|---|---|
| OCLUSIVAS | p b | t d | | k g |
| FRICATIVAS | f | | ş | |
| NASAIS | m | | n | |
| LATERAIS | | | l | |
| VIBRANTES | | | r | |

Quadro 20: Sistema consonântico latino (adaptado de Castro, 1991: 104).

| | LABIAIS | DENTAIS | ALVEOLARES | PALATAIS | VELARES |
|---|---|---|---|---|---|
| OCLUSIVAS | p b | t d | | | k g |
| AFRICADAS | | ts dz | | tʃ dʒ | |
| FRICATIVAS | f v | | ş ʐ | ʃ ʒ | |
| NASAIS | m | | n | ɲ | |
| LATERAIS | | | l | ʎ | |
| VIBRANTES | | | r — R | | |

Quadro 21: Sistema consonântico do português do século XIII (adaptado de Castro, 2008: 144).

Observe: em número de fonemas, o quadro latino é mais sintético do que o quadro do primeiro estágio do português. Para chegarmos a ele, ocorreram diversos processos fonético-fonológicos durante a diferenciação do latim vulgar na Península Ibérica que fizeram com que novos sons fossem inseridos no sistema. Vemos que, à exceção do quadro de oclusivas, que se mantém o mesmo, as demais séries passam a contar com novos fonemas. Chama a atenção também a presença, no quadro do português medieval, de consoantes que têm o ponto de articulação palatal, assim como de consoantes africadas, ambas inexistentes no latim.

Na série das fricativas, o português medieval contará com a contraparte sonora de /f/ e /s̺/: /v/ e /z̺/, respectivamente. Além disso, temos também as novas fricativas palatais /ʃ/ e /ʒ/. A nasal palatal /ɲ/ e a lateral palatal /ʎ/ também passam a fazer parte desse quadro. Por fim, vemos a presença de quatro consoantes africadas (/ts/, /dz/, /tʃ/, /dʒ/) e duas vibrantes (/r/, /R/), sendo a vibrante múltipla oriunda das vibrantes geminadas do latim. Deixando de lado a questão dos róticos no português atual, podemos dizer que, comparado ao quadro medieval, o português que chega até os nossos dias perde todas as africadas (como fonemas), mantendo as demais unidades distintivas.

Nosso objetivo, agora, será verificar em que medida o *Testamento* nos permite visualizar o quadro consonântico medieval. Como estamos utilizando um texto escrito remanescente, obviamente, as pistas a serem seguidas serão de natureza gráfica. Em outras palavras, estudaremos como os novos sons passam a fazer parte do português e como eles são graficamente representados na escrita.

## Palatais

Tratemos, primeiramente, das consoantes palatais presentes no *Testamento*. Antes, no entanto, convém recordar que o latim não contava com consoantes palatais. Esses fonemas passam a integrar o quadro consonântico do português através de processos de palatalização que operaram no latim vulgar em diferenciação, ainda durante o processo de romanização da Península Ibérica. De modo geral, esses processos foram motivados pelo contato de determinadas consoantes com vogais ou semivogais palatais, modificando-se o ponto de articulação de tais sons:

> Designam[-se] pelo termo geral de palatalização fenômenos que tenham como característica fonética a posteriorização em direção ao palato de uma articulação anterior, dental, ou a anteriorização em direção ao palato de uma articulação posterior, velar. Então são consideradas palatalizações tanto as assibilações como as palatalizações das oclusivas dentais e velares (Mattos e Silva, 2006: 76).

Comecemos pelas laterais e nasais palatais. De acordo com Castro (1991: 110), "as consoantes /l/ e /n/ absorveram completamente o /j/ e transformaram-se em palatais": /nj > ɲ/: SENIOREM > *senhor*; /lj > ʎ/: FILIUM > *filho*.

Em muitos casos, os novos sons que passam a fazer parte do português entram por vias distintas. Acabamos de ver que a nasal e a lateral palatais entraram na língua através do processo de palatalização. Quando tratamos brevemente das estratégias de resolução dos hiatos, vimos também que a consoante nasal palatal também terá, no final do período medieval, outra porta de entrada, através do desenvolvimento de consoantes epentéticas em contextos de hiato que contam com a primeira vogal palatal nasalizada: *raĩ-a* > *rai[ɲ]a* (rainha); *dĩ-eiros* > *di[ɲ]eiros* (dinheiros).

A consoante lateral palatal, por sua vez, também apresentou, num momento de diferenciação do latim vulgar coincidente com a presença dos povos germânicos na Península Ibérica, outra origem. O *Testamento* não dispõe de dados que possam ilustrá-la. Trata-se da evolução do grupo <cl> latino em posição medial. Para exemplificar esse processo, comentaremos os seguintes dados: OCULU- e AURICULA-.

Nesses étimos latinos, no entanto, não visualizamos a presença do grupo <cl>. Para que esse grupo tenha sido formado, foi preciso que outro fenômeno linguístico tivesse ocorrido em momento anterior, ainda na romanização, conhecido como síncope das vogais breves em posição postônica. Segundo Teyssier (2001: 10-11), as vogais átonas, mais frágeis que as tônicas, em posição postônica não final nos proparoxítonos desapareceram com frequência, seguindo uma tendência comum a todo o romance ocidental. Assim, temos OCULU- > *oc'lu*. No caso de AURICULA-, precisamos considerar ainda o processo de evolução dos ditongos latinos, ao qual já fizemos uma breve referência. Esse processo, que também se dá na época da ocupação romana da Península Ibérica, teria atingido, segundo Castro (1991: 118), não somente as formas <ae> e <oe>. Outro ditongo latino que também foi afetado foi o ditongo <au>. Nesse caso, o resultado mais frequente foi a harmonização da altura das vogais, com manutenção do ditongo (/aw > ow/: AURU > *ouro*), como também podemos ver, no *Testamento,* em THESAUROS > *tesouros* (l. 6-7, 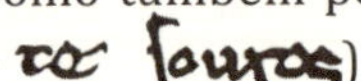). O ditongo pode ainda sofrer monotongação, como observado em /aw > ow > o/ (AURICULA > *oricula*).

Uma vez formado o grupo <cl>, a oclusiva /k/ passa a se comportar como semivogal /j/, ou seja, sofre supostamente uma semivocalização segundo Teyssier (p. 13). Estando em contato com a lateral /l/, o grupo /jl/ se palataliza, resultando em /ʎ/ (Teyssier, 2001: 13): OCULU > *oc'lu* > **o[j]lo* > *o[ʎ]o* (olho); AURICULA > *orec'la* > **ore[j]la* > *ore[ʎ]a*.

Para representar a lateral e a nasal palatal, hoje utilizamos os dígrafos <lh> e <nh>, respectivamente. No entanto, no período medieval, em que se circunscreve o *Testamento*, essas possibilidades, importadas do provençal, ainda não estavam disponíveis: "Para '*n* palatal' e '*l* palatal', é somente após 1250 que começam a ser usadas as grafias de origem provençal *nh* e *lh*; ex.: *gaanhar, velha*" (Teyssier, 2001: 29). Como são representadas, então, as novas palatais no *Testamento*? Consulte-o e tente responder a essa pergunta.

Você deve ter observado que, de fato, não contamos com <lh> e <nh>, grafias tipicamente occitanas, que seriam importadas da França e só começariam a aparecer nos textos em português a partir do reinado de Afonso III. Vejamos os quadros abaixo que sintetizam os dados extraídos do *Testamento*:

| /ʎ/ | |
|---|---|
| <l> | <li> |
| lis (l. 7):  | filia (l. 3):  |
| pregoli (l. 5):  | filio (l. 3):  |
| rogoli (l. 5):  | molier (l. 2):  |

Quadro 22: Representação grafemática de /ʎ/.

| /ɲ/: <ni> |
|---|
| senior (l. 4): 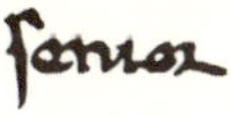 |
| tenio (l. 6):  |
| Idania (l. 6):  |
| Junio (l. 27):  |

Quadro 23: Representação grafemática de /ɲ/.

A documentação que circulou na Península Ibérica durante a Idade Média se deu exclusivamente em latim até finais do século XII e inícios do XIII, quando começam a surgir os primeiros textos escritos em língua romance. Qual a consequência dessa informação? Escrever em língua romance exigiria dos escribas, acostumados a escrever em latim, utilizar grafemas e soluções gráficas pensadas inicialmente para a realidade latina, mas não ainda para o português. Isso exigiria que certas adaptações tivessem de ser feitas, já que novos sons, inexistentes no latim, precisavam ser representados na escrita. Em outras palavras, diante de um novo repertório de sons e com as mesmas possibilidades de códigos gráficos do latim, era preciso encontrar meios que pudessem codificá-los graficamente. Com isso queremos deixar claro: a relação grafema-fonema tal como conhecemos hoje, normatizada e legalmente legislada, não era uma realidade para aquele momento. Essa é a razão pela qual encontramos nos textos medievais uma pluralidade de soluções gráficas para a representação de um som, a depender de uma série de fatores extralinguísticos, como a bagagem cultural e o grau de intimidade com a cultura escrita por parte do escriba, o escritório em que o documento foi produzido, o fator geográfico, entre outros.

No caso do *Testamento*, para a lateral palatal, vemos a utilização dos grafemas <li> em *filia*, *filio* e *molier*. Além disso, também encontramos a possibilidade de representar o mesmo fonema através do grafema <l>, como ocorre com os clíticos dativos em *lis*, *pregoli* e *rogoli*. Para a nasal palatal, encontramos uma única forma de representação, através dos grafemas <ni>, como vemos em *senior*, *tenio*, *Idania* e *Junio*.

Outro fonema inserido por palatalização foi a africada palatal sonora /dʒ/. A oclusiva sonora /d/ (assim como também ocorreu com /g/) também se palataliza diante de /j/: /dj > dʒ/. Podemos ver esse processo no vocábulo português *hoje*, por exemplo: HODIE > *ho[dj]e* > *ho[dʒ]e*. Como se representava, no plano gráfico, esse novo fonema? Para responder a essa pergunta, vejamos o quadro abaixo:

| /dʒ/ | |
|---|---|
| <gi> | <i/j> |
| agia (l. 4):  | Junio (l. 27):  |
| segia (l. 3):  | |
| segiã (l. 5):  | |

Quadro 24: Representação grafemática de /dʒ/.

No *Testamento*, duas foram as estratégias encontradas para representar a africada palatal sonora. A forma mais produtiva se deu pela combinação dos grafemas <gi>, como podemos ver em *agia*, *segia* e *segiã*. Para exemplificar, tomando o caso de *segia*, partimos do étimo latino SEDEAT, em que o /d/ diante de /j/ se palatalizou: SEDEAT > *se[dj]a> se[dʒ]a*.

Outra via de entrada da africada palatal pode ser vista no caso de *Junio*. Partindo do étimo latino IUNIU-, temos um processo de consonantização a partir da semivogal em posição inicial, que se palataliza: /j > dʒ/. A representação desse som, em contexto distinto dos demais dados (em que a africada antecedia a vogal /a/), se dá através do grafema <i> (podendo ser, em termos paleográficos, um "i" longo ou "i" maiúsculo) ou <j>. A decisão entre uma forma ou outra não é fácil, já que <i> e <j> são unidades que apresentam uma fisionomia bastante semelhante (Rodríguez Guerra; Varela Barreiro, 2007: 551). Em textos do século XIII, podemos encontrar mais frequentemente o grafema <i> para representar a africada palatal sonora /dʒ/ (Maia, 1986). No *Testamento*, no entanto, <i> predomina na representação da vogal /i/ e da semivogal /j/:

| /i/ | /j/ |
|---|---|
| <i>: dezima (l. 7) 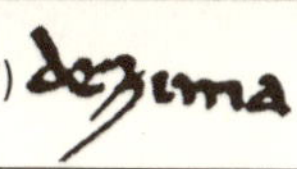 | <i>: reino (l. 10) 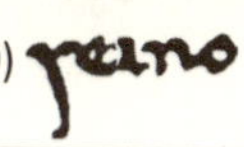 |

Quadro 25: Representação grafemática de /i/ e /j/.

Ao longo da história do português, a africada /dʒ/ perde, em determinado momento, o elemento oclusivo inicial, comportando-se como fricativa /ʒ/. Essa consoante fricativa palatal sonora, no entanto, também teria entrado no português através de outra via, sem passar pelo estágio da africada. O *Testamento* nos deixa um exemplo desse caso:

| /ʒ/: <gi> |
|---|
| beigio (l. 4): 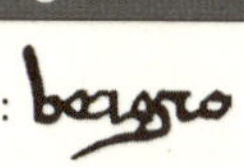 |

Quadro 26: Representação grafemática de /ʒ/.

Para chegarmos a *beigio*, partindo do latim BASIUM, teríamos: BASIUM > ba[z̺]io > ba[z̺j]o > ba[jz̺]o > be[jz̺]o > bei[ʒ]o. Vemos que a sibilante surda em contexto intervocálico sofre um processo de sonorização; em seguida, a vogal palatal passa a se comportar como semivogal, cambiando sua posição com a sibilante; após a harmonização entre as alturas das vogais, que faz com que a vogal baixa /a/ passe a /e/ por influência da semivogal /j/, tem-se o processo de palatalização da sibilante, cujo resultado é a fricativa palatal sonora /ʒ/.

Esse som, no texto, aparece representado pelos grafemas <gi>, exatamente a mesma estratégia encontrada para a representação da africada palatal sonora. Como uma mesma solução gráfica é utilizada para representar tanto a africada /dʒ/ quanto a fricativa /ʒ/ — dois novos sons advindos de processos diferentes —, não temos condições de concluir se seriam ou não fonemas distintos ou se, por outro lado, já teria operado a simplificação /dʒ > ʒ/: "Por via da análise da escrita é portanto difícil afirmar se haveria uma articulação africada sonora no período arcaico" (Mattos e Silva, 2006: 87). Para Maia (1986), a africada palatal já não estaria mais presente no final do período medieval. Teyssier (2001), como será visto mais adiante, também se mostra a favor dessa simplificação, ao tratar dos dois fonemas em conjunto: /(d)ʒ/. Segundo Mattos e Silva (2006), o que podemos inferir é que esse processo de unificação entre a africada e a fricativa palatal estaria em curso no período medieval. O que sabemos, com uma certa margem de segurança, provém, segundo a autora, do testemunho de Fernão de Oliveira que, em sua gramática de 1536, descreve que não haveria diferença articulatória entre os sons representados pelas grafias <j> e <g>, isto é, entre /dʒ/ e /ʒ/: "[j] a sua pronunciação é semelhante à do *xi*, com menos força. E esta mesma virtude damos ao g, quando se segue depois dele *e* ou *i* (1957: 56)" (Mattos e Silva, 2006: 87).

Já a africada palatal surda entra no português através de outros processos. Em um primeiro momento, ainda na fase da romanização, as consoantes /t/ e /k/ diante de semivogal /j/ provocam "uma assibilação intermédia, de onde resulta a africada /tʃ/" (Castro, 1991: 109). Essa africada, no entanto, sofre um processo de despalatalização para /ts/. Podemos ver esse fenômeno no caso de PRETIUM > *preço* e FACIO > *faço*, em que temos, respectivamente: /tj > tsj > tʃ > ts/ e /kj > tj > tsj > tʃ > ts/. Séculos mais tarde, na época de ocupação árabe da Península Ibérica, a africada palatal surda /tʃ/ volta a aparecer a partir da palatalização dos grupos consonânticos *pl-*, *cl-* e *fl-* em posição inicial: PLAGA > *[tʃ]aga* (chaga); CLAVE > *[tʃ]ave* (chave); FLAMMA > *[tʃ]ama* (chama) (Teyssier, 2001: 16-17).

No fragmento do *Testamento* que estamos analisando, contamos com um exemplo dessa nova consoante:

| /tʃ/: <ch> |
|---|
| Sancho (l. 2): 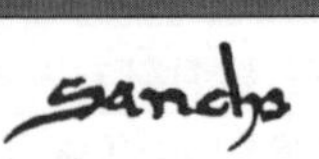 |

Quadro 27: Representação grafemática de /tʃ/.

Para chegarmos à forma portuguesa *Sancho*, partimos do étimo latino SANCIUS (ou SANCTIUS). Nesse caso, a consoante africada palatal pode ter sido formada pelo contato entre a oclusiva e a semivogal /j/. Diferentemente do que ocorreu com /ʎ/ e /ɲ/, para os quais ainda não estavam disponíveis os dígrafos <lh> e <nh>, respectivamente, /tʃ/ já é representado pelo dígrafo <ch>, de origem francesa (Teyssier, 2001: 29).

Em estágios posteriores, a africada palatal surda, semelhantemente à sonora, perde seu elemento oclusivo inicial, tornando-se fricativa. No período medieval, no entanto, /tʃ/ e /ʃ/ ainda eram fonemas claramente distintos, representados graficamente por soluções diferentes. Não contamos, no *Testamento*, com evidências que exemplifiquem a fricativa /ʃ/. Segundo Teyssier (2001: 12), essa consoante passa a fazer parte do português também através de um processo de palatalização, "quando o *yod* proveniente de *i* e *e* em hiato vinha depois de *-ss-*, esta consoante passou a [ʃ], transcrito pela letra <x>", como em RUSSEUM > *roxo*.

## Africadas e fricativas

Vejamos agora os casos das africadas predorsodentais medievais /ts/ e /dz/. Para a inserção dessas consoantes no siswtema do português medieval, contamos com o processo de palatalização anteriormente apresentado, que origina inicialmente a africada palatal /tʃ/ que, posteriormente, se despalataliza em /ts/. Esse processo pode ser desencadeado pelo contato tanto da consoante /t/ quanto /k/ com um elemento vocálico de natureza palatal: /tj > tsj > tʃ > ts/ e /kj > tj > tsj > tʃ > ts/. Em alguns casos, após a formação da africada predorsodental surda, houve um processo de sonorização, gerando a africada predorsodental sonora: /dz/.

Como seriam representadas no plano gráfico essas africadas no *Testamento*? Consulte os étimos latinos dessas formas para compreender os processos. Observemos os quadros abaixo:

| /ts/ | | |
|---|---|---|
| <c> | <ci> | <z> |
| arcebispo (l. 6) 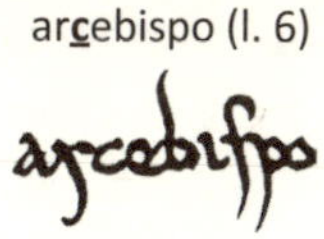 | folgãcia (l. 2) 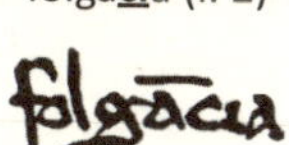 | Alcobaza (l. 10) 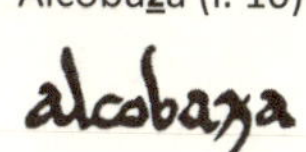 |
| duodecima (l. 26) 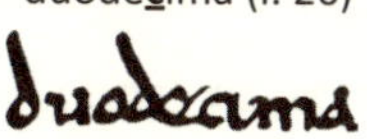 | gracia (l. 1) 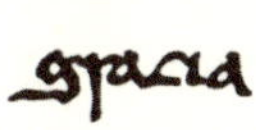 | fazam (l. 9) 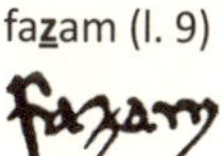 |

| recebia (l. 4)  | t(er)cia (l. 26) 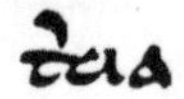 | fazã (l. 9) 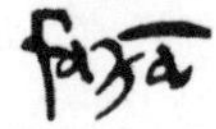 |
|---|---|---|
| t(er)ceira (l. 9)  | | undezima (l. 26) 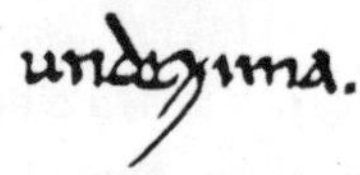 |

Quadro 28: Representação grafemática de /ts/.

| /dz/ | |
|---|---|
| <z> | <c> |
| aduzer (l. 10):  | facer (l. 26):  |
| Cruz (l. 26): 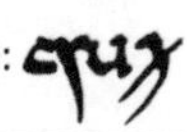 | |
| fazer (l. 25): 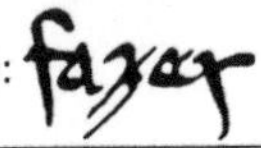 | |
| fiz (l. 1):  | |
| paz (l. 2):  | |
| treze (l. 25): 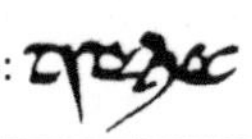 | |

Quadro 29: Representação grafemática de /dz/.

Podemos verificar que a africada surda /ts/ pode ser representada no *Testamento* de três formas distintas: <c> (*arcebispo, duodecima, recebia, t(er)ceira*); <ci> (*folgãcia, gracia, t(er)cia*); e <z> (*Alcobaza, fazam, fazã, undezima*). Diferentemente de outros textos do século XIII, não contamos com nenhum caso de grafema <ç>, também utilizado para representar a africada /ts/ (Maia, 1986). Para exemplificar, vejamos o que ocorre com o vocábulo *gracia*. A partir do étimo latino GRATIA, tem-se um processo de palatalização da consoante oclusiva /t/ diante de /i/ que, em determinado momento, passa a se comportar como semivogal /j/. A palatalização tem como primeiro resultado uma africada palatal que, posteriormente, se despalataliza, sem perder, contudo, a natureza africada: GRATIA > *gra[tj]a* > *gra[tsj]a* > *gra[tʃ]a* > *gra[ts]a*.

A africada predorsodental sonora /dz/, por sua vez, pode ser representada pelas grafias <z> (*aduzer, Cruz, fazer, fiz, paz, treze*) e <c> (*facer*). Considerando o verbo *fazer/facer* como exemplo, temos um processo análogo à formação de /ts/, com posterior sonorização da africada em contexto intervocálico: FACERE > *facer* > *fa[kj]er* > *fa[tj]er* > *fa[tsj]er* > *fa[tʃ]er*> *fa[ts]er* > *fa[dz]er*.

Em síntese, podemos observar que, no *Testamento*, esses dois fonemas compartilham duas formas de representação <c> e <z>, não apresentando, no texto, um sistema organizado capaz de capturar uma relação grafema-fonema de forma mais linear.

Antes de terminar o período medieval, essas consoantes sofrem uma mudança significativa. As africadas /ts/ e /dz/ perdem seu elemento oclusivo, simplificando-se em fricativas predorsodentais: /ts > s/, /dz > z/. Qual seria a consequência dessa simplificação?

O português herda do latim um par de fricativas ápico-alveolares: /s̺/, oriunda diretamente da sibilante latina (S̺APERE > *s̺aber*); e /z̺/, obtida a partir do processo de sonorização da sibilante surda em contexto intervocálico (ROSA- > *ro[z̺]a*). Com a mudança que atingiu as africadas medievais /ts/ e /dz/, o português passa a contar com um quadro de quatro sibilantes, duas fricativas ápico-alveolares (/s̺/, /z̺/) e duas fricativas predorsodentais (/s/, /z/). Essas consoantes, no entanto, apresentavam um ponto de articulação bastante próximo:

> As duas predorsodentais eram pronunciadas com a ponta da língua virada para baixo, e a parte anterior de seu dorso próxima dos dentes de cima (como o /s/ e o /z/ das palavras francesas *casser* e *caser*). As duas ápico-alveolares eram pronunciadas com a ponta da língua próxima aos alvéolos (Teyssier, 2001: 60).

Por essa razão, esse sistema seria simplificado em momentos posteriores, com a eliminação de um par de fricativas.

De acordo com Castro (2008), uma forma de verificar, a partir dos textos escritos remanescentes, a simplificação no quadro das fricativas é observar as confusões gráficas que transparecem na escrita:

> A grafia da documentação não dá indícios seguros para acompanhar a perda das africadas sibilantes, mas permite, com segurança, demonstrar que havia quatro fonemas sibilantes no período arcaico (Mattos e Silva, 2006: 89).

Essas oscilações na grafia, segundo o autor, viriam a ser bastante frequentes no século XVI. No *Testamento*, de 1214, essas confusões não ocorrem. As africadas predorsodentais (que se simplificariam, posteriormente, em fricativas) eram representadas pelos grafemas <c> e <z>. Já as fricativas ápico-alveolares eram representadas exclusivamente pelo grafema <s>, como podemos ver nos quadros a seguir:

| /ʂ/ | | | |
|---|---|---|---|
| inicial | | final | intervocálico |
| <s> | <ss> | <s> | <ss> |
| sano (l. 1): 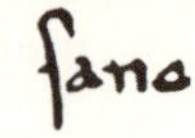 | ssi (l. 4):  | deus (l. 1): 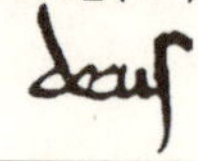 | assi (l. 7): 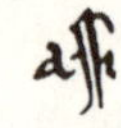 |
| seu (l. 4):  | | filios (l. 4):  | out(ro)ssi (l. 6): 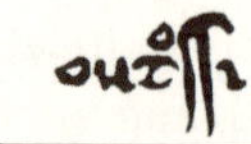 |
| sa (l. 4): 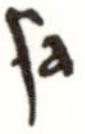 | | este (l. 2):  | uassalos (l. 4):  |

Quadro 30: Representação grafemática de /ʂ/.

| /ʐ/: <s> |
|---|
| guisa (l. 10):  |
| posermos (l. 5): 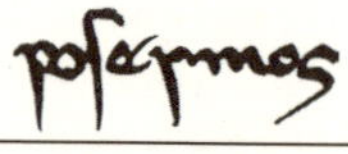 |
| remaser (l. 9): 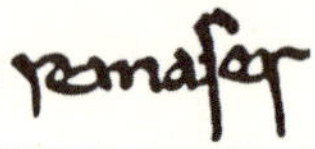 |
| remaserũ (l. 5): 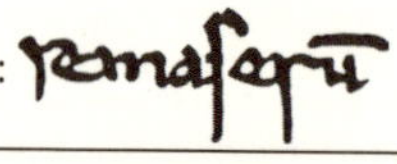 |
| tesoureiro (l. 6): 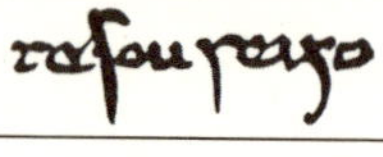 |

Quadro 31: Representação grafemática de /ʐ/.

No que se refere à fricativa ápico-alveolar surda /ʂ/, vemos, de forma geral, um condicionamento claro em sua representação, em função da posição ocupada pelo fonema. Em posição de margem silábica (início de sílaba ou palavra, fim de sílaba ou palavra), utiliza-se o grafema <s>, como em *sano*, *deus* e *este*, por exemplo. Em contexto intervocálico, representa-se a fricativa com <ss>: *assi*, *uassalos*. O caso da conjunção condicional *ssi* não se encaixaria nessa sistematização, por mostrar grafemas geminados <ss> em início absoluto. Essa questão pode ser encaminhada de duas formas distintas. Por um lado, podemos dizer que estamos diante de um caso de polimorfismo gráfico na representação da fricativa em contexto inicial, tal como fizemos anteriormente quando apresentamos exemplos mais gerais de polimorfismo. Por outro, no entanto, se observarmos como esses casos ocorrem no manuscrito, veremos que, diferentemente do que nos é mostrado na edição de Costa (1979), quando grafada com <ss>, a conjunção sempre vem escrita de forma contígua à conjunção "e" (, l. 4), como *essi*, o que recriaria o contexto intervocálico, no qual é sistematicamente utilizada a representação <ss>.

A fricativa ápico-alveolar sonora /z̺/, por sua vez, ocorre somente em contexto intervocálico e é sempre representada por um grafema simples <s>: *guis̲a, pos̲ermos, tes̲oureiro*. Como se vê, esse sistema de sibilantes não se confundia, no *Testamento*, com as consoantes de natureza predorsodental.

O resultado da simplificação do quadro de quatro sibilantes no final do período medieval é diferenciado em termos diatópicos:

> As diferentes soluções encontradas pelos dialectos portugueses para o difícil sistema de quatro sibilantes articulatoriamente muito próximas permitem sabermos hoje de um Portugal de sibilantes predorsodentais (o do centro e sul), de um Portugal de sibilantes ápico-alveolares (o do norte, com excepção do nordeste) e de um nordeste português com a conservação daquele sistema de quatro fonemas (...), grafados pelas letras <ç, c> e <z> [as predorsodentais] e <s-, -ss-, -s> e <-s-> [as ápico-alveolares] (Castro, 1991: 248).

## Fricativa labiodental sonora

O que falta para completarmos nosso quadro dos sons consonantais do português medieval que podem ser extraídos do *Testamento*, assim como suas formas de representação?

Uma consoante que não havia em latim e que emerge no processo de diferenciação do latim vulgar hispânico foi a fricativa labiodental sonora /v/. A inserção dessa consoante se dá por duas portas de entrada distintas. Em primeiro lugar, assim como vimos no caso de IUNIU- > *Junio*, em que operou um processo de consonantização da semivogal palatal inicial, o mesmo ocorre com /w/ em posição inicial, que se transforma em consoante fricativa /v/, após um estágio intermediário que passa por uma aproximante: /w > β > v/ (Castro, 1991: 106). Esse processo pode ser visto nas seguintes evoluções: [W]ACA > *[β]aga* > *[v]aga*; [W]ITA > *[β]ida* > *[v]ida.*

Outra via alternativa está inserida no processo de lenição, que comentamos anteriormente. A síncope das consoantes oclusivas sonoras /d/ e /g/ é possível graças à pressão feita pelas vogais do contexto intervocálico, que transferem à consoante o traço articulatório de continuidade. Antes de serem sincopadas, no entanto, as oclusivas /d/ e /g/ passam por um estágio de aproximantes /ð/ e /ɣ/, respectivamente. Esse processo também atinge a oclusiva sonora /b/. Diferentemente das demais, essa consoante não chega a ser sincopada. Após tornar-se aproximante /β/, o caminho seguido se iguala ao verificado no processo de consonantização de /w/, obtendo como resultado a fricativa /v/: /b > β > v/ (Castro, 1991: 107). Podemos ver esse processo em FA[B]A > *fa[β]a* > *fa[v]a*.

Vejamos como se representava a fricativa /v/ no *Testamento*:

| /v/: <u> | |
|---|---|
| uida (l. 8) |  |
| saluo (l. 1) |  |
| ouuermos (l. 3) |  |
| uassalos (l. 4) | 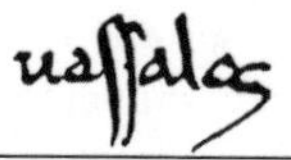 |

Quadro 32: Representação grafemática de /v/.

No *Testamento*, o grafema <v> não é registrado, sendo encontrado, exclusivamente, o grafema <u> para representar a fricativa /v/. De acordo com Mattos e Silva (2006: 81), a grafia <v> "aparece esporadicamente no século XIII e já com mais frequência no XV (Maia, 1986: 470, 473-474)". Na edição de Costa (1979), encontraríamos dois casos de <v> (*devidas, Evora*), mas seriam erros de transcrição, uma vez que podemos ler no manuscrito as formas *deuidas* e *Euora*, respectivamente.

O mesmo grafema também é utilizado no *Testamento* para representar tanto a vogal /u/ quanto a semivogal /w/:

| /u/ | /w/ |
|---|---|
| <u>: custas (l. 10) 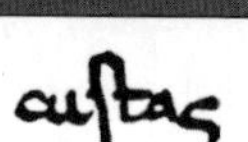 | <u>: deus (l. 1) 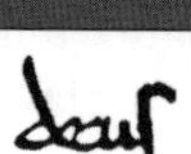 |

Quadro 33: Representação grafemática de /u/ e /w/.

Exatamente por sua origem a partir de uma oclusiva bilabial /b/ e/ou de uma aproximante /β/, surge a dúvida de se, no período medieval, /v/ seria um fonema distinto de /b/. Sobre essa questão, Teyssier (2001: 33) nos diz:

> /b/ e /v/ eram então fonemas distintos. Em algumas palavras encontramos regularmente *b*; ex.: *ben, saber; cabo*; em outras, sistematicamente *v*: *valer*; *vida, travar*. Os casos

de hesitação gráfica entre *b* e *v* existem, mas num número reduzido de palavras; ex.: *baron-varon*.

Os dados oferecidos pelo *Testamento* parecem sustentar a afirmativa de Teyssier. Para a consoante /v/, como vimos, a representação se dá por <u>. Já para a consoante oclusiva bilabial sonora /b/, encontramos a representação por <b>, como podemos ver em *abade* (l. 7): 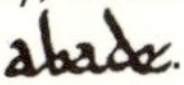. Não contamos, no *Testamento*, com nenhum caso de hesitação gráfica. O exemplo citado por Teyssier, por exemplo, ocorre uma única vez, com o grafema <b>: *barõ* (l. 3) .

Nessa discussão, no entanto, há outra posição, como a sustentada por Maia (1986), para quem, no período medieval, ao menos na área original do galego-português, não haveria distinção entre /b/ e /v/. No galego atual e no noroeste de Portugal, hoje contamos exclusivamente com /b/, isto é, teria se dado um processo de unificação entre esses dois fonemas. No século XVI, como nos mostra Mattos e Silva (2006: 85), a partir da obra de Duarte Nunes de Leão, de 1576, é possível visualizar a confusão *b/v* nos falares do norte de Portugal:

> O que muito mais se vee nos Galegos, & em alguns Portugueses d'entre Douro & Minho que por *vós*, & *vosso*, dizem *bos* & *bosso*, & por *vida*, disem *bida* (Maia, 1986: 476 *apud* Mattos e Silva, 2006: 85).

A partir da análise de documentos galego-portugueses (regiões da Galiza e noroeste de Portugal) dos séculos XIII ao XVI, Maia (1986) conclui, pelo exame da grafia, que já havia operado a perda de distinção entre /b/ e /v/:

> Na fase primeira galego-portuguesa, haveria uma oposição /b/:/β/, embora de base foneticamente frágil, que distinguiria (*cabo* > lat. *caput* de *cavo* < lat. *cauo*) e no final do português arcaico, nesta mesma área, a oposição já se neutralizara em proveito de uma articulação bilabial e não labiodental (Maia, 1986: 504 *apud* Mattos e Silva, 2006: 85-86).

No âmbito português, seus documentos refletiriam os falares do norte de Portugal, onde hoje em dia essa oposição também não é feita. No eixo centro-sul de Portugal, no entanto, essa distinção existe e foi exatamente dessa área que o português foi transplantado para o território brasileiro no período colonial.

Se o galego-português não fazia distinção entre /b/ e /v/, como explicar o comportamento diferenciado no português da zona de Lisboa, por exemplo? Para encaminhar essa discussão, Maia (1986) argumenta que intervieram, nesse caso, os falares moçárabes centro-meridionais em que essa oposição era operante, e "essa característica do centro-sul moçárabe veio a se manter na variante que é a base do futuro dialeto padrão de prestígio, que começou a se definir no eixo Coimbra-Lisboa a partir, provavelmente, de D. Dinis". Assim, podemos concluir que "a oposição que veio a ser prestigiada vem do sul para o norte e que a perda da oposição etimológica, uma mudança antiga no noroeste peninsular (o primitivo galego-português), que se tomou consistente na sua área de origem — o galego e o português regional setentrional ainda hoje neutralizam a oposição etimológica — foi brecada pela característica que se tomou própria à norma urbana e culta" (Mattos e Silva, 2006: 85).

Em síntese,

> na fase galego-portuguesa, ou seja, na primeira fase do português arcaico, no noroeste peninsular, haveria uma oposição entre bilabial oclusiva e bilabial constritiva (/b/:/β/), que convivia com os dialetos portugueses do sul em que se faria a oposição bilabial oclusiva e constritiva labiodental (/b/:/v/). Na segunda fase, a oposição /b/:/β/ teria desaparecido nos dialetos setentrionais, neutralizando, portanto, os resultados históricos do /b/ e do /v/ que se mantêm nos dialetos centro-meridionais, pelo reforço do substrato moçárabe. Esta última situação configura o dialeto padrão português, pelo menos desde o século XVI e marca até hoje como regional e estigmatizada a neutralização já realizada desde o período arcaico nos dialetos do norte (Mattos e Silva, 2006: 86).

### Outras consoantes

Os demais fonemas nos são mais familiares e sua representação gráfica se mantém similar à que utilizamos nos dias de hoje:

| Fonema | Representação gráfica |
|---|---|
| /p/ | <p>: poder (l. 2) 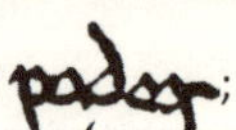;<br>arcebispo (l. 6) 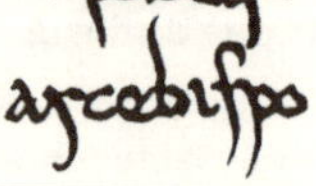 |
| /t/ | <t>: todas (l. 9) ;<br>morte (l. 8) 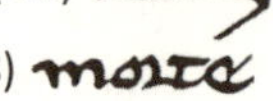 |
| /d/ | <d>: dias (l. 27) ;<br>uida (l. 8)  |
| /k/ | <c>: cousas (l. 2) 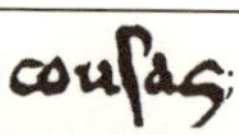;<br>Orraca (l. 2) 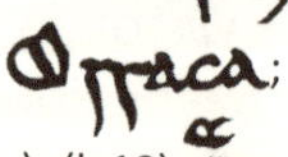;<br><q(u)>: q(ue)r (l. 10)  |

| | |
|---|---|
| /g/ | <g>: gracia (l. 1); rogo (l. 4); <gu>: guisa (l. 10) |
| /f/ | <f>: fazer (l. 25); Afonso (l. 1) |
| /m/ | <m>: meu (l. 2); alma (l. 1) |
| /n/ | <n>: nome (l. 1) q34_nome; dona (l. 1) q34_dona |
| /l/ | <l>: Lamego (l. 6); pela (l. 1) |
| /r/ | <r>: reuora (l. 3); proe (l. 1) |
| /R/ | <r>: raina (l. 4); <rr>: morrer (l. 8) |

Quadro 34: Representação grafemática das demais consoantes.

Começando pelas oclusivas, vemos que a oclusiva bilabial surda /p/ é representada por <p> (*poder, arcebispo*). Para as oclusivas dentais /t/ e /d/, encontramos os grafemas <t> (*todas, morte*) e <d> (*dias, uida*), respectivamente. Já as oclusivas velares /k/ e /g/ são representadas por <c> (*cousas, Orraca*) e <g> (*gracia, rogo*), diante de /a/, /o/, /u/ e consoantes, e por <q(u)> (*q(ue)r*) e <gu> (*guisa*) diante de /e/ e /i/. O grafema <f> é utilizado para representar a fricativa /f/: *fazer, Afonso*. Na série das nasais, para /m/ e /n/ contamos com os grafemas <m> (*meu, alma*) e <n> (*nome, dona*), respectivamente. A lateral /l/ é expressa por <l>: *Lamego, pela*.

Por fim, cabe uma nota sobre as vibrantes. No quadro do português medieval, distingue-se a vibrante simples, advinda da vibrante latina /r/, da vibrante múltipla, que tem sua origem nas vibrantes geminadas do latim /rr/. Representa-se, no *Testamento*, a vibrante simples, presente em contexto intervocálico e em grupos consonânticos, por <r> (*reuora, proe*). Esse mesmo grafema também é utilizado para representar a vibrante múltipla em posição inicial (*raina*). Em contexto intervocálico, encontramos <rr>: *morrer.* De acordo com Mattos e Silva (2006: 91), essa distinção é capturada na descrição de Fernão de Oliveira, em sua gramática de 1536: "Pronuncia-se o *r* singelo com a língua pegada nos dentes queixais de cima, e sai o bafo tremendo na ponta da língua. Do *rr* dobrado, a pronunciação é a mesma que a do *r* singelo, senão que este dobrado arranha mais as gengivas de cima, e o singelo não treme tanto (1975: 55)". No período medieval, no entanto, desconhecem-se ainda outras realizações da vibrante múltipla, como as que viriam a vigorar em diversas normas do português, com realização posteriorizada.

## Sintetizando...

Uma vez finalizada a tarefa de estudar o quadro consonântico do português medieval através de dados extraídos do *Testamento*, é hora de sintetizar os nossos resultados. Para tanto, façamos a seguinte atividade: recupere o quadro de consoantes elaborado por Castro (2008) para o português do século XIII e sistematize, ao lado dos fonemas, os grafemas que foram encontrados para representá-los. A seguir, compare seu quadro com o repertório de grafemas sugerido para o período medieval por Teyssier. Que semelhanças e diferenças podem ser encontradas?

| | LABIAIS | DENTAIS | ALVEOLARES | PALATAIS | VELARES |
|---|---|---|---|---|---|
| OCLUSIVAS | /p/: <p> (***p**an, ra**p**az*) /b/: <b> (***b**en, ca**b**o*) | /t/: <t> (***t**io, ca**t**ar*) /d/: <d> (***d**ia, vi**d**a*) | | | /k/: <c>, <qu> (***c**reer, **qu**eixar*) /g/: <g>, <gu> (***g**ostar, **gu**erra*) |
| AFRICADAS | | /ts/: <c>, <ç> (***ç**apato, paa**ç**o, **c**inta, **c**en*) /dz/: <z> (*fa**z**er, **z**arelhon*) | | /tʃ/: <ch> (***ch**aga, an**ch**o*) /(d)ʒ/: <g>, <j> (*tra**g**er, **j**á, ca**j**ón*) | |
| FRICATIVAS | /f/: <f> (***f**azer*) /v/: <v> (***v**ida, a**v**er*) | | /ʂ/: <s>, <ss> (*pa**ss**o, **s**aber, vó**s***) /ʐ/: <s> (*ca**s**a*) | /ʃ/: <x> (*lei**x**ar*) /(d)ʒ/: <g>, <j> (*tra**g**er, **j**á, ca**j**ón*) | |

| | | | | | |
|---|---|---|---|---|---|
| **NASAIS** | /m/: <m> (*mar, amor*) | | /n/: <n> (*nojo, pano*) | /ɲ/: <nh> (*vinha, venho*) | |
| **LATERAIS** | | | /l/: <l> (*leer, falecer*) | /ʎ/: <lh> (*espelho, velho*) | |
| **VIBRANTES** | | | /r/: <r> (*fero*) /R/: <rr> (*ferro*) | | |

Quadro 35: Sistema consonântico do galego-português, com dados oferecidos pelo autor (adaptado de Teyssier, 2001: 32).

O quadro que você elaborou a partir do *Testamento* deve se assemelhar a este:

| | LABIAIS | DENTAIS | ALVEOLARES | PALATAIS | VELARES |
|---|---|---|---|---|---|
| **OCLUSIVAS** | /p/: <p> /b/: <b> | /t/: <t> /d/: <d> | | | /k/: <c>, <qu> /g/: <g>, <gu> |
| **AFRICADAS** | | /ts/: <c>, <ci>, <z> /dz/:<z>, <c> | | /tʃ/: <ch> /dʒ/: <gi>, <j/i> | |
| **FRICATIVAS** | /f/: <f> /v/: <u> | | /ʂ/: <s>, <ss> /ʐ/: <s> | /ʃ/: - /ʒ/:<gi> | |
| **NASAIS** | /m/: <m> | | /n/: <n> | /ɲ/: <ni> | |
| **LATERAIS** | | | /l/: <l> | /ʎ/: <li>, <l> | |
| **VIBRANTES** | | | /r/: <r> /R/: <r>, <rr> | | |

Quadro 36: Sistema consonântico do português medieval extraído do *Testamento*.

Você deve ter notado as semelhanças e diferenças encontradas entre os dois quadros. É preciso ressaltar que a sistematização sugerida por Teyssier (2001) deve ser vista como uma proposta simplificadora que reúne os grafemas mais comumente encontrados nos textos do período medieval e não como a única possibilidade grafemática existente para aquele estágio da língua. Sua proposta deve ser tratada, portanto, como uma guia de estudo, isenta de variação grafemática na representação dos sons, o que não corresponde, obviamente, com a realidade polimórfica dos textos medievais.

Além disso, por mais que tenhamos adaptado as informações, para que pudéssemos proceder à comparação entre os quadros, existem duas particularidades, na proposta de Teyssier (2001), que carecem de comentários. Em primeiro lugar, diferentemente de Castro (2008), Teyssier (2001) não trata as palatais /dʒ/ e /ʒ/ como dois fonemas distintos, exatamente pelo fato de o primeiro som ter sido simplificado em fricativa, perdendo sua natureza africada, tratando-os em conjunto: /(d)ʒ/. Por essa razão, para facilitar a comparação, repetimos esse fonema tanto na série das africadas quanto na das fricativas. Além dessa questão, cabe também dizer que, no que se refere às vibrantes, é possível inferir, pelos dados oferecidos, que Teyssier contempla somente o contexto intervocálico, razão pela qual a vibrante múltipla seria somente representada pelos grafemas <rr>.

Comentaremos, aqui, os pontos divergentes entre os dois quadros. Em relação às fricativas, a consoante /v/ é representada, por Teyssier, pelo grafema <v>. No *Testamento*, no entanto, esse grafema ainda não é utilizado, sendo a fricativa representada pelo grafema <u>, também utilizado para representar /u/ e /w/. As africadas predorsodentais também apresentam um condicionamento claro no uso dos grafemas, de acordo com a proposta de Teyssier. A africada surda /ts/ é representada na escrita por <c> diante de /e, i/ (*cinta, cen*) e por <ç> nos demais casos (*çapato, paaço*). Já para a sonora /dz/, encontramos exclusivamente o grafema <z> (*fazer*). No *Testamento*, no entanto, vimos que essa sistematização não pode ser claramente observada, já que <c> e <z> são utilizados na representação de ambas as consoantes, além de não ser registrado o uso de <ç>. No quadro das palatais, /ɲ/ e /ʎ/ já são representados pelos dígrafos <nh> e <lh>, respectivamente, soluções importadas do provençal, que passam a ser frequentes na segunda metade do século XIII. Por essa razão, o *Testamento* ainda não conta com esses grafemas, representando a nasal e a lateral palatal pelas soluções gráficas <ni> e <li/l>, respectivamente. A africada palatal /dʒ/, tratada em conjunto com a fricativa palatal /ʒ/, apresenta o seguinte condicionamento: <g> diante de /e, i/ (*trager*) e <j> nos demais contextos (*já, cajón*). Sobre esses sons, o *Testamento* fornece evidências de que <gi> era utilizado para representar tanto /ʒ/ quanto /dʒ/, sendo esta última consoante também representada por <i/j>. Por fim, a fricativa palatal /ʃ/, da qual o fragmento do *Testamento* que analisamos não nos deixa registros, é representada por <x> (*leixar*), de acordo com Teyssier.

Estendendo essa comparação para as semivogais, Teyssier (2001: 33) nos oferece as seguintes formas de representação:

| FONEMAS | GRAFEMAS |
|---|---|
| /j/ | <i>, <h><br>(*dormio, dormho*) |
| /w/ | <u><br>(*guarir, reguardo, quando*) |

Quadro 37: Representação grafemática das semivogais (Teyssier, 2001: 33).

Dentre as grafias oferecidas por Teyssier, só não contamos no *Testamento* com <h> para representar a semivogal palatal /j/, sendo encontrada, para esse som, somente a grafia <i>. Para a semivogal /w/, a proposta de Teyssier coincide com o que observamos no texto, sendo somente registrado o grafema <u>.

Esperamos que, neste capítulo, tenha ficado clara a importância de trabalhar com os aspectos grafemáticos não só para adentrar no mundo da prática da escrita no período medieval, mas também para depreender indícios que nos permitam reconstruir o sistema fonológico de um estágio passado da língua, além de inferir certas realizações fonéticas. Para terminar, vejamos o que nos diz Mattos e Silva sobre o assunto:

> Sendo a documentação escrita que permanece, e sendo essa uma representação convencional da fala, desta teremos nos documentos um reflexo que permite tirar conclusões até certo ponto seguras, no nível fônico-mórfico, já que, não havendo então uma normatização ortográfica, a análise da variação da escrita oferece indícios para alguma percepção da voz. Deste modo, se o que está escrito procura espelhar a voz e esta nos falta, pelo escrito se pode depreender, embora não integralmente, a língua em seu uso primeiro, em qualquer dos níveis em que se pode estruturá-la: fônico, mórfico, sintático, discursivo. Também a ausência de um controle gramatical normativo faz com que no texto medieval a variação seja constante, fato que também é indicador de usos da fala (Mattos e Silva, 2006: 42-43).

Uma vez finalizado o estudo dos aspectos grafemáticos e fonético-fonológicos do *Testamento*, passaremos, no próximo capítulo, à exploração de outro nível da língua: o morfossintático. O capítulo 5 será, assim como este, restrito aos fenômenos que ocorrem no fragmento do *Testamento* que selecionamos. Tópicos complementares sobre a morfossintaxe medieval poderão ser vistos no capítulo 6.

Capítulo 5

# O labor linguístico (II)
## Aspectos morfossintáticos

Agora que já conseguimos entender aspectos históricos do texto, compreendendo um pouco de sua constituição interna, decodificando algumas características de sua mensagem, assim como elementos grafemáticos e fonético-fonológicos, poderemos explorar aspectos de natureza morfossintática pertencentes ao *Testamento*.

Faremos algumas atividades para identificar características do português medieval, e isso nos permitirá observar a dinamicidade da língua em seu constante processo de mudança. Suponhamos que um professor de história dos ensinos fundamental e médio queira levar o *Testamento de Afonso II* para uma de suas aulas. Tendo em vista que o objetivo dele é fazer com que seus alunos tenham contato com o conteúdo informativo do texto, ele pede a você que o ajude a preparar uma edição modernizada do *Testamento*, trecho a trecho.

A partir do texto que disponibilizamos na introdução da parte II, elabore uma edição modernizada da primeira frase (linhas 1-6) apenas para começar. Leve em consideração as orientações dos capítulos 1 e 2 e consulte o glossário. Aproveite essa atividade e observe se, em termos gramaticais, há construções morfossintáticas que se afastam das construções modernas do português. Apesar das diferenças, você considera que se trata de um texto escrito em português?

> En'o nome de Deus. Eu rei don Afonso pela gracia de Deus rei de Portugal, seendo sano e saluo, temẽte o dia de mia morte, a saude de mia alma e a proe de mia molier raina dona Orraca e de me(us) filios e de me(us) uassalos e de todo meu reino fiz mia mãda p(er) q(ue) depos mia morte mia molier e me(us) filios e meu reino e me(us) uassalos e todas aq(ue)las cousas q(ue) De(us) mi deu en poder sten en paz e en folgãcia.

Ao realizar a edição do trecho acima, você deve ter enfrentado diversas dificuldades quanto a aspectos morfossintáticos do português medieval. Algumas estruturas certamente tiveram de ser "adaptadas" à língua contemporânea. Ao fazermos esse tipo de trabalho, nos damos conta da mudança linguística que ocorreu na história do português e que nos distancia do século XIII. Como este é o nosso primeiro contato com os fenômenos morfossintáticos de um texto medieval em prosa (não literária), vamos comentar os temas que aparecem em cada fragmento para tentar resolver todos (ou quase todos) os aspectos do *Testamento*. Vejamos trecho a trecho, separando as estruturas morfossintáticas que provocariam algum estranhamento.

## 5.1. Variação entre *ser* e *estar*: semântica de transitoriedade

Comecemos observando os dados que aparecem nas primeiras linhas do *Testamento*. Separamos três exemplos, dois com o verbo *ser* (1 e 3) e um com o verbo *estar* (2). Releia as passagens abaixo e responda:

Que valores assumem, nesses casos, os verbos *ser* e *estar*? Para que o texto fique compreensível a um leitor contemporâneo, de que maneira você modernizaria, por exemplo, as formas *seendo* e *segiã*?

> (1) Eu rei don Afonso pela gracia de Deus rei de Portugal, **seendo** sano e saluo (l. 1).
>
> (2) e todas aq(ue)las cousas q(ue) De(us) mi deu en poder ***sten*** en paz e en folgãcia (l. 5).
>
> (3) E ssi eu e a raina formos mortos, rogoli e pregoli q(ue) os me(us) filios e o reino ***segiã*** en sa comẽda (l. 14-15).

Você deve ter notado que quando lemos o trecho em (1), "***seendo*** *sano e saluo*", a interpretação do verbo *ser* com o sentido que damos atualmente resultaria numa frase estranha (***sendo*** *são e salvo)*. Observe que o verbo aparece numa estrutura predicativa e indica que o rei tem uma particularidade, qualidade, capacidade inerente de *ser saudável*. Embora nosso desejo seja de sempre ter saúde, tal qualidade não é permanente, uma vez que qualquer ser humano é mortal e a nossa sanidade, nosso "estar sãos" são duráveis e finitos. Aqui uma atualização mais plausível seria: *estando são e salvo*. Tem-se aí, nesse trecho, um valor semântico para *ser* diferente do que conhecemos hoje.

A leitura do exemplo (3) nos leva novamente a uma interpretação diferente. Em uma versão mais modernizada, teríamos *E se eu e a rainha formos mortos, rogo-lhe e prego-lhe que os meus filhos e o reino* ***sejam (=estejam)*** *em sua comenda (= proteção).* O que o rei pede que seja feito no caso da morte dele e da rainha? Ele roga que os filhos fiquem/*estejam* protegidos. Nota-se nitidamente que o verbo *ser* assume, nesses dois casos, um valor estativo típico do verbo *estar* atualmente.

Diferentemente desses dois casos (1) e (3), vemos em (2) o verbo *estar* (***sten*** = ***estejam***) com o valor que conhecemos. Notamos, assim, que ocorria variação entre *ser* e *estar* com sentidos equivalentes no período medieval. Em (2), o rei pede que todas as suas coisas se mantenham/permaneçam em folgança: *todas aquelas coisas que Deus me deu em poder* ***estejam*** *em paz e em folgança/descanso/tranquilidade.*

Partindo dessas leituras para os três dados, vamos recuperar um pouco da história desses verbos.

Na verdade, o verbo *ser* tem uma história pregressa complexa, pois advém da convergência de dois verbos latinos: SEDERE (= estar sentado, ficar) e ESSE (=ser, viver, existir, achar-se em). Do primeiro, derivam, em português contemporâneo, as formas *ser, sendo, serei, seria, seja*; do segundo, *fui, era, fora* (Brocardo, 2014: 126). Etimologicamente, o verbo *estar*, de STARE, tinha como sentido original 'estar de pé'. Partindo desses valores, já é possível perceber que o traço semântico [+transitório] é próprio de *estar* desde sua origem, ao passo que, no verbo *ser*, há a confluência dos dois valores por conta da transitoriedade presente em SEDERE e do traço [+permanente] de ESSE. Antes da distinção fundamental que se criou entre *ser* e *estar* em português, *estar* correspondia, segundo Camara Jr. (1979: 234), a uma situação concreta advinda de uma mudança ou mesmo pressupondo uma mudança futura possível. Tendo em vista seu significado, o verbo *ser* seria a forma mais comum e geral.

A diferença entre os valores desses dois verbos ajuda a compreender o fato de o verbo *ser*, no português antigo, expressar atributos/qualidades de qualquer tipo (permanentes/transitórios), fixando-se, posteriormente, apenas como [+permanente]. O verbo *estar*, por sua vez, expressava apenas o traço [+transitório] e permaneceu assim até hoje (Mattos e Silva, 2006: 152). Essa variação de sentido entre *ser* e *estar* podia se dar em dois contextos:

(1) *predicados descritivos*, isto é, em frases que descrevem alguém ou algo, como o dado (1), em que o rei descreve o seu estado de saúde;
(2) *predicados locativos*, ou seja, em frases que indicam a localização (concreta ou abstrata) de alguém ou de algo, como em (2) com *estar* e em (3) com *ser*.

Assim, podemos dizer que, em (1), o verbo *ser* no predicado descritivo apresenta valor [+transitório]. Por sua vez, nos predicados locativos, identificamos a coexistência dos verbos *estar* (2) e *ser* (3), ambos com valor [+transitório].

No século XVI, os estudiosos mostram que, nos predicados descritivos, o verbo *ser* deixa de ocorrer nos contextos típicos de *estar*, permanecendo apenas como [+permanente] como ainda ocorre atualmente: "O monte *era* muito alto" (Mattos e Silva, 1992: 76). Já em relação aos predicados locativos, Mattos e Silva (2006: 152) afirma que, no século XIV, *estar* era mais frequente que *ser* nesses contextos. Outro aspecto interessante observado pela autora é que a exclusão de *ser* como [+transitório] ocorreu primeiramente nos predicados locativos e, só depois, nos descritivos. Isso faz sentido pelo próprio valor original de *estar* (*estar em pé*). Hoje, no português, o verbo *ser* apresenta o valor [+permanente] e o verbo *estar* [+transitório], independentemente do tipo de predicado:

**I. Predicados descritivos**
(a) [+permanente]: <u>**Sou**</u> professor.
(b) [+transitório]: <u>**Estou**</u> feliz.

**II. Predicados locativos**
(a) [+permanente]: O restaurante <u>**é**</u> aqui. / A festa <u>**será**</u> na praça principal.
(b) [+transitório]: As anotações <u>**estão**</u> no quadro.

Em suma, no período medieval, o verbo *ser* concorria com o verbo *estar* para o valor [+transitório]. Para o valor [+permanente], no entanto, contávamos com o verbo *ser*, que se manteve com tal significado:

| **Valores** | |
|---|---|
| [+permanente] | [+transitório] |
| ser | ser/estar |

Podemos dizer ainda, com base principalmente em Mattos e Silva (2006), que a variação entre *ser* e *estar* com a semântica da transitoriedade se realizava tanto em predicados descritivos quanto locativos, como esquematiza o quadro a seguir:

| **Predicados** | | | |
|---|---|---|---|
| Descritivos | | Locativos | |
| [+permanente] | [+transitório] | [+permanente] | [+transitório] |
| ser | ser/estar | ser | ser/estar |

## 5.2. Variação entre *haver* e *ter*: semântica de posse

Vamos seguir na leitura de outro fragmento. Novamente, tente elaborar uma edição modernizada das linhas seguintes (linhas 6-9) para continuarmos com nosso levantamento de aspectos morfossintáticos. Caso tenha dificuldades, consulte o glossário.

Observe as formas em destaque e diga que modificações você faria em relação aos verbos destacados em uma versão mais modernizada.

> (4) P(ri)meiram(en)te mãdo q(ue) meu filio infante don Sancho q(ue) ***ei*** *da raina dona Orraca* ***agia*** *meu reino* enteg(ra)m(en)te e en paz. E ssi este for morto sen semmel, o maior filio q(ue) ***ouuer*** *da raina dona Orraca* ***agia*** *o reino* entegram(en)te e en paz. E ssi *filio barõ nõ* ***ouuermos***, a maior filia q(ue) ***ouuermos agia***'*o* (l. 6-9).

É bastante provável que você tenha feito uma atualização substituindo os casos de verbo *haver* — registrados como *ei, agia, ouuer, ouuermos* etc. — por formas do verbo *ter*: *"Meu filho infante Dom Sancho que* ***tenho*** *da rainha dona Urraca,* ***tenha*** *(tome posse d') o meu reino integralmente e em paz (...) o maior filho que* ***tiver*** *da rainha Dona Urraca* ***tenha*** *o reino (...) E se filho varão não* ***tivermos****, a maior filha que* ***tivermos, tenha****-o"*. Qual é então a correlação semântica entre *haver* e *ter*? Por que foi feita tal modernização? Que valores são esses?

Mattos e Silva (2006: 154) discute que a variação entre *ter* e *haver* no português antigo não era uma variação livre com predicados *atributivos de posse*, que indicam que algo pertence a alguém/algo ou, dito de outra maneira, que um possuidor tem em sua posse/poder algo/alguém. Em termos de origem, o verbo HABERE latino tinha como primeira acepção o sentido de "ter em sua posse", "guardar". Houve uma extensão de sentido e HABERE passou a ser compreendido também como "ter na mão" com um uso figurado. O TENERE latino significava "ter na mão", "obter", "segurar", "agarrar". No português antigo, *haver* era mais produtivo do que *ter* com sentido de posse mais concreta ou mais abstrata, como por exemplo, *haver filho.*

Com base nessas noções básicas, volte ao texto como um todo, observe a natureza do objeto da posse e analise se são todos do mesmo tipo:

a. meu filio que... ***ei*** *da raina dona Orraca*;
b. ***agia*** *meu reino*;
c. o maior filio q(ue) ***ouuer*** *da raina dona Orraca*;
d. ***agia*** *o reino*;
e. E ssi *filio barõ nõ* ***ouuermos***,

f. a maior filia q(ue) ***ouuermos***;

g. ***agia'o***;

h. ***ouuer*** *reuora* (= maioridade);

i. ***agia*** a *meiadade* (= metade);

j. *aq(ue)lias cousas mouils q(ue) eu* ***ouuer***.

Mesmo com base nesse elenco restrito de dados, você deve ter notado que o objeto possuído é de natureza semântica variável. Pode-se pensar em uma escala ou em um contínuo com nomes concretos de um lado (*mouils* = móveis) e nomes abstratos no extremo oposto (*reuora* = maioridade). Em um ponto intermediário, teríamos nomes como *filho*, por exemplo.

Diversos estudos já propuseram diferentes tipologias para a análise dos valores semânticos de posse. Tendo em vista os limites do nosso trabalho com textos medievais, adotaremos, em linhas gerais, a proposta de Mattos e Silva (2006: 153) para a análise da variação *ter/haver* no português arcaico. Nos primeiros documentos portugueses do século XIII, o verbo *haver*, como verbo pleno ou verbo predicador, era mais produtivo para qualquer valor semântico de posse (cf. Mattos e Silva, 1997; 1999). Para a acepção mais concreta de posse *material*, o verbo *haver* variava com *ter*, em casos como: *haver/ter reino, mouil, pan, casa* etc. Quanto mais abstrato fosse o valor de posse, ou seja, nos contextos de posse *imaterial*, menos produtivo era o emprego do verbo *ter*. Se o objeto possuído apresentava "propriedades adquiríveis imateriais", por exemplo, o uso de *ter* era bastante raro no século XIII (*haver/ter reuora, fé)*. Nos contextos em que se elucidavam "propriedades inerentes ao possuidor", o verbo *haver* era categórico nesse período (Mattos e Silva, 1999; 2000): *haver enfermidade, ceguidade*. A partir de meados do século XV, a comprovar empiricamente, *haver* e *ter* entraram em variação livre e este último passou a ser mais frequente em todos os tipos de posse listados. Com o tempo, *ter* se espalhou para outros contextos e *haver* se especializou no sentido existencial, como vamos discutir no capítulo 6.

Com base nessa tipologia utilizada por Mattos e Silva, percebemos que a noção de posse expressa por esses dois verbos não se restringia a uma posse literal ou concreta, com valor idêntico ao verbo *possuir*, que expressa um significado lexical específico. Desde os períodos mais antigos da língua, *haver* e *ter* poderiam assumir — mais o primeiro do que o segundo — um valor mais abstrato ou gramatical: ... *a raina dona Orraca* ***agia*** *(=haja)* ****possua*** *a meiadade* (Brocardo, 2014: 133).

Na sequência, retiramos outros dados de *haver* e alguns dados de *ter* do *Testamento de D. Afonso II*:

(5) E ssi no tẽpo de mia morte meu filio ou mia filia q(ue) deuier a reinar nõ ***ouuer*** reuora, segia en poder da raina sa madre e meu reino segia en poder da raina e de me(us) uassalos ata q(uan)do ***agia*** reuora (l. 10-12).

(6) E mãdo q(ue) o abade d'Alcobaza lis de aq(ue)sta dezima q(ue) el ***ten*** ou ***teiuer*** e eles as departiã segũdo De(us) como uirẽ por derecto (l. 22-23).

(7) E mãdo q(ue) a raina dona Orraca ***agia*** a meiadade de todas aq(ue)lias cousas mouils q(ue) eu ***ouuer*** a mia morte, exetes aq(ue)stas dezimas q(ue) mãdo dar por mia alma e as out(ra)s q(ue) ***tenio*** en uoontade por dar por mia alma e non'as uiier a dar (l. 23-26).

(8) E mandei fazer treze cartas cũ aq(ues)ta tal una come outra, q(ue) p(er) elas toda mia mãda segia (con)p(ri)da, das quaes ***ten*** una o arcebispo d(e) Bragaa [...] (l. 34-35).

Considerando esses dados (5-8), podemos sistematizar a distribuição dos verbos *haver* e *ter* tendo em vista os seguintes valores semânticos de posse:

(a) material (incluindo aqui bens materiais adquiríveis);

(b) imaterial (incluindo qualidades imateriais adquiríveis ou intrínsecas ao sujeito):

| VALORES SEMÂNTICOS DE POSSE | |
|---|---|
| (a) Material | **Ter**: "E mãdo q(ue) o abade d'Alcobaza lis de aq(ue)sta dezima q(ue) el ***ten*** ou ***teiuer*** e eles as departiã segũdo De(us) como uirẽ por derecto" (l. 22-23).<br>"E mandei fazer treze cartas cũ aq(ues)ta tal una come outra, q(ue) p(er) elas toda mia mãda segia (con)p(ri)da, das quaes ***ten*** una o arcebispo d(e) Bragaa" (l. 34-35).<br>**Haver e Ter**: "E mãdo q(ue) a raina dona Orraca ***agia*** a meiadade de todas aq(ue)lias cousas mouils q(ue) eu ***ouuer*** a mia morte, exetes aq(ue)stas dezimas q(ue) mãdo dar por mia alma e as out(ra)s q(ue) ***tenio*** en uoontade por dar por mia alma e non'as uiier a dar" (l. 23-26). |
| (b) Imaterial | **Haver**: E ssi no tẽpo de mia morte meu filio ou mia filia q(ue) deuier a reinar nõ ***ouuer*** reuora, segia en poder da raina sa madre e meu reino segia en poder da raina e de me(us) uassalos ata q(uan)do ***agia*** reuora (l. 10-12). |

Com base em nossa amostra, conseguimos visualizar a distribuição apontada por Mattos e Silva (2006). Na expressão de posse material (bens materiais adquiríveis), encontramos *haver* em variação com *ter*, até em uma mesma sentença: *"Haver a metade das coisas móveis"; "ter a dízima de algo (bens ou impostos)"*. Já na expressão de posse imaterial (qualidades imateriais adquiríveis ou intrínsecas ao sujeito), temos exclusivamente o verbo *haver*: *"Haver rebora (confirmação, idade legal para certos atos)"*. Nesse último caso, trata-se de uma posse mais abstrata, não parafraseável por uma construção literal de pertença, como mostra Brocardo (2014: 133), ou seja, se *mia filia nõ* ***ouuer*** *reuora* não significa que *reuora* "pertence" *a mia filia*.

### VOCÊ SABIA?

O português atual mantém um caso do antigo *haver* expressando posse, tão comum no período medieval. Trata-se de um verbo derivado, exemplificado em: *Professora pede ajuda para* ***reaver*** *a filha, levada pelo pai para a Alemanha* (*Jornal do Brasil*, 14 de maio de 2012).

O sentido básico desse verbo é "*tornar ou voltar a possuir, a adquirir*". O valor jurídico dessa forma remonta ao antigo sentido de *haver* medieval: "*Voltar a ter a posse de alguma coisa*". Esses exemplos são interessantes porque mostram que, apesar de a mudança linguística ser constante, estágios ou resquícios do passado podem se manter no presente. Há também o substantivo **haveres**, que pode significar conjunto de bens ou conjunto de objetos pessoais de alguém, seus pertences.

## 5.3. Construção *ser* + particípio passado

Sigamos com a leitura de mais um fragmento do *Testamento*. Observe as sequências destacadas e mostre como você atualizou essas construções. Em que elas se diferenciam do português atual?

(9) E ssi este ***for morto*** sen semmel, o maior filio q(ue) ouuer da raina dona Orraca agia o reino entegram(en)te e en paz. E ssi filio barõ nõ ouuermos, a maior filia q(ue) ouuermos agia'o. E ssi no tẽpo de mia morte meu filio ou mia filia q(ue) deuier a reinar nõ ouuer reuora, segia en poder da raina sa madre e meu reino segia en poder da raina e de me(us) uassalos ata q(uan)do agia reuora. E ssi eu ***for morto***, rogo o apostoligo come padre e senior e beigio a t(er)ra ante seus pees q(ue) el recebia en sa comẽda e so seu difindemẽto a raina e me(us) filios e o reino. E ssi eu e a raina ***formos mortos***, rogoli e pregoli q(ue) os me(us) filios e o reino segiã en sa comẽda (l. 7-15).

É bastante provável que você tenha atualizado a sequência "for morto" por "morrer", "estiver morto" ou "tiver morrido". Estamos diante, nesse caso, do verbo *morrer*, classificado pela tradição gramatical como verbo intransitivo. A forma de particípio deste verbo, no português moderno, pode ocorrer com função adjetiva acompanhando o verbo *estar* ("alguém *está morto*") ou com função verbal seguindo o auxiliar *ter* ("se alguém *tiver morrido*").

No período medieval, no entanto, vemos, com base na leitura do *Testamento*, que o verbo *morrer* podia ocorrer em sequências formadas por *ser* + particípio, expressando "ato consumado". Como entender esse uso? Vejamos o que nos diz Mattos e Silva (2006: 140) a respeito:

> Para Dias (1959: 250), "essas combinações representam literalmente os tempos compostos (='perfectum') dos depoentes latinos", que eram constituídos de esse + PP (particípio passado). Os depoentes são definidos, na gramática do latim, como verbos

de forma passiva, mas de significação ativa. De fato essas sequências verbais têm no português arcaico uma significação ativa e a estrutura morfológica da passiva analítica, na qual *ser* é o auxiliar, seguido de PP, exigindo contudo a passiva um verbo transitivo.

Brocardo (2014: 79) comenta que essas formas perifrásticas derivadas de uma estrutura com ESSE (*ser*) + particípio passado (PP) teriam fornecido o padrão para a emergência das passivas das línguas românicas com o auxiliar marcando as categorias verbais. A partir das construções latinas do tipo AMATUS EST "foi amado", a forma EST foi reanalisada como presente e daí emergiram novas perífrases para a marcação do passado, com construções já portuguesas do tipo *foi/fora amado*. As perífrases com ESSE também podiam ocorrer com verbos intransitivos (*partir, chegar, morrer*) e seriam interpretadas como a continuação da construção que ocorria no latim com verbos depoentes (Brocardo, 2014: 82).

### VOCÊ SABIA?

Aqui também podemos mencionar a possibilidade que ainda existe no português contemporâneo de combinar esses verbos intransitivos no particípio com o auxiliar *ser*. Trata-se, por exemplo, de expressões cristalizadas ("fósseis linguísticos"), como: *Agora Inês é morta; É chegada a hora.* No primeiro caso, a expressão significa hoje que *não adianta fazer mais nada, é tarde demais para tomar uma atitude.* Essa expressão tem origem na história de Inês de Castro, que foi amante do príncipe D. Pedro, filho de D. Afonso IV, rei de Portugal. O rei exilou Inês de Castro e mandou matá-la. O filho se revoltou contra o pai e depois de sua morte, quando ele mesmo virou rei, exterminou os assassinos de sua amada. Para legitimar os filhos que teve com D. Inês de Castro, o então rei D. Pedro afirmou ter se casado com a amante antes de sua morte. Ela virou rainha depois de morta. Ele gostaria de ter reinado ao lado de sua amada, mas não foi possível, uma vez que *Inês é morta*. Essa frase ficou imortalizada por Camões no Canto III d'*Os Lusíadas*: *...Aconteceu da mísera e mesquinha, que depois de ser morta foi rainha...*

No segundo caso (*É chegada a hora)*, a expressão também significa que não adianta mais fazer nada. Nesse caso, trata-se de uma frase da Bíblia usada quando Cristo morria na cruz. *Jesus, levantando os olhos ao céu, disse: Pai, é chegada a hora; glorifica a teu Filho, para que também o Filho te glorifique.* Essas frases feitas são um bom indicador da mudança linguística. As frases do passado ficam cristalizadas e vão se mantendo na língua com nuances semânticas um tanto distintas da sua origem. Essas frases acabam por se manter e chegam a outros estágios da língua.

## 5.4. Construção *haver/ter* + particípio passado

Para não fugir do tema, continuaremos tratando de questões relativas a mudanças nos valores e nas estruturas verbais. Assim, avançaremos algumas linhas do *Testamento* para ler um trecho fora da ordem sequencial que estávamos adotando. Modernize o excerto a seguir e observe a construção em destaque:

> (10) E out(ro)ssi mãdo das dezimas das luctosas e das armas e dout(ra)s dezimas q(ue) eu ***tenio apartadas*** en tesouros per meu reino, q(ue) eles as departiã assi como uirẽ por derecto (l. 20-22).

Provavelmente em sua versão a construção em destaque foi modernizada para *tenho apartado*, que seria uma estrutura de tempo composto constituída pelo verbo *ter + PP* (particípio passado). No português atual, o tempo composto perfectivo, ou seja, o tempo composto indicando uma ação verbal concluída é uma estrutura cristalizada, com o PP isento de desinências de gênero e número, diferentemente do que se vê em (10).

Essas estruturas de *ter* e *haver* + PP admitiam duas interpretações no português antigo, principalmente quando o particípio ocorria no feminino e/ou no plural, como ocorre em (10).

A primeira delas prevê uma interpretação como construção transitiva, em que os verbos *ter/haver* se comportavam como verbos plenos, atuando como predicadores da sentença, uma vez que selecionavam um sujeito e um complemento direto. Além disso, os verbos *ter/haver* ainda não funcionavam como um auxiliar prototípico, porque ainda teriam conteúdo semântico de posse. Analisando o dado (10), verificamos que o PP (*apartadas*) se comporta como um *adjetivo* e, por sua função predicativa, concorda em gênero e número com o núcleo do sintagma/expressão nominal (*dezimas*). O verbo *ter* (*tenio = tenho*) ainda funciona como verbo pleno com valor de posse e *apartadas* seria um predicativo de *dezimas*, por isso ainda está presente a concordância entre esses elementos. A leitura elementar seria: *eu tenio as dezimas apartadas* = (*eu*) *tenho* [*as dízimas apartadas*].

Para a segunda interpretação de *ter* e *haver* + PP, precisaremos analisar outros dados. Compare agora os exemplos retirados de outros textos medievais. Diga se eles apresentam o mesmo comportamento do que foi observado em (10). Trata-se do mesmo tipo de estrutura?

> (11) E depois meteu mão a espada e quis ir contra aquel outro; mas el, quando o viu vĩir e viu que ***havia feitos*** taes dous golpes, nom no quis atender e começou a fugir contra o castelo (*A Demanda do Santo Graal*, século XV).
>
> (12) E despois d este rey ***ter acabado*** ysto, e ***ter alcamçado*** tanta vitorya de seus ymmiguos (*Chronica dos reis de Bisnaga*, século XVI).

Você deve ter notado que há diferenças entre (11) e (12). Em (11), o particípio *feitos* concorda com *taes dous golpes*, que é o complemento direto do verbo pleno *haver* (*havia*) com valor de posse. É importante destacar, com base em (11) e (12), além do exemplo extraído do *Testamento*, que as construções podiam aparecer tanto com o verbo *haver* quanto com o verbo *ter*. A análise de outros textos medievais poderá demonstrar o predomínio do primeiro sobre o segundo. Com o tempo, *ter* prevalecerá sobre *haver* (Brocardo, 2014: 145). Em (12), há dois dados:

(a) *ter acabado ysto*;

(b) *ter alcamçado tanta vitória*.

Nos dois casos, o particípio aparece no masculino-singular, que é a forma não marcada em português. Em (12a), não há como saber se temos uma construção transitiva como as anteriores, porque o elemento que poderia estabelecer concordância, o item *ysto*, está também no masculino-singular. Em (12b), contudo, é nítido que não se trata de uma construção transitiva como as anteriores e sim de uma *estrutura de tempo composto perfectivo*, pois o particípio não sofre mais flexão de gênero e número, mesmo que esteja seguido por uma expressão no feminino (*tanta vitorya*). Nesse caso, o verbo *ter* nitidamente já funciona como verbo auxiliar, esvaziado semanticamente, e não seleciona nenhum constituinte. Tem-se uma estrutura de tempo composto cristalizada e é o particípio que funciona como o predicador, selecionando o complemento (argumento interno) *tanta vitória*.

Na realidade, os exemplos mostram que essas estruturas de *ter/haver + PP* estão numa etapa de transição, porque nem sempre é clara uma leitura mais transitiva com preservação de um valor possessivo ou uma leitura de tempo composto perfectivo:

(12a) este rey **ter acabado** ysto

(i) **Leitura possessiva**: este rey **ter [ysto acabado]** (?) = o rei teria em seu poder acabado/terminado com alguma coisa.

(ii) **Leitura de tempo composto**: este rey **[ter acabado] ysto** = o rei acabou/terminou com alguma coisa.

Embora possamos considerar as duas leituras, a opção (ii) parece já ser, nesse caso, a mais convincente, porque o valor de posse está bastante esvaziado nesse contexto. Em (12b), não há dúvidas quanto à constituição de um tempo composto perfectivo: **ter alcamçado** [tanta vitorya] = o rei alcançou a vitória.

Os estudos mais recentes mostram que, a partir do século XIII, surgem as primeiras construções sem marcas de concordância, tanto com *ter* quanto com *haver*. Isso sugere que a implementação da mudança nessas estruturas datariam desse século e que a difusão da mudança ocorreu ao longo dos séculos posteriores. O "gatilho", isto é, o ponto de partida para o processo de gramaticalização[1] é atribuído aos contextos em que o complemento e o PP estavam na forma masculina singular: nesses casos, a estrutura é ambígua, já que pode ser interpretada como construção transitiva ou como tempo composto.

Em síntese, a possibilidade de leitura como construção de tempo composto decorre de um processo de gramaticalização datado do período arcaico. Os verbos *haver* e *ter*, nas construções com PP, passam de verbos plenos a verbos auxiliares: perdem o valor semântico de posse e deixam de ser os predicadores da sentença, atuando apenas como marca flexional (tempo, modo, aspecto, número e pessoa). A gramaticalização de *haver/ter* tem como consequências diretas:

(a) a alteração do estatuto gramatical do PP, de adjetival para verbal;
(b) a perda das marcas de concordância entre o complemento e o PP;
(c) a fixação da ordem *ter/haver + PP* + COMPL.

Além disso, o valor semântico exibido pela construção *ter/haver + PP* é, após a mudança, de ação concluída (aspecto perfectivo).

**VOCÊ SABIA?**

No português atual, as construções de tempo composto, geradas a partir do processo de gramaticalização descrito, ainda podem coexistir com a estrutura antiga, em que *ter* e *haver* são verbos plenos e o PP é um adjetivo. As estruturas de tempo composto são constituídas, na maioria dos casos, por *ter* no PB falado; as construções envolvendo o *haver* estão, cada vez mais, restritas à modalidade escrita da língua:
(a) *Veja as celebridades que* ***têm usado*** *Givenchy no tapete vermelho.*
(b) *Globo já* ***tem novela*** *inteiramente* ***escrita*** *antes da estreia.*
Para mais informações, ver, entre outros, Medeiros (2014).

## 5.5. Pronomes anafóricos *(h)i* e *en(de)*

Vamos prosseguir com a leitura de outro trecho do *Testamento*. Com todos os aspectos comentados até aqui, é possível compreender as próximas passagens. Os trechos citados a seguir se referem a decisões do rei quanto à divisão de seus bens no caso da sua morte. Tente modernizá-los inteiramente para compreender o sentido, uma vez que as formas em destaque (*i* e *ende*) não existem mais no português contemporâneo. Recorra ao Glossário se ainda for o caso:

(13) E mãdo da dezima dos morauidiis e dos dieiros q(ue) mi remaserũ de parte de meu padre q(ue) sũ en Alcobaza e do outr'auer mouil q(ue) ***i*** posermos pora esta

[1] Ver a definição no item 6.10 da análise da *Demanda*.

> dezima q(ue) segia partido pelas manus do arcebispo de Bragaa e do arcebispo de Santiago e do bispo do Portu e de Lixbona e de Coĩbria e de Uiseu e de Lamego e da Idania e d'Euora e de Tui e do tesoureiro de Bragaa (l. 15-20).
>
> (14) Et mãdo q(ue) si a raina morrer en mia uida q(ue) de todo meu auer mouil agia ***ende*** a meiadade (l. 26-27).

Em (13), você deve ter compreendido que o rei manda que sejam repartidos a diversos arcebispos e bispos vários de seus bens restantes. Primeiramente, ele se refere à *dezima dos morauidiis* (= impostos dos moravedis, que são uma moeda antiga espanhola), depois menciona os *dieiros* (= dinheiros em geral) que restaram da parte de seu pai. Esses *dinheiros* estão em Alcobaça juntamente com *outr'auer mouil q(ue)* ***i*** *posermos pora esta dezima* (= outro bem móvel que **aí** pusermos para esta dízima). Nota-se que atualizamos *i* como *aí*. A que elemento *aí* se refere? No texto, *aí* se refere a *Alcobaça*. Assim, você deve ter percebido que *i* no texto retoma algo anteriormente mencionado. Em (14), "agia **ende** a meiadade" poderia ser modernizado como "a minha alma... haja/tenha a metade ***disso***". *Disso* o quê? A metade dos bens móveis do rei. Novamente, há uma forma anafórica (***ende***) que funciona para retomar algo mencionado anteriormente.

Considerados por Mattos e Silva (2006: 173) como *pronominais adverbiais*, o anafórico arcaico *i* (escrito *y*, *hi* ou *hy*) é oriundo de IBI (*aí*) ou de HIC *(aqui)* do latim, enquanto *ende~en* originou-se de INDE. Essas duas formas (*i* e *ende*) são próprias dos textos do português antigo que se tornam mais raras a partir do século XV. São vocábulos considerados anafóricos por se referirem a algo anteriormente citado no texto. No primeiro caso, modernizamos *i* como *aí* ou, mais precisamente, "em relação a isso" e *en ~ende* como *disso, nisso*.

É interessante comentar brevemente que, nos dicionários latinos, os três itens IBI, HIC e INDE constam como advérbios com acepções bastante equivalentes: das mais concretas (espaciais/locativas) como *nesse/neste lugar (*IBI/HIC*)*, passando pelos valores intermediários de tempo, como *nesse/neste momento*, até as mais abstratas ou textuais como *nisso, nesse assunto*. Essas relações *espaço-tempo-texto* têm sido motivadoras de vários processos de mudança semântica que operam com dêiticos que passam a assumir valores anafóricos, podendo, ou não, funcionar como articuladores textuais.

Embora os manuais de história da língua não costumem estabelecer a distinção entre as formas *i~y~hi~hy*, originadas de IBI ou de HIC, que apareciam nos textos do português antigo, Castilho (2013: 81) propõe duas estruturas diferentes. Uma delas seria advinda da forma HI(C) = *aqui* como forma tônica e a outra, da forma átona IBI > *ii* > *(h)i* = *aí*. Segundo a autora, o antigo HI(C) que apresentava as variantes *i* ~ *y* ~ *hi* ~ *hy* > *i* era mais produtivo em textos do século XIII e não aparecia em construções de redobro, ou seja, em construções que duplicavam a mesma informação gramatical. A estrutura redobrada ocorria apenas com formas advindas de IBI. Um exemplo apresentado pela autora seria: *E moraron **hy** **ẽna terra** essas gentes hũũs poucos dias* (século XIV, p. 88). Nesse caso, vemos que duas estruturas sintáticas presentes na frase fazem referência a um mesmo lugar: o pronome clítico ***hy***, que ocorre logo após o verbo, e o sintagma preposicionado de lugar [***ẽna terra***]. Tudo isso em conjunto forma uma construção de redobro que podemos representar por V *hi* SPrep. Para a autora, em termos de etapas evolutivas, as construções de *hi* redobrado perderam o clítico no português medieval, permanecendo apenas o locativo simples ou sintagma preposicionado (constituinte redobrado). Então, de uma estrutura redobrada (*E moraron **hy** **ẽna terra***), o português passou a ter apenas uma construção sem o clítico (*E moraron **ẽna terra***) (Castilho, 2013: 103).

Dentro dos limites de nossa proposta didática, não avançaremos na análise pormenorizada de todos os contextos mencionados por Castilho (2013). Aproveite para analisar outros dados. Vá para a seção *Atividades complementares* e faça alguns exercícios.

## 5.6. Forma pronominal e adverbial *(h)u*

Sigamos com a leitura de mais um fragmento do *Testamento*:

> (15) Da t(er)ceira o arcebispo de Bragaa e o arcebispo de Santiago e o bispo do Portu e o de Lixbona e o de Coĩbria e o de Uiseu e o d'Euora fazã desta guisa: q(ue) ***u*** q(ue)r q(ue) eu moira q(ue)r en meu reino q(ue)r fora de meu regno fazam aduzer meu corpo p(er) mias custas a Alcobaza. #IIa (l. 30).

Neste trecho, destacamos o item *u*, que não é de atualização simples, pois além de não existir no português contemporâneo, o contexto linguístico depreendido do *Testamento* não é tão elucidativo para sua modernização.

A forma em destaque *u* que se apresenta nos textos do português antigo com grafia variada (*u* ou *hu*) origina-se da forma latina UBI que, segundo Bluteau (1726: 375), significava o "lugar intrínseco ou espaço ocupado por um corpo". Por seu valor locativo adverbial, a forma *u* podia exercer funções diferentes nos textos antigos, como pronome locativo interrogativo, pronome relativo ou advérbio de lugar (Mattos e Silva, 2006: 174). Traduz-se normalmente como *onde* (< UNDE), embora os valores e a origem das duas formas sejam distintos. Mattos e Silva estabelece uma oposição entre *u* (< UBI) e *onde* (< UNDE), atribuindo ao primeiro um valor mais estático de localização, como aquele apresentado por Bluteau, ou "ao lugar para ou por onde se desloca". Para *onde*, a autora destaca a proveniência.

## 5.7. Pronomes demonstrativos de reforço

Vamos avançar na modernização de outro fragmento do *Testamento*. No fragmento a seguir, destacamos duas formas. A primeira delas, *esta*, ainda existe no português contemporâneo, mas a segunda, *aquestas*, não é mais empregada. Como você atualizou a forma *aquesta(s)*? Você conseguiu detectar o seu significado?

(16) E mãdo da dezima dos morauidiis e dos dieiros q(ue) mi remaserũ de parte de meu padre q(ue) sũ en Alcobaza e do outr'auer mouil q(ue) i posermos pora ***esta*** dezima q(ue) segia partido pelas manus do arcebispo de Bragaa e do arcebispo de Santiago e do bispo do Portu e de Lixbona e de Coĩbria e de Uiseu e de Lamego e da Idania e d'Euora e de Tui e do tesoureiro de Bragaa. E out(ro)ssi mãdo das dezimas das luctosas e das armas e dout(ra)s dezimas q(ue) eu tenio apartadas en tesouros per meu reino, q(ue) eles as departiã assi como uirẽ por derecto. E mãdo q(ue) o abade d'Alcobaza lis de ***aq(ue)sta*** dezima q(ue) el ten ou teiuer e eles as departiã segũdo De(us) como uirẽ por derecto. E mãdo q(ue) a raina dona Orraca agia a meiadade de todas aq(ue)lias cousas mouils q(ue) eu ouuer a mia morte, exetes ***aq(ue)stas*** dezimas q(ue) mãdo dar por mia alma e as out(ra)s q(ue) tenio en uoontade por dar por mia alma ę non'as uiier a dar (l. 15-25).

Diferentemente dos casos anteriormente analisados, que pareceram de difícil leitura por não ocorrerem mais em português atual, os dados aqui apresentados são menos complexos. Nesse fragmento, temos um confronto entre *esta* e *aquesta*. O primeiro é um pronome demonstrativo, conhecido como de 1ª pessoa por indicar a proximidade em relação ao falante. No dado em questão, *esta* retoma *dezima* (= dízima), anteriormente citada no texto. A novidade do texto ou, melhor dizendo, a forma considerada arcaica ou antiga é *aquesta*. Se partirmos do atual sistema de pronomes demonstrativos, subdivido em três categorias dêiticas em relação às três pessoas do discurso (1ª pessoa — *eu* — emissor; 2ª pessoa — *tu/você* — receptor/ouvinte; e 3ª pessoa — *ele* — fora do eixo do emissor-receptor), *aquesta* apresenta, em termos de forma, semelhanças com *aqu(ela)* e com *esta*. Em que isso pode nos ajudar? Por esse paralelismo, é possível iniciar a descrição considerando que havia, no português arcaico, uma forma demonstrativa correspondente à atual forma *aquela*. Assim, ao lado de *esta* haveria *aquesta*. Mas quais seriam seu valor e funcionalidade? A identificação do étimo da partícula anteposta a *esta* e *ela* ajudaria a compreender a diferença entre as formas? Consulte um dicionário etimológico e tente resolver esse problema.

No latim, havia uma partícula demonstrativa ECCE[2] que, como advérbio, podia aparecer prefixada às formas demonstrativas e tinha valor de *eis, eis aqui/aí/que*, indicando reforço ou valor enfático (Nunes, 1960: 247-248). Então, o português antigo teria herdado esse sistema demonstrativo tricotômico latino para indicar reforço com o sentido de "*esta/essa/aquela mesmo e não outra qualquer*": *ECC+ISTE > *aqueste*, *ECC+IPSE > *aquesse*, *ECC+ILLE > *aquele*. A base desse sistema provém dos demonstrativos latinos: IST- *(est-)*, IPS- *(ess-)* e ILL- *(el-)*. O quadro de demonstrativos no português arcaico era distinto do atual:

| Mudança nos demonstrativos | Referência | 1ª pessoa Emissor | 2ª pessoa Receptor | 3ª pessoa Fora do eixo Emissor-Receptor |
|---|---|---|---|---|
| Português arcaico | Simples | *este/a(s)* | *esse/a(s)* | ------ |
| | Reforçada | *aqueste/a(s)* | *aquesse/a(s)* | *aquele/a(s)* |
| Português atual | | *este/a(s)* | *esse/a(s)* | *aquele/a(s)* |

Como se vê no quadro, há uma lacuna no demonstrativo simples de 3ª pessoa, deixada pela base latina ILL-, que se especializou como pronome pessoal *ele*. Com o desaparecimento das formas reforçadas no português, *aquele* também perde o valor de reforço e passa a ocupar o lugar deixado no sistema pelo antigo ILLE, que será discutido na seção 7 do capítulo 6.

Assim, em (16), *E mãdo q(ue) o abade d'Alcobaza lis de* ***aq(ue)sta*** *dezima q(ue) el ten ou teiuer* (l. 22), a interpretação modernizada seria: *e mando que o abade de Alcobaça lhes dê esta dízima mesmo* (e não outra dízima qualquer) *que ele tem ou tiver*.

## 5.8. Pronomes possessivos átonos

Modernize o fragmento a seguir e observe o vocábulo monossilábico que precede as palavras *madre* e *comẽda*. Você é capaz de entender o sentido dessa palavra? Observe a estrutura sintática do sintagma no qual ocorre e pense: a qual classe gramatical ela pertence? Em sua versão modernizada, como você atualizou esse vocábulo?

---

2 Alguns autores postulam a partícula *ACCU como um cruzamento entre ECCU e ATQUE, segundo Maurer Jr. (1959: 110). Para o autor, a distribuição das partículas de reforço é diferente: "A Ibéria toda e a Dácia têm **accu*, a Gália do norte conserva *ecce*".

(17) E ssi no tẽpo de mia morte meu filio ou mia filia q(ue) deuier a reinar nõ ouuer reuora, segia en poder da raina ***sa*** madre e meu reino segia en poder da raina e de me(us) uassalos ata q(uan)do agia reuora. E ssi eu for morto, rogo o apostoligo come padre e senior e beigio a t(er)ra ante seus pees q(ue) el recebia en ***sa*** comẽda e so seu difindemẽto a raina e me(us) filios e o reino (l. 9-14).

No fragmento, vemos destacado o vocábulo *sa* em dois grupos nominais: *sa madre* e *sa comẽda*. Trata-se de formas antigas pertencentes ao quadro de possessivos. No primeiro caso, os possuidores aos quais o possessivo faz referência seriam os filhos do rei (*meu filio ou mia filia*). Se, quando o rei morrer, seus filhos não tiverem condições de reinar (no caso de não serem maiores de idade), o reino será governado pela rainha, mãe de seus filhos, e pelos vassalos do rei. Já em *sa comẽda*, o possessivo se refere ao papa (*o apostoligo come padre e senior*), que seria o responsável por proteger e defender a rainha e os filhos do rei no caso de sua morte. Em sua versão modernizada, é provável que você tenha substituído essas formas pelo possessivo de 3ª pessoa *sua*. No entanto, não resultaria estranho (e inclusive poderia ser até mais natural) pensar na possibilidade de substituí-las pelos possessivos perifrásticos, que retomam mais claramente os possuidores, diminuindo o risco de ambiguidades: *mãe deles; sob a proteção dele*.

Os possessivos do português derivam dos possessivos latinos no caso acusativo. No que se refere aos possessivos masculinos, teríamos os seguintes processos, considerando uma série de alterações fonético-fonológicas, muitas vezes aplicadas a étimos atribuídos ao latim vulgar e a processos de analogias com as demais formas do paradigma pronominal: 1ª pessoa do singular -MEUM > *meu*; 1ª pessoa do plural -NOSTRUM ~ *NOSSUM > *nosso*; 2ª pessoa do singular -TUUM *(> tou)* > *teu*; 2ª pessoa do plural -VESTRUM > VOSTRUM ~ *VOSSUM > *vosso*; 3ª pessoa (singular e plural) -SUUM *(> sou)* > *seu*. Note-se que, originalmente, TUUM e SUUM deram, respectivamente, *tou* e *sou*. Nunes (1960) afirma que essas formas, no latim vulgar, competiam com um alomorfe *teu* e *seu*, respectivamente, influenciados pela forma masculina de 1ª pessoa *meu*. Como consequência, esses alomorfes terminaram por suplantar as formas antigas *tou* e *sou*, resultantes das formas latinas originais. Contudo, como afirmam Coutinho (1958) e Nunes (1960), *tou* e *sou* continuam sendo usados na língua popular do norte de Portugal. *Mou*, nesses dialetos, também é utilizado em analogia às duas outras formas. Sobre NOSTRUM > *nosso;* VOSTRUM > *vosso,* Coutinho (1958) e Nunes (1960) deduzem os possessivo latinos *NOSSUM e *VOSSUM, criados a partir de *nos* e *uos*, respectivamente, dos quais se teriam originado as formas *nosso* e *vosso.* No próprio fragmento acima destacado, encontramos evidências de algumas dessas formas: *meu filio; meu reino; me(us) uassalos; me(us) filios; seu difindemẽto*; e *seus pees.*

Todas as formas de masculino apresentavam, como ocorre também no português atual, uma contraparte feminina (*minha, nossa, tua, vossa, sua*), para as quais não dispomos de exemplos no *Testamento*. No quadro das formas femininas de singular, no entanto, além das formas que chegam até os nossos dias (*minha, tua, sua*), desenvolveram-se, no processo de diferenciação do latim vulgar, a partir do mesmo étimo latino, formas consideradas átonas: *ma, ta, sa*. Para a 3ª pessoa, que aqui nos interessa particularmente por estar registrada no *Testamento*, a partir de SUAM originam-se tanto a forma tônica *sua* (SUAM > *sua*) quanto a forma átona *sa* (SUAM > *sa*). O mesmo ocorre com as formas de 2ª pessoa: TUAM > *tua;* TUAM > *ta*.

As formas de 1ª pessoa, por sua vez, apresentam, em seu desenvolvimento, uma complexidade particular. Da forma latina MEAM deriva, em um primeiro momento, *mea* que, posteriormente, tem sua vogal média elevada, passando a [mja]. Dessa forma intermediária, surge, por um lado, a forma monotongada *ma*, considerada átona (MEAM > *mea* > *[mja]* ~ *ma*), e, por outro, a forma tônica, cuja vogal palatal é nasalizada ([mĩ-a]) por influência da consoante nasal inicial, desenvolvendo, como estratégia de desfazimento de hiato, uma consoante nasal epentética, como em *minha* (MEAM > *mea* > *[mja]* > *[mĩ-a]* > *minha*). De modo geral, no plano gráfico, a forma átona podia ser representada por *ma, mha, mja, mya*, sendo a semivogal representada, nos três últimos casos, por <h>, <j> e <y>, respectivamente. A forma tônica, por sua vez, ocorre como *mĩa* ou *minha* (e demais variantes gráficas). No entanto, ambas as formas também podiam aparecer em textos escritos como *mia*, tal como ocorre no *Testamento*, no fragmento que estamos analisando: *mia morte; mia filia*. Nesse caso particular, não temos condições de afirmar se se trata de uma forma átona (/mja/), na qual o grafema <i> representa a semivogal palatal /j/, ou de uma forma tônica, sendo o grafema <i> representante da vogal /i/ em hiato (/mi-a/), ou, ainda, se já se trata de um hiato nasal [mĩ-a], cuja nasalidade não foi representada na escrita, tal como vimos no caso de *di-eiros* no capítulo 4. Verificar como se dá a representação das vogais palatais poderia constituir uma evidência importante, mas, no *Testamento*, tanto /i/ quanto /j/ são representados unicamente por <i>, o que não esclarece a questão. Diferentemente dos textos em prosa, textos de outros gêneros, como os literários em poesia, como vimos no capítulo 2, podem elucidar esse problema, ao contar com uma estrutura métrica dos versos capaz de revelar o estatuto de <i>, se vogal, o que apontaria para uma forma tônica cuja vogal palatal está em hiato, ou se semivogal, formando um ditongo crescente, que seria um indício de uma forma átona.

Em síntese, o primeiro estágio do português conta com duas séries de possessivos: formas tônicas, disponíveis para todas as pessoas gramaticais, tanto no masculino quanto no feminino, e uma série reduzida de formas átonas femininas (*ma, ta, sa*), restrita à 1ª e 2ª pessoas do singular e à 3ª pessoa, como se pode ver no quadro abaixo, adaptado de Mattos e Silva (2006: 110):

| POSSUIDOR | POSSESSIVOS | | |
|---|---|---|---|
| | MASCULINOS | FEMININOS | |
| | (TÔNICOS) | TÔNICOS | ÁTONOS |
| 1ª sg | meu | minha / mĩa / mia | ma / mha / mja / mya / mia |
| 1ª pl | nosso | nossa | - |
| 2ª sg | teu | tua | ta |
| 2ª pl | vosso | vossa | - |
| 3ª sg e pl | seu | sua | sa |

De acordo com Mattos e Silva (2006: 110), as formas átonas são assim chamadas "porque sempre precedem o nome", estando em "uma posição não acentuada, já que o nome receberá o acento do grupo de força". Nesse sentido, vemos uma relação entre a tonicidade do possessivo e sua posição sintática no sintagma nominal: as formas átonas ocorrem em posição prenominal, como, de fato, podemos ver nos casos de *sa* extraídos do *Testamento*: *sa madre*; *sa comẽda.*

As formas tônicas, por sua vez, receberiam esta classificação "ou porque sucedem o nome ou porque o nome que determina[m] está elíptico" (Mattos e Silva, 2006: 110). Dessa citação oferecida por Mattos e Silva, e a partir dos exemplos mostrados pela autora nas obras de 2006 (p. 110) e 1989 (p. 179), advindos de um texto medieval trecentista — *Diálogos de são Gregório* —, inferimos que as formas tônicas seriam utilizadas nos demais contextos, como o pós-nominal (*Non tirara a calça sua*), o contexto de elipse do nome (*A terra muito alongada da sua*) e o contexto de predicativo (*Leixa, filho, leixa o que trages, ca non é teu*). Assim como as formas átonas, as tônicas também podiam ocorrer em contexto prenominal, como mostram os próprios dados extraídos do *Testamento*: *meu filio; meu reino; me(us) uassalos; me(us) filios; seu difindemẽto*; *seus pees.* Dito de outra forma, a sistematização proposta por Mattos e Silva (2006) poderia ser assim simplificada: para os casos nos quais a língua medieval dispõe de uma forma átona e outra tônica (*ma/minha; ta/tua; sa/sua*), as átonas ocorrem em posição prenominal, ao passo que as tônicas ocorrem nos demais contextos; para os casos em que somente estão disponíveis formas tônicas (*meu, teu, nosso, nossa, vosso, vossa, seu*), elas ocorrem em todos os contextos sintáticos.

Essa distribuição, no entanto, "não era rigorosamente observada na língua antiga" (Nunes, 1960: 224 *apud* Mattos e Silva, 2006: 110), uma vez que formas tônicas (da série que contava com tônicas e átonas) também são registradas, nos textos, em posição prenominal. Maia (1986: 679), após analisar um conjunto de documentos notariais galego-portugueses dos séculos XIII ao XVI, afirma:

> Os textos estudados revelam ainda a sobrevivência de formas átonas femininas (...) durante o século XIII e inícios do XIV; contudo, já desde essa época, as formas tónicas têm tendência para substituir as átonas, começando a surgir em qualquer contexto.

Vejamos, a esse respeito, dois exemplos de possessivos tônicos em posição prenominal em uma carta de doação de 1262 (Maia, 1986: 41):

> Conoszuda cousa segia a todos aqueles que este scripto uirẽ y oyrẽ commo eu Aras Diaz, filo de Diago Láá, por mĩ e por **miña** uoz (...) agiam o dito abbade e conuẽto cũ todas **suas** directuras (...).

Essa generalização das tônicas nos contextos ocupados pelas átonas pode ter sido uma das razões que contribuíram para a eliminação das formas átonas da língua medieval por volta do século XV:

> Em consequência dessa evolução no emprego dos dois tipos de formas [átonas e tônicas], o português e o galego actuais não conhecem essa distinção: usam sempre as mesmas formas — historicamente representantes das antigas formas tónicas — em qualquer situação contextual (Maia, 1986: 679).

Se pensarmos, no entanto, em uma matriz maior de transformações, encontramos outra mudança linguística que pode estar relacionada ao desaparecimento das formas átonas: o uso do artigo definido cada vez mais frequente, sobretudo diante de possessivos.

O latim não apresentava artigos definidos. No processo de diferenciação do latim vulgar, a partir do demonstrativo latino no caso acusativo (ILLUM, ILLAM, ILLOS, ILLAS), derivam-se as formas *o, a, os, as*, respectivamente (Tarallo, 1990). No período medieval, o artigo definido já ocorria, ainda que sem tanta produtividade, juntamente ao possessivo. De acordo com Maia (1986), a oscilação entre presença e ausência do artigo, que caracteriza a língua medieval, era frequentemente encontrada em um mesmo texto, escrito pelo mesmo notário. Citando o estudo de Ferreira sobre o *Foro Real* de Afonso X, Mattos e Silva (2006: 111) afirma que o artigo era empregado sobretudo com possessivos em contextos de elipse do nome, nos séculos XIII-XIV, sendo registrado, mais tarde, tal como se vê nos *Diálogos de São Gregório,* também com possessivos prenominais: *"E maravilhando-se Juliãão, mandadeiro do papa, porque* ***o seu*** *homen tanto tardara, alçou* ***os seus*** *olhos (...)"; "Os meus custumes non conviinhan con* ***os vossos****"; "Cada hũũ recebeu* ***o seu****".* Durante o período medieval, vemos um aumento no uso de artigos diante de possessivos. No *Testamento*, no entanto, essa ainda não é uma realidade. De todas as ocorrências de possessivos disponíveis no fragmento em análise, apenas em um único caso o possessivo vem precedido por artigo definido: *rogoli e pregoli q(ue)* ***os me(us)*** *filios (...).*

Mas como essa mudança poderia estar relacionada ao desaparecimento das formas átonas? Um dos casos em que, de forma geral, o possessivo não coocorre com artigo definido refere-se às formas átonas. Esse cenário nos sugere uma situação de distribuição complementar entre artigos e possessivos átonos, o que pode ser tomado como evidência para postular que, no período medieval, essas formas disputavam pela mesma posição de determinante na estrutura do sintagma nominal. Com a crescente generalização do artigo diante de possessivos, aliado ao fato de também serem registradas formas tônicas em posição prenominal, teríamos duas forças concomitantes que poderiam estar por trás do desaparecimento das formas átonas no português do período medieval.

## 5.9. Preposições

Leia o trecho e observe as formas em destaque. Você agora terá bastante segurança para modernizá-lo, depois ter lido o restante do texto com base nas características morfossintáticas abordadas até aqui:

(18) E ssi no tẽpo de mia morte meu filio ou mia filia q(ue) deuier a reinar nõ ouuer reuora, segia en poder da raina sa madre e meu reino segia en poder da raina e de me(us) uassalos ***ata*** q(uan)do agia reuora (l. 9-11).

(19) E ssi eu for morto, rogo o apostoligo come padre e senior e beigio a t(er)ra ante seus pees q(ue) el recebia en sa comẽda e ***so*** seu difindemẽto a raina e me(us) filios e o reino (l. 13-15).

(20) E out(ro)ssi mãdo das dezimas das luctosas e das armas e dout(ra)s dezimas q(ue) eu tenio apartadas en tesouros ***per*** meu reino, q(ue) eles as departiã assi como uirẽ ***por*** derecto. E mãdo q(ue) o abade d'Alcobaza lis de aq(ue)sta dezima q(ue) el ten ou teiuer e eles as departiã segũdo De(us) como uirẽ ***por*** derecto. E mãdo q(ue) a raina dona Orraca agia a meiadade de todas aq(ue)lias cousas mouils q(ue) eu ouuer a mia morte, exetes aq(ue)stas dezimas q(ue) mãdo dar ***por*** mia alma e as out(ra)s q(ue) tenio en uoontade ***por*** dar ***por*** mia alma e non'as uiier a dar (l. 20-26).

(21) Da t(er)ceira o arcebispo de Bragaa e o arcebispo de Santiago e o bispo do Portu e o de Lixbona e o de Coĩbria e o de Uiseu e o d'Euora fazã desta guisa: q(ue) u q(ue)r q(ue) eu moira q(ue)r en meu reino q(ue)r fora de meu regno fazam aduzer meu corpo ***p(er)*** mias custas a Alcobaza. [...] E mandei fazer treze cartas cũ aq(ues)ta tal una come outra, q(ue) ***p(er)*** elas toda mia mãda segia (con)p(ri)da, das quaes ten una o arcebispo d(e) Bragaa, a out(ra) o arcebispo de Santiago, a t(er)ceira o arcebispo de Toledo, a q(ua)rta o bispo do Portu, a q(ui)nta o de Lixbona, a sexta o de Coĩb(ri)a, a septima o d'Evora, a octaua o de Uiseu, a nouea o maestre do Tẽplo, a dezima o p(ri)or do Espital, a undezima o p(ri)or de Santa Cruz, a duodecima o abade d'Alcobaza, a t(er)cia dezima facer guarda[r] en mia reposte. E forũ feitas en Coinbria IIIIor dias ***por*** andar de Junio, E(ra) Ma CCa L IIa (l. 30-41).

Em (18), tem-se a preposição *ata* (= até) e, em (19), a forma reduzida *so* (= sob). A primeira delas já gerou uma calorosa discussão entre os estudiosos, filólogos e linguistas sobre sua possível origem arábica a partir de um advérbio HATTA. Sugerimos a leitura do artigo de Viaro (2013) para observar os argumentos do autor quanto a outras propostas etimológicas de base latina. A preposição *so* (<SUB), em (19), tal qual a anterior, funciona como introdutora de um sintagma preposicional adjunto, veiculando noções de natureza adverbial ou circunstancial. Que natureza adverbial ou circunstancial seria essa? Façamos uma breve síntese da emergência das preposições nas línguas românicas para entender certas mudanças operadas do latim ao português.

Desde o latim, preposições associadas, ou não, a advérbios podiam reger acusativo ou ablativo, funcionando como um tipo de reforço preposicional para delimitar, mais precisamente, as relações de dependência entre o verbo e seu complemento. As preposições IN ou AD eram usadas com acusativo como um reforço preposicional para especificar mais claramente a natureza do movimento, indicando *entrada no lugar*, como em IRE IN SILVAM (= ir na floresta), ou significando *movimento para perto de algo/até o lugar*, como em EQUITATUS AD CASTRA ACCEDIT (= a cavalaria se aproximou do acampamento) (Ces. B.G. 5, 50, 4, *apud* Martins, 2008: 93).

A variação entre formas casuais e construções preposicionais, na realidade, já aparecia no latim clássico e se consolidou com mais força nos textos vulgares mais tardios. Herman (2010: 73) mostra que tanto se podia dizer MITTERE LITTERAS ALICUI (ablativo) como MITTERE LITTERAS AD ALIQUEM (acusativo preposicionado) (= enviar cartas a alguém). O autor defende que os recursos preposicionais eram de emprego mais simples para os falantes populares latinizados e com pouco contato com a tradição escolar ou literária do que o complexo sistema flexional latino. As preposições eram formas invariáveis que se tornaram bastante produtivas, primeiramente com o caso acusativo e posteriormente sem marca de caso. Não só a função ablativa apresentava construções variáveis (IN HOC TEMPORE por HOC TEMPORE = neste momento, desta vez), como também na função dativa são localizados dados, desde o latim literário, de formas casuais em variação com construções preposicionais formadas por ad + *acusativo*: LOCUTUS EST AD ILLOS = *Ele falou com eles* (Herman, 2010: 74). Até mesmo na função genitiva já aparecem dados de preposição em textos latinos tardios do século VI em construções possessivas: DE SITU TERRAE SANCTAE (= a situação da Terra Santa).

Na realidade, com exceção do nominativo e do acusativo, praticamente todos os outros casos foram substituídos por uma estrutura preposicional, o que afetou sobremaneira a formação de um novo sistema de estruturação gramatical. Em português, a preposição tornou-se gramaticalmente essencial e não apenas um mero reforço delimitativo, como ocorria no latim para subordinação entre constituintes de uma oração.

Esse espraiamento do emprego preposicional levou a diversas consequências sistêmicas. Por um lado, houve seu enriquecimento funcional, porque coube à preposição o papel de subordinar não só complementos a verbos como também coube-lhe uma nova função, inexistente no latim clássico, de subordinar nome a nome: HISTORIA EST UITA MEMORIAE (genitivo) > *(A) história é (a) vida d(a) memória* (Camara Jr., 1979: 176). Por outro lado, o aumento generalizado de sua frequência gerou

(i) empobrecimento de algumas formas;

(ii) desbotamento semântico das preposições mais recorrentes.

No primeiro caso, como aponta Camara Jr (1979: 177), o empobrecimento se deu pelo fato de várias preposições terem se perdido, passando a atuar quase exclusivamente como prefixos. A consequência disso leva à segunda parte de seu comentário: na verdade, poucas preposições tornaram-se muito produtivas, como é o caso de *de, em, para/a* etc. A frequência de uso ou repetição leva ao enfraquecimento da força semântica (generalização) de uma forma pelo hábito, ou seja, as formas tornam-se mais gerais, mais abstratas quanto a seu significado (Bybee, 2010). Essa perda de transparência semântica leva ao emprego da construção em outros contextos com novas associações, estabelecendo uma mudança também semântica. Um exemplo bastante didático, mencionado por Camara Jr. (1979) e retomado por Tarallo (1994), refere-se à generalização da preposição DE no lugar de EX e AB. As três preposições tinham a acepção de afastamento com nuances semânticas um pouco distintas. A primeira dava a ideia de *afastamento,* mas com um *movimento de cima para baixo*, a noção de afastamento da segunda (EX) se restringia ao *movimento de dentro para fora* e A/AB/ABS significava *proveniência*. A preposição DE tornou-se mais produtiva, generalizando-se para as três funções e assumindo ainda o valor de posse, subordinando nome a nome em lugar do antigo genitivo latino. Exemplos do latim com as respectivas traduções para o português ilustram a generalização da preposição *de* nesses quatro contextos:

REDEO EX URBE = Volto *da* cidade
CESAR A GERGOVIA DISCESSIT = César retirou-se *de* Georgia
REDEO AB AMBULANDO = Volto *do* passeio
FABULAE POETARUM (genitivo) = as fábulas *dos* poetas

A partir dessas breves considerações, que não esgotam o assunto, voltemos ao trabalho com o fragmento. Os dados retirados do *Testamento* vão ilustrar dois dos aspectos mencionados. O primeiro deles refere-se à delimitação de sentido atribuído a certas preposições que se mantêm até a atualidade. Algumas preposições ainda exprimem, ao lado dos advérbios e/ou de outras construções, valores circunstanciais diversos: localização espacial com interioridade IN > *em*, localização espacial com posição acima SUPER > *sobre* e abaixo SUB > *sob* etc. O segundo aspecto refere-se ao uso variável das preposições e à sua generalização de uso com certo desbotamento ou alteração semântica.

Comecemos com a preposição *ata*, em (18), seguida de oração introduzida pelo advérbio *quando*. É possível notar como a preposição associada ao advérbio especifica, de maneira bastante precisa, a delimitação temporal que o rei determina para que a rainha tenha poder sobre o reino. Veja se você entendeu o trecho. Qual o limite de tempo estipulado pelo rei, no caso de sua morte, para que a rainha se mantenha no poder? *Até quando haja reuora* (= maioridade) de seus filhos.

Sigamos agora com o resgate do sentido básico original da preposição *so* (<SUB) = *embaixo de, posição inferior, abaixo*. No exemplo (19), entretanto, esse valor mais concreto de localização espacial sofre uma extensão semântica, assume uma acepção mais abstrata, significando *inferioridade relativa a algo* ou *submissão ao comando/influência de algo/alguém*. Se você consultou nosso glossário, deve ter percebido que, no fragmento, o rei roga ao papa, representado pela palavra *apostoligo* (apóstolo), que, no caso de sua morte, receba a rainha, seus filhos e o reino: *en sa comẽda e so seu difindemẽto*. A partir dessa leitura, como o papa atuaria no caso da morte do rei em relação à rainha/filhos/reino? Lembre-se de que a palavra *comẽda* significa *recomendação/confiança/proteção* e a palavra *difindemẽto* (do verbo latino DEFENDERE) significa *defesa* e ambas fazem parte de sintagmas preposicionados coordenados entre si: ... *que ele (o papa) receba em/sob sua proteção e sob sua defesa a rainha e meus filhos e o reino.*

Em (20) e (21), estão em destaque as preposições *p(er)* e *por*. Observe os dados e veja se as duas formas apresentam usos variáveis ou se é possível identificar nuances semânticas distintas.

A resposta não nos parece tão simples, por isso vamos ajudar resgatando o valor original dessas preposições em latim. Embora, na sua atualização, você deva ter modernizado todos os dados para a preposição *por*, as duas preposições apresentavam, no latim, valores distintos: *per* significava *através de* e *por*, do latim PRO, significava *em favor de* ou *em posição dianteira*. O ponto em comum de ambas está na indicação de *percurso* tanto em sua acepção espaçotemporal mais concreta quanto em seu valor nocional mais abstrato e até metafórico (= *meio, intermédio de*). Como ocorre nesse texto, essas duas formas variantes coexistiram ao longo da história, vigorando em português atual a forma *por*. Isso não quer dizer que a variante *per* tenha desaparecido por completo, pois é recorrentemente aglutinada com o artigo variando em gênero e número:

*pelo(s)* e *pela(s)*. No período arcaico, a forma *por* também podia ocorrer com tal variação: *polo(s), pola(s)*.

Veja, entretanto, que é possível detectar sutis diferenças nos usos, em destaque, principalmente com *por*, que pode aparecer em estruturas formulaicas típicas da documentação jurídica, como é o caso da expressão ***por*** *derecto*, além de ocorrer com o sentido de "em favor de" no dado *mãdo dar* ***por*** *mia alma* (ambas em 20). Nas ocorrências de *per*, a acepção de *percurso* ainda parece vigorar, ora mais abstrata, ora mais concreta. Em (21), *aduzer meu corpo* ***p(er)*** *mias custas*, pode-se interpretar que as custas da transposição do corpo do rei ocorreriam *por meio de* seus próprios recursos. Entretanto, no outro dado (*tenio apartadas en tesouros* ***per*** *meu reino)*, parece ainda prevalecer uma nuance mais concreta e espacial (= através do reino). Comente também os outros dados em destaque.

Além dessas preposições que, de certa forma, se conservaram do latim, ao lado de tantas outras como *a* (<AD), *ante* (<ANTE), *con~cũ* (<CUM) (linha 34), *de* (<DE), *entre* (<INTER), *en* (<IN) etc., novas preposições românicas constituídas pela aglutinação de outras aparecem nos textos medievais portugueses: *des~desde* (<DE + EX + DE), *pera~para* (<PER/PRO + AD), *perante* (<PER + ANTE).

## 5.10. Reorganizações na morfossintaxe do latim ao português

Para concluir este capítulo, abordaremos alguns aspectos mais gerais que, diferentemente dos anteriores, não influenciam na leitura e entendimento do texto, mas são aspectos relevantes para compreender algumas mudanças morfossintáticas que ocorreram do latim ao português. Adotando os mesmos procedimentos anteriores, veja os dados e observe em que contextos sintáticos ocorrem os vocábulos destacados, verificando se houve mudança de forma de acordo com a alteração da função do item:

(22)

(a) E mãdo q(ue) a ***raina*** dona Orraca agia a meiadade de todas aq(ue)lias cousas mouils q(ue) eu ouuer a mia morte (l. 8).

(b) E ssi eu for morto, rogo o apostoligo come padre e senior e beigio a t(er)ra ante seus pees q(ue) el recebia en sa comẽda e so seu difindemẽto a ***raina*** e me(us) filios e o reino (l. 14).

(c) E ssi no tẽpo de mia morte meu filio ou mia filia q(ue) deuier a reinar nõ ouuer reuora, segia en poder da ***raina*** sa madre (l. 11).

(23)

(a) P(ri)meiram(en)te mãdo q(ue) meu ***filio*** infante don Sancho q(ue) ei da raina dona Orraca agia meu reino enteg(ra)m(en)te e en paz (l. 6).

(b) E ssi eu for morto, rogo o apostoligo come padre e senior e beigio a t(er)ra ante seus pees q(ue) el recebia en sa comẽda e so seu difindemẽto a raina e me(us) ***filios*** e o reino (l. 14).

(c) a proe de mia molier raina dona Orraca e de me(us) ***filios*** e de me(us) uassalos (l. 3).

(24)

(a) E ssi no tẽpo de mia morte meu filio ou mia filia q(ue) deuier a reinar nõ ouuer reuora, segia en poder da raina sa madre e meu ***reino*** segia en poder da raina e de me(us) uassalos (l. 11).

(b) P(ri)meiram(en)te mãdo q(ue) meu filio infante don Sancho q(ue) ei da raina dona Orraca agia meu ***reino*** enteg(ra)m(en)te e en paz (l. 8).

(c) q(ue) u q(ue)r q(ue) eu moira q(ue)r en meu ***reino*** (...) (l. 32).

Nos três dados, vemos que *raina*, *filio(s)* e *reino* ocupam a posição de sujeito em (a), objeto direto em (b) e complemento de preposição em (c). Neste último caso, *raina* ocupa o núcleo do sintagma nominal adjunto do nome *poder*; *filios* é núcleo do sintagma complemento da locução *a proe de*; e, finalmente, *reino* se encontra em um sintagma com valor circunstancial.

Com esta atividade, você deve ter observado que, independentemente da função sintática desempenhada, não há variação na forma desses nomes em destaque. O mesmo item, em termos morfossintáticos, pode participar de diferentes relações gramaticais:

| SUJEITO | OD | COMPLEMENTO DE PREPOSIÇÃO |
|---|---|---|
| | | (adjuntos adnominais e adverbiais) |
| raina | raina | raina |
| filio(s) | filio(s) | filio(s) |
| reino | reino | reino |

Isso, no entanto, nem sempre foi assim na história das línguas românicas. Diferentemente do português, o latim era uma língua que apresentava caso morfológico, isto é, existiam desinências morfológicas específicas segundo a função sintática desempenhada por determinado vocábulo. Tomando como exemplo REGINA, que originou *raina* ('rainha'), como mostrado em (22), teríamos em latim:

| CASOS | SINGULAR | PLURAL | FUNÇÃO SINTÁTICA |
|---|---|---|---|
| **nominativo** | REGIN<u>Ă</u> | REGIN<u>AE</u> | sujeito |
| **vocativo** | REGIN<u>Ă</u> | REGIN<u>AE</u> | vocativo |
| **genitivo** | REGIN<u>AE</u> | REGIN<u>ĀRUM</u> | adjunto adnominal |
| **acusativo** | REGIN<u>ĂM</u> | REGIN<u>ĀS</u> | objeto direto |
| **dativo** | REGIN<u>AE</u> | REGIN<u>ĪS</u> | objeto indireto |
| **ablativo** | REGIN<u>Ā</u> | REGIN<u>ĪS</u> | adjunto adverbial |

Em cada contexto sintático, havia uma desinência específica que materializava a relação gramatical estabelecida pelo nome. Tomando, como exemplo, o paradigma de singular, quando o item ocupava a posição de sujeito ou era empregado como vocativo, utilizava-se a forma nominativa/vocativa REGINA. Como objeto direto e indireto, empregavam-se as formas acusativa e dativa REGINAM e REGINAE, respectivamente. Por fim, para adjuntos adnominais e adverbiais, empregavam-se as terminações específicas de genitivo e ablativo REGINAE e REGINA, respectivamente. Vejamos alguns exemplos a seguir:

Nominativo: **Regina** poetam amat. (A rainha ama o poeta)
Vocativo: Salve, **regina**! (Salve, rainha!)
Genitivo: Puella est filia **reginae**. (A menina é filha da rainha)
Acusativo: Poeta **reginam** amat. (O poeta ama a rainha)
Dativo: Poeta rosam **reginae** dat. (O poeta dá uma rosa à rainha)
Ablativo: Cum **regina** eo. (Vou com a rainha)

Pelo recurso morfológico das desinências de caso, o latim permitia uma ordem relativamente livre dos constituintes na sentença, tendo em vista que a informação relacionada à função sintática aparecia expressa por um morfe. A frase mostrada anteriormente para a exemplificação do acusativo (*Poeta reginam amat*) poderia, assim, apresentar outras possibilidades de ordenação dos constituintes, mantendo-se o mesmo significado: *Reginam poeta amat; Poeta amat reginam; Reginam amat poeta* etc.

Como vimos nos dados do *Testamento*, o português medieval já não contava com esse expediente de natureza morfossintática, pois encontramos uma única forma, *raina*, mesmo quando a função se altera: sujeito (nominativo, 22a), objeto direto (acusativo, 22b) e adjunto adnominal (genitivo, 22c). Como entender essa mudança da perda das desinências de caso do latim ao português?

Em primeiro lugar, é preciso considerar que o sistema de casos do latim apresentava, já na época clássica, certa instabilidade, uma vez que algumas terminações casuais eram frequentemente idênticas para mais de um caso, como pudemos observar com a desinência -AE, que, no quadro à p. 206, podia ser utilizada para genitivo singular, dativo singular, nominativo plural e vocativo plural. "Os casos, enquanto marcas formais da função sintática dos nomes, só poderiam subsistir, evidentemente, enquanto constituíssem um sistema de oposições, com clareza nas distinções de forma e com um mapeamento claro das funções em formas determinadas" (Ilari, 2001: 90), o que, como visto, não ocorria necessariamente.

Soma-se a esse aspecto um processo ocorrido em outro campo da língua. No capítulo 4, quando tratamos dos aspectos grafemáticos e fonético-fonológicos, vimos que, no que se refere ao sistema vocálico, o latim clássico apresentava uma distinção de duração das vogais (breves x longas) que se perdeu no latim vulgar. Se voltarmos ao quadro da p. 206, veremos, por exemplo, que a distinção entre o nominativo e o ablativo nas palavras de 1ª declinação é exatamente a duração das vogais: vogal breve no nominativo (REGINĂ) e vogal longa no ablativo (REGINĀ). Uma vez neutralizada essa distinção fonológica entre Ă e Ā, que se fundiram na vogal baixa central /a/, a língua já não dispõe de um recurso capaz de diferenciar essas duas relações gramaticais, que passam agora a utilizar a mesma terminação (REGIN/a/). Além disso, foi também bastante comum a eliminação de sons consonânticos finais, em um processo de apócope, tal como ocorre com o /t/ final nos verbos na 3ª pessoa do singular do presente do indicativo, somente para citar um exemplo: AMAT > *ama*. No âmbito da morfologia nominal, a consoante nasal /m/ é também eliminada das formas de acusativo singular: REGINĂM > REGINAØ. Com esse processo, fundem-se em uma mesma forma, REGINA, três casos distintos do singular: nominativo, ablativo e acusativo.

Em síntese, a simplificação do sistema de casos do latim ao português é um processo complexo que pode ser visto como um fenômeno de *mudança* linguisticamente *encaixada*, nos termos de Tarallo (1994). Segundo o autor, a mudança encaixada prevê que uma perda no sistema linguístico poderia gerar outra perda de natureza distinta: no *âmbito fonológico*, a perda da duração das vogais e a eliminação dos segmentos finais repercutem no *âmbito morfológico* no que se refere à redução das marcas desinenciais de caso. Como consequência desse processo, que aqui foi visto somente com exemplos da 1ª declinação, todos os casos, em diferentes estágios cronológicos e nas diferentes declinações, teriam sido atingidos, fundindo-se nas formas residuais do acusativo, considerado o caso *lexicogênico* do português: REGINĂM (acusativo sg.) > REGINA > *rainha*; REGINĀS (acusativo pl.) > REGINAS > *rainhas*. De modo a contornar essas perdas sem comprometer seu potencial funcional, sobretudo no que se refere à relação gramatical estabelecida pelos nomes, a língua ganha no *âmbito sintático* duas propriedades: por um lado, inicia-se um processo de fixação da ordem de constituintes em direção a um padrão SVO (sujeito-verbo-objeto); por outro, faz-se um maior uso de preposições como um expediente capaz de garantir a relação hierárquica entre determinados constituintes, como mostrado na seção 5.9 deste capítulo.

Ainda que, de forma geral, tenhamos perdido as desinências casuais do latim, o português ainda mantém algumas marcas residuais de outros casos: nomes como *Marcos* (< MARCUS) e *Deus* seriam uma evidência da sobrevivência da desinência do nominativo; marcas do vocativo seguem presentes em *Ave, Maria*; vestígios das desinências de genitivo, por sua vez, são encontrados em sobrenomes como *Nunes* e *Fernandes*; por fim, alguns advérbios como *agora*, *talvez* e formas terminadas em *-mente* mostrariam resquícios das marcas do ablativo (Cardoso; Cunha, 1978: 94; Castro, 1991: 120-121).

Tendo em vista as considerações feitas até aqui, observe os dados em destaque, analisando novamente os contextos sintáticos das formas sublinhadas. O comportamento das formas é semelhante ao que foi discutido com base nos dados dos nomes exemplificados em (22-24)? Dito de outra forma, nos exemplos que seguem, os itens apresentam a mesma forma quando assumem funções sintáticas distintas? Comente.

(25)
- (a) E ssi ***eu*** for morto (l. 12)
- (b) (...) e todas aq(ue)las cousas q(ue) De(us) ***mi*** deu (l. 5).

(26)
- (a) E ssi eu for morto, rogo o apostoligo come padre e senior e beigio a t(er)ra ante seus pees q(ue) ***el*** recebia en sa comẽda e so seu difindemẽto a raina e me(us) filios e o reino (l. 14).
- (b) E ssi eu e a raina formos mortos, rogo***li*** e prego***li*** q(ue) os me(us) filios e o reino segiã en sa comẽda (l. 14-15).

Nesse conjunto de dados, vemos que as formas *eu* e *el* ocupam, em (a), a posição de sujeito (caso nominativo). As formas *mi* e *li*, por sua vez, desempenham a função de objeto indireto (caso dativo), como em (b). Diferentemente do que foi observado para os nomes, na classe dos pronomes pessoais, contamos com formas distintas utilizadas em contextos sintáticos específicos, evidenciando assim vestígios das marcas de caso latinas:

| Pronome pessoal | Sujeito | OI |
|---|---|---|
| 1ª pessoa do singular | eu | mi |
| 3ª pessoa do singular | el | li |

Além da perda das marcas de caso, outras mudanças operaram na morfologia do latim para o português. Em termos da morfologia nominal, o latim apresentava cinco paradigmas separados em declinações que também sofreram algumas modificações. Vamos tentar sistematizar e entender esse processo.

Reunimos, no quadro a seguir, algumas palavras retiradas do *Testamento*, indicando os respectivos étimos latinos e as declinações correspondentes no latim para facilitar sua análise. Com base nesse quadro, reagrupe os dados levando em conta a terminação dos nomes no período, ou seja, organize a lista distribuindo os nomes tendo em vista as vogais temáticas nominais (átonas finais):

(a) palavras de tema em *-a*;
(b) palavras de tema em *-o*;
(c) palavras de tema em *-e*;
(d) palavras terminadas em consoante.

A partir desse agrupamento, analise os dados e mostre como teria se processado a reorganização do paradigma nominal nos dados disponibilizados. Que nomes teriam uma classificação distinta do português moderno, considerando a vogal temática?

| | | |
|---|---|---|
| raina | (RĒGĪNA, RĒGĪNAE) | **1ª declinação** |
| gracia | (GRĀTIA, GRĀTIAE) | |
| alma | (ANIMA, ANIMAE) | |
| filia | (FĪLIA, FĪLIAE) | |
| terra | (TERRA, TERRAE) | |
| uida | (VĪTA, VĪTAE) | |
| cartas | (CHARTA, CHARTAE) | |
| filio | (FĪLIUS, FĪLIĪ) | **2ª declinação** |
| reino | (RĒGNUM, RĒGNĪ) | |
| armas | (ARMUM, ARMĪ) | |
| devidas | (DĒBITUM, DĒBITĪ) | |
| maestre | (MAGISTER, MAGISTRĪ) | |
| Tẽplo | (TEMPLUM, TEMPLĪ) | |
| morte | (MORS, MORTIS) | **3ª declinação** |
| saude | (SALŪS, SALŪTIS) | |
| molier | (MULIER, MULIERIS) | |
| paz | (PĀX, PĀCIS) | |
| tẽpo | (TEMPUS, TEMPORIS) | |
| corpo | (CORPUS, CORPORIS) | |
| madre | (MĀTER, MĀTRIS) | |
| padre | (PATER, PATRIS) | |
| pees | (PĒS, PEDIS) | |
| parte | (PARS, PARTIS) | |
| abade | (ABBĀS, ABBĀTIS) | |
| meiadade | (MEDIETĀS, MEDIETĀTIS) | |
| uoontade | (VOLUNTĀS, VOLUNTĀTIS) | |
| manus | (MANUS, MANŪS) | **4ª declinação** |
| dia | (DIĒS, DIEĪ; lat. vulg.: *DIA) | **5ª declinação** |

Compare os seus resultados com o quadro abaixo:

| | | |
|---|---|---|
| (a) | **VT <a>** | raina, gracia, alma, filia, terra, uida, cartas, armas, devidas, dia |
| (b) | **VT <o>** | filio, reino, Tẽplo, tẽpo, corpo, manus |
| (c) | **VT <e>** | maestre, morte, saude, madre, padre, pees, parte, abade, meiadade, uoontade |
| (d) | **Consoante** | molier, paz |

Percebe-se uma tendência geral nessa reorganização dos nomes do latim ao português. Todos os da 1ª declinação apresentam, na amostra de dados, a vogal temática <a>: *raina, gracia, alma, filia, terra, uida, cartas*. Da 2ª declinação, os nomes apresentam, no geral, a vogal temática <o>, como *filio, reino* e *Tẽplo*. Diferentemente da 1ª declinação, houve algumas exceções na 2ª. Os nomes *armas* e *devidas*, da 2ª, passaram a fazer parte dos de tema em *-a*. Há também, na 2ª declinação, a forma *maestre*, que integrou o grupo dos nomes com tema em <e>, comum aos da 3ª declinação, como: *morte, saude, madre, padre, pees, parte, abade, meiadade, uoontade*. Também da 3ª declinação são oriundas algumas palavras terminadas em consoante (*molier, paz*), que, na verdade, sofreram apócope do *-e* final no singular, o que não ocorreu no plural que manteve a vogal do tema: *paz* (sg) e *pazes* (pl). As poucas palavras de 4ª e de 5ª seguiram o comportamento das formas mais frequentes de tema em *-a* e *-o*: *dia*, da 5ª declinação, segue a 1ª e *manus*, da 4ª, passa a se comportar como a maioria dos nomes da 2ª declinação, com vogal temática <o>. Essa tendência também atua em alguns dos da 3ª com a mesma terminação em *-o* (*tẽpo* e *corpo*).

Em suma, houve uma simplificação e reestruturação do sistema de paradigmas nominais, com base na vogal temática: das cinco declinações, o português mantém apenas três, pensando simplesmente nos nomes temáticos. Em função de aspectos fonológicos, favorecidos por uma coincidência da vogal temática, de forma geral, a 4ª e a 5ª declinações praticamente desaparecem e seus nomes são incorporados às outras três declinações. Alguns nomes da 5ª declinação são incorporados à 1ª e nomes da 4ª declinação passam a se comportar como os da 2ª:

> Fatores decorrentes de semelhanças fônicas e de economia estrutural e funcional participaram desse processo: os nomes da quinta e da quarta eram pouco numerosos e tinham sua VT e sua morfologia flexional com características semelhantes às dos paradigmas a que vieram a integrar-se (Mattos e Silva, 2006: 101).

Esse processo, no entanto, não foi tão sistemático. Através do *Appendix Probi*, documento latino que nos deixa registros do que poderia ter sido o latim vulgar, podemos obter as seguintes informações: *palumbes non palumbus; socrus non socra; nurus non nora*. Este texto é a mais importante obra, de natureza gramatical, que temos do latim vulgar. Trata-se de uma lista com 227 pares de palavras, em que a forma considerada "correta", isto é, a forma literária, representativa do latim clássico, é escrita diante da forma que deve ser evitada, o que para nós é um valioso testemunho do latim vulgar (Castro, 1991: 91). Nos exemplos citados, vemos, no primeiro caso, um nome da 3ª declinação (*palumbes*) que passa a se comportar como um nome da 2ª (*palumbus*); nos demais casos, nomes da 4ª declinação (*socrus, nurus*) teriam passado a pertencer à 1ª (*socra, nora*) (Cardoso; Cunha, 1987: 94).

Para terminar, ainda faltou comentar o único caso em que se verifica um comportamento diferenciado do português atual. O nome *pees* apresenta no período medieval a vogal temática <e>. Como vimos anteriormente, essa forma é assim constituída em função da síncope da oclusiva sonora em contexto intervocálico, que gera, em um primeiro momento, duas vogais em hiato. Após a resolução do hiato, dá-se a crase, originando *pés*, oxítono acentuado, considerado como um nome atemático, isto é, sem vogal temática.

Vejamos agora a questão do gênero. A seguir, você encontrará alguns nomes do *Testamento* classificados de acordo com o gênero do étimo latino. Analise os dados tendo em vista a distribuição de gênero no período arcaico e no português atual. O que ocorreu com os três gêneros latinos: masculino, feminino e neutro?

| | | |
|---|---|---|
| **masculino** | filio | (FĪLIUS, FĪLIĪ) |
| | maestre | (MAGISTER, MAGISTRĪ) |
| | rei | (RĒX, RĒGIS) |
| | padre | (PATER, PATRIS) |
| | pees | (PĒS, PEDIS) |
| | abade | (ABBĀS, ABBĀTIS) |
| **feminino** | raina | (RĒGĪNA, RĒGĪNAE) |
| | gracia | (GRĀTIA, GRĀTIAE) |
| | alma | (ANIMA, ANIMAE) |
| | filia | (FĪLIA, FĪLIAE) |
| | terra | (TERRA, TERRAE) |
| | uida | (VĪTA, VĪTAE) |
| | cartas | (CHARTA, CHARTAE) |
| | morte | (MORS, MORTIS) |
| | saude | (SALŪS, SALŪTIS) |
| | molier | (MULIER, MULIERIS) |
| | paz | (PĀX, PĀCIS) |
| | madre | (MĀTER, MĀTRIS) |
| | parte | (PARS, PARTIS) |
| | meiadade | (MEDIETĀS, MEDIETĀTIS) |
| | uoontade | (VOLUNTĀS, VOLUNTĀTIS) |
| | manus | (MANUS, MANŪS) |
| **neutro** | semmel | (SĒMEN, SĒMINIS) |
| | reino | (RĒGNUM, RĒGNĪ) |
| | armas | (ARMUM, ARMĪ) |
| | devidas | (DĒBITUM, DĒBITĪ) |
| | Tẽplo | (TEMPLUM, TEMPLĪ) |
| | tẽpo | (TEMPUS, TEMPORIS) |
| | corpo | (CORPUS, CORPORIS) |

Com base no conjunto de dados extraídos do *Testamento*, podemos visualizar que os nomes cujos étimos eram masculinos ou femininos mantiveram o mesmo gênero do latim. Os que no latim eram neutros, por sua vez, passam a se comportar como masculinos ou femininos no português:

| **masculino** | semmel, reino, Tẽplo, tẽpo, corpo |
|---|---|
| **feminino** | armas, devidas |

Vemos, no quadro acima, que *semmel, reino, Tẽplo, tẽpo, corpo*, neutros da 2ª e da 3ª declinação, passam a se comportar como nomes masculinos, seguindo, de forma geral, o padrão da 2ª declinação. Por outro lado, os neutros com plural em *-a* têm sua terminação reinterpretada como marca de feminino, como mostram os casos de *armas* e *devidas*.

Nota-se assim outra mudança na morfologia nominal: o desaparecimento do gênero neutro. De forma geral, devido à semelhança fônica entre as formas, nomes neutros da 2ª, 3ª e 4ª declinações teriam passado a se comportar como masculinos da 2ª declinação, como TEMPLUM (neutro da 2ª declinação), que se comportará como TEMPLUS (masculino da 2ª declinação). Por outro lado, alguns nomes neutros com plural em *-a* se assemelharam a formas de feminino singular, como LIGNA (de LĪGNUM, LĪGNĪ) > LENHA; OPERA (de OPUS, OPERIS) > OBRA (Castro, 1991: 124).

Durante o processo de diferenciação do latim vulgar, o gênero neutro foi eliminado da língua, mantendo-se exclusivamente no sistema dos pronomes demonstrativos (*isto, isso, aquilo*).

Essas mudanças que operaram na morfologia nominal, segundo aponta Brocardo (2014: 57), estariam associadas à tendência geral de adoção de modelos das classes mais produtivas que tinham relações mais transparentes entre forma e gênero. A autora defende que as terminações das diferentes declinações foram reinterpretadas como expressão de gênero. Como predominavam palavras femininas na 1ª declinação (tema em *-a*) e masculinas na 2ª declinação (tema em *-o*), as terminações *-a* e *-o* acabaram por ser interpretadas como gêneros. Por exemplo, a palavra FOLIA, embora seja uma forma plural do gênero neutro no latim, passou ao português como feminino singular (*folha)*, ou seja, a terminação *–a* foi interpretada como marca de gênero. A incorporação do neutro ao masculino também pode estar relacionada a essa tendência geral de adoção de modelos frequentes. O neutro foi mais absorvido pelo masculino do que pelo feminino pelo fato de o masculino ser em geral o gênero *não marcado.*

Com as palavras de 3ª declinação, entretanto, o mesmo fenômeno não ocorreu, pois tal declinação abarcava nomes nos três gêneros (masculinos, femininos e neutros) com um tema em *-e*. Além de as palavras da 3ª terem mudado de gênero em português, a vogal da terminação era bastante opaca e sofreu, em alguns itens, apócope no singular por ser átona final, gerando uma série de palavras terminadas em consoante: COLORE- (masc., de COLOR, COLŌRIS) > *cor* (fem.); DOLORE- (masc., de DOLOR, DOLŌRIS) > *dor* (fem.).; FLORE- (masc., de FLŌS, FLŌRIS) > *flor* (fem.). Outras tantas mantiveram o tema em *-e* mais próximo do paradigma original: FONTE- (masc., de FŌNS, FONTIS) > *fonte* (fem.); PONTE- (masc., de PŌNS, PONTIS) > *ponte* (fem.) (Cardoso; Cunha, 1978: 97).

Em função desse complexo realinhamento com

(i) variadas terminações para os nomes substantivos (temas em *-a, -o, -e*, agregando as palavras terminadas em consoantes);
(ii) desaparecimento ou absorção do neutro;
(iii) mudança do gênero de alguns nomes em relação ao latim,

pode-se dizer que o gênero dos nomes, em português, se estabelece como "uma distribuição em classes mórficas", uma classificação obrigatória para todos os substantivos, assim como os verbos são agrupados em conjugações (Camara Jr., 1970: 88).

O que isso quer dizer? Na verdade, o gênero é inerente a todos substantivos portugueses e não está necessariamente associado à terminação da palavra. O gênero do substantivo é arbitrário e definido no léxico. Ele até pode trazer alguma carga semântica, muitas vezes imprevisível e aleatória e nem sempre associada a sexo, como se costuma dizer. A indicação do gênero será feita pela possibilidade de anteposição do artigo masculino ou feminino ao nome e não necessariamente pelo processo flexional. Em nosso elenco de palavras retiradas do *Testamento*, por exemplo, há quase 30 nomes distribuídos em dois gêneros em português e somente dois deles sofrem flexão: *filio* (*filho > filha*); *maestre* (*mestre > mestra*). Temos assim, em português:

(a) **palavras de gênero único**: o rei, o padre, o pé, o abade, a rainha, a graça, a alma, a terra, a vida, as cartas, a morte, a saúde, a mulher, a paz, a madre, a parte, a vontade, a mão, a semente, o reino, as armas, as dívidas, o templo, o tempo, o corpo;
(b) **palavras de dois gêneros com flexão redundante**: o filho/a filha, o mestre/a mestra;
(c) **palavras de dois gêneros sem flexão**: não há no *corpus* (o/a estudante, por exemplo).

Vejamos agora a questão dos adjetivos. Separamos dados com alguns adjetivos extraídos do *Testamento* para sua análise. Consulte o glossário, recupere os étimos latinos desses adjetivos e investigue a que classe pertenciam. Para realizar essa tarefa, lembre-se de que os adjetivos latinos podiam ser divididos em dois grupos: 1ª e 2ª classe. Os de 1ª classe apresentavam uma forma de feminino (F), masculino (M) e neutro (N), acompanhando a declinação dos substantivos — os femininos eram flexionados de acordo com a 1ª declinação e os masculinos e neutros com 2ª declinação: BONUS, -A, -UM; DIGNUS, -A, -UM. Os adjetivos da 2ª classe, por sua vez, seguiam a 3ª declinação e podiam ser: *triformes*, M (ACER), F (ACRIS) e N (ACRE); *biformes*, M e F (FORTIS) e N (FORTE); ou *uniformes*, uma única forma para os três gêneros (SAPIENS, SAPIENTIS). Depois de separar os adjetivos tendo em vista as classes a que pertenciam no latim, mostre como ficou a distribuição do gênero dos adjetivos em português:

(27) Eu rei don Afonso pela gracia de Deus rei de Portugal, seendo ***sano*** e ***saluo***, ***temẽte*** o dia de mia morte (l. 2-3).

(28) (a) e do outr'auer ***mouil*** q(ue) i posermos (l. 16).
(b) E mãdo q(ue) a raina dona Orraca agia a meiadade de todas aq(ue)lias cousas ***mouils*** (l. 24).

Os adjetivos destacados nos dados (27) e (28) podem ser organizados da seguinte forma:

| | | |
|---|---|---|
| **Adjetivos 1ª classe** | sano<br>saluo | (SANUS, -A, -UM)<br>(SALVUS, -A, -UM) |
| **Adjetivos 2ª classe** | temẽte<br>mouil(s) | (TIMENS, -ENTIS)<br>(MŌBILIS, MŌBILE) |

As formas *sano* e *saluo*, originadas de adjetivos da 1ª classe, passaram a biformes em português: rei *são* (M), rainha *sã* (F); rei *salvo* (M), rainha *salva* (F). Quanto aos adjetivos derivados da 2ª classe latina, *temẽte* apresenta-se como uniforme já em latim (TIMENS) e *mouil(s)* como biforme (MŌBILIS, MŌBILE). Essas duas formas, em português, são adjetivos uniformes, isto é, apresentam uma única forma seja com substantivos no masculino seja feminino: o rei/a rainha *temente* a Deus; a coisa/o bem *móvel*. Uma evidência desse comportamento, no caso de *mouil(s)*, pode ser visualizada no próprio dado (28): em (a) o adjetivo concorda com o nome masculino *auer* e em (b) com o nome feminino *cousas*.

Em suma, em função do desaparecimento do gênero neutro, os adjetivos da 1ª classe passam a ser biformes, com uma forma para o masculino e outra para o feminino (IUSTUS > *justo*, IUSTA > *justa*), e os de 2ª classe passam a ser uniformes (CELEBRE > *célebre*; LEVE > *leve*) (Cardoso; Cunha, 1978: 95). Assim, diferentemente dos substantivos, os adjetivos não teriam um gênero próprio, imanente, definido no léxico, mas sim um estatuto morfológico flexional, uma vez que, se forem biformes, admitem uma flexão em concordância com o substantivo que determinam (Laroca, 1994: 45).

Observemos outra mudança, agora nas conjugações verbais. Separamos algumas formas verbais do *Testamento* e recuperamos para você os étimos e a distribuição desses verbos nas quatro conjugações que existiam em latim. Observe o quadro e reorganize-o em função do comportamento das conjugações atuais do português. Como se deu a correlação entre as conjugações latinas e as atuais? É possível depreender algum padrão geral do conjunto de dados oferecidos?

<table>
<tr><td>1ª C<br>(lat.)</td><td>dar, deu, de<br>sten<br>mãdo, mandei<br>rogo<br>prego<br>reinar<br>beigio</td><td>(DARE)<br>(STĀRE)<br>(MANDĀRE)<br>(ROGĀRE)<br>(PLICĀRE)<br>(RĒGNĀRE)<br>(BĀSIĀRE)</td></tr>
<tr><td>2ª C<br>(lat.)</td><td>seendo, segia, segiã<br>ei, agia, agiã, ouuer, ouuermos<br>tenio, ten, teiuer<br>uirẽ<br>remaser, remaserũ<br>(con)p(ri)da</td><td>(SEDĒRE)<br>(HABĒRE)<br>(TENĒRE)<br>(VIDĒRE)<br>(REMANĒRE)<br>(COMPLĒRE)</td></tr>
<tr><td>3ª C<br>(lat.)</td><td>fazer, fiz, fazam, fazã, feitas<br>aduzer<br>recebia<br>posermos<br>solten</td><td>(FACERE)<br>(ADDŪCERE)<br>(RECIPERE)<br>(PŌNERE)<br>(SOLVERE)</td></tr>
<tr><td>4ª C<br>(lat.)</td><td>deuier<br>uiier<br>partido<br>departiã</td><td>(DĒVENĪRE)<br>(VENĪRE)<br>(PARTĪRE)<br>(DE + PARTĪRE)</td></tr>
</table>

Compare os seus resultados com o quadro abaixo:

<table>
<tr><td>1ª C<br>(port.)</td><td>1ª C latina:<br>dar, deu, de<br>sten<br>mãdo, mandei<br>rogo<br>prego<br>reinar<br>beigio</td><td><br>(dar)<br>(estar)<br>(mandar)<br>(rogar)<br>(pregar)<br>(reinar)<br>(beijar)</td></tr>
<tr><td>2ª C<br>(port.)</td><td>2ª C latina:<br>seendo, segia, segiã<br>ei, agia, agiã, ouuer, ouuermos<br>tenio, ten, teiuer<br>uirẽ<br>remaser, remaserũ</td><td><br>(ser)<br>(haver)<br>(ter)<br>(ver)<br>(remanescer)</td></tr>
</table>

<table>
<tr><td></td><td>3ª C latina:<br>fazer, fiz, fazam, fazã, feitas<br>recebia<br>posermos<br>solten</td><td><br>(fazer)<br>(receber)<br>(pôr)<br>(solver)</td></tr>
<tr><td>3ª C<br>(port.)</td><td>2ª C latina:<br>(con)p(ri)da<br>3ª C latina:<br>aduzer<br>4ª C latina:<br>deuier<br>uiier<br>partido<br>departiã</td><td><br>(cumprir)<br><br>(aduzir)<br><br>(devir)<br>(vir)<br>(partir)<br>(departir)</td></tr>
</table>

O primeiro aspecto que você deve ter notado foi a redução do número de conjugações do latim para o português: de quatro para três. Na reorganização dos dados, você também deve ter percebido que todos os verbos da 1ª conjugação latina correspondem à 1ª conjugação do português: *dar, estar, mandar, rogar, pregar, reinar, beijar*. Quanto às outras conjugações, houve alguns realinhamentos: a 2ª conjugação portuguesa passa a comportar tanto verbos da 2ª (*ser, haver, ter, ver, remanescer*) quanto da 3ª (*fazer, receber, pôr, solver*) do latim. Por fim, verbos da 2ª (*cumprir*), 3ª (*aduzir*) e 4ª (*devir, vir, partir, departir*) conjugações latinas formam a 3ª conjugação do português. Esse padrão geral pode ser sistematizado no quadro abaixo (Cardoso; Cunha, 1978: 117):

<table>
<tr><th>CONJUGAÇÃO</th><th>LATIM CLÁSSICO</th><th colspan="2">LATIM VULGAR</th><th>PORTUGUÊS</th></tr>
<tr><td>1ª</td><td>-ĀRE</td><td colspan="2">-are</td><td>-ar</td></tr>
<tr><td rowspan="2">2ª</td><td rowspan="2">-ĒRE</td><td rowspan="2">-/e/re</td><td>(< -ĒRE)</td><td rowspan="2">-er</td></tr>
<tr><td>(< -ĔRE)</td></tr>
<tr><td rowspan="3">3ª</td><td rowspan="3">-ĔRE</td><td rowspan="3">-ire</td><td>(< -ĪRE)</td><td rowspan="3">-ir</td></tr>
<tr><td>(< -ĒRE)</td></tr>
<tr><td>(< -ĔRE)</td></tr>
<tr><td>4ª</td><td>-ĪRE</td><td colspan="2">-</td><td>-</td></tr>
</table>

Essas alterações sistematizadas no quadro também estão associadas a mudanças morfológicas encaixadas no sistema fonológico do latim vulgar em evolução. O latim clássico apresentava quatro conjugações verbais, segundo a vogal temática: 1ª conj. (-ĀRE), 2ª conj. (-ĒRE); 3ª conj. (-ĔRE); 4ª conj. (-ĪRE). A distinção entre a 2ª e a 3ª se dava simplesmente pela duração da vogal média, sendo longa na 2ª e breve na 3ª. Assim, além de a perda da quantidade das vogais ter gerado uma reorganização do quadro vocálico, ela também afetou as conjugações verbais do latim, reduzindo-as em apenas três em português: 1ª conj. (*-ar*); 2ª conj. (*-er*); 3ª conj. (*-ir*).

De todos os verbos com os quais trabalhamos, um deles merece um comentário especial. O verbo *pôr* é um verbo da 2ª conjugação do português, ainda que não consigamos visualizar, na forma de infinitivo, a vogal temática *-e*. Partindo do verbo latino PONĔRE, da 3ª conjugação, observamos os seguintes processos fonético-fonológicos: a apócope da vogal média final e a síncope da consoante nasal em contexto intervocálico. Este último fenômeno gera um encontro vocálico com duas vogais em hiato, que será desfeito por crase após a harmonização operada entre essas vogais: PONĔRE > *po-er* > *po-or* > *pôr*. Por essa razão histórica, não encontramos a vogal temática *-e* na forma de infinitivo, que foi transformada e fundida à vogal <o> do radical do verbo, mas somos capazes de identificá-la em formas flexionadas do verbo como *põe, pões, põem, puser*, assim como na forma *posermos* encontrada no *Testamento* (Cardoso; Cunha, 1978: 118).

Para terminar esta seção, cabe dizer que as reorganizações no sistema verbal, além de serem favorecidas por evoluções fonético-fonológicas, também evidenciam uma tendência geral do latim vulgar à diferenciação. Diversamente do latim clássico, o latim vulgar apresentava uma preferência por construções mais regulares. Diante das possibilidades disponíveis no repertório do latim escrito, a língua falada selecionará a opção mais regular, que possivelmente terá sido, também, a mais produtiva. Essas são as formas que chegam às línguas românicas pelo processo de diferenciação do latim vulgar. Por oposição às *mudanças encaixadas*, essas mudanças são conhecidas como *mudanças não encaixadas* (Tarallo, 1994), pelo fato de estarem desconectadas do sistema fonológico em evolução. Seriam, de modo geral, mais bem entendidas como mudanças relacionadas à modalidade falada, em contraposição à modalidade escrita.

Nesse conjunto de transformações, a mais frequente foi a preferência por construções analíticas em detrimento de construções sintéticas. Vejamos, assim, o dado abaixo extraído do *Testamento*. Que construção verbal está em destaque?

(29) E mãdo (...) q(ue) **segia partido** pelas manus do arcebispo de Bragaa.

Em (29), estamos diante de uma construção na *voz passiva*, constituída pelo verbo auxiliar *ser* e pelo particípio do verbo *partir*. Trata-se, portanto, de uma construção analítica (ou perifrástica). No latim, para a expressão da voz passiva, estavam disponíveis tanto formas analíticas quanto formas sintéticas (com desinências próprias). No caso específico de (29), além da forma analítica latina, formada pelo verbo *ser* + PP que geraria *segia partido*, também coexistia a forma sintética PARTIĀTUR, na 3ª pessoa do singular no presente do subjuntivo. Essas formas sintéticas, no entanto, não sobrevivem no latim vulgar, em que vigoram as formas analíticas constituídas pelo infinitivo do verbo principal mais o verbo ESSE.

A preferência por construções analíticas não atinge somente as formas da voz passiva. O grau dos adjetivos também é afetado por esse processo. Nesse sentido, preferem-se as formas analíticas MAGIS FORMOSUS e MULTUM GRANDIS em detrimento das formas sintéticas FORMOSIOR e GRANDISSIMUS, para os graus comparativo e superlativo, respectivamente (Castro, 1991: 124). No âmbito verbal, as formas sintéticas do futuro, como AMABO, CANTABO e DICAM, são substituídas pelas construções analíticas formadas por um verbo no infinitivo seguido do verbo flexionado HABERE, como AMARE HABEO (> *amarei*), CANTARE HABEO (> *cantarei*) e DICERE HABEO (> *direi*), respectivamente (Cardoso; Cunha, 1978: 120; Castro, 1991: 124), como será mostrado com mais detalhes no capítulo 6.

Vejamos, por fim, um tipo mais específico de preferência por formas regulares. Para tanto, observe as formas verbais destacadas abaixo. Faça uma busca sobre o verbo no latim e verifique como ele se comportava morfologicamente:

(30)
(a) Et mãdo q(ue) si a raina **morrer** en mia uida
(b) u q(ue)r q(ue) eu **moira**

O latim apresentava uma série de verbos, denominados *depoentes*, de morfologia passiva, embora sua significação fosse ativa. O verbo *morrer* seria um exemplo dessa classe. Para dizer *eu morro*, de significação ativa, utiliza-se a forma morfologicamente passiva MORIOR, flexionada do verbo MORĪRĪ. Num processo de regularização de formas irregulares, no latim vulgar em diferenciação, os verbos depoentes desaparecem, sendo assimilados aos verbos ativos de mesma conjugação.

Em síntese, algumas mudanças iniciadas no âmbito da fonologia, além de terem favorecido a redução das desinências casuais, atuaram em outras reorganizações na morfossintaxe do latim vulgar em transformação: a simplificação das declinações latinas; o desaparecimento do gênero neutro; a redução do número de conjugações verbais. Tais mudanças seriam consideradas linguisticamente encaixadas. Outras estariam associadas à oposição entre fala e escrita. Neste último caso, se encontravam as mudanças ditas não encaixadas no sistema linguístico (Tarallo, 1994). O maior emprego de estruturas perifrásticas tanto na morfologia verbal quanto na nominal seriam enquadradas nesse último caso.

Sistematizemos alguns dos fenômenos morfossintáticos que pudemos observar até o momento, por meio da leitura do *Testamento*. Certamente há alguns pontos que não apareceram aqui e que serão abordados a partir da análise do próximo texto. Vejamos o que já foi discutido:

(1) *ser* e *estar* com valor [+transitório]: predicados *descritivos* e *locativos*;

(2) *haver* e *ter* com valor de *posse material adquirível* e *haver* em *posses imateriais*;

(3) ser + particípio com noção aspectual de *ato consumado*;

(4) *haver/ter* + particípio: leitura possessiva (presença de marca de gênero e número no particípio em concordância com o complemento) e leitura de tempo composto (ausência de marca no PP);

(5) *u* como locativo adverbial;

(6) anafóricos *i* e *en/ende* como pronomes adverbiais com valor de *aí* e *disso*, respectivamente;

(7) demonstrativos: presença de formas de reforço como *aqueste/aquesse*;

(8) possessivos: presença de formas átonas em posição prenominal: *ma, ta, sa*;

(9) preposições *ata, so, per* e *por.*

(10) reorganizações na morfossintaxe do latim ao português: redução do sistema de casos; simplificação das declinações e conjugações verbais; desaparecimento do gênero neutro; maior emprego de estruturas perifrásticas e regulares.

Capítulo 6

# O labor linguístico (III)
## Tópicos complementares em morfossintaxe

A partir do levantamento minucioso de aspectos grafemáticos, fonético-fonológicos e morfossintáticos de um documento notarial (*Testamento*), feito nos capítulos 4 e 5, propomos, neste capítulo, a leitura de um texto medieval de outra natureza: *A Demanda do Santo Graal* — um texto literário em prosa.

*A Demanda do Santo Graal* é uma tradução para o português de uma das novelas francesas que tinha como tema as aventuras do rei Artur e dos cavaleiros da Távola Redonda. Entre esses cavaleiros, destacam-se Lancelot do Lago, Boors, Perceval e Galaaz, filho de Lancelot, destinado a encontrar o Santo Graal (o cálice em que fora recolhido o sangue de Cristo na cruz).

As lendas arturianas — parte da Matéria da Bretanha — têm sua origem nas Ilhas Britânicas, mas se tornaram populares em toda a Europa através dos romances em versos escritos a partir do século XII na França e na Inglaterra. Já no século XIII teriam surgido as versões em prosa das lendas. Duas prosificações importantes ocorreram entre 1220 e 1240 na França, atualmente denominadas *Lancelot-Graal,* ou *Pós-Vulgata. A Demanda da Pós-Vulgata* incorporou elementos de outro livro da época, *Tristão em prosa*, incluindo personagens ausentes da *Demanda da Vulgata*, como Tristão e Palamedes.

A obra é resultado de uma adaptação do texto francês da *Pós-Vulgata* e constitui um dos títulos mais importantes da prosa novelística da literatura medieval portuguesa. Vale ressaltar que o texto original em francês não foi preservado intacto.

O trecho da edição em língua portuguesa com o qual trabalharemos corresponde ao manuscrito 2.594 da Biblioteca Nacional de Viena e foi retirado do *Corpus* Informatizado do Português Medieval (<http://cipm.fcsh.unl.pt>). A edição foi feita por Irene Freire Nunes e publicada em 2005 pela Imprensa Nacional — Casa da Moeda.

Como Nunes (2005: 11) afirma, *A Demanda do Santo Graal* (doravante *Demanda*) é um pergaminho do século XV, "cópia de um manuscrito de época anterior que não é ainda o manuscrito original da tradução". Um dos aspectos mais interessantes desse manuscrito editado é que os diferentes copistas foram introduzindo particularidades de seu tempo, como mostra Nunes (2005: 12). Assim, há estudiosos que o situam como do século XV, ou do início do século XIV, outros fazem referência ao fato de sua primeira redação ser do século XIII, ou seja, transitam no texto aspectos de momentos distintos do período arcaico. De qualquer forma, o manuscrito português é de excepcional importância por ser o mais completo entre todas as versões ainda existentes.

A leitura da *Demanda,* ou melhor, de um fragmento dela, é importante para você ter contato com outra tipologia textual do período arcaico. Diferentemente do *Testamento*, documento notarial de prosa não literária, a *Demanda* é um texto de prosa literária (um romance de cavalaria). Enquanto no *Testamento* predominavam longos trechos descritivo-enumerativos, na *Demanda,* os diálogos narrativos vão se impor, suscitando estruturas e fenômenos linguísticos também distintos.

O trabalho com a *Demanda* terá um direcionamento diferente do que foi feito até agora. Não comentaremos aspectos grafemáticos e fonético-fonológicos, tampouco procederemos a um resgate do contexto histórico do documento no período medieval. Esse exercício exaustivo ficou restrito ao *Testamento* pelos motivos já mencionados. Além disso, a leitura global do *Testamento* ficou associada à interpretação dos aspectos morfossintáticos na sequência em que os fenômenos apareciam. Aqui, na *Demanda*, como suas habilidades de leitura/compreensão de textos medievais estarão mais aguçadas, vamos adotar outro tratamento nos tópicos de morfossintaxe. Nossa proposta é levantar os dados que aparecem no texto e, a partir de um elenco de exemplos, comentar os fenômenos ainda não abordados, correlacionando-os sempre a questões textuais.

Certamente você terá menos dificuldades de compreensão, pois várias estruturas morfossintáticas apresentadas no *Testamento* se repetem aqui. Comece fazendo uma leitura geral do texto e seguiremos a análise dando destaque a estruturas morfossintáticas arcaicas não contempladas no texto anterior. Consulte também o glossário para identificar o sentido de palavras não reconhecidas:

| | |
|---|---|
| 1 | Véspera de Pinticoste foi grande gente assũada em Camaalot assi que podera homem i veer mui gram gente, muitos cavaleiros e muitas donas mui bem guisadas. el-rei, que era ende mui ledo, honrou-os muito e feze-os mui bem servir. E toda rem que entendeu per que aquela corte seeria mais viçosa e mais leda todo o fez fazer. |

Aquel dia que vos eu digo, direitamente quando querriam poer as mesas — esto era hora de noa — aveeo que ũa donzela chegou i mui fremosa e mui bem vestida e entrou no paaço a pee, como mandadeira. Ela começou a catar de ũa parte e da outra polo paaço e preguntavam-na que demandava.

— Eu demando, disse ela, por dom Lançarot do Lago. É aqui?

— Si, donzela, disse ũũ cavaleiro. Veede-lo: está a aquela freesta, falando com dom Galvam.

Ela foi logo pera el e salvou-o. Ele, tanto que a vio recebeu-a mui bem e abraçou-a, ca aquela era ũa das donzelas que moravam na ínsoa da Lediça que a filha Amida del-rei Peles amava mais que donzela da sua companha.

*Como a donzela disse a Lancelot que fosse com ela.*

— Ai, donzela, disse Lançalot, que ventura vos adusse aqua? Que bem sei que sem razom nom veestes vós.

— Senhor, verdade é, mais rogo-vos, se vos aprouguer, que vaades comigo a aquela foresta de Camaalot e sabede que manhãã, hora de comer, seeredes aqui.

— Certas, donzela, disse el, muito me praz, ca teudo som de vos fazer serviço em todalas cousas que eu poder.

Entam pedio suas armas. E quando el-rei viu que se fazia armar a tam gram coita foi a el coa raía e disse-lhe:

— Como? Leixar-nos queredes a atal festa u cavaleiros de todo o mundo veem aa corte e mui mais ainda por vos veerem ca por al, deles por vos veerem e deles por haverem vossa companha?

— Senhor, disse el, nom vou senam a esta foresta, com esta donzela que me rogou; mais cras, hora de terça, seerei aqui.

*Como Lancelot se foi com a donzela.*

Entom se saio Lançarot do paaço e subio em seu cavalo e a donzela em seu palafrém. E forom com a donzela dous cavaleiros e duas donzelas. E quando ela tornou a eles, disse-lhes:

— Sabede que adubei o por que viim: dom Lançarot do Lago [se há] ir com nosco.

Entam se filharom andar e entrarom na foresta. E nom andarom muito per ela que chegarom a casa do ermitam que soía a falar com Galaaz . E quando el viu Lançarot ir e a donzela, logo soube que ia pera fazer Galaaz cavaleiro e leixou sua irmida por ir ao mosteiro das donas, ca nom queria que se fosse Galaaz ante que o el visse, ca bem sabia que pois se el partia dali, que nom tornaria i, ca lhe convenria, tanto que fosse cavaleiro, entrar a as venturas do Regno de Logres. E por esto lhe semelhava que o havia perdudo e que o nom veeria ameúde. E temia ca havia em ele mui grande sabor por que era santa cousa e santa creatura.

*Como Lancelot chegou aa abadia.*

Quando eles chegarom a[a] abadia, levarom Lançarot pera ũa camara e desarmarom-no. E veo a ele [a] abadessa com quatro donas, e adusse consigo Galaaz. Tam fremosa cousa era [que] maravilha era! E andava tam bem vestido que nom podia milhor. E [a] abadessa chorava muito com prazer tanto que viu Lançarot e disse-lhe:

— Senhor, por Deus, fazede vós nosso novel cavaleiro ca nem queríamos que seja cavaleiro per mão d'outro, ca milhor cavaleiro ca vós nom no pode fazer cavaleiro. Ca bem creemos que ainda seja tam bõõ que vos acharedes ende bem e que será vossa honra de o fazerdes. E se vos el ende nom rogasse vó-lo devíades de fazer ca bem sabedes que [é] vosso filho.

— Galaaz, disse Lançalot, queredes vós seer cavaleiro?

El respondeo baldosamente:

— Senhor, se prouves[se] a vós, bem no queria seer, ca nom há cousa no mundo que tanto deseje como honra de cavalaria e seer da vossa mão, ca doutro nom no queria seer, que tanto vos ouço louvar e preçar de cavalaria que niuũ, a meu cuidar, nom podia seer covardo nem mao quem vós fezéssedes cavaleiro. E esto é ũa das cousas do mundo que me dá maior esperança de seer homem bõõ e bõõ cavaleiro.

— Filho Galaaz, disse Lançalot, estranhamente vos fez Deus fremosa creatura. Par Deus, se vós nom cuidades seer bõõ homem ou bõõ cavaleiro, assi Deus me conselhe; sobejo seria gram dano e gram mala ventura de nom seerdes bõõ cavaleiro ca sobejo sodes fremoso.

E ele disse:

— Se me Deus feze [assi] fremoso, dar-mi-á bondade, se lhe prouver. Ca em outra guisa, valeria pouco. E ele querrá que serei bõõ e cousa que semelhe minha linhagem e aqueles onde eu venho. E metuda hei minha esperança em Nosso Senhor. E por esto vos rogo que me façades cavaleiro.

E Lançalot respondeu:

— Filho, pois vos praz, eu vos farei cavaleiro. E Nosso Senhor, assi como a ele aprouver e o poderá fazer, vos faça tam bõõ cavaleiro como sodes fremoso.

E o irmitam respondeu a esto:

— Dom Lançalot, nom hajades dulda de Galaaz, ca eu vos digo que de bondade de cavalaria os milhores cavaleiros do mundo passará.

E Lançalot respondeu:

— Deus o faça assi como eu queria.

Entam começarom todos a chorar com prazer, quantos no lugar estavam.

*Como Galaaz prometeo ao ermitam o que lhe pedia.*

Aquela noite ficou Lançalot ali e fez Galaaz vigília na egreja. E o irmitam, que sobejo amava Galaaz, velou toda aquela noite [e] nom quedou de chorar porque viu ca se havia de partir dele. Quando veeo a manhãã, disse a Galaaz:

— Filho, cousa santa e honrada, frol e louvor de todos os menĩos, outorga-me, se te praz, que te faça companha em toda minha vida mentre te pude seguir dê que te partires da côrte del-Rei Artur, ca eu bem sei que nom morarás i mais de ũ dia ca a demanda do Santo Graal se começará tanto que tu i chegares. E eu te demando ta companha, assi como tu ouves, que eu sei tua santa vida e ta bondade mais ca tu. E nom sei no mundo que me tanto pudesse confortar dês oi mais como de veer tam santo cavaleiro como tu seerás e como tu veerás maravilhas a que darás cima. Ca Deus, que te fez nascer em tal pecado como tu sabes, por mostrar seu gram poder, essa gram virtude te outorgou per sua piedade e pola bõa vida que tu começaste de tua menenice atáaqui que te dará poder e força e bondade d'armas e d'ardimento sobre todolos cavaleiros que nunca trouxerom armas no regno de Logres, assi que tu darás cima a todalas outras maravilhas e aventuras u todolos outros falecerom e falecerám. E por em quero todos teus feitos saber que acabarás, que foste feito em tal pecado, u os outros nom poderom i avĩir, que forom feitos em leal casamento. Eu te quero teer companha como sei que em nosso tempo nunca fez tam fremosos milagres Nosso Senhor, nem tam conheçodos como fará por ti. Esto quero eu milhor saber por veer as grandes aventuras e milagres que Deos por ti fará. E mentrê em escripto todalas maravilhas que Deus mostrará por teu amor [em] esta demanda. Filho, outorga-me o que te demando, que Deus te faça homem bõõ.

E Galaaz lho outorgou.

*Como Lancelot fez Galaaz cavaleiro.*

Aquel dia, hora de prima, a missa dita, fez Lançalot seu filho cavaleiro, Galaaz, assi como era custume. E sebede que quantos i estavam se pagavam em como el parecia; e nom era maravilha, ca, em aquel tempo, nom podia homem achar em todo o regno de Logres donzel tam fremoso nem tam bem feito ca em todo era tal que nom podia homem achar rem em que lhe travasse, fora que era manso sobejo em seu continente. E sabede que, quando Lançarot o fez cavaleiro, que se nom pôde sofrer de chorar porque sabia que todalas partes era de grande guisa que nom podia de maior seer e havia tam pobre festa e tam pequena ladiça em sua cavalaria; nem el nom no podia ja mais cuidar que pudesse vĩir a tam gram cousa como pois veeo. O corpo havia bem talhado e o contenente era manso.

(Fragmento extraído do *Corpus Informatizado do Português Medieval*, disponível em < http://cipm.fcsh.unl.pt> [último acesso: 14Jan2018])

## 6.1. Verbo *haver* em construções possessivas e existenciais

Na leitura do *Testamento*, mostramos a variação entre os verbos *haver* e *ter* em construções possessivas, sinalizando que o verbo *haver* era mais produtivo que *ter*, no português antigo, quando o objeto possuído era material ou imaterial. Mencionamos também que, a partir dos séculos XV e XVI, o verbo *ter* passou a assumir o lugar de *haver* em todos os tipos de posse, ao passo que *haver* se especializou como existencial, eliminando o etimológico *ser* (Mattos e Silva, 2002; 2006). Tendo em vista tais aspectos, vamos analisar o comportamento de *haver*, *ter* e *ser* no fragmento extraído da *Demanda*.

Comecemos com *haver* e *ter*, observando nos dados os valores que os dois verbos podem assumir. Organize os dados a seguir contrapondo as construções possessivas e as existenciais:

(1) — Como? Leixar-nos queredes a atal festa u cavaleiros de todo o mundo veem aa corte e mui mais ainda por vos veerem ca por al, deles por vos veerem e deles por ***haverem*** vossa companha? (l. 24).

(2) E temia ca ***havia*** em ele mui grande sabor por que era santa cousa e santa creatura (l. 38).

(3) — Senhor, se prouves[se] a vós, bem no queria seer, ca nom ***há*** cousa no mundo que tanto deseje como honra de cavalaria (l. 49).

(4) E metuda ***hei*** minha esperança em Nosso Senhor (l. 60).

(5) — Dom Lançalot, nom ***hajades*** dulda de Galaaz... (l. 67).

(6) Eu te quero ***teer*** companha como sei que em nosso tempo nunca fez tam fremosos milagres Nosso Senhor (l. 87)

Você deve ter notado, a partir dos exemplos (1), (4), (5) e (6), que os verbos *haver* e *ter* funcionavam como formas variantes para expressar posse (*haverem vossa companha = terem vossa companhia; hei minha esperança = tenho minha esperança; nom hajades dulda = não tenhais dúvida; teer companha > ter companhia*), mas apenas o verbo *haver* (e não *ter*) aparece no fragmento com valor existencial, como mostram os exemplos (2) e (3) (*havia em ele mui grande sabor = havia/existia nele muito grande sabor; nom há cousa no mundo = não há/existe coisa no mundo*). O verbo *ter* assumirá o lugar de *haver* em todos os tipos de posse (materiais e imateriais) a partir de meados do século XVI. O emprego de *ter* como existencial não ocorre no período medieval e sim mais tardiamente.

Interessante levantar uma discussão sobre uma possível correlação entre construções possessivas e existenciais. Dito de outra forma, por que verbos possessivos podem funcionar ou passar a funcionar também como existenciais?

Embora não haja um processo diacrônico único na relação entre construções possessivas, existenciais e locativas em línguas de diferentes famílias, alguns estudos mostram que construções existenciais parecem ter origem em construções com valor possessivo. Camara Jr. (1979: 248-249) já mostrava como estruturas impessoais, nitidamente existenciais, se desenvolveram, em português e em outras línguas românicas, a partir do verbo *haver* (oriundo do HABERE latino). Ele mostra que a generalização de *haver* como verbo impessoal foi favorecida pelo fato de o verbo HABERE admitir, desde o latim, sujeitos inanimados constituídos por nomes de lugar. O exemplo citado por Camara Jr. é o seguinte: ARCA NOE HABUIT HOMINES = A arca de Noé *tem* homens (Bourciez, 1956: 252, *apud* Camara Jr., 1979: 249). Observe que, nesse exemplo do latim, o nome de lugar ARCA NOE (= arca de Noé) era sujeito do verbo HABERE com valor de posse. Tem-se aqui um possuidor mais abstrato e um constituinte HOMINES (= *homens*) como coisa possuída. Entretanto, é possível uma leitura diferente. O constituinte nominal ARCA NOE (= *arca de Noé*) pode ser interpretado como o local em que existiam HOMINES (= *homens*). Estruturas desse tipo favoreceram uma leitura existencial pela reanálise do sujeito como complemento circunstancial locativo introduzido (ou não) por preposição IN latina > *em* no português: IN ARCA NOE HABUIT HOMINES = *Há/Existem homens na Arca de Noé*. Camara Jr. (1979: 249) defende que o mesmo tipo de reanálise ocorreu no português brasileiro com o verbo *ter*, que passa a assumir valor existencial em construções semelhantes: *A África tem leões/Na África tem leões.*

## VOCÊ SABIA?

Os estudos de Avelar e Callou (2007) e Avelar (2009) mostraram, com base em documentação escrita nos séculos XVII-XX, que algumas construções com o verbo *ter* eram ambíguas, permitindo tanto uma leitura existencial quanto possessiva. Segundo Avelar e Callou (2007), o *ter* existencial, mesmo que ainda ambíguo nesse período, foi gradativamente ganhando espaço, principalmente no PB. No século XVIII, os percentuais de frequência eram bastante baixos (8%) com valor existencial. Do século XIX para o século XX, entretanto, o *ter* existencial passa de 22% para 30% na documentação analisada pelos autores.

A diferença entre o PB e o PE quanto à variação do *ter* e *haver* em construções existenciais se deu a partir do século XIX, consolidando-se no século seguinte. Enquanto no Brasil o *ter*-existencial foi gradativamente ganhando terreno, em Portugal foi o *haver*-existencial que se manteve produtivo. Em trabalho feito a partir de peças de teatro, Marins (2013: 79) mostra, por exemplo, que, até a segunda metade do século XIX, o emprego de *haver*-existencial era equivalente nas peças brasileiras e portuguesas analisadas. As frequências de uso ficavam em torno dos 90%. A partir da segunda metade do século XX, a produtividade de *haver* no PB sofre decréscimo acentuado, enquanto nos dados do PE os índices de frequência se mantêm estáveis ao longo do século XX.

Alguns trabalhos (Callou; Avelar, 2007: 386; Avelar, 2009: 160) defendem que as distinções identificadas no PE e no PB não se restringem às frequências de uso, mas caracterizariam duas gramáticas com caminhos separados nos dois territórios.
Para Avelar (2009), a reanálise de *ter* como um verbo existencial está associada a outras mudanças linguísticas que ocorreram no PB, como é o caso da perda dos sujeitos nulos referenciais. Uma frase como "Tem vários móveis velhos na casa" teria uma leitura diferente no PB e no PE. No PB, a sentença seria interpretada como existencial, ao passo que a mesma sentença, no PE, teria uma leitura possessiva com sujeito referencial nulo de 3ª pessoa (Avelar, 2009: 160). O falante do português europeu pode identificar um sujeito *possuidor*, mesmo que foneticamente nulo, para o verbo *ter*. Nesse exemplo, a leitura correspondente seria "Alguém (ele ou ela) tem/possui móveis velhos". Como no PB houve uma restrição radical de frequência de sujeito nulo referencial (Duarte, 1995), um falante brasileiro apresenta dificuldades em interpretar construções desse tipo, sem um sintagma nominal expresso na posição pré-verbal ou de sujeito, como possessivas. Nesses contextos, o verbo *ter* teria um estatuto existencial reforçado pelo locativo "na casa" e é interpretado como "Há/Existem móveis velhos na sala". Avelar (2009) defende que o falante do PB não interpreta como possessivo o exemplo porque tal leitura exigiria a instanciação de um sujeito nulo que deixou de ser licenciado na gramática do PB.

## 6.2. Verbo *ser* em construções existenciais

Vejamos agora outros dados extraídos da *Demanda* com o verbo *ser*. Na leitura do *Testamento*, mostramos que o verbo *ser*, no português antigo, poderia ter uma leitura transitória como variante do verbo *estar*. Além disso, ao comentarmos as construções possessivas com *haver* e *ter*, mencionamos brevemente que, ao se especializar como existencial, *haver* eliminou o etimológico *ser*. Recupere as informações sobre a etimologia do verbo *ser* e comente o valor assumido por ele nos dados a seguir:

(7) Véspera de Pinticoste ***foi*** grande gente assũada em Camaalot assi que podera homem i veer mui gram gente, muitos cavaleiros e muitas donas mui bem guisadas (l. 1).

(8) el-rei, que ***era*** ende mui ledo, honrou-os muito e feze-os mui bem servir. E toda rem que entendeu per que aquela corte ***seeria*** mais viçosa e mais leda todo o fez fazer (l. 2).

(9) — Eu demando, disse ela, por dom Lançarot do Lago. ***É*** aqui? (l. 9).

(10) — Senhor, disse el, nom vou senam a esta foresta, com esta donzela que me rogou; mais cras, hora de terça, ***seerei*** aqui (l. 26).

(11) em aquel tempo, nom podia homem achar em todo o regno de Logres donzel tam fremoso nem tam bem feito ca em todo ***era*** tal que nom podia homem achar rem em que lhe travasse (l. 96).

Com exceção do exemplo (7), em que o verbo *ser* teria valor existencial (*Véspera de Pinticoste foi grande gente assũada = (Na) Véspera de Pentecostes existiu/houve gente reunida)*, os demais exemplos apresentam clara acepção transitória (*que era ende mui ledo = que estava por isso muito alegre; aquela corte seeria mais viçosa = aquela corte estaria mais viçosa; É aqui? = Está aqui?; seerei aqui = estarei aqui; em todo era tal = em tudo estava tal.* É possível notar ainda que, em (8) e (11), temos predicados descritivos e, em (9) e (10), predicados locativos.

O exemplo (7) é bastante interessante porque o sintagma adjunto com valor circunstancial *Véspera de Pinticoste* foi modernizado como um sintagma preposicional (observe que no texto a preposição não está expressa). Mattos e Silva (2006: 167) menciona ser comum identificar, em textos medievais, uma variação em sintagmas adjuntos temporais no que se refere à sua estrutura, podendo ser *sem* ou *com* preposição, isto é, sintagmas nominais ou sintagmas preposicionais, respectivamente: *aquel dia ~ naquele dia; todo o ano ~ per todo o ano.* Na linha 5, temos outro exemplo reiterando tal perspectiva: *Aquel dia que vos eu digo = Naquele dia que vos digo.* Tal comportamento vai ao encontro do que observou Camara Jr. (1979) sobre as estruturas que são gatilho para a leitura existencial (SN sujeito com valor locativo — e/ou temporal — passa a ser reanalisado como complemento circunstancial introduzido — ou não — por preposição).

Vamos resgatar o que já foi comentado sobre esse assunto. No *Testamento*, o verbo *ser* é oriundo da convergência de dois verbos latinos: SEDERE e ESSE. Lembre-se de que um dos valores etimológicos de ESSE era *existir*. O emprego de *ser* com acepção existencial, no português arcaico, era apenas marginal e ocorria em variação com *haver*. Como mostramos, foi o verbo *haver* que prevaleceu com tal valor até a emergência de *ter*, que se deu muito mais tardiamente e no português brasileiro.

Mattos e Silva ratifica que o verbo *ser* existencial, originado do ESSE latino, já no latim vulgar dos séculos IV-V, perdia espaço para o HABERE, antigo verbo de posse no latim clássico que funcionava também em estruturas existenciais. Aparentemente, no período arcaico, a variação *ser* e *haver* para marcar existência, observada desde o latim vulgar, apresenta um declínio de uso da primeira forma e o avanço da segunda. As evidências empíricas para o uso de *existir* como outra estratégia variante nesse processo é bem posterior, pois não é documentada em textos medievais (Mattos e Silva, 1996: 186).

A partir do comentário desses dois textos medievais e de observações sobre a história das formas verbais em questão (*ser, haver* e *ter*), vimos várias camadas sobrepostas de mudança. Identificamos a coexistência de formas em determinados contextos/sincronias e divergência em tantos outros (*ser ~ estar* indicando transitoriedade; *haver ~ ter* com valor de posse; *ser ~ haver* com valor existencial). O processo de evolução dessas formas, a partir do período medieval, pode ser assim sintetizado:

(a) para marcar transitoriedade, o verbo *estar* se fixa no lugar de *ser*, sendo este último verbo mantido com valor de *permanência*;
(b) para indicar todos os tipos de posse (material e imaterial), o verbo *ter* suplantará *haver*;
(c) para o valor existencial, há sucessivas etapas:
    (i) o verbo *haver* descarta o etimológico *ser* oriundo do ESSE latino;
    (ii) o verbo *existir* passa a ser uma das formas variantes ao lado de *haver* no português europeu;
    (iii) o verbo *ter* se torna mais produtivo tanto como existencial quanto como possessivo no português brasileiro.

## 6.3. Perífrases verbais

Além dos valores de posse e existência assumidos por esses três verbos (*ser*, *haver* e *ter*), faltou-nos sistematizar o tipo de construção verbal em que ocorriam. No *Testamento*, comentamos as perífrases verbais constituídas de *ser*, *haver/ter + particípio passado*. Não temos aqui a pretensão de dar conta da natureza das sequências verbais no período medieval e muito menos enveredar pela discussão de critérios de *auxiliaridade* para os primeiros verbos das sequências verbais. Sabemos que não é tão simples decidir quão gramaticalizadas estariam algumas das sequências verbais do período medieval, podendo ser consideradas ora locução verbal ora duas orações (o primeiro verbo como oração principal e o segundo como uma oração reduzida de gerúndio ou infinitivo). Como diretriz básica, estamos chamando de locução verbal as perífrases verbais que funcionam como unidade sintático-semântica para expressar noções modais e aspectuais. O primeiro verbo traz as marcas de modo-tempo e número-pessoa, podendo seu significado estar mais ou menos lexicalmente esvaziado. O segundo verbo pode ser um gerúndio ou um infinitivo que resguarda o conteúdo lexical da sequência verbal (cf. Mattos e Silva, 2006: 139-144). Feitas essas considerações preliminares, veja algumas das sequências verbais extraídas da *Demanda* e comente os tipos encontrados, tendo em vista:

(a) o tipo de construção verbal (de gerúndio ou de infinitivo);
(b) a variedade de verbos que ocorrem como primeiro elemento da locução;
(c) o valor modal/aspectual que o primeiro verbo pode assumir (se for o caso);
(d) o grau de integração dos dois verbos a partir da presença, ou não, de elementos intervenientes etc.;
(e) as sequências verbais que poderiam estar menos ou mais gramaticalizadas.

(12) Aquel dia que vos eu digo, quando direitamente ***querriam poer*** as mesas (l. 5).

(13) — Si, donzela, disse ũũ cavaleiro. Veede-lo: ***está a aquela freesta, falando*** com dom Galvam (l. 10).

(14) E quando el-rei viu que ***se fazia armar*** a tam gram coita foi a el coa raía e disse-lhe (l. 21).

(15) Entam se ***filharom andar*** e entrarom na foresta (l. 32).

(16) — Senhor, se prouves[se] a vós, bem no ***queria seer***, ca nom há cousa no mundo (l. 50).

(17) ca doutro nom no ***queria seer*** que tanto vos ouço louvar e preçar de cavalaria (l. 51).

(18) E Nosso Senhor, assi como a ele aprouver e o ***poderá fazer***, vos faça tambõõ cavaleiro como sodes fremoso (l. 64).

(19) Ca Deus, que te ***fez nascer*** em tal pecado (l. 82).

(20) Ela ***começou a catar*** de ũa parte (l. 08).

(21) a casa do ermitam que ***soía a falar*** com Galaaz (l. 33).

(22) E quando el viu Lançarot ir e a donzela, logo soube que ***ia pera fazer*** Galaaz cavaleiro (l. 34).

(23) Entam ***começarom todos a chorar*** com prazer (l. 71).

(24) [e] nom quedou de chorar porque viu ca se ***havia de partir*** dele. Quando veeo a manhãã, disse a Galaaz (l. 75).

Na análise desse elenco de exemplos retirados da *Demanda*, há apenas um exemplo de sequência verbal com gerúndio, em (13), (***está*** *a aquela freesta,* ***falando*** = *(Ele) está àquela fresta/janela falando*). Todos os outros exemplos são constituídos por sequências de infinitivo. Mais gramaticalizadas que as construções de infinitivo, as perífrases de gerúndio já se faziam notar desde o latim vulgar tardio para expressar aspecto durativo: STAT SPARGENDO MEDELAS = *Está espalhando unguento* (cf. Bourciez, 1930: 270 *apud* Camara Jr., 1979: 169). Em (13), tal leitura é favorecida, embora tenhamos um sintagma interveniente (*a aquela freesta)* que rompe a contiguidade da forma de gerúndio (*falando*) em relação ao verbo *estar* (*está*), além da presença da vírgula. Uma leitura que prevê duas orações não estaria completamente descartada nesse caso, uma vez que (*falando com dom Galvam*) poderia atuar aqui como uma oração reduzida de gerúndio com o mesmo sujeito da oração anterior: Lançarot (= Lancelot) está *à aquela freesta/janela e fala com dom Galvam.*

Nos demais exemplos com $V_{finito} + V_{infinitivo}$, percebemos a variedade de itens verbais que aparecem como primeiro elemento dessas construções: *querer, fazer, filhar(-se) (= começar a, meter-se a), poder, começar, soer (= costumar), ir* e *haver*. Camara Jr. (1979: 170) comenta: a natureza do primeiro verbo da sequência verbal é bastante variada, com nuanças semânticas diversas. Apesar de não explicitar claramente em seu texto, o autor, de certa forma, propõe um contínuo no estatuto morfossemântico dessas construções verbais: de menos gramaticalizadas a mais gramaticalizadas.

As sequências verbais menos integradas e menos gramaticalizadas seriam aquelas constituídas por duas orações. No fragmento, temos, como exemplo, o verbo causativo *fazer*: (19) *ca Deus, que te fez nascer em tal pecado*. Nota-se, nesse caso, que o sujeito do primeiro verbo (*fez*) é Deus, ao passo que o do segundo verbo (*nascer*) é Galaaz, indicado no texto pela marca de 2ª pessoa (*te*) na fala do ermitão.

O mesmo procedimento pode ser visto em (14): *E quando el-rei viu que se fazia armar a tam gram (...)*. Em outros capítulos da *Demanda*, encontramos dados que refletem esse mesmo comportamento: — *Ora após el, disse el-rei, ca se nom irá, se eu posso. Entom fez armar cavaleiros, sergentes e todos aqueles que com ele estavam* (cap. 647); *Morderet fez entom armar toda sa gente e partiu-se de Logres* (cap. 669). Nesses casos, estamos diante de sequências verbais em que o verbo *fazer* seleciona como sujeito *el-rei* e *Morderet*, respectivamente. O segundo verbo da sequência, *armar*, com significado de *fazer-se cavaleiro, equipar-se*, tem como sujeito *cavaleiros, sergentes e todos aqueles que com ele estavam*, no primeiro caso, e *toda sa gente*, no segundo. O exemplo em (14), *E quando el-rei viu que (Lançalot) se fazia armar*, mostra o verbo *armar* com um uso pronominal/reflexivo (*armar-se*). Nesse caso, Lançalot armou a si próprio, fazendo-se cavaleiro, e se apresenta tanto como o sujeito de *fazer* quanto de *armar-se*. Esse uso também pode ser visto em outros capítulos da *Demanda*, como em *Depois que el-rei ouviu missa sai-se da capela e fez-se armar o melhor que pôde e subiu em ũũ cavalo* (cap. 454).

Em um nível preliminar de integração e de gramaticalização entre as formas verbais, estariam as sequências constituídas com os verbos *querer* (*querriam poer as mesas; bem no queria seer; nom no queria seer*) e *poder* (*o poderá fazer*). Neste último caso, o valor do verbo *poder* remete à possibilidade, ou mesmo, à própria capacidade que *Nosso Senhor teria para fazer de Galaaz um cavaleiro*. O verbo modal *querer* assume valor de preferência/desejo/intenção: a ação realizada por um sujeito animado ocorreria em um futuro próximo. Nesses casos, a significação lexical do primeiro verbo da sequência verbal é ainda relevante para o sentido global da construção, como afirma Camara Jr. (1979: 170).

Um grupo intermediário, nessa suposta escala de gramaticalização, seria constituído por verbos cujo significado lexical ainda se mantém, mas, diferentemente dos exemplos anteriores, com valor aspectual e não modal propriamente dito. A maior parte dos exemplos enquadra-se nesse grupo, com verbos aspectuais que indicam início de ação (*aspecto inceptivo*): *se filharom* (= *começaram a, se meteram a*) *andar*; *começarom todos a chorar*; *Ela começou a catar*. Nota-se ainda o valor aspectual iterativo (frequentativo ou habitual) na construção *que soía a falar* = *que costumava falar*.

Por fim, vejamos a construção mais gramaticalizada dentre as mencionadas até aqui. Trata-se da perífrase *haver de + infinitivo*, ilustrada em (24): *nom quedou de chorar porque viu ca se havia de partir dele* (= *não parou de chorar porque viu que havia de partir dele/havia de separar-se dele*). Autores como Camara Jr. (1979: 179), entre outros, mostram que a estrutura *haver (ter) de + infinitivo* coexistia, no português arcaico, com *ter de* e *aver a* na expressão de ações a serem concretizadas no futuro, além das formas sintéticas do futuro (do presente e do pretérito), resultantes da gramaticalização de *infinitivo* + HABERE.

Faça uma pausa e veja se há exemplos desses dois futuros sintéticos no fragmento para reiterar, ou não, essa observação.

Você deve ter encontrado exemplos de formas no futuro do presente, como: *dar-mi-á* (l. 59), *querrá* (l. 60), *farei* (l. 64), *passará* (l. 67), *morarás* (l. 78), *seerás/veerás/darás* (l. 82), *dará* (l. 84), *farás* (l. 90), *mostrará* (l. 92). Há também verbos no futuro do pretérito: *tornaria* (l. 36), *convenria* (l. 37), *valeria* (l. 61) etc.

Em termos semânticos, *haver/ter de/a + infinitivo* expressaria obrigação/necessidade, indicando uma ação que deveria ocorrer em um tempo posterior, como a construção de futuro que lhe deu origem (cf. Brocardo, 2014: 138). Camara Jr. (1979: 179) aponta que o primeiro verbo da perífrase (*ter* ou *haver*) podia ocorrer em todos os tempos verbais. No exemplo (24), o verbo *haver* está no imperfeito do indicativo e a construção, nesse caso, ocorreria em variação com o futuro do pretérito sintético (*partiria*), fruto da gramaticalização do *infinitivo* + HABEBAM.

Façamos um breve parêntese para mostrar como certas sequências verbais mais antigas se gramaticalizaram na história do português e mesmo nas línguas românicas. Vamos aproveitar aqui os comentários sobre *haver de + infinitivo* para mencionar algumas das várias etapas no processo de formação da expressão do futuro. Se voltarmos ao latim, identificaremos uma etapa mais remota em que o antigo futuro latino (futuro imperfeito latino, como SCRIBO "escreverei") foi substituído por formas analíticas constituídas pelo infinitivo acompanhado de verbos com valor modal como SCRIBERE *debeo/volo/habeo* "devo/quero/tenho que escrever". Tais construções projetavam a ação para o futuro acrescentando um plano temporal ao seu matiz modal. Uma delas, a perífrase com o HABERE, funcionando, nesse caso, como um auxiliar modal para indicar obrigação, sofre aglutinação de dois vocábulos em um só (univerbação), formando a base do novo futuro sintético nas diferentes línguas românicas. Por exemplo, do SCRIBERE HABET latino se originaram: (il/elle) *écrira*, no francês; *scriverà*, no italiano; *escribirá,* no espanhol e *escreverá,* no português (Adams, 1991). Tal fenômeno é recorrentemente citado como um caso clássico de gramaticalização, pois é evidente a perda da autonomia morfossintática do verbo auxiliar HABERE e sua forte redução fonética nessas construções. É preciso destacar, entretanto, que essa nova forma de futuro românica passou a ser sintética e não mais perifrástica como era no latim, mesmo que coexistisse com *haver/ter + de + infinitivo* como mencionamos.

## VOCÊ SABIA?

Um aspecto curioso nesse processo de gramaticalização das construções de futuro é o fato de ainda termos vestígios, no português atual, de etapas antigas desse processo. Estaria nesse caso a mesóclise em português. Quando se faz referência à colocação dos clíticos, aprendemos que a mesóclise só ocorre em dois tempos: futuro do presente e futuro do pretérito. Por que será? Você já se perguntou? A mesóclise poderia ser considerada um resquício da antiga construção perifrástica com HABERE ($V_{infinitivo}$ + $Aux_{habere}$) para expressar futuro. O clítico ocorre justamente entre o verbo infinitivo e o verbo auxiliar (*haver*). No fragmento, temos a forma *dar-mi-á* (< *dar me há*) que ilustraria o que estamos dizendo. Se sincronicamente a desinência de futuro é *-ra-/-re-*, o clítico em mesóclise cinde tal sufixo. Somente casos gerados a partir de processos de gramaticalização poderiam explicar essas idiossincrasias.

Faltou-nos comentar o dado (22) do quadro. Trata-se de *logo soube que ia pera fazer Galaaz cavaleiro*. Essa construção nos remete a outra perífrase constituída de *ir + infinitivo*, bastante comum em português contemporâneo também para expressar futuridade. Estamos lidando com a gramaticalização do verbo *ir* como auxiliar de futuro em construções do tipo 'ir + INF'. Em linhas gerais, os estudos mostram que, em várias línguas, verbos plenos com sentido de 'movimento no espaço físico' passam a funcionar, em estruturas perifrásticas, como verbos auxiliares, indicando 'movimento no tempo' futuro. Como o deslocamento no espaço físico exige determinado tempo, o verbo *ir* perifrástico acaba por assumir extensões de sentido associadas à concretização de um desejo, modalidade, projeção da ação para um tempo posterior, até ser reanalisado como auxiliar de futuro. O contexto favorecedor da mudança seria constituído pelo verbo *ir* acompanhado por uma oração não finita que indicava finalidade. O exemplo retirado da *Demanda* ilustraria um caso interessante por conta de sua interpretação um tanto ambígua. Em (22), há duas leituras possíveis. Por um lado, o movimento espacial praticado pelo sujeito humano está expresso pela 3ª pessoa do verbo *ir* (*ia*) e o objetivo desse deslocamento (a intenção a ser atingida) aparece na forma infinitiva (*pera fazer Galaaz cavaleiro*). A presença da preposição favorece tal análise. Por outro lado, a leitura de *futuridade* também é viável: nesse caso, tem-se um futuro em relação a um momento anterior ao tempo presente por conta de o verbo estar no imperfeito do indicativo. Volte ao texto e recupere um pouco da narrativa no capítulo intitulado *Como Lancelot se foi com a donzela.* Tente entender o que aconteceu: quem entrou na floresta? Aonde chegaram? Quem viu Lancelot com a donzela? O que imaginou o ermitão? Se você compreendeu o texto, notou que Lancelot, a donzela e mais duas pessoas começaram a andar e entraram na floresta, chegando à casa do ermitão, que os viu. O ermitão, que costumava falar com Galaaz, deduziu que Lancelot *ia fazer/faria* de Galaaz um cavaleiro.

Em síntese, nem todas as sequências verbais são de mesma natureza. Há níveis de integração diferentes entre elas, com algumas formas verbais constituídas ainda por dois verbos/duas orações e construções mais integradas (e até mesmo mais gramaticalizadas). Apesar de os dados do fragmento da *Demanda* (e do *Testamento*) não darem exaustivamente conta de todos os tipos, teríamos um contínuo de integração (do menor para o maior nível) nessas sequências verbais:

(a) construções com dois (ou mais) verbos formados por duas orações: ... *[fez] [nascer], [fazia] [armar-se];*
(b) construções com verbos modais: *querriam poer, poderá fazer;*
(c) construções com verbos/auxiliares aspectuais: *começou a catar, filharom andar, soía a falar;*
(d) construções com auxiliares temporais: *havia de partir;*
(e) construções com verbos (auxiliares) *ser/ter/haver* + particípio: *for morto, ter acabado ~ tenio apartadas* (este último ainda não completamente consolidado no período medieval).

## 6.4. Particípio passado de verbos da 2ª conjugação

Você deve recordar: no *Testamento*, analisamos alguns casos de particípio passado (PP) que, relacionados aos verbos *ter* ou *haver*, deram origem a uma construção de tempo composto em português. No período arcaico, como discutido no capítulo 5, esses particípios podiam funcionar dentro da sentença como elementos mais adjetivais ou mais verbais. Para o primeiro, teríamos ainda a presença de marcas de gênero e número, como em ***havia feitos*** *taes dous golpes,* em que *feitos* e *taes dous golpes* compartilham dos mesmos traços de gênero e número. No segundo caso, ou seja, quando o PP assume valor verbal, esses traços de concordância desapareceriam: ***ter alcamçado*** *tanta vitorya.*

Assim, é bom lembrar que o PP é um elemento de interseção entre duas classes gramaticais: verbo e adjetivo. Isso porque, ao mesmo tempo em que pode atuar como elemento predicador de sentença nas construções de tempo composto e de voz passiva, também pode atuar como um modificador do substantivo. Para entender melhor essa questão, remetemos o leitor ao célebre trabalho de Basílio (2004), no qual a autora discute essa e outras questões relativas às classes de palavras.

Voltando o nosso foco para o texto da *Demanda*, você perceberá que, para além da questão das construções de *ter/haver* + particípio passado, o PP apresentava outras peculiaridades no português arcaico. Observe as palavras em destaque nos trechos abaixo e tente identificar semelhanças e diferenças entre elas:

(25) aveeo que ũa donzela chegou i mui fremosa e mui bem ***vestida*** e entrou no paaço a pee, como mandadeira (l. 6-7).

(26) E ***metuda*** hei minha esperança em Nosso Senhor (l. 60).

(27) Filho, cousa santa e ***honrada***, frol e louvor de todos os meĩos (l. 75).

Podemos ver que todas as três palavras destacadas são PPs. Independentemente de elas apresentarem um caráter mais verbal ou adjetival nos exemplos, é possível relacionar cada uma delas a uma forma verbal específica:

| RADICAL+VOGAL TEMÁTICA | SUFIXO FORMADOR DE PP | VERBO CORRESPONDENTE |
|---|---|---|
| vest+i | -do(a) | *vestir* |
| met+u | -do(a) | *meter* |
| honr+a | -do(a) | *honrar* |

Com essa esquematização, fica claro o que os PPs do português arcaico tinham de diferente em relação ao português contemporâneo. Pelo menos alguns deles. O verbo *meter* é um verbo de 2ª conjugação. Como sabemos, todos os verbos dessa classe apresentam a vogal temática <e>. Ela orienta o paradigma de conjugação desses verbos (*meteu*, *meteram*, *metesse*, *metendo* etc.). No particípio passado, contudo, essa vogal temática "desaparece" e, no seu lugar, temos, em português atual, a vogal temática <i>. Assim, o PP dessa forma verbal é hoje *metida* e não *metuda*, como visto na *Demanda*. Eis as questões: por que no texto da *Demanda* o PP do verbo *meter* apresenta uma vogal temática <u>? Por que, no português atual, o PP desse e dos demais verbos de 2ª conjugação apresentam uma vogal temática <i>?

Para respondermos à primeira questão, precisaremos recuar até o latim clássico e analisar alguns aspectos do sistema de flexão verbal dessa língua. Conforme Faria (1958), em sua *Gramática superior da língua latina*, os verbos latinos apresentavam uma alomorfia (outra forma ou morfe) em seus radicais de acordo com uma oposição aspectual: as formas verbais possuíam uma forma de radical para o *infectum* e outra para o *perfectum*. O primeiro servia de base para a flexão dos tempos que expressam ações incompletas (p. ex., o presente do indicativo, o futuro e o gerúndio), enquanto o último servia de base para a flexão dos tempos que expressam ações completas na voz passiva (p. ex., o mais-que-perfeito, o perfeito do indicativo e o próprio particípio passado). Além disso, é preciso lembrar que a língua latina clássica apresentava quatro classes de conjugações verbais, com diferenças em relação às conjugações do português atual.

No latim vulgar, o sistema fonológico perde a distinção de duração das vogais e isso afeta diretamente uma série de distinções morfológicas, como é o caso das classes de conjugação (capítulos 4 e 5). Esse processo de formação de uma "nova" classe de 2ª conjugação através da fusão entre antigas classes latinas reuniu, dentro de uma mesma conjugação, verbos com características flexionais distintas. Resta-nos entender no que esse reagrupamento das classes de conjugação verbal afetou o particípio passado para que, em português arcaico, ocorresse a terminação *-udo*.

Segundo Williams (1994: 188), o português preservou as terminações latinas de particípio passado para as 1ª e 3ª conjugações, apresentando algumas alterações morfofonológicas: AMĀTUM > AMATU > *am**ado***; IMPEDĪTUM > IMPEDITU > *imped**ido***. Já na 2ª conjugação portuguesa, observamos a ocorrência de modificações mais drásticas desde o latim clássico até o português atual, com a mudança da vogal temática do PP em diferentes fases. Segundo Brocardo (2014: 75), "os verbos da 'nova' classe 2 em português antigo adotam geralmente uma terminação *-udo* para as formas de particípio passado, o que pressupõe uma terminação -UTU(M) em latim vulgar para estes verbos, terminação que ocorria em latim apenas num relativamente reduzido número de paradigmas (por exemplo, SECUTUS, de SEQUI "seguir")".

No latim vulgar, foram abandonadas as terminações clássicas -ĒTUM (2ª conjugação) e -ĬTUM (3ª conjugação) e, em substituição a essas, generalizou-se a terminação -UTU(M). Williams (1994: 188) explica: a terminação -UTU(M) "se irradiou no início para uns poucos verbos com o perfeito em *-ui* e depois para todos os verbos da segunda e da terceira conjugações" presentes em latim clássico e já em fusão no latim vulgar. Diante disso, conseguimos compreender a origem da vogal <u> presente nos PP do português arcaico. Trata-se de um resquício, isto é, um vestígio morfológico da alomorfia aspectual existente nos radicais dos verbos latinos (cf. o esquema a seguir), preservado nas construções de particípio passado do latim vulgar e que chega ao português arcaico. Se consultarmos uma gramática da língua latina, poderemos verificar nos paradigmas dos verbos da antiga 2ª conjugação a alomorfia existente entre <e> e <u>:

| **Infinitivo** | HAB-Ē-RE | hav-**e**-r |
|---|---|---|
| **1ª pessoa do singular** | HAB-**E**-O | Presente do *infectum* — V.T. <e> |
| | HAB-**U**-I | Presente do *perfectum* — V.T. <u> |

Resta-nos agora responder à segunda questão: por que, em português atual, o PP dos verbos de 2ª conjugação apresenta como vogal temática <i>? Essa questão ainda é controversa entre os historiadores da língua portuguesa. Brocardo (2007; 2014) defende que um número considerável de autores, tais como Williams (1975), Nunes (1975), Teyssier (1982) e Piel (1989), vão explicar a mudança *-udo*> *-ido* recorrendo, implícita ou explicitamente, ao conceito de *analogia*.

## VOCÊ SABIA?

O conceito de analogia é bastante antigo e ultrapassa as fronteiras dos estudos linguísticos, estando presente também em outras áreas, como a lógica, a matemática, a biologia e mesmo o direito. Em termos gerais, podemos entender a analogia como o processo de evocação de determinada entidade a partir de outra, que compartilha com a primeira alguma semelhança (formal ou funcional). Pensar em analogia é pensar na aproximação de elementos que, em princípio, não compartilhariam semelhanças.

Na linguística, esse conceito é utilizado para explicar diferentes fenômenos desde o século XIX. Segundo a formulação do linguista Karl Brugmann (1876, *apud* Marquilhas, 2013: 30), a analogia é um processo psicológico fundamental na mudança linguística e possui três características principais:

(i) não é resultado de mudança fonética regular;
(ii) não corresponde à inserção de novos conceitos na língua;
(iii) surge porque o falante tem em mente, durante a produção linguística, formas diferentes daquela que pronuncia.

Brocardo (2014: 115) destaca: "A caracterização de dada mudança como analógica pressupõe sua motivação pela influência de outras formas/estruturas da língua que funcionam como modelo e em função das quais ocorre a alteração". Em outras palavras, é preciso analisar quais formas/estruturas do português arcaico teriam servido de modelo para as formas de particípio passado de verbos da 2ª conjugação. Além disso, a referida autora ainda assinala a existência de dois grandes tipos de mudanças analógicas: a *nivelação* (ou uniformização) e a *extensão* (ou analogia proporcional).

A mudança é niveladora ou uniformizadora quando é intraparadigmática, ou seja, quando certas formas passam a seguir o mesmo padrão flexional de outras pertencentes a um mesmo paradigma, eliminando, com isso, alternâncias morfofonológicas. Para o fenômeno que estamos discutindo, a mudança analógica será niveladora se encontrarmos evidências de que a passagem de *-udo* para *-ido* foi motivada por influência de outras formas flexionais dentro do paradigma da 2ª conjugação verbal como, por exemplo, influência de desinências modo-temporais. Já a mudança por extensão é interparadigmática: ocorre quando determinados padrões paradigmáticos se expandem para formas que não o seguiam anteriormente. Nesse caso, a mudança *-udo* > *-ido* será por extensão se encontrarmos evidências de ter ela sido motivada pela influência de padrões de flexão de verbos de outras conjugações.

A maioria dos autores, tais como Williams (1975) e Nunes (1975), defende que a mudança em questão foi por extensão analógica, com a terminação do particípio passado dos verbos de 3ª conjugação — com vogal temática <i> — servindo de modelo para os verbos de 2ª conjugação. Os argumentos utilizados por esses autores são:

(i) uma mudança analógica do tipo niveladora teria motivado a substituição de *-udo* por *-edo*, ou seja, teria utilizado como padrão flexional a vogal temática desses verbos, o que não se verifica;

(ii) mais ou menos na mesma época em que ocorre a mudança de *-udo* para *-ido*, vários verbos originalmente de 2ª conjugação passaram a seguir o padrão flexional da 3ª conjugação (p. ex., *caer* > *cair*, *finger* > *fingir*, *confonder* > *confundir*), fato que reforça a ideia de que essa conjugação serviu de modelo flexional em alguns casos.

Cabe ainda dizer que a mudança dos particípios em *-udo* foi geral, ou seja, afetou todas as formas verbais de 2ª conjugação. Além disso, foi também um processo de rápida implementação, ocorrido num período de tempo relativamente breve: em textos portugueses do século XV, já é possível encontrar a terminação *-ido*. No que se refere às motivações da mudança, Camara Jr. (1979) destaca que a terminação arcaica não encontrava apoio estrutural dentro do paradigma da 2ª conjugação. Em outras palavras, a opacidade da vogal temática <u> na terminação *-udo* teria sido a própria causa do processo, visto que ela não correspondia a nenhuma outra forma flexional dentro do paradigma verbal.

E quais foram as consequências dessa substituição para a morfologia verbal do português? Segundo Brocardo, são elas:

(i) a redução da alomorfia na flexão verbal, tanto entre as classes flexionais (*-ado, -udo, -ido* > *-ado, -ido*), quanto dentro da classe flexional das vogais temáticas de 2ª conjugação (*e, i, u* > *e, i*);

(ii) extensão da não alternância de formas entre os verbos da 2ª e 3ª conjugações, que já ocorria em outros casos (p. ex., *beb**i***, *beb**ia***, *vest**i***, *vest**ia***).

Vejamos mais alguns dados de particípio passado arcaico que ocorrem no fragmento da *Demanda* que estamos analisando. Agora que você já sabe o que eles significam, tente fazer uma leitura mais interpretativa dos trechos dados a seguir:

(28) Certas, donzela, disse el, muito me praz, ca ***teudo*** som de vos fazer serviço em todalas cousas que eu poder (l. 20-21).

(29) E por esto lhe semelhava que o havia ***perdudo*** e que o nom veeria ameúde (l. 37).

(30) E ***metuda*** hei minha esperança em Nosso Senhor (l. 60).

Se fizermos uma leitura atenta do trecho em (28), vamos notar que o PP *teudo* (> *tido*, verbo *ter*) teria valor adjetivo na estrutura *teudo som (= sou tido,* com sentido de *sou obrigado*). A modernização de (28) seria *Certamente, donzela, disse ele [Lancelot], muito me praz [=agrada], porque sou obrigado a vos fazer serviço [= servir] em todas as coisas que eu puder.*

Nos trechos de (29) e (30), temos novamente a construção de verbo *haver* + PP: "*havia perdudo*" e "*metuda hei*". Analise mais uma vez e tente responder: seriam construções transitivas de posse ou construções de tempo composto?

Comecemos pelo exemplo (29). Para facilitar a interpretação, vamos recuperar alguns referentes: *lhe* = o ermitão, que estava na floresta para onde se dirigiam Lancelot e a Donzela; *o* = Lancelot. Utilizando o critério sintático da concordância, veremos que esse é um caso ambíguo, pois o objeto direto (*Lancelot = o*) é masculino singular, de modo que não é possível dizer, por meio de traços flexionais, se o PP assume um caráter mais adjetivo ou verbal. Esses contextos de ambiguidade, principalmente com o PP no masculino, foram os que favoreceram a formação do tempo composto.

No exemplo (30), a interpretação da construção de PP + *haver* é facilitada pelo traço de concordância de gênero: o PP *metuda* (> *metida*, v. *meter*) está no feminino, assim como o objeto direto presente no trecho [*minha esperança*]. Nesse caso, o verbo *haver* é o predicador, com sentido de posse: "Eu *tenho* [a minha esperança *metida*] em Nosso Senhor". Nesse trecho do diálogo entre Lancelot e Galaaz, vemos que este tem fé de que se tornará um grande cavaleiro assim como Lancelot.

## VOCÊ SABIA?

O português ainda apresenta algumas formas em -udo que nos chegam aos dias atuais como fósseis linguísticos ou vestígios de antigos estágios da língua. Estariam, nesse caso, formas como *conteúdo*, *teúdo(a)* e *manteúdo(a)*. No *Dicionário Houaiss da língua portuguesa*, podemos recuperar a etimologia dessas formas. A primeira delas (*conteúdo*) etimologicamente corresponderia à "substantivação do antigo particípio passado de *conter*, geralmente atribuído ao latim vulgar *CONTENUTUS, -A, -UM do v. CONTINERE (por CONTENTUS, -A, -UM), formação similar à de *teúdo*, ligado ao latim vulgar *TENUTUS, -A, -UM por TENTUS, -A, -UM, particípio passado do verbo TENERE *'ter'*" (Houaiss, 2001: 817). A forma *manteúdo*, segundo o mesmo dicionário, teria se originado de MANUTENUTU do latim vulgar. Trata-se também do particípio passado do verbo latino MANUTENERE "ter na mão, segurar com a mão" (p. 1841). A expressão *teúda e manteúda* originalmente significava *tida e mantida* por alguém. Houve, nesse caso, uma extensão de sentido na linguagem popular, passando a significar uma mulher financeiramente mantida por um homem casado (quase uma segunda esposa, uma amante). A palavra *teúda* isoladamente seria apenas a amante que não necessariamente recebia ajuda financeira do companheiro.

## 6.5. Desinência de 2ª pessoa do plural

Prossigamos com nossa discussão acerca da *Demanda*, ainda comentando as particularidades morfossintáticas encontradas nas formas verbais do português arcaico. Leia os exemplos retirados do fragmento que estamos analisando, observe os verbos destacados e pense: o que eles apresentam de diferente em comparação com os verbos do português atual?

(31) Senhor, verdade é, mais rogo-vos, se vos aprouguer, que ***vaades*** comigo a aquela foresta de Camaalot e ***sabede*** que manhãã, hora de comer, ***seeredes*** aqui (l. 17-18).

(32) ... nom podia seer covardo nem mao quem vós ***fezéssedes*** cavaleiro (l. 51-52).

(33) ... sobejo seria gram dano e gram mala ventura de nom ***seerdes*** bõõ cavaleiro ca sobejo ***sodes*** fremoso (l. 55-56).

Sem um esforço relativamente grande, conseguimos perceber que todos os verbos em destaque encontram-se flexionados na 2ª pessoa do plural (*vós*). Embora saibamos que a utilização desse pronome na posição de sujeito está praticamente em desuso e se circunscreve praticamente ao discurso religioso, a textos mais antigos e ao ensino escolar, tanto no PB quanto no PE, ainda somos capazes de identificar que essa desinência número-pessoal (DNP), recorrente na *Demanda,* não é exatamente a mesma que conhecemos atualmente. Isso ocorre porque, no português arcaico, havia uma DNP para a 2ª pessoa do plural *-de(s)* que, por volta do século XV, sofreria uma alteração fonética (a síncope do /d/ intervocálico) que afetou diretamente a sua morfologia: "*vaa**des***", "*sabe**de***", "*seere**des***", "*fezésse**des***", "*so**des***" etc.

Antes de continuarmos, faça o seguinte:

(i) tente identificar as formas verbais anteriormente mencionadas e conjugue-as na 2ª pessoa do plural de acordo com os padrões do português atual (se necessário, consulte um dicionário);
(ii) depois, faça uma lista organizando os verbos flexionados no português arcaico e no português atual;
(iii) procure estabelecer uma "regra geral" que explique a mudança que se processou na história do português.

Depois de realizar as tarefas anteriores, você deve ter estabelecido correspondências como *sabe**de*** > *sabe**i***, *fezésse**des*** > *fizésse**is*** e *so**des*** > *so**is***. Há algumas formas, entretanto, que não se alteraram, como é o caso de *vaa**des*** > *va**des*** e *seer**des*** > *ser**des***. Então, você deve ter notado que no português arcaico a DNP de 2ª pessoa do plural era *-de(s)* e esta passa a ser *-i(s)* na maior parte dos tempos no português atual, mas não em todos. Por que tal mudança operou em alguns verbos e não em outros? Que tipo de mudança ocorreu nesses casos?

Mais uma vez, precisamos voltar ao latim para entender a característica arcaica em questão. Primeiramente, é preciso saber que a DNP de 2ª pessoa do plural era -TĬS (cf. Faria, 1958; Williams, 1994): AMĀRE: AMĀ**TĬS**; DEBĒRE: DEBĒ**TĬS**; LEGĔRE: LEGĬ**TĬS**; AUDĪRE: AUDĪ**TĬS**. A única exceção era o pretérito perfeito do indicativo, no qual se tinha o alomorfe -ĪSTIS (AMAU**ĪSTIS**, DEB**ĪSTIS**, LEG**ĪSTIS**, AUDIU**ĪSTIS**), que passa ao português como a desinência *-stes*. No trecho que estamos discutindo, há um exemplo desse tipo, em que o verbo *vir* (< *vĩir* < VENĪRE) aparece flexionado na 2ª pessoa do plural do pretérito perfeito:

(34) ... que ventura vos adusse aqua? Que bem sei que sem razom nom ***veestes*** vós (l. 15-16).

Na passagem do latim ao português, ocorreu um processo semelhante que consistiu na lenição das consoantes em contexto intervocálico, simplificando as geminadas (CA**TT**U > *ga**t**o*), sonorizando as surdas (VI**T**A > *vi**d**a*) e fricatizando as oclusivas sonoras (CA**B**ALLU > *ca**v**alo*). Ao que tudo indica, a aplicação dessa mudança foi geral, afetando tanto segmentos que faziam parte do radical das palavras quanto segmentos que cumpriam distinção funcional (ou seja, que eram morfemas de pessoa, número, tempo, aspecto etc.). Sendo assim, se analisarmos com atenção, veremos que o segmento /t/, presente na DNP de 2ª pessoa do plural latina, assimilou o traço de sonoridade das vogais em seu entorno, passando ao segmento /d/, como visto nos exemplos arcaicos. Por conta desse processo fonético, encontramos, no português arcaico, a DNP *-de(s)*:

| AMA**TIS** > *ama**des*** | DEBE**TIS** > *deve**des*** | LEGI**TIS** > *lee**des*** | AUDI**TIS** > *ouvi**des*** |
|---|---|---|---|

A partir do século XV, a síncope de /d/ começa a ser registrada documentalmente nos textos arcaicos (Cardeira, 2005; Mattos e Silva, 2006). Há certo consenso entre os autores de que essa mudança tenha se processado ao longo do século XV e, no século XVI, já se encontra a DNP *-is*, que permanece até os dias de hoje. Existe menos consenso, porém, acerca da motivação central para o apagamento do /d/ intervocálico na desinência de 2ª pessoa do plural. Enquanto Nunes (1975), Said Ali (1964), Williams (1975) e Mattos e Silva (2006) interpretam essa mudança como resultante da aplicação de regras fonológicas, outros estudiosos, como Maia (1994), Cardeira (2005) e Castro (2006), argumentam que foi um fenômeno morfologicamente condicionado e não apenas de caráter fonético-fonológico. Citemos alguns argumentos que nos ajudam a compreender, inclusive, porque ainda hoje temos vestígios das formas mais antigas dessa desinência de 2ª pessoa do plural como alomorfias, ou seja, ao lado de *-is*, os alomorfes *-des* e *-stes*, restritos a alguns tempos: futuro do subjuntivo (*cantar**des***), infinitivo flexionado (*ser**des***), em (33), e pretérito perfeito (*vie**stes***), em (34). Comentaremos também o morfe *-de* do imperativo. Em alguns verbos específicos, por motivações distintas, como veremos, a variante ***-des*** se manteve: (*vaades > vades*) em (31).

Do ponto de vista fonológico, encontramos as seguintes evidências:

(i) a síncope do /d/ só ocorreu nas formas verbais em que esse segmento se encontrava entre vogais orais, não afetando, portanto, as formas verbais flexionadas em que o /d/ era precedido por consoante (*ser**des***, *sai**rdes***, *fize**rdes***), segmento nasal (*te**ndes***, *vi**ndes***), ou ainda vogais em hiato (*ve**d**es* < *v**ee**des*, *se**d**e* < *s**ee**de*);

(ii) existem evidências documentais de formas que não se expandiram, tais como *is*, *i* e *ris* (em lugar de *ides*, *ide* e *rides*), que permitem levantar a hipótese de que a síncope do /d/ tenha sido, na origem, mais drástica, sendo depois resgatadas as formas com /d/ por restrições na difusão da mudança (Brocardo, 2014: 120);

(iii) a principal consequência desse fenômeno no sistema de flexão verbal foi o aumento de alomorfia na 2ª pessoa do plural (*-des*, *-de*, *-stes* > *-is*, *-i*, *-des*, *-de*, *-stes*), consequência típica de mudanças fonológicas.

Em contrapartida, as evidências de cunho morfológico são também bastante relevantes:

(i) a síncope de /d/ não atingiu formas não verbais e nem as formas de particípio passado (que vimos mais acima), o que sustenta a ideia de ser uma mudança vinculada à representação da 2ª pessoa do plural;

(ii) a restituição e/ou conservação da desinência *-des/-de* em algumas flexões do paradigma verbal parece ter sido favorecida por questões de preservação da distintividade semântica e restrições funcionais, pois o apagamento do /d/ em determinados casos geraria homomorfia com a 2ª pessoa do singular ou monossílabos (Cardeira, 2006: 53).

Para o primeiro caso, teríamos uma neutralização da distinção formal entre a 2ª pessoa do singular (*tu*) e a 2ª pessoa do plural (*vós*), como o verbo *rir* no presente do indicativo (*tu ris, vós *ris — tu ris, vós rides*) ou mesmo o exemplo (31), em que a forma atual *vades* (< *vaades)* pode ter mantido *-des* para que a distinção com a 2ª pessoa do singular (*vás*) fosse conservada nesse tempo (presente do subjuntivo) e em relação ao presente do indicativo (*tu vais*). Apesar de estar em contexto intervocálico, nesse caso, não houve a síncope do /d/: *vaades* > *vades* > **vais*. Para o segundo, teríamos um morfe que acumularia a informação semântica do radical e a marcação de número-pessoa em um único segmento fonológico monossilábico (p. ex., **i* < *ide*, 2ª pessoa do plural do verbo *ir* no imperativo).

Em relação às formas flexionais em que o /d/ foi conservado, Brocardo (2014: 121) afirma: "(...) a conservação de *-d-* dever-se-ia essencialmente a fatores caracterizáveis como morfológicos, que teriam de algum modo restringido uma mudança potencialmente (mais) geral da queda da consoante em formas verbais". Desse modo, parece coerente pensar que o processo de síncope do /d/ na DNP de 2ª pessoa do plural foi uma mudança condicionada fonológica e morfologicamente.

## 6.6. Formas de tratamento

Além da questão da DNP *-des* de 2ª pessoa do plural presente no português arcaico, você deve ter notado que o emprego das formas do paradigma de *vós* (*-des, vós, vos, convosco, vosso* etc.*)* é recorrente em certos tipos de sequências textuais, como nos diálogos. Não por acaso, quase todos os exemplos de *vós* aparecem representados no discurso direto dos personagens, dentro da narrativa. O pronome *vós*, por referir-se à 2ª pessoa do plural, pressupõe interação verbal (direta, como no caso de diálogos entre personagens de uma narrativa ou peça teatral, ou indireta, como no caso de cartas pessoais, bilhetes etc.). As formas relacionadas ao paradigma de *vós* se referem a mais de um interlocutor no português contemporâneo. E no período medieval, que uso prevalece?

Veja a seguir os dados extraídos da *Demanda*. Releia o texto para identificar que personagens empregaram as formas em destaque e para quem essas formas foram empregadas, ou seja, identifique os personagens envolvidos na interação. O emprego das formas do paradigma de *vós* e de *tu* no contexto da *Demanda* é o mesmo que utilizamos no português atual?

(35) ***Senhor***, verdade é, mais rogo-***vos***, se ***vos*** aprouguer, que ***vaades*** comigo a aquela foresta de Camaalot (l. 17-18).

(36) (...) cavaleiros de todo o mundo veem aa corte e mui mais ainda por ***vos*** veerem ca por al, deles por ***vos*** veerem e deles por haverem ***vossa*** companha? (l. 23-25).

(37) ***Senhor***, por Deus, fazede ***vós*** nosso novel cavaleiro ca nem queríamos que seja cavaleiro per mão d'outro, ca milhor cavaleiro ca ***vós*** nom no pode fazer cavaleiro (l. 43-44).

(38) Filho, cousa santa e honrada, frol e louvor de todos os meñios, outorga-me, se ***te*** praz, que ***te*** faça companha em toda minha vida mentre ***te*** pude seguir dê que ***te*** partires da corte del-Rei Artur (l. 75-77).

(39) E eu ***te*** demando ***ta*** companha, assi como ***tu*** ouves, que eu sei ***tua*** santa vida e ***ta*** bondade mais ca ***tu*** (l. 78-79).

(40) Eu ***te*** quero teer companha como sei que em nosso tempo nunca fez tam fremosos milagres Nosso Senhor, nem tam conheçodos como fará por ***ti*** (l. 87-89).

Como pode ser identificado a partir de uma rápida busca no fragmento maior, os pronomes destacados em (35) aparecem na fala da Donzela, quando ela se dirige a Lancelot, pedindo que ele a acompanhe à floresta. Em (36), as formas em destaque ocorrem na fala do rei, que também interage com Lancelot, interrogando-o sobre sua saída repentina da festa de Pentecostes. Já no exemplo de (37), é na fala da abadessa em que aparecem os pronomes destacados e, assim como nos outros dois exemplos, ela também se refere a Lancelot. Nos trechos de (38-40), vemos diferentes falas do mesmo personagem — o ermitão —, que interpela o personagem Galaaz.

A partir da análise desses exemplos, você deve ter percebido que, diferentemente do que ocorre atualmente, as formas do paradigma de *vós* (2ª pessoa do plural) foram usadas, em variação com as formas do paradigma de *tu* (2ª pessoa do singular), para se referirem a uma única pessoa. Apesar de esse uso não ser o único possível no português arcaico, era bastante recorrente o emprego de *vós* nesse contexto. Volte aos dados agora e tente identificar um padrão de uso geral para esses pronomes. Esses dados do português arcaico revelam alguma diferença para o emprego de *vós* e *tu* em referência a uma única pessoa?

Mesmo que ainda seja um pouco difícil visualizar um padrão de uso geral dos pronomes a partir dos poucos exemplos, já conseguimos observar algumas pistas importantes. São elas:

(i) diferentes personagens, de diferentes categorias sociais — a donzela, o rei e a abadessa — utilizaram, no diálogo, o mesmo pronome de tratamento (*vós*) para o personagem de Lancelot, notável cavaleiro do reino;

(ii) o ermitão, que, como ficamos sabendo na história, possui um estreito laço afetivo com Galaaz, nunca trata esse personagem por *vós* — nem mesmo após ele ter sido consagrado cavaleiro por Lancelot — e utiliza, em vez disso, o pronome *tu*.

Retomemos um pouco dessa história para compreender suas consequências no português. Os pronomes pessoais de 2ª pessoa, *tu* e *vós,* do português são heranças latinas, isto é, são formas pronominais que faziam parte do quadro latino (TU e VOS) e passaram ao português e outras línguas românicas (assim como *eu* < EGO e *nós* < NOS, na 1ª pessoa). Em latim, essas duas formas pronominais codificavam a 2ª pessoa, opondo-se quanto ao número: TU, para o singular e VOS para o plural. No entanto, por volta do século IV, VOS também passa a ser usado para referir-se a um único interlocutor. Estudos mostram que esse novo emprego começou com referência ao imperador (cf. Cintra, 1972; Faraco, 1996) e, por isso, VOS associou-se à ideia de poder, presente na figura do imperador, adquirindo o traço semântico de respeito e deferência a um interlocutor hierarquicamente superior na esfera do poder.

Koch (2008) defende que usar o tratamento VOS no lugar de TU, ou seja, a pluralização do tratamento, teria um efeito de cortesia linguística (Koch, 2008: 59-61). O fato de um falante/escrevente dirigir-se diretamente a seu ouvinte/escrevente por um pronome de 2ª pessoa do singular (TU) pode se constituir como um ato de ameaça à face do interlocutor. Trata-se de uma invasão ao *território* do outro (Goffman, 1967), principalmente porque as estratégias de tratamento costumam ser utilizadas em atos ilocutivos, isto é, atos em que o locutor realiza um enunciado com certas intenções de caráter diretivo, tais como: pedir, requerer, ordenar, propor, recomendar etc. (Searle, 1976). Esses atos seriam ameaçantes porque exigem alguma reação do outro. Por isso os falantes de todas as línguas empregam certas estratégias linguísticas para evitar ou atenuar uma possível ameaça pragmática (Brown; Levinson, 1987). A pluralização do tratamento se enquadraria nesse caso porque usar VOS (plural) no lugar de TU (singular) é usar uma forma não direta: o interlocutor é visto como representante de um grupo mais amplo, refletido na pluralização do tratamento. Evitar referências diretas ao interlocutor diminui o tom ameaçante dos atos ilocutivos. As línguas apresentam outras estratégias para esse mesmo fim. Uma delas é o emprego do tratamento nominal abstrato (*Vossa Alteza, Vossa Majestade, Vossa Mercê* etc.).

Como as estratégias de tratamento são recursos interativos empregados nas relações sociais que, como tais, se alteram ao longo do tempo em cada comunidade histórica, elas sofrem um processo de desgaste semântico-pragmático ou mesmo *habitualização* (Koch, 2008) no seu emprego. Assim, esse sistema de referência ao interlocutor — *tu* singular e mais íntimo e *vós* plural ou singular mais cerimonioso, distante ou menos ameaçador — teve seu uso expandido no português, passando a ser utilizado para outras figuras de poder e prestígio na política, nas forças militares e no clero. *Vós* acumulava duas funções: denotar a referência de 2ª pessoa do plural (ou seja, quando se falava a mais de um interlocutor) e marcar distanciamento ou formalidade na referência de 2ª pessoa do singular (em detrimento de *tu*, tratamento mais íntimo). Esse sistema do português, herdado do latim, é o que vamos encontrar nos textos remanescentes do período arcaico e é o que ainda existe, por exemplo, no francês atual.

Os exemplos de *vós* presentes nos fragmentos da *Demanda* ilustram bem esse quadro e sustentam a afirmação de Cintra (1972: 17):

> Normalmente, o rei, a rainha, o condestável, os nobres tratam os seus vassalos por *vós* e é este mesmo tratamento que esses vassalos empregam quando se lhes dirigem. Também é este o tratamento que tanto nobres como eclesiásticos como plebeus empregam quando falam uns com os outros.

Isso explica por que a donzela, o rei e a abadessa tratam Lancelot por *vós*. O uso de *tu* aparece apenas na fala do ermitão a Galaaz, uma vez que há uma clara relação de intimidade entre ambos os personagens. Se voltarmos ao texto, veremos que o mesmo ermitão, ao dirigir a palavra a Lancelot, o trata por *vós*, assim como todos os demais personagens (veja as linhas 65 a 67).

Contudo, esse sistema de tratamento *tu/vós* não se manteve nas demais fases da língua. Muitas alterações ocorreram nessa parte da gramática e nos valores que essas formas passam a assumir no português ao longo dos séculos, por conta das próprias mudanças sociais. Por essa razão, a variação e mudança no quadro de pronomes de tratamento é um tema bastante explorado por linguistas de diferentes perspectivas teóricas. Vamos destacar aqui alguns aspectos, considerados mais gerais e de grande importância para compreender como se deu o processo de transformação do sistema de tratamento.

Em primeiro lugar, temos o processo de declínio e arcaização do pronome *vós*. De acordo com os estudiosos sobre o assunto, esse pronome de origem latina, que sofreu uma expansão de uso no plano da cortesia, entra em declínio já no século XV. Segundo Faraco (1996: 57-58), as raízes dessa mudança estariam nas alterações sócio-históricas ocorridas em Portugal:

> O processo de desenvolvimento de uma nova posição de autoridade para o rei (...) transformou-o numa personagem social única, para quem a criação de formas diferenciadas de tratamento se apresentou como necessidade. A forma tradicional do tratamento formal (*vós*) não era mais considerada suficiente para marcar tal *status*.

Diretamente relacionada a esse fato, está a emergência das diferentes formas nominais de tratamento abstrato. Essas estratégias também seriam menos ameaçadoras ao interlocutor por seu caráter indireto: o locutor não se dirige diretamente ao outro, mas se refere a alguma qualidade de seu interlocutor. Embora fossem variadas, todas essas formas de tratamento cortês seguiam um mesmo padrão estrutural: a construção *Vossa + N*, na qual N era sempre uma qualidade ou característica do interlocutor, como um nome que evocava uma qualidade ou posição do interlocutor: *alteza = alto grau de moral, nobreza; excelência = qualidade muito superior de grandeza; majestade = caráter do que se mostra grande, pomposo, altivo, imponente; mercê = graça, favor* etc.

Durante o século XV, devido às novas relações sociais que se estabeleceram na corte, as novas fórmulas de tratamento se difundiram rapidamente. Faraco (1996) afirma que são datáveis do reinado de Afonso V (1438-1481) os primeiros registros de formas como *Vossa Majestade* (1442), *Vossa Alteza* (1450) e *Vossa Excelência* (1455). Já as formas *Vossa Mercê* e *Vossa Senhoria*, de acordo com o autor, teriam ocorrido antes, relacionando-se

> a duas das mais importantes instituições medievais: a mercê do rei, relacionada particularmente com a distribuição da justiça e com a proteção real; e o senhorio, isto é, o poder feudal, relacionado com a posse de vastas extensões de terra (Faraco, 1996: 58).

Além disso, é importante observar que, devido ao caráter nominal dessas formas de tratamento, os verbos relacionados a elas flexionam-se na 3ª pessoa do singular (diferentemente de *vós*, que fazia com que o verbo se flexionasse na 2ª pessoa do plural). A multiplicação das formas nominais de tratamento — em especial, de *Vossa Senhoria* e *Vossa Mercê* — foi determinante para o declínio de *vós*, que se tornaria completamente arcaico no século XVIII (cf. Cintra, 1972: 32).

O mesmo desgaste semântico-pragmático sofrido por *vós* afeta também a estratégia de base nominal *Vossa Mercê*, que sofreu ainda forte redução fonética até chegar a *você*.

Em estudo feito com peças populares portuguesas (PE) e brasileiras (PB) nos séculos XVIII, XIX e XX, Lopes e Duarte (2003) identificaram convergências e divergências no estudo do tratamento no período analisado nas duas variedades. As convergências entre PE e PB estavam relacionadas, principalmente, aos resultados relativos ao século XVIII. As autoras mostraram, para o século XVIII, forte equilíbrio no uso das formas analisadas (*Vossa Mercê, você, tu, vós* e outras formas nominais), com percentuais em torno de 30%. Na passagem do século XVIII para o XIX, tal distribuição regular tornou-se mais polarizada, com considerável elevação no uso de *tu*, ao lado de índices baixíssimos dos outros recursos de referência ao interlocutor nas peças do PE e do PB (abaixo de 15%). O tratamento *vós* — tido como traço arcaizante e de desprestígio na fala de pessoas velhas e provincianas — sofreu declínio significativo nas duas amostras, com frequências próximas de 0%. As divergências entre PE e PB foram notadas em fins do século XIX. Enquanto nas peças do PB houve um ligeiro aumento de *você* (em torno de 20%) em variação com *tu*, no PE esses índices não chegaram a 5% e apresentaram-se estáveis nos dois séculos analisados. No que se refere aos valores assumidos pelas formas, as autoras mostraram, em síntese:

(a) o predomínio de *tu* sobre as outras estratégias no PE e no PB nos séculos XVIII e XIX, nas relações de maior intimidade;

(b) a produtividade da forma *você* entre personagens populares e nas relações assimétricas de superior para inferior;

(c) o uso de *Vossa Mercê*, nos séculos XVIII-XIX, conservando-se como forma ainda produtiva nas relações assimétricas de inferior para superior;

(d) a tímida implementação da forma *você* (advinda da gramaticalização de *Vossa Mercê*) no final do século XIX, mais no PB do que no PE, principalmente, em substituição ao pronome *vós*.

A distinção entre *tu* e *você* persiste até hoje no PE e no PB. No PE, a forma *tu* é ainda de uso bastante corrente como tratamento íntimo, ao passo que *você*, principalmente como sujeito explícito, não é substancial, sendo até bastante marginal: "*Você* aparenta não ser muito produtivo no português europeu e apenas aparece de forma residual em zonas meridionais e, aparentemente, em falantes mais idosos" (Guilhermo; Bermejo, 2015: 177). Tal comportamento é bem diferente do que se tem observado no português brasileiro. De maneira geral, *você* é o pronome mais usado no tratamento íntimo em território brasileiro, enquanto *tu* é restrito a algumas variedades regionais (algumas cidades no Rio Grande do Sul, no Rio de Janeiro, em Santa Catarina, no Pará e no Maranhão, entre outros pontos do Brasil). Sobre esse assunto, há muitos trabalhos já publicados, tanto em perspectiva sincrônica — como o de Scherre *et al.* (2015) — quanto em perspectiva diacrônica — como o de Rumeu (2013), entre outros.

Com o deslocamento de *você* do plano formal > informal, principalmente no PB, outra estratégia passou a ocupar o plano da cortesia/formalidade: o SN *o senhor/a senhora*. Em Portugal, por sua vez, além da possibilidade de ocorrer o SN mencionado, outras formas também emergiram, ocupando o espaço das formas *Vossa + N*, que ficaram restritas a posições sociais bem marcadas:

(i) a construção *O senhor + N*, em que *N* pode ser a categoria profissional, o título, ou o nome próprio do interlocutor — "[*O senhor professor/O senhor doutor/O senhor António*] aceita um café?";

(ii) um SN, que pode ser a categoria profissional, o título, ou o nome próprio do interlocutor — "[*O Professor/O Doutor/O António*] aceita um café?";

(iii) a construção *[Ø] + V3SG*, que consiste em utilizar o sujeito nulo junto ao verbo flexionado na 3ª pessoa do singular — "*[Ø]* aceita um café?".

Numa tentativa de resumir toda essa complexa e dinâmica mudança nas formas de tratamento ao longo da história do português, apresentamos o quadro a seguir. Obviamente, muitas simplificações foram feitas, pois queremos apenas destacar, numa visão diacrônica, o que seria mais característico de cada fase da língua. Além disso, estão representadas apenas as formas de tratamento para a posição de sujeito, visto que, se incluíssemos as formas de outras posições (de complemento, de possessivo, de imperativo etc.), o quadro se tornaria bem mais complexo.

<table>
<tr><th>Estágios</th><th>I</th><th>II</th><th>III</th><th>IV</th></tr>
<tr><th>Séculos</th><th>Até XIV/XV</th><th>XV — XVIII/XIX</th><th>Fim do XIX-XX</th><th>XX-XXI</th></tr>
<tr><td rowspan="2">Intimidade [- formal]</td><td rowspan="2">Tu →</td><td rowspan="2">→ Tu</td><td rowspan="2">→ Tu</td><td>→ Tu (PE/PB)</td></tr>
<tr><td>Você (PB)</td></tr>
<tr><td rowspan="2">Cortesia [+ formal]</td><td rowspan="2">Vós →</td><td>→ Vós</td><td rowspan="2">→ Você</td><td rowspan="2">(Você — neutro) (PB)<br>O/A Senhor(a) (PB/PE)<br>O/A senhor(a) + N, SN,<br>[Ø] + $v_{3SG}$ (PE)</td></tr>
<tr><td>Vossa Mercê→</td></tr>
</table>

Mesmo sendo uma representação simplificada, o quadro nos permite observar alguns aspectos interessantes acerca do tema. O primeiro estágio corresponde à herança do sistema latino (cf. Cintra, 1972; Faraco, 1996) e aparece registrado na documentação remanescente até o século XV. Nele, a forma *tu* situa-se no plano da intimidade e a forma *vós* é empregada para um único interlocutor como estratégia de cortesia. A partir do século XV, inicia-se um segundo estágio, com a entrada da forma de tratamento polida *Vossa Mercê*. Tal estratégia passa a disputar espaço no plano da cortesia com o pronome *vós*. No terceiro estágio, *Vossa Mercê* sofre um processo de gramaticalização e gera o pronome *você*. Durante o século XIX, o inovador *você* transitava por espaços discursivo-pragmáticos distintos: era um tratamento veiculado pela elite brasileira com algum traço de cerimônia, que também circulava eventualmente como variante pronominal de *tu*. Até então, os sistemas pronominais do português europeu (PE) e do português brasileiro (PB) eram bastante equivalentes. Do fim do século XIX em diante, mais no Brasil do que em Portugal, *você* passou, de fato, a disputar espaço no plano da intimidade, concorrendo com *tu* íntimo, como mostrado no terceiro e no quarto estágios. Na fase moderna/contemporânea da língua, as diferenças entre Brasil e Portugal na questão do tratamento são bem nítidas. No plano da cortesia, as estratégias *o senhor/a senhora* ocuparam no PB do século XX o espaço deixado por *você* no sistema de cortesia. Os brasileiros praticamente não utilizam as estratégias *O senhor + N* e *SN*, ao passo que os portugueses utilizam com muitas restrições o pronome *você*. Se estendermos essa discussão para a questão da concordância verbal e para as demais posições sintáticas, as diferenças diatópicas se acentuam ainda mais.

## 6.7. Formas gramaticais derivadas do demonstrativo ILLE

No quadro a seguir, reunimos alguns itens que pertencem a (sub)classes distintas de acordo com a descrição gramatical, embora tenham uma origem comum, como procuraremos mostrar. Para tentar compreender tal processo, tente organizar os dados em destaque. Sua tarefa será bastante simples: separe os dados, tendo em vista a subdivisão funcional básica, utilizada por Camara Jr. (1983: 79), para separar os *termos determinantes* (modificadores do nome substantivo) dos *termos determinados* (ou centro da expressão). Como o autor afirma, os primeiros teriam *função adjetiva,* como é o caso da primeira ocorrência do indefinido *outras* em (*todalas outras maravilhas e aventuras u todolos outros falecerom*). Os termos determinados teriam, por sua vez, *função substantiva* e a segunda ocorrência do indefinido (*outros falecerom*) seria um exemplo ilustrativo. Aproveite essa divisão maior (*determinante vs. determinado*) e depois reagrupe os vocábulos pela (sub)classe a que pertencem. Vamos ao trabalho!

(41) ***el***-rei, que era ende mui ledo, honrou-os muito e feze-***os*** mui bem servir (l. 3).

(42) ***Ela*** começou a catar de ũa parte e da outra po***lo*** paaço e preguntavam-***na*** que demandava (l. 7).

(43) — Si, donzela, disse ũũ cavaleiro. Veede-***lo***: está a aquela freesta (l. 10).

(44) Ela foi logo pera ***el*** e salvou-***o***. ***Ele***, tanto que ***a*** vio recebeu-***a*** mui bem e abraçou-***a*** (l. 11).

(45) — Certas, donzela, disse ***el***, muito me praz, ca teudo som de vos fazer serviço em toda***las*** cousas que eu poder (l. 19-20).

(46) E quando ***el***-rei viu que se fazia armar a tam gram coita foi a ***el*** coa raía e disse-lhe (l. 22).

(47) Leixar-nos queredes a atal festa u cavaleiros de todo ***o*** mundo veem aa corte (l. 23).

(48) E quando ***el*** viu Lançarot ir e ***a*** donzela (l. 33).

(49) Quando eles chegarom a[a] abadia, levarom Lançarot pera ũa camara e desarmarom-***no*** (l. 40).

(50) nom queria que se fosse Galaaz ante que o ***el*** visse, ca bem sabia que pois se ***el*** partia dali (l. 35).

(51) E se vos ***el*** ende nom rogasse vó-***lo*** devíades de fazer ca bem sabedes que [é] vosso filho (l. 46).

(52) ***El*** respondeo baldosamente (l. 49).

(53) assi como a ***ele*** aprouver (l. 64).

(54) tu darás cima a toda***las*** outras maravilhas e aventuras u todo***los*** outros falecerom (l. 86).

(55) ... assi que tu darás cima a toda***las*** outras maravilhas e aventuras u todo***los*** outros falecerom e falecerám (l. 86).

(56) E sebede que quantos i estavam se pagavam em como ***el*** parecia (l. 97).

(57) E sabede que, quando Lançarot ***o*** fez cavaleiro, que se nom pôde sofrer de chorar porque sabia que toda***las*** partes era de grande guisa que nom podia de maior seer (l. 100).

(58) nem ***el*** nom no podia ja mais cuidar que pudesse vĩir a tam gram cousa como pois veeo (l. 103).

Veja se a sua lista está parecida com a que segue:

| TERMO DETERMINANTE | TERMO DETERMINADO | |
|---|---|---|
| (1) ARTIGO DEFINIDO | (2) PRONOME PESSOAL DE 3ª PESSOA | (3) PRONOME OBLÍQUO ÁTONO (CLÍTICO ACUSATIVO DE 3ª PESSOA) |
| *el*-rei (l. 3, 22)<br>po*lo* paaço (l. 7)<br>toda*las* cousas (l. 19-20)<br>todo *o* mundo (l. 23)<br>*a* donzela (l. 33)<br>toda*las* outras (l. 86)<br>todo*los* outros (l. 86)<br>toda*las* partes (l. 100) | *Ela* começou (l. 7)<br>pera *el* (l. 11)<br>*Ele, tanto que a vio* (l. 11)<br>disse *el* (l. 19-20)<br>foi a *el* (l. 22)<br>*el* viu (l. 33)<br>*el* visse (l. 35)<br>*el* partia (l. 35)<br>*El* respondeo (l. 49)<br>a *ele* aprouver (l. 64)<br>*el* parecia (l. 97)<br>*el* nom no podia (l. 103) | feze-*os* (l. 3)<br>preguntavam-*na* (l. 7)<br>Veede-*lo* (l. 10)<br>salvou-*o* (l. 11)<br>*a* vio (l. 11)<br>recebeu-*a* (l. 11)<br>abraçou-*a* (l. 11)<br>desarmarom-*no* (l. 40)<br>vó-*lo* (l. 46)<br>Lançarot *o* fez (l. 100) |

As duas grandes divisões serviram para opor os *termos determinantes*, em que se incluem os artigos definidos, e os *termos determinados* que, nesses dados, se referem a dois tipos de pronomes pessoais de 3ª pessoa: pronomes tônicos e pronomes átonos (estes últimos chamados também de oblíquos átonos ou clíticos acusativos, por funcionarem como complemento direto do verbo).

Por um lado, os artigos funcionam sempre como determinantes, concordando em gênero e número com o termo determinado: *o mundo, a donzela, todalas outras, todolos outros* etc. Os artigos, como você sabe, podem substantivar qualquer vocábulo (*o não é um advérbio; o viver é essencial*) e são eles que trazem a informação do gênero do substantivo. Por exemplo, no período medieval, alguns nomes tinham gênero diferente do que observamos atualmente. O vocábulo *linguagem,* hoje substantivo feminino, era masculino no português arcaico e conseguimos visualizar essa informação a partir da morfologia do artigo que o acompanha: *en este ãno el rey dõ Bermudo era muy mal doente de hũa door* *a que os fi[si]cos et os outros sabedores das naturas chamã podroga, bem cõmo doẽça dos pees segũdo **o lin[gu]agem** de Castela* (Lorenzo, 1975).

Por outro, o pronome pessoal e os clíticos, ambos de 3ª pessoa, funcionariam como núcleos isolados para substituir um nome, ou melhor dizendo, substituir todo o sintagma nominal. Na linha 7, *ela* e *na*, em *Ela começou* e *preguntavam-na*, estão substituindo e retomando anaforicamente o sintagma *a donzela* mencionado anteriormente no texto. Diferentemente dos artigos, esses pronomes teriam função substantiva.

Além dessa oposição entre *determinantes* e *determinados*, há ainda a diferença morfossintática entre os dados das colunas 2 e 3. Embora os pronomes das duas últimas colunas se refiram à mesma pessoa (3ª pessoa do singular) com flexão de gênero, você deve ter notado que apresentam resquícios do caso latino, por apresentarem variação formal a depender da função sintática que desempenham. Na coluna 2, as formas *el~ele(a)* são usadas como sujeito — em *Ela começou, el viu* — e como complemento preposicionado em *pera el, foi a el.* Na coluna 3, só há dados de formas átonas que funcionam como complemento não preposicionado do verbo: *o(s), a, no(a)* e *lo.*

Por fim, vamos propor outra tarefa. Retome os dados e identifique se há formas destoantes dos usos atuais para essas classes listadas nas três colunas.

Não há tanta diferença entre esses usos medievais e o que se conhece no português atual, mas chamam a atenção alguns alomorfes, ou seja, algumas formas variantes, hoje em desuso. Na coluna 1, com dados de artigos definidos, percebemos as formas atuais (*todo o mundo,* l. 23; e *a donzela,* l. 33), ao lado de alguns alomorfes *el, lo(s)* e *la(s)*: *el-rei* (l. 3), *todalas outras, todolos outros* (l. 86). Na coluna 2, a forma atual do pronome *ele*, seja como sujeito seja como complemento preposicionado, apresentou também duas formas variantes: *ele ~ el.* Na coluna 3, entretanto, as formas átonas da 3ª pessoa (ou as formas clíticas acusativas) encontradas na *Demanda* — *o(s), a, no(a)* e *lo* — são as mesmas que ainda existem no português brasileiro (mais na escrita do que na fala).

Ao analisar essa variação de formas nos dados apresentados, você deve ter notado pontos coincidentes e divergentes, como, por exemplo, a presença ou ausência da consoante -l- em alguns alomorfes ainda encontrados no quadro dos clíticos de 3ª pessoa do português atual. Como entender tal variação? Por que motivo reunimos em apenas um tópico três (sub)classes com comportamentos morfossintáticos distintos?

O ponto em comum está na origem histórica dessas formas em análise. Todas são oriundas do pronome demonstrativo latino ILLE. Vamos começar comentando a emergência do pronome de 3ª pessoa *ele/ela.*

Advindos do nominativo latino, em suas formas masculina e feminina, os demonstrativos ĬLLE e ĬLLA sofrem processos fonéticos já descritos no capítulo

4: a vogal breve ĭ passa a /e/ e as consoantes geminadas foram simplificadas (ĬLLE > *ele*). No feminino *ela*, a vogal inicial é aberta — /ɛ/ — e não fechada como no masculino (*ele*). Camara Jr. (1979: 98) comenta que existem duas justificativas para tal comportamento: a alternância submorfêmica entre vogal fechada e vogal aberta para expressar feminino, como em *sogro/sogra*, ou por uma metafonia provocada pela vogal /a/ final. Os plurais *eles/elas* seguiriam o padrão do plural em *-s* dos nomes em português (possivelmente uma criação românica segundo o autor, já que as formas nominativas plurais no latim seriam ILLI e ILLAE, para o masculino e o feminino, respectivamente).

No latim, o sistema de pronomes pessoais levava em conta as "verdadeiras" pessoas do discurso (1ª e 2ª). A 3ª pessoa era indicada apenas pela flexão verbal, que podia ocorrer associada a um nome próprio na posição de sujeito, como em (a), ou a um pronome demonstrativo, núcleo do sintagma nominal, que funcionava para situar a entidade no campo mostrativo da comunicação, como em (b):

(a) MARCUS CURRIT ("Marcos corre")
(b) **ILLE** CURRIT ("aquele indivíduo que estamos vendo ali corre") > *Ele corre* (*Marcus*, ILLE no nominativo) (cf. Camara Jr., 1979: 91).

Nas línguas românicas e, em particular, no português, o sistema de pronomes pessoais se alterou a partir da inserção de uma série de 3ª pessoa. Coube ao ILLE (pronome demonstrativo latino no nominativo) exercer tal papel no processo evolutivo de demonstrativo > pronome pessoal sujeito. Trata-se também de um caso de gramaticalização, em que houve perdas e ganhos de propriedades. Perde-se o caráter dêitico original, mas o pronome pessoal *ele* mantém a propriedade de flexão de gênero (*ele/ela*) e número (*ele/eles*) dos demonstrativos. É importante lembrar que os pronomes pessoais "legítimos ou mais primitivos" não sofrem flexão de gênero/número (*eu/nós, tu/vós*), como já mostrava Camara Jr. (1979). Têm-se, nesses casos, itens lexicais diferentes, e não a flexão de um mesmo item como em *ele-ela*. Considera-se, em geral, que as formas de 1ª e 2ª pessoas teriam uma maior dimensão pragmática, no sentido de serem os verdadeiros vocábulos dêiticos situacionais. As formas de 3ª pessoa são, em geral, menos situacionais e mais textuais, ou seja, são anafóricos. Camara Jr. (1979: 93) afirma:

> Conceptual e morfologicamente, o sistema de pronomes pessoais em português é a rigor, dicotômico. De uma parte, há a antiga estrutura heterônima latina com — *eu, tu, nós, vós*; de outra parte, a série de 3ª pessoa com a estrutura nominal de feminino em *-a* e plural em *-s*. Os primeiros referem-se às pessoas que participam ativamente da comunicação linguística; o segundo substitui no contexto linguístico um nome substantivo, que por sua vez se refere a qualquer coisa que é assunto passivo da comunicação.

Camara Jr. comenta: a diferença do pronome *ele* no português e ILLE no latim, em função de sujeito, é justamente o fato de ILLE, por ser um genuíno demonstrativo, se reportar diretamente ao mundo biossocial que envolvia a comunicação linguística, como em (b) (Camara Jr., 1979: 93). Pode-se dizer que a forma de 3ª pessoa se comporta mais frequentemente, no português atual, como elemento anafórico do que dêitico, o que é mais raro para as outras pessoas. A inserção de *ele* no sistema pessoal, portanto, "cinde o quadro em dois tipos distintos de pronomes, com reflexos na sintaxe e em sua interpretação semântica" (Castilho, 1997: 37).

O mesmo ILLE demonstrativo, núcleo de sintagma nominal, podia ainda ocorrer no latim na forma acusativa: VIDEO **ILLUM** ("vejo aquele indivíduo ali"). Aqui também o pronome tinha função substantiva e ocupava o lugar de um nome/sintagma nominal, nesse caso, o complemento verbal: VIDEO **MARCUM** ("vejo Marcos") > *Vejo Marcos*. Do mesmo modo que se viu nos pronomes pessoais retos, os clíticos se esvaziaram semanticamente ao perderem a função dêitica e assumirem valor anafórico, retomando algo anteriormente mencionado.

As formas atuais dos pronomes clíticos *o, a, os, as* originam-se do acusativo latino de ILLE nas suas formas de masculino, feminino, singular e plural (ĬLLUM, ĬLLAM, ĬLLOS, ĬLLAS). O processo fonético é semelhante ao anterior, com a vogal breve ĭ passando a /e/, a simplificação das geminadas e a apócope do *-m* de acusativo: ĬLLUM > *elo*. O enfraquecimento articulatório da vogal inicial átona levou às formas *lo(s), la(s)*, que sofreram o mesmo processo fonético-fonológico geral da perda da consoante -l- quando em contexto intervocálico: VIDEO ILLUM > *vejo elo* > *vejo lo* > *vejo-o*. Interessante lembrar que os alomorfes atuais *no/na(s)* e *lo/la(s)* teriam assim uma explicação/motivação histórica. Quando as formas verbais terminavam em consoante /r/ e /s/, o -l- permanecia, ocorrendo um processo de assimilação consonântica: *ver + lo* > *vê-lo* (/rl > ll > l/). Nos casos de verbos terminados pela consoante nasal de travamento, também houve assimilação, em favor da nasal (/Nl > Nn/): *preguntavam-la* > *preguntavam-na* (l. 7).

## VOCÊ SABIA?

Dentre as diversas mudanças pelas quais os pronomes têm passado em português, pode-se destacar o processo de perda do clítico acusativo de 3ª pessoa na variedade brasileira (cf. Duarte, 1986; 1989). Esses clíticos, que um dia foram o demonstrativo latino ILLE em posição de objeto ILLUM, perdem espaço, principalmente na modalidade falada, para outras estratégias de referência, dentre elas o pronome lexical *ele* ou mais frequentemente o zero (Encontrei *João* > Encontrei-*o* / Encontrei *ele* / Encontrei [ø]). Verifica-se, assim, que *ele*, forma que tem a mesma origem de *o*, e, em outros momentos, atuava apenas na função de sujeito, pode figurar também, no PB atual, na função de objeto.

Faltaram os artigos. Diferentemente dos dois primeiros casos, os artigos surgem a partir da extensão do emprego do ILLE demonstrativo, no caso acusativo, com função adjetiva (termo determinante). O latim não marcava formalmente um nome [+definido]; a ausência de qualquer item determinante era, na verdade, a indicação de definitude, como em *LIBER* SUPER *MENSA* EST = "O livro está sobre a mesa". A indefinitude, ao contrário, era formalmente marcada pelo determinante, como em *UNUS LIBER* SUPER MENSA EST = "Um livro está sobre a mesa". Os artigos indefinidos são justamente oriundos do numeral que aparece nesse contexto.

A inovação consistiu em passar a marcar formalmente a definitude nas línguas românicas. Foneticamente, o artigo sofreu o mesmo enfraquecimento descrito para os clíticos acusativos por ocorrer em uma posição átona e proclítica ao nome: *elos frades* > *los frades* > *os frades*; *de los frades* > *dos frades*; *vejo los frades* > *vejo os frades*.

Os artigos mantiveram, de certa forma, a função dêitica e o caráter proclítico ao nome característico do demonstrativo latino, além das flexões de gênero e número próprias dos demonstrativos. Em função das duas primeiras propriedades, alguns autores consideram que os artigos deveriam ser considerados como um subtipo da classe dos pronomes e não uma classe à parte. Para Camara Jr. (1979: 106),

> o artigo é, essencialmente, um adjetivo. A função isolada, ou substantiva, da partícula existe, não obstante, como antecedente de um *que* pronominal. Tem-se para isso uma série paralela à dos demonstrativos, como uma forma neutra *o*, correspondendo a *isto, isso, aquilo*. Continua a ser uma partícula para a categoria do definido, e alterna com *aquele*, desviado da sua função demonstrativa precisa, no plano da escolha estilística.

Veja os exemplos a seguir. O emprego do item *-os-* isolado, ou seja, em função substantiva e não adjetiva leva à interpretação demonstrativa com valor de *aquele(s)*. É como se fosse um vestígio do antigo estágio do artigo na língua, um resquício de seu uso como demonstrativo:

(a) Os que acordam cedo aproveitam mais a luz do sol = Aqueles que acordam cedo aproveitam a luz do sol.

(b) O que se ensina com dedicação nunca é esquecido = Aquilo que se ensina com dedicação nunca é esquecido.

(c) Quando os que ficarom vivos no castelo virom que o conde era morto fezerom mui gram doo (DSG, cap. 435) = Quando aqueles que ficaram vivos no castelo viram que o conde estava morto, fizeram (=tiveram) dor muito grande.

Em suma, discutimos nesta seção que os artigos, os pronomes pessoais de 3ª pessoa *ele(s)/ela(s)* e os pronomes oblíquos átonos originaram-se do pronome demonstrativo ILLE em suas formas variantes latinas. As diferenças de cada uma dessas subclasses dependiam da função assumida pelo demonstrativo no latim:

(a) função adjetiva (> artigos definidos);

(b) função substantiva: nominativo (> pronome de 3ª pessoa: *ele/ela*); acusativo [> pronome oblíquo átono ou clítico acusativo: *o(s), a(s), lo(s), la(s), no(s), na(s)*].

## 6.8. Colocação dos clíticos e interpolação

A colocação dos clíticos pronominais (clítico-verbo *vs.* verbo-clítico) apresenta, na história do português, um comportamento variável, que pode caracterizar normas de uso distintas ao longo do tempo ou mesmo distinguir gramáticas diferentes do português europeu em relação ao português brasileiro. Ainda que as gramáticas normativas atuais apresentem os contextos estruturais de próclise e ênclise obrigatórias para a colocação pronominal, sabemos que os brasileiros preferem claramente a próclise, enquanto os portugueses adotam a ênclise. A influência normativa atua de forma relativa em cada uma das variedades e outros aspectos podem interferir na variação posicional dos clíticos: textos falados *vs.* escritos, estilo pessoal, prestígio, entre outros. O tema conta com bibliografia vastíssima e nossa pretensão, tendo em vista os limites do capítulo, é comentar, em linhas gerais, o comportamento dos dados extraídos da *Demanda*. Para facilitar a análise, vamos separar os dados por partes. Veja os exemplos a seguir e responda: como ocorre a colocação pronominal de (59) a (66)? Há variação entre clítico-verbo (próclise) e verbo-clítico (ênclise) nos mesmos contextos estruturais?

(59) el-rei, que era ende mui ledo, honrou-***os*** muito e feze-os mui bem servir (l. 3).

(60) Ele, tanto que a vio recebeu-***a*** mui bem (...) (l. 11).

(61) — Senhor, verdade é, mais rogo-***vos***, se vos aprouguer, que (...) (l. 17).

(62) — Filho, pois ***vos*** praz, eu vos farei cavaleiro (l. 65).

(63) (...) ca eu ***vos*** digo que de bondade de cavalaria os milhores cavaleiros do mundo passará. (l. 67).

(64) E eu ***te*** demando ta companha (...) (l. 79).

(65) Ca Deus, que te fez nascer em tal pecado como tu sabes, por mostrar seu gram poder, essa gram virtude ***te*** outorgou (...) (l. 83).

(66) E Galaaz ***lho*** outorgou (l. 94).

Esses poucos dados mostram claramente a variação entre ênclise (59-61) e próclise (62-66) nos mesmos contextos estruturais. Que contextos seriam esses? Trata-se de frases finitas sem os atratores de próclise ou de ênclise obrigatória. Aqui temos estruturas em que o clítico segue o sintagma nominal que funciona como sujeito, em (59-60, 64-66), além de orações coordenadas simples, introduzidas pela conjunção *mais (mas)* em (61), *pois* em (62) e *ca* em (63). A presença da próclise sem um atrator nesse texto medieval, por si só, derrubaria um velho mito de que o uso generalizado da próclise no português brasileiro seria uma inovação ou mesmo uma "corrupção linguística" dos brasileiros que "não sabem usar a língua corretamente", já que a ênclise é a norma no português europeu. Os dados mostram que a próclise no português é bem antiga e não é uma criação brasileira. Por essa razão, temos, mais uma vez, um argumento para mostrar que o estudo da história da língua ajuda a quebrar certos tabus. Com esses poucos dados, temos evidências empíricas de que as línguas são dinâmicas, variáveis e que estão em constante processo de mudança. Além disso, notamos que as normas de uso não são sempre as mesmas ao longo do tempo, pois dependem de determinado tempo ou lugar.

Vamos prosseguir com a análise de outros dados do texto. Veja agora a colocação dos clíticos nos exemplos a seguir. O que você notou?

(67) — Se me Deus feze [assi] fremoso, dar-***mi***-á bondade (...) (l. 60).

(68) (...) eu ***vos*** farei cavaleiro (l. 65).

(69) (...) ca a demanda do Santo Graal ***se*** começará tanto que tu i chegares (l. 80).

Em (67), vemos um caso de mesóclise e, em (68-69), temos novamente a próclise. Nos três exemplos, a forma verbal está no futuro do presente, resultado da gramaticalização de uma estrutura perifrástica formada por um verbo no infinitivo seguido pelo verbo *haver*. Nossa tradição gramatical recomendaria a mesóclise com esse tempo verbal, mas a variação entre mesóclise e próclise mostra, mais uma vez, que se tem uma norma de uso não muito distante do que se verifica no português brasileiro atual.

Até aqui observamos que, no português arcaico, havia variação de próclise, ênclise e mesóclise em frases finitas, ou seja, em contextos de próclise/ênclise não obrigatórias. Ainda é preciso mencionar os contextos de próclise e de ênclise obrigatórias nesse fragmento de texto. Vejamos os típicos atratores de próclise em alguns dados da *Demanda*:

a. **itens de negação**
   (70) (...) nem el nom ***no*** podia ja mais cuidar (...) (l. 103).

b. **conjunções subordinativas**
   (71) E quando el-rei viu que ***se*** fazia armar a tam gram coita (...) (l. 21).

c. **pronomes relativos**
(72) — Senhor, disse el, nom vou senam a esta foresta, com esta donzela que ***me*** rogou (...) (l. 26).

d. **pronomes interrogativos**
(73) — Ai, donzela, disse Lançalot, que ventura ***vos*** adusse aqua? (l. 15).

e. **quantificadores**
(74) E toda rem que entendeu per que aquela corte seeria mais viçosa e mais leda todo ***o*** fez fazer (l. 4).

A ênclise, mais geral no período medieval, ocorre, de maneira mais sistemática, em **frases finitas com verbo em posição inicial**:

(75) Veede-***lo***: está a aquela freesta, falando com dom Galvam (l. 10).

(76) Filho, outorga-***me*** o que te demando (...) (l. 92).

Observemos uma particularidade do período medieval no que se refere à colocação dos clíticos. Leia os exemplos e modernize as sequências. Os dados causaram algum tipo de estranheza, se pensarmos no português brasileiro atual?

(77) Aquel dia que ***vos*** eu digo (...) (l. 5).

(78) (...) ca nom queria que se fosse Galaaz ante que ***o*** el visse (...) (l. 35).

(79) (...) e que ***o*** nom veeria ameúde (l. 37).

(80) E se ***vos*** el ende nom rogasse (...) (l. 47).

(81) — Se ***me*** Deus feze [assi] fremoso (...) (l. 59).

(82) E nom sei no mundo que ***me*** tanto pudesse confortar (...) (l. 80).

(83) E sabede que, quando Lançarot o fez cavaleiro, que ***se*** nom pôde sofrer de chorar (...) (l. 101).

Você deve ter observado que, nesses exemplos, o clítico em próclise ao verbo não está diretamente ligado a ele. Essa ordem gera, sem dúvida, ao menos um estranhamento aos falantes do português brasileiro (no PE, essa possibilidade continua a existir em alguns contextos). No dado (78), por exemplo, a atualização do texto nos faria transformar "*ante que **o** el visse*" em "*antes que ele **o** visse*". Nesse caso, assim como nos dados da *Demanda* selecionados, observamos que o clítico se encontra separado do verbo (*o el visse*), estando o pronome pessoal sujeito entre esses dois elementos. Na modernização proposta, isso já não ocorre e o clítico está junto à forma verbal, isto é, contíguo ao verbo. Nos casos de não contiguidade entre o clítico e o verbo, haverá um elemento interpolado (interveniente) entre os dois elementos, razão pela qual chamamos esse fenômeno de *interpolação*.

O português medieval permitia a interpolação de constituintes de diversas naturezas entre o clítico e o verbo, como o sujeito, o advérbio de negação *não*, elementos de natureza adverbial, e, mais raramente, complementos verbais. Nos casos citados, vemos exemplos disso. Esses casos, no entanto, ocorrem em contextos específicos, como em orações subordinadas e em outros contextos de próclise obrigatória (Martins, 1994; Namiuti, 2008). De acordo com Galves (2012), a interpolação encontrada no final do período medieval e durante o português clássico teria uma configuração distinta da que acabamos de descrever. Desaparecerá a interpolação de constituintes diferentes do advérbio de negação *não* e esta se estenderá a novos contextos, que não são de próclise obrigatória, como as orações principais neutras (sem atrator), como o exemplo (84) a seguir. Vale dizer que a interpolação do *não* permanece até hoje no português europeu:

(84) Dom Manoel de Lima **o** [não] **quiz ouvir** naquele negócio (Couto, 1542, *Corpus* Tycho Brahe, *apud* Galves, 2012: 70).

Sintetizemos os aspectos comentados até aqui com ajuda de bibliografia complementar. Para tanto, é preciso pensar em várias etapas de mudança. Em primeiro lugar, no período mais antigo do português, sobretudo entre os séculos XIII e XIV, a colocação pronominal apresentaria o seguinte comportamento:

(a) alternância ênclise/próclise com tendência à ênclise, segundo Martins (1994);
(b) possibilidade de não contiguidade clítico-verbo (com a interpolação da negação e de constituintes diversos).

Uma segunda etapa, ainda no período medieval, que se inicia aproximadamente no século XV, apresenta um progressivo aumento no uso da ordem clítico-verbo, que se firma no português clássico. Nessa etapa, tem-se também o desaparecimento da interpolação de constituintes diferentes de *não* (Galves, 2012: 69). No século XVII em diante, a ênclise substituiu a próclise somente no português europeu.

O que aconteceu no Brasil? A partir do século XVI, os colonizadores portugueses trouxeram possivelmente para cá a variação clítico-verbo e verbo-clítico, com tendência à próclise típica do português clássico. Aqui a ordem proclítica parece ter se fixado e generalizado, tornando-se dominante nos contextos que são de ênclise obrigatória no português europeu, como é o caso de verbo em posição inicial absoluta. Veja esse exemplo bastante atual, embora tenha sido produzido por uma brasileira em uma carta escrita no ano de 1885:

(85) **Me**lembro muito de você com muitas saudades (de Barbara Ottoni para seu neto. In: Lopes, 2005: 215).

Obviamente, não podemos deixar de dizer que, no português brasileiro escrito, a ordem dos clíticos é sensível a fatores externos, como o tipo de texto, maior ou menor adoção da norma-padrão do português europeu, prestígio social etc. De qualquer forma, textos escritos no Brasil do século XIX mostram vários exemplos da ordem clítico-verbo, que são de uso comum no português atualmente falado no Brasil (cf. Pagotto; Duarte, 2005). Para saber mais sobre o assunto, consulte estudos específicos sobre o tema com base em dados do passado. Entre eles estão: Martins (1994), Galves (2012), Lobo *et al.* (1991), Pagotto e Duarte (2005), Schei (2000), entre tantos outros.

## 6.9. A forma *homem* como estratégia de indeterminação

Continuemos a observar fenômenos típicos do período medieval. No quadro a seguir, retiramos dados do item *homem*. Leia os exemplos e verifique se os contextos de uso da forma em destaque são os mesmos:

(86) Véspera de Pinticoste foi grande gente assũada em Camaalot assi que podera ***homem*** i veer mui gram gente (l. 1).

(87) Par Deus, se vós nom cuidades seer bõõ ***homem*** ou bõõ cavaleiro (l. 55).

(88) Filho, outorga-me o que te demando, que Deus te faça ***homem*** bõõ. (l. 93).

(89) E sebede que quantos i estavam se pagavam em como el parecia; e nom era maravilha, ca, em aquel tempo, nom podia ***homem*** achar em todo o regno de Logres donzel tam fremoso nem tam bem feito ca em todo era tal que nom podia ***homem*** achar rem em que lhe travasse (l. 97).

A partir da análise dos dados, você deve ter identificado que os usos são um tanto distintos. Em (87) e (88), não há dúvida de que se trata do nome substantivo masculino-singular *homem* que, em termos semânticos, se refere ao ser humano adulto e, em termos morfossintáticos, funciona como o núcleo de um sintagma nominal. Em *bõõ* <u>*homem*</u> (87) e <u>*homem*</u> *bõõ* (88), tal categorização fica nítida pelos traços de gênero masculino-singular presentes na concordância nominal estabelecida entre o núcleo do sintagma *homem* e o adjetivo (qualificador) *bõõ* (= *bom*). E os outros dados? Trata-se também de um nome substantivo? Note que o vocábulo aparece como núcleo isolado, não antecedido de determinante ou seguido por modificador/

qualificador, como nos casos anteriores. Como você interpreta semanticamente esses casos?

É bem provável que você tenha notado que o vocábulo *homem* tem valor indefinido, sendo interpretado como *alguém, ninguém: que podera homem i veer mui gram gente = que poderá alguém ver aí muita gente; nom podia homem achar = não (se) podia (alguém) achar.* Por que há tal diferença entre os exemplos? Que usos são esses?

Diversos gramáticos e filólogos identificam, no português arcaico, o emprego do vocábulo *homem* como substantivo e como pronome indefinido (cf. Vasconcellos, 1906; Huber, 1986 Mattos e Silva, 1989). Desde Ribeiro (1914), menciona-se que já no baixo latim o substantivo HOMO era empregado como uma das formas de indeterminar o sujeito. As línguas românicas antigas teriam herdado esse emprego do substantivo latino — a chamada indeterminação do "agente do verbo" — por meio das variantes de HOMO: *hombre/ome* (espanhol), *uomo* (italiano), *homem/ome* (português), *omul* (valáquio), *om/hom* (provençal) e *on* (francês). Atualmente, só o francês conserva esse modo de expressão aplicado a ambos os gêneros e também aos dois números:

On *doit être bon.* "Deve-se ser bom" (masc.)
On *doit être bonne.* "Deve-se ser boa" (fem.)
On *se battit en désespérés.* "Lutaram em desespero" (Ribeiro, 1914: 332).

Quanto ao português medieval, Vasconcellos (1906: 111) menciona a variação de *homem* como pronome e como substantivo em vários textos medievais e identifica exemplos do *Fabulário português (Livro do Esopo)*, datado por ele como do século XIV. Os principais aspectos apontados pelo autor para interpretar o substantivo como pronome indefinido são:

(a) "a ausência de artigo" (Vasconcellos, 1906: 332), como nos dados retirados da *Demanda*;
(b) a possibilidade de ser substituído por "ninguém", "alguém" etc.

Ressalte-se, entretanto, que o próprio filólogo não considera esses recursos plenamente confiáveis, pois, em diversos casos, a interpretação é ambígua. Veja, no exemplo a seguir, que a leitura indefinida prevalece, pois o item equivale a *alguém*. É possível, entretanto, atribuir um valor referencial ao item, principalmente, pela presença da oração relativa *que está em perigo*, que especifica o antecedente:

> Que certo é que ***homem***, que está em perigo, de todalas cousas há receo (*Vida e Feitos de Julio Cesar, apud* Mateus, 1971: 70).

(a) leitura pronominal: Que certo é que *alguém*, que está em perigo, ...
(b) leitura nominal: Que certo é que *um homem*, que está em perigo, ...

Aproveitando algumas dessas observações, cabe-nos discutir os contextos morfossintáticos que poderiam ser o gatilho para a dupla interpretação do vocábulo *homem* (leitura nominal e leitura pronominal). Tais aspectos são importantes porque não é tão incomum assim que expressões nominais passem a funcionar como pronomes pessoais/indefinidos a partir de um processo de gramaticalização. Em linhas bem gerais, isso quer dizer que o substantivo *homem* teria iniciado um processo de perda de suas propriedades lexicais, tornando-se "mais gramatical" ao ser empregado também como pronome indefinido no português arcaico. Tal processo de mudança, que se iniciou provavelmente no latim vulgar, teve continuidade no período medieval e foi interrompido por volta do século XVI. Além do fenômeno que estamos discutindo (lat. HOMO > port. arc. *ome*, fr. *on*), têm-se inclusive — para citar apenas exemplos do português — outros casos como a gramaticalização de *gente > a gente* e de *Vossa Mercê > você.*

Então, vejamos. Como nomes podem passar a funcionar como pronomes? Que pontos essas duas categorias teriam em comum? A princípio, apesar de os pronomes e os substantivos exercerem as mesmas funções sintáticas (sujeito, objetos e complementos de preposição), há pelo menos uma diferença fundamental em termos do seu comportamento morfossintático: os pronomes, principalmente os pessoais, ao contrário dos nomes, não podem ser antecedidos por determinantes e funcionam, em geral, como núcleos isolados no SN. Pode-se dizer "o homem saiu", enquanto "*o ele saiu", ou "*o eu estudei" seriam agramaticais. O único tipo de *determinação* que pode ocorrer com os pronomes pessoais restringe-se aos adjetivos (*mesmo, próprio*) e a numerais com as formas de plural: *"eu mesma fiz isso, nós mesmos fizemos tal coisa, nós três fomos ao cinema"*. Os indefinidos invariáveis, que nos interessam em particular nessa discussão do *homem* pronominal arcaico,

(i) não funcionam como determinantes de nome (*Alguém rapaz estava aqui);
(ii) ocorrem, em geral, isolados no SN (Alguém chegou);
(iii) não podem ser determinados por outros determinantes (*este alguém fez isso);
(iv) podem, entretanto, ser seguidos por qualificadores (Quero alguém *interessante* para namorar).

Se retomarmos os dados da *Demanda* (*podera homem, nom podia homem, bõõ homem* e *homem bõõ*), perceberemos nitidamente que foi o uso isolado do item o contexto favorecedor da leitura indeterminada do item, ao contrário do que ocorre com (87) e (88), com a presença do qualificador *bõõ* antes e depois do núcleo. Aliás, o que se vê nesses contextos é a perda da *referencialidade* do nome. Mesmo sendo uma propriedade semântica inerente aos nomes, não há como negar que artifícios sintático-discursivos determinam sobremaneira os graus de referência que determinado item pode assumir. O nome pode ganhar ou perder gradativamente sua referência, enveredando pela generalidade, pode atingir um alto grau de indefinitude e abstração. Talvez, ao alcançar esse patamar, o nome já esteja se *descategorizando* como classe por assumir referência genérica, perdendo sua principal propriedade semântica. Notadamente, existe uma relação entre a gradativa perda da *referencialidade* do substantivo e sua posição no sintagma. Ora, se o nome vem antecedido ou seguido por determinantes, quantificadores, qualificadores, possessivos, mais chances ele terá de ser interpretado como [+específico], [+definido], [+determinado], assumindo, assim, um caráter referencial. Por outro lado, se o item ocorre sozinho no sintagma nominal, a leitura genérica acaba por se impor.

É preciso lembrar que esse processo de gramaticalização do nome *homem* em pronome não se concretizou, pelo menos no português. O uso de *homem* como pronome indefinido é uma característica do português arcaico. Tratava-se de um fenômeno de variação que não se efetivou como uma mudança linguística, pelo menos, não com o nome *homem*. Destacamos esse problema porque aparentemente a gramaticalização/pronominalização de nominais atingiu outro item lexical — a forma *a gente* — que parece preencher a lacuna deixada pelo *homem* indefinido (cf. Lopes, 2003).

## 6.10. Conjunções

Reunimos, nesta seção, dados de conectores ou juntores (as tradicionais conjunções), que seriam os itens ou expressões gramaticais que "ligam partes de orações, orações, períodos inteiros e até fragmentos de texto maiores que uma frase, estabelecendo uma relação semântica ou pragmática entre os elementos ligados" (Dias; Rodrigues, 2010: 23).

Observe os dados destacados, que foram extraídos da *Demanda,* e agrupe-os, tendo em vista os exemplos seguintes:

(90) el-rei, que era ende mui ledo, honrou-os muito ***e*** feze-os mui bem servir (l. 2-3).

(91) ***Se*** me Deus feze [assi] fremoso, dar-mi-á bondade (l. 58).

(92) Senhor, disse el, nom vou senam a esta foresta, com esta donzela que me rogou; ***mais*** cras, hora de terça, seerei aqui (l. 26-27).

(93) ... assi que tu darás cima a todalas outras maravilhas e aventuras u todolos outros falecerom e falecerám. E ***por em*** quero todos teus feitos saber que acabarás, que foste feito em tal pecado, u os outros nom poderom i avĩir, que forom feitos em leal casamento (l. 84-87).

(94) E temia ***ca*** havia en ele mui grande sabor (l. 37-38).

(95) leixou sua irmida por ir ao mosteiro das donas, ***ca*** nom queria que se fosse Galaaz ante que o el visse (l. 34-35).

(96) E eu te demando ta companha, assi como tu ouves, que eu sei tua santa vida e ta bondade mais ***ca*** tu (l. 78-79).

Com base nesse primeiro elenco de formas, você deve ter identificado, em (90) e (91), a presença dos conectores/conjunções *e* e *se*, respectivamente. O primeiro une duas orações coordenadas entre si, e o segundo funciona como uma conjunção subordinativa condicional. Assim, os usos e valores identificados em (90) e (91) são os mesmos identificados atualmente tanto em termos da forma quanto da função. No dado (92), o item *mais* assume valor adversativo, opondo duas ideias básicas no fragmento (*ir* para a floresta e *voltar* ao castelo): Lancelot diz ao rei que vai à floresta com a Donzela atendendo a seu pedido, mas estará de volta na manhã seguinte. A forma se assemelha ao advérbio de intensidade atual *mais*, embora o valor no texto seja de um conector adversativo.

O exemplo (93) é também bastante interessante, porque apresenta a forma *por em* semelhante à conjunção adversativa atual *porém*, mas seu valor no texto é outro. No fragmento, você deve ter notado que o item *em* (< INDE), que integra a expressão *por em*, funciona como um elemento anafórico, pois retoma o que fora dito antes.

Por fim, nos três últimos exemplos (94-96), tem-se em destaque a forma *ca*, apresentando, em cada caso, valores distintos. Em (94), *ca* introduz, como uma típica conjunção integrante, um objeto direto oracional que complementa o verbo *temer*. Em (95), *ca* funciona como uma conjunção explicativa com valor de *porque* e, em (96), a forma *ca* está sendo usada em uma construção comparativa (*mais ca tu = mais que tu*). Assim, tem-se uma mesma forma (*ca*) com diferentes valores no período arcaico. Atualmente esses valores não são expressos por tal partícula.

Com base nas diferenças observadas nas formas e funções (valores) assumidas pelos itens em destaque, procuraremos recuperar um pouco da história dos conectores, a fim de compreender melhor alguns dos usos identificados na *Demanda*. Para tanto, exploraremos o tema a partir de três abordagens complementares. Na primeira, vamos retomar o latim para comentar rapidamente quais conectores se mantiveram. Na segunda, analisaremos como novos conectores emergiram ao longo da história do português a partir da combinação de formas de outras classes gramaticais. Por fim, na terceira, mostraremos alguns conectores produtivos no período arcaico que deixaram de ser utilizados no português atual.

Em (90) e (91), a conjunção coordenativa aditiva *e* e a conjunção subordinativa condicional *se* já apareciam no texto medieval com valores facilmente identificados para um falante do português contemporâneo. As gramáticas históricas (cf. Nunes, 1975; Said Ali, 1964) nos mostram que havia outros *conectores* que existiam desde o período clássico do latim e continuaram a ser utilizados no latim vulgar, no período medieval, persistindo até hoje no português atual. A maioria deles, à exceção de *quando* (< QUANDO), sofreu algum tipo de alteração fonética, como a deleção (queda) de consoantes (ET > *e*, AUT > *ou*, QUOMODO > *como*) e a transformação de alguns segmentos consonânticos e vocálicos (AUT > *ou*, NEC > *nem*, SI > *se*, QUOMODO > *como*). É possível, também, encontrar no fragmento em análise a ocorrência de outros conectores de mesma natureza, como a conjunção coordenativa alternativa *ou* (*seer bõõ homem* ***ou*** *bõõ cavaleiro*... l. 56), a conjunção subordinativa temporal *quando* (*E* ***quando*** *el-rei viu*... l. 21), a conjunção coordenativa aditiva *nem* (*nom podia seer covardo* ***nem*** *mao*... l.54) e a conjunção subordinativa comparativa *como* (*vos faça tam bõõ cavaleiro* ***como*** *sodes fremoso*... l. 65).

De acordo com Barreto (1999), o latim contava com um quadro de conjunções composto por 96 itens conjuncionais e apenas 24 deles foram conservados no latim vulgar. Aparentemente, houve uma redução bastante drástica em relação ao latim clássico, com a sobrevivência de apenas seis conjunções desse número total. Entretanto, é preciso considerar que o português contemporâneo ainda apresenta um número considerável de conectores, bem superior aos poucos herdados do latim clássico. Como novos conectores surgiram em português?

Segundo Nunes (1975: 351), "para compensar a perda das demais conjunções latinas, recorreu a língua a outras palavras, principalmente aos advérbios e preposições, e com elas criou novas". Dessa maneira, podemos entender que a língua portuguesa não "inventou" ou "criou" palavras novas para preencher as lacunas deixadas pelas antigas conjunções latinas que se perderam; em vez disso, o que houve, na realidade, foi um "recrutamento" de palavras já existentes e com outras funções que passam a atuar como conectores em português. Em outras palavras, como afirma Barreto (1999: 173), "as conjunções portuguesas são, pois, na sua maior parte, frutos de processos de *gramaticalização*".

## VOCÊ SABIA?

A gramaticalização tem recebido grande destaque nas últimas décadas. Muitos estudiosos encontraram explicações de diferentes fenômenos linguísticos registrados em várias línguas baseando-se neste processo. Muitas são as definições dadas para o termo, embora, na verdade, todas elas se complementem. A definição clássica de gramaticalização pressupõe, segundo Hopper (1991), Heine (1991, 2003), Lehmann (1985) entre outros, um processo em que itens/construções mais lexicais tornam-se itens/construções mais gramaticais, ou ainda, itens/construções gramaticais tornam-se ainda mais gramaticais.

Para Heine (2003), a descrição do processo de gramaticalização é uma tentativa de explicar o modo como categorias gramaticais emergem e se desenvolvem através do tempo. Tal emergência ocorre sempre em um contexto de uso específico. A regularização do uso da língua ocorreria, assim, a partir da criação de expressões novas e de rearranjos vocabulares feitos pelo falante para atender a seus propósitos comunicativos. Com a repetição de uma construção ou forma, algo casual se fixa, tornando-se normal e regular, ou seja, se gramaticaliza.

Um processo produtivo na formação de novos conectores ocorre a partir da gramaticalização de advérbios ou construções de base adverbial. Como não temos a pretensão de esgotar o assunto e a bibliografia sobre o tema é bastante vasta, mencionaremos alguns casos ilustrativos para dar conta do objetivo didático de nossa proposta.

Adotando a perspectiva da gramaticalização, como explicar que um advérbio se gramaticaliza, ou seja, se torna mais gramatical? Que propriedades ele perderia? Se o advérbio passa a funcionar como um conector, que propriedades típicas dos juntores/conectores assumiria? Se pensarmos em uma oposição básica entre as duas classes (advérbios e conectores), podemos dizer que os advérbios teriam maior liberdade sintagmática, ao passo que os conectores ocupam posições mais fixas na sentença. Ainda é necessário levar em conta que, nos processos de mudança por gramaticalização, há perda ou desbotamento semântico. Assim, valores mais concretos da categoria-fonte tornam-se mais abstratos na categoria-alvo. Por exemplo, advérbios com valores mais espaciais poderiam assumir valores mais temporais e até mesmo textuais, nesse processo de *abstratização* semântica.

Como ainda estamos fazendo considerações em um plano muito teórico, vamos aos dados para elucidar mais a questão. Analise os exemplos de "*logo*" retirados do fragmento da *Demanda* e decida se eles devem ser classificados como conectores ou advérbios. Utilize diferentes argumentos (sintáticos, semânticos, discursivos) para sustentar suas posições.

(97) Veede-lo: está a aquela freesta, falando com dom Galvam. Ela foi ***logo*** pera el e salvou-o (l. 10-11).

(98) E quando el viu Lançarot ir e a donzela, ***logo*** soube que ia pera fazer Galaaz cavaleiro (l. 33-34).

Ao analisarmos o exemplo (97), não há maiores problemas para classificar o item *logo*. Nesse caso, ele é nitidamente um advérbio, fato que podemos verificar pelo conteúdo semântico, que combina as circunstâncias de tempo e modo (= "imediatamente", "depressa") e pela posição sintática na sentença, pois além de *logo* não introduzir a oração em que se insere, modifica especificamente o verbo *ir*. Discursivamente, também é mais pertinente interpretá-lo como advérbio, visto que toda a sequência textual anterior à frase sugere pressa, inquietude e urgência na procura da donzela por Lancelot (ela entra no palácio a pé, "como mandadeira"; olhava para todos os cantos procurando alguém). Ou seja, assim que soube onde Lancelot estava, não hesitou em ir direto a seu encontro.

Já no segundo exemplo, não parece ser tão simples classificar *logo* como um advérbio. Trata-se de um dado interessante, por estar justamente em um ponto limítrofe do valor original do advérbio e do seu novo papel como juntor/conector. Observando atentamente o emprego de *logo* em (98), percebemos algumas sutis diferenças entre esse dado e o exemplo (97):

(i) sintaticamente, embora esteja adjacente ao verbo *saber*, parece modificar não apenas o verbo, mas todo o período que se inicia, além de estar numa posição típica de conector, ou seja, ligando duas orações distintas;
(ii) semanticamente, a noção puramente temporal não é tão nítida e, pelo contexto, pode ser "confundida" com a noção mais abstrata de consequência;
(iii) discursivamente, a leitura conclusiva também é possível, visto que, diante de uma série de fatos, o ermitão "concluiu *logo*" que Lancelot lá estava para tornar Galaaz um cavaleiro.

Eis aqui um caso um tanto ambíguo, mas é um dado revelador do gatilho da mudança de advérbio para conector. Vejamos outros aspectos estruturais e/ou semânticos que propiciaram tal mudança de advérbio a conjunção conclusiva no português.

Segundo Gaffiot (1934 *apud* Barreto, 1999: 349), a conjunção *logo* é derivada do advérbio *logo*; este, por sua vez, provém do substantivo masculino latino LOCUS,-I flexionado no caso ablativo (LOCU) e podia significar:

(i) "lugar", "canto";
(ii) "ocasião", "pretexto";
(iii) "papel", no sentido de função;
(iv) "situação", "estado";
(v) "passagem, em um texto escrito";
(vi) "expressão de sentido temporal".

Na passagem do latim para o português, contudo, houve um estreitamento das possibilidades semânticas desse item que, conforme Longhin-Thomazi (2006: 67), se reduzem a duas: "O substantivo *logo* e o advérbio *logo*, itens que sinalizavam, respectivamente, sucessão espacial e sucessão temporal". De acordo com a autora, os dados de *logo* adverbial são muito mais frequentes nos textos analisados, o que sustenta a hipótese de que o uso conjuncional do item emergiu do uso adverbial. Martelotta (2011: 98) apresenta um exemplo interessante do *Livro das aves: A primeira natureza da poonba he que **em logo*** *de cantar geme*. Nesse caso, *em logo* origina-se da construção latina *in loco = no lugar, ali mesmo*. Nota-se também aqui já a abstratização do sentido espacial da expressão latina *in locu = no lugar*. Não se trata de um espaço físico, mas de um espaço textual, pois se opõem duas ações da natureza da pomba (*cantar* x *gemer*).

Entre os autores que já analisaram a gramaticalização de *logo*, há certa flutuação quanto ao período exato em que podemos considerar que esse item já ocorre como conjunção conclusiva. Barreto (1999) aponta para o século XVI, citando como exemplo uma passagem do *Diálogo da viciosa vergonha*, de João de Barros: *Todo pecádo é obrár e todo obrár é voluntário, quér seja torpe quer honesto:* ***logo*** *todo pecádo é voluntário*. Longhin-Thomazi (2006) afirma só ter encontrado, em seus dados, ocorrências de *logo* conjuncional a partir do século XVII.

Resta entender qual foi o gatilho dessa gramaticalização, isto é, qual contexto em que *logo* ocorria permitiu ou favoreceu sua interpretação (reanálise) como um conector conclusivo. Para Longhin-Thomazi (2006), o gatilho para esse processo tem raízes no século XIV — portanto, durante o português arcaico — e situa-se nos contextos em que *logo* era empregado com um sentido mais referencial (anafórico) do que dêitico temporal. Em vez de referir-se a uma sucessão temporal do mundo "real", *logo* passou a referir-se a uma sucessão temporal de eventos mencionados no universo textual e, com isso, foi reinterpretado como um elemento de coesão textual, que retoma anaforicamente orações antecedentes e indica sucessão temporal. Nas palavras da autora,

> (...) a natureza pronominal do advérbio *logo* foi determinante para a constituição da conjunção conclusiva — que até hoje preserva essa característica do advérbio — já que na relação de conclusão há um movimento de retroação, a partir do qual o falante/escritor retoma o conteúdo anterior e então introduz uma conclusão (Longhin-Thomazi, 2006: 69).

Aliado a esse aspecto sintático do item, está o aspecto semântico: ocorreu, ainda segundo Longhin-Thomazi, um processo de abstratização e pragmatização crescentes do significado de *logo*:

> A posterioridade temporal (...) passou a ser entendida, metaforicamente, como posterioridade no discurso: aquilo que vem depois no tempo foi projetado para designar aquilo que vem depois no discurso, a saber, um efeito ou uma conclusão (Longhin-Thomazi, 2006: 69-70).

Sendo assim, o caráter anafórico de *logo* permitiu-lhe adquirir gradualmente um *status* de conector, assim como a metaforização e a reanálise contextual possibilitaram a emergência da nova noção semântica, mais subjetiva e abstrata do que a original (TEMPO > CONCLUSÃO).

Vejamos agora alguns dados do item *mais*, alguns deles já mencionados. Leia os exemplos e verifique se todas as ocorrências de *mais* estariam desempenhando a mesma função. Que noções semânticas ou que valores a forma assume nesses contextos? O que há em comum entre esses dados em relação às frases em que ocorrem?

(99) — Senhor, verdade é, ***mais*** rogo-vos, se vos aprouguer, que vaades comigo a aquela foresta (l. 17).

(100) ... cavaleiros de todo o mundo veem aa corte e mui ***mais*** ainda por vos veerem ca por al (l. 23-24).

(101) — Senhor, disse el, nom vou senam a esta foresta, com esta donzela que me rogou; ***mais*** cras, hora de terça, seerei aqui (l. 26-27).

Os olhos mais atentos muito provavelmente notaram que *mais* nos três trechos anteriores não desempenha a mesma função, tampouco expressa os mesmos valores semânticos. Em (100), temos um *mais* adverbial, com valor central de intensidade. Não por acaso, ele ocorre em construções comparativas, nas quais dois termos são postos em comparação e um deles é destacado como sendo superior ou mais relevante do que o outro. O rei, que fala a Lancelot, destaca que os cavaleiros do mundo inteiro reúnem-se em seu reino durante as festividades de Pentecostes para ver Lancelot, mais do que por qualquer outro motivo (port. arc., "*ca por al*"). Esse uso e sentido da palavra *mais* é bastante próximo do seu papel original em latim clássico, conforme destacam Ernout e Meillet (1951 *apud* Barreto, 1999: 248):

> *Magis* era o advérbio empregado no latim clássico, na formação do grau comparativo: "tanto mais". Usado, de início, com adjetivos cujo comparativo não era marcado morfologicamente, seu uso estendeu-se aos demais, substituindo o comparativo em *-ior*, o que pode ser verificado em obras de Plauto e Cícero.

Embora, nesse exemplo, *mais* apareça articulando, de alguma maneira, partes textuais, não podemos dizer que seja um conector de caráter mais conjuncional, pois seu traço semântico de *intensidade* o relaciona mais com sua origem adverbial do que com sua função de item já gramaticalizado, ou seja, como conector adversativo. Não é a mesma situação que encontramos nos exemplos (99) e (101), nos quais o item já desempenha claramente uma função de conector oracional, encabeçando a oração coordenada com valor adversativo e, obviamente, denotando oposição de ideias. Em (99), *mais* opõe as ideias relacionadas ao motivo pelo qual a Donzela vai falar com Lancelot: ventura (isto é, destino) *versus* pedido. Apesar de afirmar ser verdade não ter ido ela procurar Lancelot sem razão, destaca-se na oração, através do uso de *mais*, que a procura não é motivada por uma necessidade de proteção ou por seu destino, mas sim por um pedido a ser feito (que ele fosse com ela à floresta nomear Galaaz como cavaleiro, como descobrimos linhas depois). O outro dado de *mais* como conector adversativo aparece em (101), na fala de Lancelot ao rei. Nessa frase, o personagem estabelece uma espécie de quebra de expectativa, ao afirmar que iria à floresta atendendo ao pedido da Donzela; como essa ausência leva o rei naturalmente a pensar que Lancelot pode demorar a regressar ou mesmo não retornar, ele enfatiza, na oração adversativa, que na manhã do dia seguinte, ("cras = amanhã, hora de terça") estaria de volta.

Você pode estar se perguntando: como uma palavra adverbial que expressava intensidade e atuava geralmente em construções de comparação pode ter se tornado conector coordenativo que expressa oposição/contraste? Qual teria sido o ponto de contato entre duas noções semânticas aparentemente tão distantes?

Entre os estudos que já investigaram a gramaticalização de *mais* > *mas* (advérbio > conjunção), destacamos os trabalhos de Barreto (1999) e de Rocha (2006). Ambas as autoras relacionam suas explicações a fatores de ordem cognitiva e pragmática, embora discordem quanto ao tipo de motivação central para a ocorrência da gramaticalização. Comecemos por Barreto (1999). Ela defende que a gramaticalização de *mas* é fundamentalmente motivada por uma relação *metonímica*, ou seja, uma relação parte-todo, entre o item e outro vocábulo da frase. Depois de ter seu uso expandido, ainda no latim clássico, dentro das construções comparativas, MAGIS passa a ocorrer frequentemente ao lado da antiga conjunção adversativa do latim, SED, formando com esta a locução SED MAGIS. Essa locução servia para denotar determinada ação que ocorreria de preferência a uma outra, como no exemplo a seguir, de Ernout e Meillet (1951) reproduzido por Barreto (1999: 248):

> "... NOM EX IURE MANUM CONSERTUM, ***SED MAGIS*** FERRO/REM REPETUNT".
> ("... têm a mão presa não por direito, porém mais pela força e assim impõem alguma coisa").

O uso recorrente de MAGIS nessa locução teria feito com que esse item "absorvesse" a carga semântica de *oposição* presente em SED; consequentemente, MAGIS teria assumido o papel de marcar oposição dentro da frase e SED foi sendo progressivamente eliminado. O esquema a seguir ilustra, de maneira didática, o passo a passo dessa mudança metonimicamente motivada:

$$[\text{SED}]_{\text{OPOSIÇÃO}}+[\text{MAGIS}]_{\text{INTENSIDADE}}>[\text{SED MAGIS}]_{\text{PREFERÊNCIA}}>[[\cancel{\text{SED}}]\ [\text{MAGIS}]_{\text{OPOSIÇÃO}}]>[\text{MAGIS}]_{\text{OPOSIÇÃO}}$$

Assumindo uma hipótese diferente, Rocha (2006) constrói sua explicação acerca da gramaticalização de *mais* baseando-se no processo de motivação *metafórica*, ou seja, uma motivação por semelhança implícita entre duas entidades. Segundo a autora, independentemente de MAGIS ter se gramaticalizado em conjunção adversativa por influência metonímica de SED, "se supõe que o sentido do item nesse contexto é anterior a todos os outros sentidos que o item venha a apresentar" (Rocha, 2006: 87). Em outras palavras, o próprio item MAGIS traria consigo, desde o latim, um sentido básico que, por motivação metafórica, teria permitido a gramaticalização do advérbio. Esse sentido básico seria o da *diferença* ou *desigualdade*. Seguindo essa linha de raciocínio, fica evidente a aproximação entre o contexto de comparação de superioridade — original do MAGIS latino — e o contexto adversativo: "X *mais* do que Y" é equivalente a "não Y, *mas* X". Ou, nas palavras de Rocha (2006: 88):

> Se *magis/mais* é tão propício à estrutura comparativa e se a estrutura adversativa se relaciona intimamente com o raciocínio comparativo, torna-se clara a motivação do uso de *mas* na estrutura adversativa, tenha esta estrutura qualquer uma das suas várias especificidades possíveis.

Uma evidência importante que sustenta a explicação oferecida por Rocha é a de que, desde o latim, MAGIS podia ser utilizado ocasionalmente como conjunção adversativa, conforme ilustra o exemplo de Virgílio, citado por Ducrot e Vogt (1980: 318 *apud* Barreto, 1999: 249):

> "NOM EQUIDEM INVIDEO, ***MAGIS*** MIROR" ("Não invejo, mas admiro").

Dados como esse reforçam a hipótese de motivação metafórica em detrimento da motivação metonímica, pois indicam que a presença do traço semântico básico de *diferença* ou *desigualdade* em MAGIS pode ter sido mais decisiva para sua gramaticalização como conjunção adversativa do que as ocorrências contíguas com a conjunção latina SED. Ainda segundo Rocha (2006), a explicação metafórica permite compreender o emprego frequente de *mas* em contextos que continham negação, referido por alguns autores (cf. Castilho, 1997):

> Um contexto linguístico cujo sentido global baseia-se em uma comparação por diferenciação (...) é propício para o uso de *mas* e de partículas negativas. Como estas não são imprescindíveis à marcação da diferença, pode ser que ocorra somente *mas*. De qualquer forma, é o sentido de um contexto linguístico tomado em sua totalidade que pede o uso de *mas*, elemento que assinalará esse sentido comparativo gramaticalmente (Rocha, 2006: 88).

Retomemos mais um dado, na tentativa de mostrar o gatilho do processo de mudança por gramaticalização. Repetimos aqui o dado (93) como (102), em que se destaca o item *por em*. Leia novamente o trecho reproduzido a seguir e tente determinar a função e o seu sentido:

(102) ... assi que tu darás cima a todalas outras maravilhas e aventuras u todolos outros falecerom e falecerám. E ***por em*** quero todos teus feitos saber que acabarás, que foste feito em tal pecado, u os outros nom poderom i avĩir, que forom feitos em leal casamento (l. 84-87).

*Por em*, no português arcaico, teria valor de *por isso*. De acordo com Said Ali (1964), esse conector arcaico é a variante mais curta de *por ende* (< PRO INDE), ou seja, da construção formada pela união entre a preposição *por* e o locativo adverbial *ende* (já discutido no capítulo 5, quando analisamos o *Testamento*). Nos textos arcaicos, *por en/em* ~ *por ende* expressa ideia de causa, razão ou explicação e pode ser modernizado pelos conectores atuais equivalentes "por isso", "por essa razão". Dessa maneira, *por en/em* funciona, nos textos desse período, como um elemento de coesão referencial, visto que o advérbio *en/em~ende* retoma informações e ideias apresentadas anteriormente e as relaciona com o que será dito na sequência. É esse o caso do nosso exemplo, quando o ermitão diz a Galaaz que este terá sucesso e êxito nas suas aventuras onde outros cavaleiros fracassaram e *por em* (= "por isso") quer ele, o ermitão, saber desses sucessos e vitórias.

Repare, contudo, no contexto maior em que a forma destacada aparece no texto. Assim poderemos depreender os contextos de uso que motivariam a interpretação desse antigo *por em* conclusivo em *porém* adversativo. É possível perceber que as orações que sucedem o conector expressam, de maneira sutil, ideia de contraste, oposição: ao dizer que quer saber de todos os feitos bem--sucedidos de Galaaz, o ermitão enfatiza que Galaaz é filho bastardo ("feito em tal pecado"), diferentemente dos outros que não obtiveram sucessos em suas aventuras, mesmo eles sendo filhos legítimos ("feitos em leal casamento"). Todo o período iniciado pelo conector é, pois, transpassado por uma noção de contraexpectativa, isto é, os fatos não estão de acordo com a ordem lógica esperada. De maneira esquemática, o que temos é:

| PREMISSA | CONTRAEXPECTATIVA |
|---|---|
| "foste feito em tal pecado" | "quero todos teus feitos saber que acabarás" |
| "forom feitos em leal casamento" | "os outros nom poderam i avĩir" |

Para o universo medieval, dentro do qual *A Demanda do Santo Graal* foi criada, o nascimento de alguém a partir de uma união ilegítima seria a causa de uma série de infortúnios e insucessos ao longo de sua vida (principalmente para um cavaleiro), ao passo que um homem bem nascido não viria a sofrer com tais desventuras. Essa contraexpectativa, além de salientar o caráter "especial" do personagem Galaaz, nos dá um bom exemplo dos contextos discursivos em que provavelmente o conector *por en* passou a assumir a função de conjunção adversativa.

Segundo Rocha (2006: 114), um fator que teria contribuído para o processo de mudança *por en/em* > *porém* (conector explicativo-conclusivo > conjunção adversativa) seria o crescente desuso das partículas anafóricas, que favoreceu "a opacificação do sentido também anafórico do item, de forma que o sentido explicativo-causal cedeu lugar ao contrajuntivo". De fato, como aponta Said Ali (1964), já na linguagem da Renascença, *porém* ocorre nos textos expressando somente oposição de ideias. Essa rápida expansão do sentido adversativo estaria, portanto, diretamente relacionada ao progressivo declínio dos anafóricos *ende~en*, ainda presentes nos textos arcaicos. Com isso, a interpretação anafórica da construção foi se perdendo, de maneira que o antigo sintagma preposicional é reanalisado como uma única palavra, de caráter conjuncional:

[[PREP]+[ANAF]] > [CONJ]

↓ ↓ ↓

[[*por*] + [*en*]] > [porém]

Said Ali (1964: 214) afirma: o "ponto de contato entre situações tão diversas está nas frases negativas, e foi naturalmente por elas que principiou a transição semântica". Barreto (1999: 313) é da mesma opinião:

> Pode-se admitir que o emprego frequente das conjunções *pero* e *porem* em sentenças negativas ou em sentenças precedidas por sentenças negativas tenha determinado que, por um processo metonímico, as conjunções tenham assimilado o valor da negação, passando a expressar uma relação de contrajunção.

A autora destaca, ainda, um aspecto sintático da conjunção adversativa *porém*, que diz respeito à sua não obrigatoriedade em iniciar a oração:

> É interessante observar que, ainda hoje, a conjunção *porém* pode ocupar, na sentença, diversas posições. Essa mobilidade indica que a conjunção conserva ainda características típicas do advérbio, não sendo, pois, uma conjunção prototípica (Barreto, 1999: 313).

Por fim, tratemos agora da terceira abordagem do tema. Incluímos aqui os itens que são bastante recorrentes no português arcaico, mas que se tornaram obsoletos. A lacuna deixada por esses antigos conectores foi preenchida pelos conectores emergentes, ou seja, pelas novas conjunções que surgiram na língua através de processos de gramaticalização.

Mattos e Silva (2006) apresenta alguns conectores que figuram na documentação do período arcaico, dentre os quais podemos mencionar:

(a) as conjunções subordinativas temporais *des que, des quando, d'hu, ante que, mentre, ementre, dementre, dementres, domentre, sol que, toste que, depós, depós que, empós que, ata que*; as finais *por tal que* e *pera*; as modais *en guisa que* e *en tal que*; a conjunção consecutiva *en tal guisa que*; as concessivas *macar* e *pero*; a conjunção causal *per*;

(b) as conjunções coordenativas *vel* (alternativa), *pero* (adversativa) e *ergo* (conclusiva).

Além dos conectores listados por Mattos e Silva (2006), um conector que merece nossa atenção é o item *ca*. Se você retomasse rapidamente o fragmento que estamos analisando, iria notar que *ca* é bastante frequente. Essa recorrência deve-se ao fato de que ele era, no português arcaico, um conector polivalente, uma vez que desempenhava diferentes funções dentro da estrutura sintática. Antes de prosseguirmos na discussão, vamos resgatar os exemplos (94), (95) e (96), aqui repetidos em (103-105), para analisarmos com mais propriedade as ocorrências de *ca*.

Embora já tenhamos comentado rapidamente esses dados, procure analisar sintaticamente os períodos compostos em que o item *ca* ocorre. Identifique quais são os elementos linguísticos que ele liga (Um verbo a uma oração? Um nome a uma oração? Uma oração a outra?).

(103) E temia ***ca*** havia en ele mui grande sabor (l. 37-38).
(104) leixou sua irmida por ir ao mosteiro das donas, ***ca*** nom queria que se fosse Galaaz ante que o el visse (l. 34-35).
(105) E eu te demando ta companha, assi como tu ouves, que eu sei tua santa vida e ta bondade mais ***ca*** tu (l. 78-79).

Ao observarmos o período em (103), veremos que se trata de um período composto por subordinação, pois há dois sintagmas verbais (*temer* e *haver*) em orações que apresentam dependência sintática uma da outra, sendo que a oração introduzida por *ca* funciona como complemento do verbo *temer* (quem teme teme alguma coisa; o quê? "***ca*** havia en ele mui grande sabor"). Tradicionalmente, chamamos essa oração introduzida por *ca* de oração subordinada substantiva objetiva direta. Como sabemos, também, esse tipo de oração é introduzido por um conector típico das orações subordinadas substantivas, a *conjunção integrante*. A conjunção integrante é o conector que apenas liga a oração substantiva à oração principal, pois ela possui conteúdo semântico nulo, não exerce função sintática dentro da oração subordinada e nem retoma um elemento antecedente. Já em (104), vemos que *ca* articula dois períodos compostos por subordinação: "*Leixou* sua irmida / por *ir* ao mosteiro das donas" e "nom *queria* / que se *fosse* Galaaz / ante que o el *visse*". A partir da informação veiculada por cada período, podemos notar que *ca* atua como uma conjunção coordenativa explicativa, uma vez que o segundo período traz uma explicação acerca de um fato destacado no primeiro:

| FATO: O ermitão deixou a sua ermida para ir ao mosteiro das donas |
|---|

***ca***

| EXPLICAÇÃO: O ermitão não queria que Galaaz fosse embora antes que ele (o ermitão) pudesse vê-lo. |
|---|

Em (105), temos um dado de *ca* em uma construção comparativa. A propriedade que está sendo comparada é uma proposição, ou melhor, um fato: "O saber da santa vida e da bondade de Galaaz". Os termos da comparação, isto é, as entidades que têm a propriedade comparada, uma em relação à outra, são o personagem do ermitão e o próprio Galaaz. Como indica o advérbio de intensidade que acompanha *ca* (*mais*), trata-se de uma comparação de superioridade: em sua fala, o velho ermitão declara saber da santa vida e da bondade de Galaaz mais do que o próprio. Sendo assim, essa constitui a terceira função possível de *ca* no português arcaico: conjunção comparativa.

Além dessas três funções gramaticais — conjunção integrante, conjunção explicativa e conjunção comparativa —, os estudiosos apontam que *ca* podia desempenhar ainda a função de pronome relativo (que não ocorre no fragmento analisado). Conforme relatam Barreto (1999) e Mattos e Silva (2006), essa aparente multifuncionalidade do item *ca* no português arcaico é, na realidade, o resultado de um complexo processo de neutralização morfofonológica entre antigos conectores latinos que ocorreu na passagem do latim para o português: *ca* explicativo surgiu a partir da antiga conjunção causal QUIA, que não sofreu gramaticalização, mas, ao passar para o português, adquiriu o valor semântico explicativo, próximo ao causal; *ca* conjunção integrante e pronome relativo adveio dos pronomes interrogativos e relativos latinos QUID e QUOD, na forma de acusativo singular neutro; por fim, *ca* comparativo descende do pronome interrogativo latino QUAM. "Por mudanças fônicas, as quatro formas que deram origem às diversas conjunções e ao relativo *ca* — QUIA, QUAM, QUID e QUOD — vieram a confluir numa mesma forma grafada *ca* e, às vezes, *que*" (Barreto, 1999: 197).

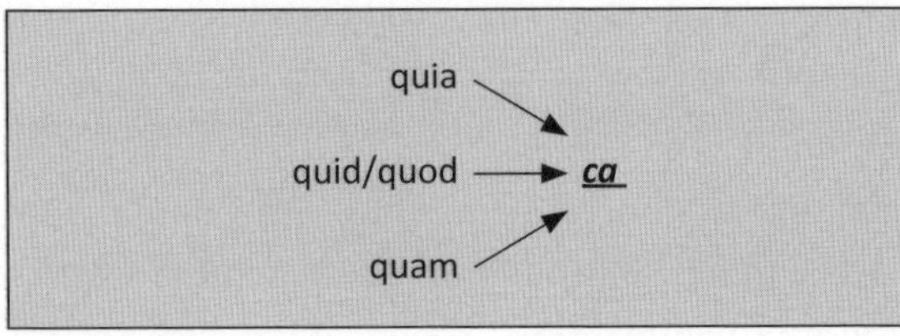


Cabe ressaltar, entretanto, que, dentro do período arcaico, *ca* apresentava diferentes frequências de uso nas várias funções: é pouco registrada como conjunção integrante, em relação a *que* — com quem concorre —, e deixa de ser documentada já nos textos do século XV; o mesmo vale para *ca* pronome relativo e conjunção comparativa, função na qual *que* também era bem mais produtivo; como conjunção explicativa, porém, *ca* é o conector mais recorrente na documentação arcaica, mantendo-se presente até o século XVI, quando perdeu espaço para a conjunção *pois*.

Segundo Mattos e Silva (2006), é possível pensar como hipótese que *ca* e *que* eram, no período arcaico, variantes grafológicas que representavam uma mesma sequência fônica [kɐ], e que se distinguiam quanto à presença/ausência de valor semântico; a escrita captava, em parte, essa diferença ao selecionar *ca* como conjunção explicativa e *que* como conjunção integrante e pronome relativo.

Após a discussão acerca das conjunções, concluída no parágrafo anterior, terminamos a nossa investigação morfossintática. Faz-se necessário, agora, pontuarmos os fenômenos morfossintáticos que, como dissemos no início, não ocorreram no *Testamento* e, por isso, foram apreciados neste capítulo. Com base na *Demanda*, pudemos analisar:

(1) O verbo *haver* em construções possessivas e existenciais;
(2) O verbo *ser* em construções existenciais;
(3) As perífrases verbais envolvendo formas infinitivas e no gerúndio;
(4) A formação do particípio passado dos verbos de 2ª conjugação em *-udo*;
(5) A desinência *-de(s)* de 2ª pessoa do plural (*vós*);
(6) As formas de tratamento utilizadas para o interlocutor;
(7) A evolução do demonstrativo latino ILLE para pronomes pessoais (dos casos reto e oblíquo) e artigos definidos;
(8) A colocação dos pronomes clíticos e o fenômeno da interpolação;
(9) O uso de *homem* como estratégia de indeterminação do sujeito;
(10) O quadro de conjunções.

Depois dessa jornada, dividida em seis capítulos, encerramos aqui nossas investigações filológicas, históricas e linguísticas acerca do português medieval. Evidentemente as análises e discussões promovidas nas páginas anteriores, todas elas amparadas em textos representativos do português arcaico, não esgotam os temas e os problemas levantados nas diferentes seções. Muito pelo contrário: o leitor mais sagaz terá notado que há muito ainda a ser pesquisado, estudado e discutido. Tudo o que apresentamos aqui representa o conhecimento básico que um pesquisador em história da língua, linguística histórica ou de áreas afins precisa deter para iniciar sua própria jornada de investigação. O labor histórico deve prosseguir. Então, mãos à obra! Se você se sentiu atraído por algum tema discutido no livro e gostaria de mergulhar mais a fundo nele, é hora de começar seus estudos! Afinal, os textos do português medieval vão continuar nos acervos (físicos ou digitais), sempre à espera de novos olhares...

# Glossário

Em seu trabalho com textos antigos, o historiador da língua precisará lidar, muitas vezes, com palavras desconhecidas, cujos significados são de difícil compreensão. De modo a obter um melhor entendimento dos textos, é fundamental resgatar seu léxico através da consulta a dicionários etimológicos, dicionários específicos do português antigo e gramáticas históricas.

Outra fonte de consulta são os *glossários*, vocabulários que explicam os termos obscuros por meio de outros conhecidos. Sua elaboração pode se dar de distintas formas, a depender de sua especificidade e do público-alvo que se queira atingir. Em alguns casos, observamos somente o emprego de um vocábulo moderno que possa explicar o significado do vocábulo antigo, como uma espécie de *sinônimo*, cujo significado seja mais acessível. Em outros casos, no entanto, podemos encontrar informações mais completas, essenciais a um historiador da língua, como a classe gramatical da palavra, seu significado e sua etimologia, além de eventuais observações linguísticas em função do seu uso nos textos antigos. Resgatando o caso de *prazeria*, como vimos no capítulo 2, um exemplo de glossário seria:

**prazeria** v. 'verbo *prazer* conjugado na 3ª pessoa do singular do futuro do pretérito do indicativo: agradar, aprazer', do lat. PLACERE.

Que informações encontramos no glossário? Em primeiro lugar, "v." indica tratar-se de um *verbo* (as etiquetas utilizadas são previamente definidas por parte do elaborador do glossário. No caso de consultarmos glossários de outros autores, é conveniente estar a par do repertório utilizado). Depois da classe gramatical, vemos o significado da palavra. Neste caso concreto, por se tratar de um verbo flexionado, encontramos as informações relativas à pessoa e ao número (*3ª pessoa do singular*), ao tempo e modo verbais (*futuro do pretérito do indicativo*), e, por fim, ao significado da palavra (*agradar, aprazer*). Para terminar, a etimologia é informada (*do latim* PLACERE), através da apresentação do verbo latino no infinitivo.

Por que a etimologia é importante? É exatamente através dela que conseguimos reconstruir, em muitos casos, os processos fonético-fonológicos sofridos pela palavra até chegar à forma como se apresenta no texto. No caso particular de *prazeria*, a partir da observação do étimo latino PLACERE, somos capazes de entender que o fonema representado pelo grafema <z> na forma portuguesa advém de um processo de palatalização que atingiu a consoante oclusiva /k/ diante de uma vogal palatal (PLACERE), gerando, em um primeiro momento, a africada surda /ts/ que seria sonorizada posteriormente a /dz/ graças ao contexto intervocálico. Vemos também que o grupo /pl/ em posição inicial sofre um processo distinto do que foi mais produtivo para esse grupo, que se palataliza em /tʃ/, talvez pelo fato de esta palavra pertencer a uma série menos popular. Neste caso, o grupo <pl-> evolui para <pr-> (Teyssier, 2001).

Podemos encontrar, juntamente à edição de textos antigos, glossários específicos, elaborados pelo próprio filólogo que editou o texto. Outras vezes, no entanto, diante da ausência desse material, o trabalho lexicográfico de elaboração de glossários deve ser realizado pelo historiador da língua.

Para o estudo do léxico do português medieval, dispomos hoje de diversos recursos. Em livro impresso, uma excelente fonte de consulta é o *Dicionário etimológico do português arcaico*, de Américo Venâncio Lopes Machado Filho (Universidade Federal da Bahia). Outros recursos também estão disponíveis *on-line*. Mais especificamente em relação às cantigas medievais, contamos com o glossário do projeto Littera sobre as Cantigas Medievais Galego-Portuguesas (<http://cantigas.fcsh.unl.pt/glossario.asp>), desenvolvido por um grupo de pesquisadores da Universidade Nova de Lisboa, coordenado por Graça Videira Lopes, e com o *Glosario da poesía medieval profana galego-portuguesa* (<http://glossa.gal>), dirigido por Manuel Ferreiro, da Universidade da Corunha. São também bastante úteis para a elaboração de glossários os dicionários específicos do período medieval, como o *Dicionario de dicionarios do galego medieval* (<http://sli.uvigo.es/DDGM/>), do Instituto da Lingua Galega da Universidade de Santiago de Compostela, coordenado por Ernesto González Seoane, e o *Dicionário de verbos do português medieval* do *Corpus* Informatizado do Português Medieval (<http://cipm.fcsh.unl.pt/gencontent.jsp?id=5>), da Universidade Nova de Lisboa, idealizado por Maria Francisca Xavier.

De modo a facilitar a leitura dos textos medievais trabalhados neste livro — o *Testamento de D. Afonso II* e *A Demanda do Santo Graal* — apresentamos aqui uma proposta de glossário com vocábulos dos dois textos. Cabe dizer que não realizamos um levantamento exaustivo de palavras. Incluímos somente os vocábulos que podem supor algum tipo de dificuldade por parte de investigadores iniciantes no estudo do português no período medieval. Disponibilizamos também um índice da toponímia e informações relativas à data do *Testamento de D. Afonso II*.

Sem a pretensão de oferecer ao leitor um padrão encontrado em dicionários etimológicos, decidimos pela apresentação das palavras tal como se encontram nos textos, isto é, os nomes e os verbos, por exemplo, não são reduzidos às formas de masculino singular e infinitivo, respectivamente, mas podem ser consultados em suas formas flexionadas. Acreditamos que dessa forma conseguimos proporcionar uma consulta mais agradável e prática do glossário.

Os vocábulos que se apresentam com distintas grafias foram agrupados em um único verbete, sendo alocados na primeira variante gráfica de acordo com a ordem alfabética. Em relação à estrutura do glossário, em cada verbete, oferecemos as seguintes informações: classe gramatical (e respectivas flexões, como gênero e número), significado lexical e gramatical (no caso da morfologia flexional dos verbos, como tempo e modo verbais), etimologia e comentários adicionais em situações específicas. Utilizamos, também, em alguns casos, o recurso da remissão para verbetes semelhantes ou relacionados.

Para a confecção do glossário, consultamos Boullón Agrelo e Monteagudo (2009), Cunha (1986; 2010), Houaiss (2001), Machado Filho (2013), Nunes (2005), Saraiva (2000) e Vasconcelos (1990).

## Lista de abreviaturas

**adj.** adjetivo
**adv.** advérbio
**ant.** antigo
**ar.** árabe
**art.** artigo
**card.** numeral cardinal
**cat.** catalão
**conj.** conjunção
**dem.** demonstrativo
**der.** derivado
**f.** feminino
**fr.** francês
**fut.** futuro
**ger.** gerúndio
**germ.** germânico
**gr.** grego
**imp.** imperativo
**imperf.** imperfeito
**ind.** indicativo
**indef.** pronome indefinido
**inf. pess.** infinitivo pessoal
**lat.** latim (clássico)
**lat. vulg.** latim vulgar
**m.** masculino
**n.** neutro
**ord.** numeral ordinal
**p.** pessoa
**part.** particípio
**perf.** perfeito
**pl.** plural
**poss.** possessivo
**prep.** preposição
**pres.** presente
**pret.** pretérito
**pron.** pronome pessoal
**s.** substantivo
**sg.** singular
**subj.** subjuntivo
**v.** verbo

# GLOSSÁRIO

**aa** prep. + art.f. 'à', do lat. AD + ILLAM.

**abadessa** s.f. 'abadessa, superiora de comunidades religiosas de mulheres', do lat. ABBATISSA, -AE.

**abadia** s.m. 'mosteiro, convento, comunidade religiosa dirigida por um abade ou por uma abadessa', do lat. ABBATIA, -AE.

**acharedes** v. 'verbo *achar* conjugado na 2ª p. pl. fut. ind.: achareis', do lat. AFFLARE ('achar, encontrar, encontrar-se'). Sobre a terminação ant., cf. **sabede**.

**adubei** v. 'verbo *adubar* conjugado na 1ª p. sg. pret. perf. ind.: preparei', do fr. ADOUBER, der. do frâncico *DUBBAN.

**adusse** v. 'verbo *aduzer* conjugado na 3ª p. sg. pret. perf. ind.: trouxe", do lat. ADDUCERE.

**aduzer** v. 'trazer, conduzir a, levar para', do lat. ADDUCERE.

**agiã** v. 'verbo *haver* conjugado na 3ª p. pl. pres. subj.: hajam', cf. **ei**.

**agia** v. 'verbo *haver* conjugado na 3ª p. sg. pres. subj.: haja', cf. **ei**.

**agia'o** v. 'verbo *haver* conjugado na 3ª p. sg. pres. subj. seguido do pronome clítico *o*: haja-o', cf. **ei**.

**al** indef. 'outro, outra coisa, outra pessoa', do lat. vulg. ALID.

**ameúde** adv. 'frequentemente, repetidas vezes, amiúde', do lat. AD MINUTIM.

**andarom** v. 'verbo *andar* conjugado na 3ª p. pl. pret. perf. ind.: andaram', provavelmente do lat. AMBULARE ou AMBITARE.

**apartadas** adj. f. pl. 'separado de, posto à parte, afastado', der. do s. lat. PARS, PARTIS ('parte').

**apostoligo** s.m. 'papa', do lat. APOSTOLICUS, APOSTOLICI ('relativo a apóstolo').

**aprouguer | aprouver** v. 'verbo *aprazer* conjugado na 3ª p. sg. fut. subj.: agradar, aprouver, prouver', do lat. AD + PLACERE.

**aq(ue)lias** dem.f.pl. 'aquelas', do lat. ECCUM + ILLA.

**aq(ue)sta** dem.f. 'esta', do lat. **ECCUM/*ACCU ISTA**. No período medieval, funciona como um demonstrativo de reforço.

**aqua** adv. 'acá, cá, aqui', do lat. ECCUM HAC.

**aquel** dem.m. 'aquele', do lat. ECCUM + ILLE.

**ardimento** s.m. 'ânimo, coragem, valentia', possivelmente do fr. ant. HARDEMENT, HARDIMENT.

**assi** 1. adv.; 2. conj. 'assim', do lat. AD SIC.

**assũada** part. 'reunida, assuada', provavelmente do v. lat. AD + SUB + UNARE ('assuar': 'reunir o povo para deliberar em comum ou para outros fins').

**ata | atá** prep. 'até', provavelmente der. do ar. ÁTTÀ.

**auer** s.m. 'riqueza, bens', der. do v. lat. HABERE.

**aveeo** v. 'verbo *haver* conjugado na 3ª p. sg. pret. perf. ind.: houve', do lat. HABERE.

**avĩir** v. 'acontecer, suceder, ocorrer', do lat. ADVENIRE.

**baldosamente** adv. 'vivamente (?)', do ar. BALIL (?).

**barõ** s.m. 'varão, homem, filho do sexo masculino', do germ. BARO ('homem libre, guerreiro').

**beigio** v. 'verbo *beijar* conjugado na 1ª p. sg. pres. ind.: beijo', do lat. BASIARE.

**bõõ** adj.m. 'bom', do lat. BONUS, -A, -UM.

**ca** 1. conj. integrante 'que', do lat. QUI, QUID; 2. conj. explicativa 'pois, porque', do lat. QUIA; 3. conj. comparativa 'do que', do lat. QUAM; 4. adv. locativo 'acá, cá, aqui', do lat. ECCUM HAC.

**camara** s.f. 'sala, quarto, câmara', do lat. vulg. CAMARA (do lat. CAMERA, -AE).

**certas** adj.f.pl. 'determinado, resolvido, fixo, seguro', do lat. CERTUS,-A,-UM. Na *Demanda*, o vocábulo é utilizado como adv. de modo: 'certamente, em verdade'.

**chegarom** v. 'verbo *chegar* conjugado na 3ª p. pl. pret. perf. ind.: chegaram', do lat. vulg. PLICARE (do lat. applicare).

**cima** s.f. 'cima', do lat. CYMA, -ATIS. A expressão *dar cima* significa 'levar a bom termo'.

**coa** prep. + art.f. 'com a', do lat. CUM + ILLAM.

**coita** s.f. 'dor, pena, sofrimento, aflição', derivado do v. lat. vulg. COCTARE ('coitar').

**com nosco** prep. + pron. 'conosco', do lat. NOSCUM. Para a forma românica, houve a reduplicação da preposição *com*.

**come** adv. 'como, assim como, de modo que, quão', do lat. QUOMODO + ET. No período medieval, coexiste com *como* e apresenta um uso específico, sendo empregado diante de nomes e pronomes pessoais em estruturas de comparação.

**começarom** v. 'verbo *começar* conjugado na 3ª p. pl. pret. perf. ind.: começaram', do lat. vulg. COMINITIARE.

**comẽda** s.f. 'guarda, proteção, cuidado', der. do v. lat. COMENDARE ('confiar algo a alguém').

**companha** s.f. 'companhia', do lat. vulg. COMPANIA.

**conheçodos** part. 'conhecidos', do v. lat. COGNOSCERE. Sobre a terminação ant., cf. **perdudo**.

**contenente | continente** s.m. 'porte, gesto, aspecto, semblante', do part. lat. CONTINERE.

**convenria** v. 'verbo *convir* conjugado na 3ª p. sg. fut. pret. ind.: conviria', do lat. CONVENIRE.

**covardo** adj.m. 'covarde', do fr. ant. COUARD.

**cras** adv. 'amanhã', do lat. CRAS.

**creatura** s.f. 'criatura, menino', do lat. CREATURA, -AE.

**creemos** v. 'verbo *crer* conjugado na 1ª p. pl. pres. ind.: cremos', do lat. CREDERE.

**cũ** prep. 'com, em companhia de', do lat. CUM.

**cuidades** v. 'verbo *cuidar* conjugado na 2ª p. pl. pres. ind.: cuidais', do lat. COGITARE. Sobre a terminação ant., cf. **sabede**.

**custas** s.f.pl. 'encargos, custo', der. do v. lat. CONSTARE ('custar').

**dê | dês** prep. 'redução de *desde*', contr. do lat. DE + EX + DE.

**departiã** v. 'verbo *departir* conjugado na 3ª p. pl. pres. subj.: repartam, realizem divisão ou separação em partes', do lat. DE + PARTIRE.

**departiãse** cf. **departiã**. Neste caso, funciona como um v. pronominal, no imp., seguido pelo pron. *se*.

**depos** adv. 'depois, após', do lat. vulg. DE + POST.

**derecto** s.m. 'direito, lei, justiça, razão', do lat. vulg. DERECTUS, -A, -UM.

**desarmarom** v. 'verbo *desarmar* conjugado na 3ª p. pl. pret. perf. ind.: desarmaram', de *des* (lat. DIS) + *armar* (lat. ARMARE).

**deuier** v. 'verbo *devir* conjugado na 3ª p. sg. fut. subj.: devier, vier a', do lat. DEVENIRE.

**devíades** v. 'verbo *dever* conjugado na 2ª p. pl. pret. imp. ind.: devíeis', do lat. DEBERE. Sobre a terminação ant., cf. **sabede**.

**devidas** s.f.pl. 'dívidas', do lat. DEBITA (neutro plural de DEBITUM, -I).

**dezima** s.f. 'imposto correspondente à décima parte que se paga ao rei', do lat. DECIMA, -AE.

**dieiros** s.m.pl. 'dinheiro, moeda em geral', do lat. vulg. DINARIUS.

**difindemẽto** s.m. 'defendimento, defesa', der. do lat. DEFENDERE.

**direitamente** adv. 'diretamente, imediatamente', de *direto* (lat. DERECTUS, -A, -UM) + *mente* (lat. MENS, MENTIS).

**donzel** s.m. 'jovem nobre, donzel, pajem', do lat. vulg. DOMINICELLUS (diminutivo de DOMINUS, -I, 'senhor').

**dous** card.m. 'dois', do lat. duos (de DUO, DUAE, DUO).

**doutro** prep. + indef. 'de + outro: doutro', do lat. DE + ALTERUM (de ALTER, ALTERA, ALTERUM).

**dulda** s.f. 'dúvida, receio, medo, incerteza', do v. lat. DUBITARE.

**duodecima** ord.f. 'décima segunda', do lat. DUODECIMUS, -A, -UM.

**egreja** s.f. 'igreja', do lat. ECCLESIA, -AE.

**ei** v. 'verbo *haver* conjugado na 1ª p. sg. pres. ind.: hei, tenho', do lat. HABERE. No período medieval, o verbo *haver* pode ter sentido de posse, equivalente ao verbo *ter*.

**el** pron.m. 'ele', do lat. ILLE.

**em** 1. prep. 'em', do lat. in; 2. 'forma abreviada de *ende*', cf. ende.

**en** prep. 'em', do lat. IN.

**en'o** prep. + art.m. 'em + o', do lat. IN + ILLUM.

**ende** (adv.) pron. 'nisso, disso, a respeito disso, dele(s), dela(s), isso', do lat. INDE. O pron. *ende* é utilizado com caráter anafórico, para retomar elementos apresentados anteriormente no discurso.

**entam | entom** adv. 'então, neste momento', do lat. IN + TUNC.

**entegram(en)te** adv. 'integramente', do lat. INTEGRUM (do adj. INTEGER, INTEGRA, INTEGRUM) + MENTE (do s. MENS, -TIS).

**entrarom** v. 'verbo *entrar* conjugado na 3ª p. pl. pret. perf. ind.: entraram', do lat. INTRARE.

**ermitam | irmitam** s.m. 'ermitão, eremita, que habita lugar ermo, que vive em uma ermida', do lat. EREMITANEM (de EREMITA, -A).

**espital** s.m. 'hospital, estabelecimento sanitário', do lat. HOSPITALIS, -IS.

**esto** dem.n. 'isto', do lat. ISTUD (de ISTE, ISTA, ISTUD).

**exetes** prep. 'exceto', do lat. EXCEPTUS, A, -UM.

**façades** v. 'verbo *fazer* conjugado na 2ª p. pl. pres. subj.: façais', do lat. FACERE. Sobre a terminação ant., cf. **sabede**.

**facer** v. 'fazer', do lat. FACERE.

**falecerám** v. 'verbo *falecer* conjugado na 3ª p. pl. fut. pres. ind.: falecerão', do lat. FALLESCERE (incoativo do lat. FALLERE).

**falecerom** v. 'verbo *falecer* conjugado na 3ª p. pl. pret. perf. ind.: faleceram', cf. **falecerám**.

**fazam | fazã** v. 'verbo *fazer* conjugado na 3ª p. pl. pres. subj.: façam', cf. **facer**.

**fazede** v. 'verbo *fazer* conjugado na 2ª p. pl. imp.: fazei', do lat. FACERE. Sobre a terminação ant., cf. **sabede**.

**feze** v. 'verbo *fazer* conjugado na 3ª p. sg. pret. perf. ind.; fez', cf. **fazede**.

**fezéssedes** v. 'verbo *fazer* conjugado na 2ª p. pl. pret. imp. subj.: fizésseis', cf. **fazede**. Sobre a terminação ant., cf. **sabede**.

**filharom** v. 'verbo *filhar* conjugado na 3ª p. pl. pret. perf. ind.', do lat. PILIARE ('achar, buscar, pilhar'). No português medieval, o verbo *filhar* tem distintos significados, como *tomar, receber, aceitar, acolher, roubar* etc. No caso concreto do texto da *Demanda* em que foi utilizado, significa *pôr-se a, desatar, começar*.

**filios** s.m.pl. 'filhos', do lat. FILIUS,-i.

**folgãcia** s.f. 'descanso, folgança', der. do lat. FOLLICARE.

**foresta** s.m. 'floresta', do fr. ant. FOREST.

**forom** v. 1. 'verbo *ir* conjugado na 3ª p. pl. pret. perf. ind.: foram', do lat. IRE; 2. 'verbo *ser* conjugado na 3ª p. pl. pret. perf. ind.: foram', do lat. ESSE.

**forũ** v. 'verbo *ser* conjugado na 3ª p. pl. pret. perf. ind.: foram', do lat. ESSE.

**freesta** s.f. 'janela', do lat. FENESTRA, -AE.

**fremosa** adj.f. 'bela, formosa', do lat. FORMOSUS, -A, -UM.

**fremoso** adj.m. 'belo, formoso', cf. **fremosa**.

**frol** s.f. 'flor', do lat. FLOS, FLORIS.

**gracia** s.f. 'graça, mercê, favor', do lat. GRATIA, -AE.

**gram** adj. 'grande', do lat. GRANDIS, -E.

**guisa** s.f. 'modo, maneira', do germ. WISA.

**guisadas** part. 'preparada, ajeitadas, ajuizadas', do v. *guisar*, der. de **guisa**.

**hajades** v. 'verbo *haver* conjugado na 2ª p. pl. pres. subj.: hajais, tenhais', do lat. HABERE. Neste contexto da *Demanda*, o verbo *haver* foi empregado com sentido de posse, equivalente ao verbo *ter*. Sobre a terminação ant., cf. **sabede**.

**hei** cf. **ei**.

**homem** 1. s.m. 'homem'; 2. indef. 'alguém', do lat. HOMO, HOMINIS.

**i** (adv.) pron. 'aí, ali, lá, disso, nisso, com relação a isso, a respeito disso', do lat. IBI ou HIC. O pron. *i* é utilizado, com caráter anafórico, para retomar elementos apresentados anteriormente no discurso.

**ínsoa** s.f. 'ilha', do lat. INSULA, -AE.

**irmida** s.f. 'ermida, pequena igreja rústica', do lat. EREMITA, -A.

**junio** s.m. 'mês de junho', do lat. JUNIUS.

**ladiça** s.f. 'alegria, ledice', do lat. LAETITIA.

**ledo** adj. 'contente, alegre, feliz, ingênuo', do lat. LAETUS, -A, -UM.

**leixar** v. 'deixar', do lat. LAXARE.

**leixou** v. 'verbo *leixar* conjugado na 3ª p. sg. pret. perf. ind.: deixou', cf. **leixar**.

**levarom** v. 'verbo *levar* conjugado na 3ª p. pl. pret. perf. ind.: levaram', do lat. LEVARE.

**lho** contr. pron. + pron.m. 'lhe + o = lho', do lat. ILLI (dativo de ILLE) + ILLE, ILLA, ILLUD.

**lis** pron.pl. 'clítico dativo: lhes', do dativo pl. lat. ILLIS (de ILLE, ILLA, ILLUD).

**luctosas** s.f.pl. 'direito devido por óbito, imposto pago à morte de alguém', do lat. LUCTUOSUS, -A, -UM.

**mãda** s.f. 'testamento, legado de bens ou direitos que se fazem mediante testamento, petição, demanda', provavelmente der. do v. lat. MANDARE ('mandar').

**mãdo** v. 'verbo *mandar* conjugado na 1ª p. sg. pres. ind.: mando', do lat. MANDARE.

**madre** s.f. 'mãe', do lat. MATER,-TRIS.

**maestre** s.m. 'mestre, sábio, o que comanda, dirige, ensina', do lat. MAGISTER, -TRI.

**mais** 1. adv. 'mais'; 2. conj. 'mas', do lat. MAGIS.

**mala** adj.f. 'má, ruim', do lat. MALUS, -A, -UM.

**mandadeira** s.f. 'mensageira', der. do lat. MANDATUM, -I.

**manhãã** s.f. 'manhã', do lat. vulg. [HORA] MENEANA. O sentido primitivo é adverbial ('muito cedo'), mas rapidamente se une a **cras**, 'amanhã de manhã', passando a ser usado sozinho com o sentido de *cras*. Essa é a origem da palavra *amanhã* (*à* + *manhã*) do português.

**manus** s.f.pl. 'mãos', do lat. MANUS,-US.

**mao** adj.m. 'mau', do lat. MALUS, -A, -UM.

**meiadade** s.f. 'metade, parte', do lat. MEDIETAS, -ATIS.

**menenice** s.f. 'infância', der. de *menino*, cf. **menĩos**.

**menĩos** s.m.pl. 'meninos'. Origem desconhecida, possivelmente der. de MIN + terminação de diminutivo -INUS.

**mentre** conj. 'enquanto', do lat. DUM INTERIM.

**metuda** part. 'metida', do lat. MITTERE. Sobre a terminação ant., cf. **perdudo**.

**mi** pron. 'me', do lat. ME.

**mia** poss.f. 'minha', do lat. MEA (MEUS, -A, -UM). Forma ant. do pron. poss. f. de 1ª p. sg.

**milhor** adj. 'melhor', do lat. MELIOR, -ORIS.

**moira** v. 'verbo *morrer* conjugado na 1ª p. sg. pres. subj.: morra', do lat. vulg. MORERE.

**molier** s.f. 'mulher', do lat. mulier, MULIERIS.

**morauidiis** s.m. 'maravedi, moeda espanhola antiga', do ar. MURABIṬÍ.

**mouil** adj. 'móvel', do lat. MOBILIS, -E.

**mui** adv. 'forma abreviada de *muito*', do lat. MULTUM.

**niuũ** indef. 'nenhum', do lat. NEC + UNUS.

**nõ | non | nom** adv. 'não', do lat. NON.

**noa** (**hora de noa**) s.f. 'a nona das horas canônicas (15h da tarde)', da expressão em lat. HORA NONA.

**nouea** ord.f. 'nona', do lat. NOVENUS, -A, -UM.

**novel** adj. 'novo, principiante, novato', provavelmente do cat. *novell* (der. do lat. NOVELLUS, -A, -UM).

**octaua** ord.f. 'oitava', do lat. OCTAVUS, -A, -UM.

**oi** adv. 'hoje', do lat. HODIE.

**oi mais** adv. 'desde hoje, daqui em diante, doravante', do lat. HODIE MAGIS.

**out(ro)ssi** adv. 'outrossim, igualmente, da mesma maneira', do lat. ALTERUM ('outro') + SIC ('assim').

**ouuer** v. 'verbo *haver* conjugado na 3ª p. sg. fut. subj.: houver, tiver'. cf. ei.

**ouuermos** v. 'verbo *haver* conjugado na 1ª p. pl. fut. subj.: houvermos, tivermos'. cf. **ei**.

**p(er)** prep. 'por, através de, por meio de', do lat. PER.

**p(ri)or** s.m. 'prior, primeiro superior de algumas comunidades religiosas ou segundo, se há um abade', do lat. PRIOR, -ORIS.

**paaço** s.m. 'paço, palácio', do lat. PALATIUM, -II.

**padre** s.m. 'pai', do lat. PATER, -TRIS.

**palafrém** s.m. 'cavalo manso utilizado pelas damas', do cat. *palafré* (der. do lat. PARAVEREDUS).

**par** prep. 'por', do lat. per. Empregada em fórmulas de juramento como *Par Deus*.

**pedio** v. 'verbo *pedir* conjugado na 3ª p. sg. do pret. perf. ind.: pediu', do lat. PETERE.

**pee** s.m. 'pé', do lat. PES, PEDIS.

**pees** cf. **pee**.

**pelo** contr. prep. + art.m. 'pelo', do lat. PER + ILLE, ILLA, ILLUD.

**per** prep. 'por', do lat. PER.

**pera** prep. 'para', do lat. PER + AD.

**perdudo** part. 'perdido', do lat. PERDERE. No período medieval, o particípio dos verbos da 2ª conjugação (com valor verbal ou adjetival) apresentava a terminação em *-udo(s), -uda(s)*.

**pinticoste** s.m. 'pentecoste, pentecostes, quinquagésimo dia depois da Páscoa, celebração católica que comemora a vinda do espirito santo', do lat. PENTECOSTE, -ES (deriv. do gr. πεντηκοστή, PENTĒKOSTḖ).

**poder** 1. s.m. 'poder'; 2. v. 'verbo *poder* conjugado na 1ª p. sg. fut. subj.: puder', do lat. vulg. POTERE.

**poer** v. 'pôr'. do lat. PONERE.

**pola** contr. prep. + art.f. 'pela', do lat. POR + ILLE, ILLA, ILLUD.

**pora** prep. 'para', do lat. PRO + AD.

**posermos** v. 'verbo *pôr* conjugado na 1ª p. pl. fut. subj.: pusermos', do lat. PONERE.

**praz** v. 'verbo *prazer* conjugado na 3ª p. sg. pres. ind.: agrada, praz, apraz', do lat. PLACERE.

**preçar** v. 'preçar, apreçar, apreciar, prezar', do lat. PRETIARE.

**pregoli** v. 'verbo *pregar* conjugado na 1ª p. sg. pres. ind. seguido do clítico *lhe*: prego-lhe', do lat. PLICARE.

**prima** (**hora de prima**) s.f. 'a primeira das horas canônicas (6h da manhã)', da expressão em lat. HORA PRIMA.

**proe** s.f .'prol, proveito', do lat. vulg. PRODE, originado do lat. PRODEST ('ser útil'). No texto, a palavra é encontrada na locução *a proe de* ('em prol de, em favor de, com vantagem para').

**prometeo** v. 'verbo *prometer* conjugado na 3ª p. sg. pret. perf. ind.: prometeu', do lat. PROMITTERE.

**quedou** v. 'verbo *quedar* conjugado na 3ª p. sg. pret. perf. ind.: parou', do lat. QUIETARE.

**queredes** v. 'verbo *querer* conjugado na 2ª p. pl. pres. ind.: quereis', do lat. QUAERERE. Sobre a terminação antiga, cf. **sabede**.

**querrá** v. 'verbo *querer* conjugado na 3ª p. sg. fut. pres. ind.: quererá', cf. **queredes**.

**querriam** v. 'verbo *querer* conjugado na 3ª p. pl. fut. pret. ind.: quereriam', cf. **queredes**.

**raina | raía** s.f. 'rainha', do lat. REGINA, -AE.

**razom** s.f. 'razão, motivo', do lat. RATIO, -ONIS.

**recebia** v. 'verbo *receber* conjugado na 3ª p. sg. pres. subj.: receba', do lat. RECIPERE.

**regno** s.m. 'reino', do lat. REGNUM, -I.

**rem** s.f. 'coisa', do lat. RES, REI.

**remaser** v. 'permanecer, remanescer', do lat. REMANERE.

**remaserũ** v. 'verbo *remanescer* conjugado na 3ª p. pl. pret. perf. ind.: permaneceram, remanesceram', cf. **remaser**.

**reposte** s.f. 'lugar em que se guardam bens ou móveis, despensa, repositório' provavelmente der. do lat. REPOSITORIUM, -I.

**respondeo** v. 'verbo *responder* conjugado na 3ª p. sg. pret. perf. ind.: respondeu', do lat. RESPONDERE.

**reuora** s.f. 'rebora, confirmação, idade exigida por lei para certos atos, maioridade', der. do v. lat. ROBORARE.

**rogoli** v. 'verbo *rogar* conjugado na 1ª p. sg. pres. ind. seguido do clítico *lhe*: rogo-lhe', do lat. ROGARE.

**sa** poss.f. 'sua', do lat. SUA (SUUS, -A, -UM). Forma átona do pron. poss. f. de 3ª p.

**sabede** v. 'verbo *saber* conjugado na 2ª p. pl. imp.: sabei', do lat. SAPERE. No período medieval, as formas de 2ª p. pl. apresentam uma terminação antiga que conta com uma consoante 'd' em contexto intervocálico.

**sabedes** v. 'verbo *saber* conjugado na 2ª p. pl. pres. ind.: sabeis', do lat. SAPERE. Sobre a terminação antiga, cf. **sabede**.

**saio** v. 'verbo *sair* conjugado na 3ª p. sg. pret. perf. ind.: saiu', do lat. SALIRE.

**saluo** adj.m. 'salvo', do lat. SALVUS, -A, -UM.

**sano** adj.m. 'são, saudável', do lat. SANUS, -A, -UM.

**seendo** v. 'verbo *ser* no ger.: sendo', cf. **segia**. Neste contexto, o verbo *ser* tem sentido de *estar*.

**seer** v. 'ser', do lat. SEDERE.

**seerás** v. 'verbo *ser* conjugado na 2ª p. sg. fut. pres. ind.: serás', cf. **seer**.

**seeredes** v. 'verbo *ser* conjugado na 2ª p. pl. fut. pres. ind.: sereis', cf. **seer**. Cf. **sabede** para o comentário sobre a terminação antiga.

**seerei** v. 'verbo *ser* conjugado na 1ª p. sg. fut. pres. ind.: serei', cf. **seer**.

**seeria** v. 'verbo *ser* conjugado na 3ª p. sg. fut. pret. ind.: seria', cf. **seer**.

**segiã** v. 'verbo *ser* conjugado na 3ª p. pl. pres. subj.: sejam', cf. **segia**.

**segia** v. 'verbo *ser* conjugado na 3ª p. sg. pres. subj.: seja', do lat. SEDERE.

**segũdo** prep. 'conforme, segundo, consoante', do lat. SECUNDUM.

**semelhava** v. 'verbo *semelhar* conjugado na 3ª p. sg. pret. imperf. ind.: parecia, assemelhava', do lat. SIMILARE.

**semelhe** v. 'verbo *semelhar* conjugado na 3ª p. sg. pres. subj.: pareça, assemelhe', cf. **semelhava**.

**semmel** s.m. 'descendência, semente, sêmen', do lat. SEMEN, -INIS.

**senam** 1. conj.; 2. prep. 'senão', de *se* (lat. si) + *não* (lat. NON).

**senior** s.m. 'senhor', do lat. SENIOR, -ORIS.

**si** adv. 'sim', do lat. SIC.

**so** prep. 'sob', do lat. SUB.

**sobejo** 1. adj. 'excessivo, grande, enorme'; 2. adv. 'bastante, muito', der. do lat. SUPER.

**sodes** v. 'verbo *ser* conjugado na 2ª p. pl. pres. ind.: sois', cf. **seeredes**. Para o comentário sobre a terminação antiga, cf. **sabede**.

**soía** v. 'verbo *soer* conjugado na 3ª p. sg. pret. imp. ind.: soía, costumava', do lat. SOLERE.

**som** v. 'verbo *ser* conjugado na 1ª p. sg. pres. ind.: sou', do lat. ESSE.

**ssi | si** conj. 'se', do lat. SI.

**sten** v. 'verbo *estar* conjugado na 3ª p. pl. pres. subj.: estejam', do lat. STARE.

**sũ** v. 'verbo *ser* conjugado na 3ª p. pl. pres. ind.: são', do lat. ESSE. No período medieval, o verbo *ser* pode apresentar um sentido de transitoriedade, equivalente ao verbo *estar* ('estão').

**subio** v. 'verbo *subir* conjugado na 3ª p. sg. pret. perf. ind.: subiu', do lat. SUBIRE.

**t(er)cia dezima** ord.f. 'décima terceira', do lat. TERTIA, -AE ('terça') + DECIMUS, -A, -UM ('décimo').

**ta** poss.f. 'tua', do lat. TUA (TUUS, TUA, TUUM). Forma átona do pron. poss. f. de 2ª p. sg.

**tam** adv. 'tão', do lat. TAM.

**teer** v. 'ter', do lat. TENERE.

**teiuer** v. 'verbo *ter* conjugado na 3ª p. sg. fut. subj.: tiver', cf. **tenio**.

**temẽte** adj. 'que teme, temendo', do lat. TIMENS, -ENTIS.

**ten** v. 'verbo *ter* conjugado na 3ª p. pl. pres. ind.: têm', cf. **tenio**.

**tenio** v. 'verbo *ter* conjugado na 1ª p. sg. pres. ind.: tenho', do lat. TENERE.

**tẽplo** s.m. 'templo', do lat. TEMPLUM, -I.

**tẽpo** s.m. 'tempo', do lat. TEMPUS, -ORIS.

**terça (hora de terça)** s.f. 'a terceira das horas canônicas (9h da manhã)', da expressão em lat. **HORA TE**rtia.

**teudo** part. 'tido, obrigado', do lat. TENERE. Para o comentário sobre a terminação antiga, cf. **perdudo**.

**todalas** indef.f.pl. + art.f.pl. 'todas as', do lat. TOTUS, -A, -UM + ILLE, ILLA, ILLUD.

**todo** 1. indef.m. 'todo'; 2. indef.n. 'tudo', do lat. TOTUS, -A, -UM.

**todolos** indef.m.pl. + art.m.pl. 'todos os', cf. **todalas**.

**trouxerom** v. 'verbo *trazer* conjugado na 3ª p. pl. pret. perf. ind.: trouxeram', do lat. TRAHERE.

**u** adv. 'onde', do lat. UBI.

**ũa** art.f. 'uma', do lat. UNUS, -A, -UM.

**uassalos** s.m.pl. 'vassalo, servo, súdito', do celta VASSALLUS, der. de VASSUS ('servidor').

**uiier** v. 'verbo *vir* conjugado na 1ª p. sg. fut. subj.: vier', do lat. VENIRE.

**uirẽ** v. 'verbo *ver* conjugado na 3ª p. pl. fut. subj.: virem', do lat. VIDERE.

**una** 1. art. indefinido f.; 2. card.f. 'uma', do lat. UNA (UNUS, -A, -UM).

**undezima** ord.f. 'décima primeira', do lat. UNDECIMUS, -A, -um.

**uoontade** s.f. 'vontade', do lat. VOLUNTAS, -ATIS.

**ũũ** art.m. 'um', cf. **ũa**.

**vaades** v. 'verbo *ir* conjugado na 2ª p. pl. pres. subj.: vades', cf. **forom**.

**veede-lo** v. + pron.m. 'verbo *ver* conjugado na 2ª p. pl. pres. ind. ou imp. + pronome oblíquo átono *o*: vede-lo ou vede-o', do lat. VIDERE + ILLE, ILLA, ILLUD.

**veem** v. 'verbo *vir* conjugado na 3ª p. pl. pres. ind.: vêm', cf. **vĩir**.

**veeo | veo** v. 'verbo *vir* conjugado na 3ª p. sg. pret. perf. ind.: veio', cf. **vĩir**.

**veer** v. 'ver', do lat. VIDERE.

**veerás** v. 'verbo *ver* conjugado na 2ª p. sg. fut. pres. ind.: verás', cf. **veer**.

**veerem** v. 'verbo *ver* conjugado na 3ª p. pl. inf. pess.: verem', cf. **veer**.

**veeria** v. 'verbo *ver* conjugado na 3ª p. sg. fut. pret. ind.: veria', cf. **veer**.

**veestes** v. 'verbo *vir* conjugado na 2ª p. pl. pret. perf. ind.: viestes', cf. **vĩir**.

**viim** v. 'verbo *vir* conjugado na 1ª p. sg. pret. perf. ind.: vim', cf. **vĩir**.

**vĩir** v. 'vir', do lat. VENIRE.

**vio** v. 'verbo *ver* conjugado na 3ª p. sg. pret. perf. ind.: viu', cf. **veer**.

***Toponímia: Testamento de Afonso II***

**Alcobaza** Alcobaça, cidade do distrito de Leiria, Portugal.

**Bragaa** Braga, cidade do distrito de Braga, Minho, Portugal.

**Coĩbria** Coimbra, cidade do distrito de Coimbra, Beira Litoral, Portugal.

**Euora** Évora, cidade do distrito de Évora, Alentejo, Portugal.

**Idania** Idanha, cidade do distrito de Castelo Branco, Beira Baixa, Portugal.

**Lamego** Lamego, cidade do distrito de Viseu, Trás-os-Montes e Alto Douro, Portugal.

**Lixbona** Lisboa, atual capital de Portugal.

**Portu** Porto, cidade do distrito do Porto, Norte, Portugal.

**Santa Cruz** Mosteiro de Santa Cruz, freguesia de Santa Cruz, distrito de Coimbra, Beira Litoral, Portugal.

**Santiago** Santiago de Compostela, cidade da província de A Corunha, Galiza, Espanha.

**Toledo** Toledo, cidade da província de Toledo, Castela-Mancha, Espanha.

**Tui** Tui, cidade da província de Pontevedra, Galiza, Espanha.

**Uiseu** Viseu, cidade do distrito de Viseu, Beira Alta, Portugal.

***Data: Testamento de Afonso II***

**IIIIor dias por andar de Junio** quatro dias para terminar junho, isto é, 27 de junho.

**E(ra) Ma CCa L IIa** Era milésima ducentésima quinquagésima segunda, isto é, 1252. A data do *Testamento* está formulada no cômputo da *era hispânica*, usual nos documentos do Reino de Portugal até o século XV. A era hispânica se inicia em 38 a. C., ano em que a Hispânia Romana foi efetivamente conquistada por Augusto. Por essa razão, para converter essa data para a *era cristã*, que utilizamos atualmente, temos de subtrair 38 de 1252. O Testamento data, assim, de 27 de junho de 1214.

## Recursos disponíveis *on-line*

*Diccionario de la lengua española*, Real Academia Española, disponível em <http://dle.rae.es/?w=diccionario>.

*Dicionario de dicionarios do galego medieval*, coordenado por Ernesto González Seoane, Instituto da Lingua Galega, Universidade de Santiago de Compostela, disponível em <http://sli.uvigo.es/DDGM/>.

*Dicionário Priberam da Língua Portuguesa*, disponível em < https://www.priberam.pt/dlpo/Default.aspx>.

*Glosario da poesía medieval profana galego-portuguesa*, coordenado por Manuel Ferreiro, Universidade da Coruña, disponível em <http://glossa.gal/glosario>.

*The Latin Lexicon*, disponível em <http://latinlexicon.org/index.php>.

# *Corpora* para o estudo do português medieval

## Orientações para a pesquisa

Nos capítulos 1 e 2, pudemos experimentar a preservação e a fixação de textos antigos. Qualquer historiador da língua que deseje trabalhar com estágios mais recuados do português precisa conhecer as ferramentas e as atividades do filólogo, pesquisador responsável por preparar os textos que podem ser submetidos posteriormente a análises linguísticas. Os textos a serem editados podem ser recolhidos pelo investigador em arquivos e bibliotecas que contenham acervos de manuscritos. Felizmente, com o advento da tecnologia, muitos fac-símiles de manuscritos e impressos (e grande parte deles ainda está à espera de editores) são publicamente disponibilizados. No caso do português do período medieval, recomendamos que você faça um passeio pelos sites das bibliotecas digitais da Biblioteca Nacional de Portugal (<http://purl.pt/index/geral/PT/index.html>) e do Arquivo Nacional da Torre do Tombo (<http://digitarq.arquivos.pt>) e busque fac-símiles de textos escritos em português.

Uma vez terminado o trabalho filológico de edição dos textos, eles podem passar a fazer parte de um *corpus*, isto é, uma amostra de textos que pode ser disponibilizada em meio impresso ou digital a toda a comunidade científica. Como um dos pilares da linguística de *corpus*, a constituição de *corpora* para investigações linguísticas tem sido bastante impulsionada nas últimas décadas. Cada vez mais, pesquisadores de distintas universidades somam esforços para reunir, tratar digitalmente e disponibilizar em rede grandes quantidades de textos de uma determinada língua ou variedade (Sardinha, 2000).

Atualmente dispomos de diversos *corpora* de textos medievais portugueses editados. Isso quer dizer que, caso desejemos ou necessitemos, podemos acessar diretamente essas plataformas e buscar o material para nossa pesquisa. Cada *corpus*, no entanto, apresenta uma organização própria que responde aos objetivos e intenções de seus idealizadores. Alguns, por exemplo, disponibilizam, juntamente com a edição, os fac-símiles dos manuscritos. No que se refere à autoria da edição, algumas plataformas disponibilizam edições próprias elaboradas pelos pesquisadores do grupo de pesquisa; por outro lado, encontramos *corpora* que compilam edições de terceiros. Ademais, os *corpora* também se diferenciam pelas edições que apresentam (algumas diplomáticas, outras semidiplomáticas com mais ou menos intervenções) e pela divulgação dos critérios de edição, que costumam estar ausentes no caso de grandes plataformas compendiadoras de textos. Há ainda os *corpora* que apresentam recortes temporais mais amplos, extrapolando os limites do português medieval e os que se limitam a temáticas específicas. Além dos textos em si, também há *corpora* que apresentam glossários e ferramentas específicas para a busca de dados. Como se vê, o universo de possibilidades é bastante vasto e precisamos estar atentos aos critérios que norteiam a estruturação de cada *corpus* para que possamos utilizá-lo da melhor forma possível.

Abaixo você encontrará uma lista com alguns desses *corpora*. Embora nem todos sejam específicos do período medieval, selecionamos os que apresentam textos do século XIII ao XVI, lapso temporal que estamos considerando para o estudo do português medieval. Acesse as plataformas e veja a grande quantidade de materiais disponíveis para o estudo do português no período medieval:

1. **Corpus do Português**: coordenado por Mark Davies (Brigham Young University) e Michael Ferreira (Universidade de Georgetown), o *corpus* reúne textos do século XIV ao XX.
   Disponível em: <http://www.corpusdoportugues.org>.

2. **Corpus Informatizado do Português Medieval**: inclui textos latino-romances do século IX ao XII e textos portugueses do século XII ao XVI. É coordenado por Maria Francisca Xavier (Universidade Nova de Lisboa).
   Disponível em: <http://cipm.fcsh.unl.pt>.

3. **Corpus Informatizado do Galego-Português Medieval**: coordenado por Xavier Varela Barreiro (Instituto da Lingua Galega, Universidade de Santiago de Compostela), o *corpus* contém textos em latim, galego e português dos séculos VIII ao XVII.
   Disponível em: <http://ilg.usc.es/CIGPM/>.

4. **Corpus Histórico do Português Tycho Brahe**: coordenado por Charlotte Galves (Universidade Estadual de Campinas), reúne textos portugueses dos séculos XIV ao XIX.
Disponível em: <http://www.tycho.iel.unicamp.br/~tycho/corpus/en/index.html>.

5. **Corpus de Textos Antigos em Português até 1525**: coordenado por Cristina Sobral (Universidade de Lisboa), o *corpus* contém textos hagiográficos, novelísticos e de espiritualidade escritos originalmente em português ou traduzidos ao português até o ano de 1525.
Disponível em: <http://alfclul.clul.ul.pt/teitok/cta/>.

6. **Corpus Electrónico do CELGA — Português do Período Clássico**: coordenado por Maria José de Moura Santos (Universidade de Coimbra), reúne textos em português dos séculos XVI e XVII.
Disponível em: <http://www.uc.pt/uid/celga/recursosonline/cecppc>.

7. **Colonia — Corpus of Historical Portuguese**: organizado por Marcos Zampieri e Martin Becker (Universität zu Köln), reúne textos portugueses dos séculos XVI ao XX.
Disponível em: <http://corporavm.uni-koeln.de/colonia/index.html>.

8. **Post Scriptum**: o *corpus P.S. Post Scriptum — Arquivo Digital de Escrita Quotidiana em Portugal e Espanha na Época Moderna*, coordenado por Rita Marquilhas (Universidade de Lisboa), contém um conjunto de cartas privadas escritas durante a Idade Moderna em Portugal e na Espanha (séculos XVI a XIX).
Disponível em: <http://ps.clul.ul.pt>.

9. **Cantigas Medievais Galego-Portuguesas**: elaborado pelo Projeto Littera, coordenado por Graça Videira Lopes (Universidade Nova de Lisboa), o *corpus* disponibiliza a totalidade das cantigas medievais profanas presentes nos cancioneiros galego-portugueses.
Disponível em: <http://cantigas.fcsh.unl.pt>.

10. **Cantigas de Martin Codax**: parte integrante da Biblioteca Virtual Miguel de Cervantes, o *corpus*, organizado e dirigido por Vicenç Beltrán Pepió (Universitat de Barcelona), reúne as cantigas do trovador Martin Codax.
Disponível em: <http://www.cervantesvirtual.com/portales/martin_codax>.

11. **Cantigas de Santa Maria**: *corpus* elaborado pelo Centro para o Estudo das Cantigas de Santa Maria da Oxford University, dirigido por Stephen Parkinson, apresenta uma compilação das cantigas marianas produzidas por Afonso X.
Disponível em: <http://csm.mml.ox.ac.uk>.

12. **Teatro de Autores Portugueses do Século XVI**: elaborado pelo Centro de Estudos de Teatro da Universidade de Lisboa e dirigido por José Camões, o *corpus* reúne fontes para a história do teatro no século XVI em Portugal.
Disponível em: <http://www.cet-e-quinhentos.com>.

13. ***Scrinium* — Traduções Medievais Portuguesas**: coordenado por Mafalda Maria Leal de Oliveira e Silva Frade (Universidade Nova de Lisboa), o *corpus* reúne traduções portuguesas remanescentes de textos sobretudo laicos escritos em latim durante a Idade Média e início do Renascimento.
Disponível em: <http://www.scrinium.pt>.

14. **Corpus Lexicográfico do Português**: o *corpus*, coordenado por Telmo dos Santos Verdelho, é um projeto de investigação da Universidade de Aveiro e do Centro de Linguística da Universidade de Lisboa. Reúne textos do século XVI ao XIX de natureza dicionarística.
Disponível em: <http://clp.dlc.ua.pt/Inicio.aspx>.

15. **Corpus Legislativo da Idade Média Anotado**: *corpus* de fontes jurídicas medievais portuguesas do século XII ao XVI, organizado por José Domingues (Universidade Lusíada).
Disponível em: <http://www.ulusiada.pt/clima/>.

16. ***Ius Lusitaniae* — Fontes Históricas do Direito Português**: o *corpus*, organizado por Pedro Cardim (Universidade Nova de Lisboa), Ângela Barreto Xavier (Instituto e Ciências do Trabalho e da Empresa) e Ana Cristina Nogueira da Silva (Universidade Nova de Lisboa), contém um conjunto de textos fundamentais para a história do direito português, elaborados do século XVI ao XX.
Disponível em: < http://www.governodosoutros.ics.ul.pt/?menu=arquivo>.

Além dos *corpora* aqui listados, também podemos encontrar textos editados, de forma impressa ou digital, em diversas monografias relacionadas ao tema. Trata-se de publicações individuais que não constituem um *corpus* propriamente dito, se comparadas aos que mostramos anteriormente. A título de exemplificação, mencionamos as seguintes coleções diplomáticas disponíveis *on-line* que viabilizam estudos sobre o galego-português medieval:

1. ***Documentos galego-portugueses dos séculos XII e XIII***, elaborado por José António Souto Cabo.
Disponível em: <http://illa.udc.es/rgf/pdf/mon_5.pdf>.

2. ***Coleção diplomática do mosteiro de San Pedro de Vilanova de Dozón***, de autoria de José Ignacio Fernández de Viana y Vieites.
Disponível em: <http://consellodacultura.gal/mediateca/documento.php?id=561>.

3. ***Documentos do tombo de Toxos Outos***, de Francisco Javier Pérez Rodríguez.
Disponível em: <http://consellodacultura.gal/mediateca/documento.php?id=283>.

4. ***Documentos da Catedral de Lugo, século XI***V, de María José Portela Silva.
Disponível em: <http://consellodacultura.gal/mediateca/documento.php?id=72> (volume 1) e <http://consellodacultura.gal/mediateca/documento.php?id=73> (volume 2).

# Atividades complementares

## O labor filológico

**ATIVIDADE 1** No capítulo 2, trabalhamos com uma cantiga de amor de João Nunes Camanês, em sua versão disponível no *Cancioneiro da Ajuda* (A 111). Também visualizamos distintas edições filológicas, feitas de acordo com critérios específicos preestabelecidos em função do público-alvo diferenciado. Agora, nesta primeira atividade complementar, veremos duas edições da mesma cantiga que utilizamos: a primeira delas é de Carolina Michaëlis de Vasconcelos e a segunda foi elaborada pelos integrantes do Projeto Littera. Imediatamente após cada edição, transcrevemos as normas de edição utilizadas em ambos os casos. Leia as edições apresentadas e suas respectivas normas de edição e compare-as. Que semelhanças e diferenças podem ser encontradas entre os dois conjuntos de critérios de edição? Que semelhanças e diferenças podem ser vistas nos dois textos editados? Que edição apresenta mais intervenções? Para responder a essas perguntas, considere os seguintes aspectos (além de outros que julgar pertinentes):

(a) representação gráfica de sons e vocábulos;

(b) estruturação do texto;

(c) abreviaturas;

(d) junção e segmentação de vocábulos;

(e) uso de maiúsculas e minúsculas;

(f) acentuação;

(g) pontuação;

(h) representação da nasalidade.

## EDIÇÃO DE CAROLINA MICHAËLIS DE VASCONCELOS (1990 [1904]: 229)

De vos, senhor, querria eu saber,
(pois desejades mia mort' a veer,
e eu non moir', e queria morrer)
que me digades: ¿que farei eu i?

Con mia morte me seria gran ben,
porque sei ca vus prazeria én;
e pois non moiro, venh' a vos por én
que me digades: ¿que farei eu i?

Por mia morte, que vus vi desejar,
rogu'eu a Deus sempr', e non mi-a quer dar;
e venho vus, mia senhor, preguntar
que me digades: ¿que farei eu i?

Por mia morte roguei Deus e Amor,
e non mi-a dan, por me fazer peor
estar convosqu', e venh'a vos, senhor,
que me digades: ¿que farei eu i?

## CRITÉRIOS DE EDIÇÃO DE CAROLINA MICHAËLIS DE VASCONCELOS (1990 [1904]: XIII; XXIII-XXVIII)

As modificações ortográficas a que submeti o texto, tendem a aussiliar a compreensão sem todavia desfigurarem o seu carácter arcáico. Sem isso, poucos portugueses o haviam de lêr. E falharia então uma das minhas principaes ambições. Não conseguiria vulgarizar a noção exacta do que foi na realidade a poesia dos antepassados.

[...]

Desenvolvo as abreviaturas, pelo modo exposto no Capitulo III das *Investigações*. Imprimo sempre por extenso o *refrã*, mesmo onde nas repetições o copista escreveu apenas as primeiras palavras, ou meras iniciaes. Emprego maiusculas não só depois de ponto, mas também nos nomes próprios, incluindo o *Amor*, onde me parece estar personificado, assim como Deus, e Senhor, com aplicação a Deus. Junto sílabas de palavras, onde os poetas as haviam retalhado para informar os cantores da sua distribuição musical. Separo conforme as exijéncias da gramática e do sentido, vocábulos conglomerados, quer por falta de espaço, quer propositadamente para indicar a acentuação frásica. Nestes casos, deixo-os todavia conjugados por meio de diferentes sinaes diacríticos, de que logo falarei. Letras que julgo devemos acrescentar, vão entre parénteses rectangulares, jeralmente *em grifo*; as que na minha opinião podiam ser suprimidas para que o verso tivesse maior correcção prosódica, vão entre parénteses curvilíneos.

Pontuei com abundáncia, por condescendéncia com o gôsto português, e também porque creio que realmente uma boa disposição das partes do discurso equivale a um comentário, e dá mais vida e côr a versos pálidos e monótonos, de construções tão complicadas como o são ás vezes os dos poetas áulicos do sec. XIII. Emprego mesmo o sinal de interrogação e exclamação, invertido, em princípio de frase.

Com acentos e tremas, apóstrofos e hífens não fui tão pródiga, pelo menos na primeira metade do volume. Preguntas e observações do amigo que leu as provas, levaram-me então a empregar mais alguns (a contar do verso 2316).

Ponho acentos — com os valores jeneralizados de há muito, i. é *agudo* para vogaes abertas, *circunflecso* para fechadas — apenas com o fim de diferençar palavras tónicas das átonas, gràficamente iguaes. Os principaes casos são:

| | | | |
|---|---|---|---|
| *á* | (habet), distinto de | *a* | (art. e prep.) |
| *dá* | (dat) | *da* | (prep. fundida com o art.) |
| *dê* | (det) | *de* | (prep.) |
| *é* | (est) | *e* | (conj. e interj.) |
| *estê* | (stet) | *êste* | (pron. dem.) |
| *én* | (inde) | *en* | (prep. *in*) |
| *fôra* | (vb.) | *fóra* | (adv.) |
| *lá* | (adv.) | *la* | (art. e pron.) |
| *quê* | (interr.) | *que* | (conj.) |
| *podêr* | (inf.) | *podér'* | (conj. fut.) |
| *cuidá-lo* | (inf.) etc. | *cuída-lo* | (2 sg.) |
| *amará* | (fut.) etc. | *amára* | (mais que perf.) |

Em *fé* o acento é, na verdade, desnecessário. Como *i* final existe na linguajem moderna apenas em palavras ocsítonas (*aqui, ali, venci*) ponho acento grave em proparocsítonos arcáicos como *oùvi (habui), pùdi (potui), soùbi (sapui), pùsi, pùgi (posui), quìgi (quaesi)*. Trema em *oï, saï, caï* serve para separar vogaes que sem isso formavam hoje, ditongo, e de facto o formam tambem no arcáico *ói* (*hodie*). O hífen, indispensável na boa escrita portuguesa, segundo a opinião de todos, utilizei-o para dividir nos seus elementos constitutivos as diversas espécies de grupos frásicos, compostos de vocábulos só casualmente unidos, mas escritos como se formassem sempre uma só palavra, ás quaes de resto já me referi. Assim conjugados aparecem, sem alteração sónica alguma, a não ser a perda da acentuação própria, expressões como *mal-dia, mal-pecado, mal-sen, mao-pecado, mao-grado, sen-razon, al-ren, que-quer, ja-quê, ja-quanto* etc.; ligações de verbos com pronomes enclíticos (*digas-me, doede-vus, direi-vus, dir-vus--ei, ir-m'ei, quitar-m'end'ia, graci-lh'o ei*); aquelas cujo primeiro elemento é o pronome pessoal *me* em próclise, com mutação do *e* surdo em *i* para formar com a imediata vogal *a* ou *o* uma espécie de ditongo crescente (*mi-aven, mi-agora, mi-á, mi-ora*); as numerosas e importantes em que *-r, -s* finaes são assimiladas ao *l* de *lo, los, la, las*, quer na função de pronome, quer na de artigo definido (*todo-los, dê-lo, poi-lo, mai-lo, Deu--lo; tẽẽ-lo, matá-lo*). Finalmente aquelas em que o *l* inicial de *lo, los, la, las*, tanto numa como na outra função, é convertido em *n*, i. é assimilado á nasal da palavra precedente (*quen-no, hẽ-no* etc.).

Em algumas ligações, tão ìntimamente fundidas que já no seculo XIII nunca se efeituava a separação, não ponho sinal algum. Escrevo sempre *do, dos, da, das; del, al* (ántes de *rei*); *eno, enos, ena, enas* (respectivamente *no, na*), e também *num, noutro, neste, naquel,* assim como *polo, pola, polos, polas.*

O apóstrofo, emprego-o em ligações em que houve perda *causal,* quer de vogaes (*tod'ome, mentr'eu, og'eu, cuita'n, á'migo*), quer de consoante (*poi'-lo, Deu'-lo, matá-lo).* Num ponto dei-lhe outra aplicação, abusivamente. Ponho *amar', viver'* (resp. *vivêr'*), *dever'* (resp. *devér'*), *poder'* (*podér'*) para distinguir o conj. fut., do infinitivo, sem de modo algum querer afirmar que os poetas suprimiram a bel-prazer, por licença poetica, *e* surdo que costumava ser pronunciado na prosa familiar.

Quanto ao resto da escrita, não a uniformizei em absoluto. Regularizei-a apenas, cinjindo-me ás tendências preponderantes, simplificadoras, dos trovadores, tanto na proscrição do *h* mudo e de letras geminadas em princípio de dição, como na escolha de *n* para a nasalidade, em fim de vocábulos, e *m* no interior, ántes das explosivas *p, b*; e ainda no emprego de um só *s* e *r*. Deixei subsistir as indecisões a respeito de *i* vocálico e *y* grego, e das jeminadas no meio de vocábulos, por serem muito freqüentes e não causarem confusão.

Modificações incisivas são apenas a introdução de *j* e *v*, que não precisa de justificação, e a substituição de *nn, ll* por *nh, lh*. Bani os símbolos *nn, ll* por serem estranjeirismos anti-etimolójicos, não sòmente inúteis, mas enganadores. Escolhi *nh, lh* porque vingaram ainda na época trovadoresca, e arraigaram tão profundamente que hoje constituem um dos traços mais característicos da escrita portuguesa. Assim foram ortografados os diplomas réjios já no sec. XIII. Assim também — no tempo do rei-trovador e seu filho, o conde de Barcelos, — os Cancioneiros jeraes de que os apógrafos italianos foram tresladados. Há vantajem, evidentemente, em empregarmos a mesma grafia para todos os textos coevos.

O resultado difere pouco do que Lang conseguiu no Cancioneiro de D. Denis.

Creio que, pelo menos, os beneméritos reformadores das ortografias portuguesas verão com prazer, até que ponto os primeiros autores galego-portugueses que se serviram do idioma pátrio, criando obras de arte, se aprossimaram do ideal de simplicidade e de clareza, a favor do qual vão lutando indefessos — ideal de que infelizmente os representantes do saber escolástico, — primeiro os escrivães em chancelarias réjias, conventos e cabidos, posteriormente na época do Renascimento, poetas e eruditos humanistas, e nos últimos séculos os sócios das Academias — se afastaram, empenhados em regular artificialmente a fala e a escrita por modelos latinos.

## Edição Projeto Littera[1]

De vós, senhor, querria eu saber,
pois desejades mia mort'a veer
e eu nom moir'e querria morrer,
que me digades: que farei eu i?

Com mia morte me seria gram bem
porque sei ca vos prazeria en;
e pois nom moiro, venh'a vós por en
que me digades: que farei eu i?

Por mia morte, que vos vi desejar,
rog'eu a Deus sempr'e nom mi a quer dar;
e venho-vos, mia senhor, preguntar
que me digades: que farei eu i?

Por mia morte roguei Deus e Amor,
e nom mi a dam, por me fazer peor
estar convosc'; e venh'a vós, senhor,
que me digades: que farei eu i?

[1] <http://cantigas.fcsh.unl.pt/cantiga.asp?cdcant=210&pv=sim>.

## Critérios de edição do Projeto Littera[2]

Transcrevemos abaixo, literalmente, os critérios adotados pelo Projeto Littera para a edição das cantigas.

**Critérios de fixação e de edição dos textos**

O texto editado de todas as cantigas e também da Arte de Trovar é apresentado em edição própria, feita a partir da leitura direta desses textos nos manuscritos que os transmitem. Para esta edição, levámos em conta, no entanto, as anteriores leituras de numerosos especialistas, quer as mais clássicas ou gerais, como as de Carolina Michaëlis, Henry Lang, Oskar Nobiling, José Joaquim Nunes ou Rodrigues Lapa, quer as mais recentes, seja por género (como é o caso das *500 Cantigas d'Amigo* de Rip Cohen), sejam as propostas nas edições monográficas de cada autor, ou nas edições antológicas com edição de texto, publicadas até ao momento (e sempre que a elas tivemos acesso). Assinalamos, em geral, em nota, o contributo, por vezes precioso, de cada um, quer no que toca ao esclarecimento de passos problemáticos, quer a informações suplementares de todo o tipo.

De qualquer forma, dadas as dificuldades de edição que os manuscritos apresentam em muitos passos, a leitura que por vezes se apresenta não pode deixar de ter um caráter conjetural, facto sempre assinalado com uma nota de leitura, na qual incluímos geralmente uma transcrição paleográfica do passo em questão (de momento, meramente indicativa, já que, por limitações técnicas, esta transcrição não inclui alguns dos símbolos habitualmente usados na transcrição da grafia medieval). O acesso à imagem do manuscrito permitirá, no entanto, ao leitor conferir a todo o momento a nossa proposta de leitura com a lição original apresentada pelos códices.

No que diz respeito às lacunas dos manuscritos, assinalamos os segmentos em falta com o sinal habitual [............]. Esta opção, sempre seguida nas lacunas que afetam dois ou mais versos de uma cantiga, sofre, no entanto, algumas exceções no que diz respeito às lacunas que atingem apenas um verso ou um segmento de verso, lacunas essas que os grandes editores, até recentemente, habitualmente reconstituíam. Assim, no caso em que essas reconstituições parecem inevitáveis ou muito verosímeis, optámos por mantê-las (assinalando, em nota, o seu autor). No caso de reconstituições mais problemáticas, optámos, em geral, por transcrevê-las apenas em nota.

Nos dois ou três casos em que uma cantiga surge em dois manuscritos com variantes muito significativas, optámos por editar autonomamente as duas variantes, apresentando uma delas em nota.

[...]

De resto, acrescente-se ainda, de forma mais geral, que, dadas as características desta edição eletrónica, pequenas correções de pormenor ou mesmo revisões e modificações quer das leituras ou interpretações propostas para as cantigas, quer de todos os restantes dados incluídos nesta base, serão sempre possíveis a qualquer momento. Excetuando a correção de pequenas gralhas ou de lapsos, todas as alterações ou todos dados novos que nela forem sendo introduzidos serão sempre devidamente assinalados (na secção "Atualizações recentes").

**Critérios ortográficos**

Carecendo a ortografia medieval de regras rígidas, tanto no que diz respeito à grafia, como no que diz respeito à segmentação ou junção de sílabas, procedemos, como habi-

[2] Graça Videira Lopes; Manuel Pedro Ferreira *et al.* (2011-), *Cantigas Medievais Galego Portuguesas [base de dados online]*. Lisboa: Instituto de Estudos Medievais, FCSH/NOVA. Disponível em: http://cantigas.fcsh.unl.pt [último acesso: 28Fev2018].

tualmente, à normalização ortográfica dos textos, segundo a norma do Português atual (na grafia decorrente do Novo Acordo Ortográfico), e tendo como critério geral a não alteração vocabular e fonética do que podemos pressupor ser a língua falada na época.

Na transcrição dos textos, seguimos, pois, os seguintes critérios específicos:

(1) desenvolvemos todas abreviaturas dos manuscritos;

(2) de acordo com o sentido, separamos os vocábulos que aparecem conglomerados e unimos os elementos das palavras que os manuscritos segmentam. Mantemos, no entanto, a grafia segmentada quando ela corresponde a valores semânticos específicos diferentes dos atuais, como é o caso de *por en* (por isso). Mantemos igualmente as formas aglutinadas com o artigo definido, como *tôdolos* ou *mailo*;

(3) regularizamos o emprego das maiúsculas segundo a norma atual;

(4) suprimimos o *h* não etimológico, em posição inicial (*hi>i, hirei>irei*) e em posição intervocálica (*Johan>Joam*). Ao mesmo tempo, uniformizamos e generalizamos o uso do *h* mudo etimológico, que não tem interferência fonética e facilita a leitura atual (*omem>homem, aver>haver*). Este alargamento resulta por vezes bizarro em formas como, por exemplo, *on>hom*, já que casos há em que o uso deste termo parece assemelhar-se ao sentido pronominal indefinido (como o do francês *on*, alguém). Mas, para além de algumas ocorrências do uso do *h* nos manuscritos justificarem a normalização, não fazia sentido uma uniformização parcial e subjetiva;

(5) transcrevemos todos os sons nasais finais segundo a norma portuguesa, como vogal seguida de *m* (*bẽ, ben>bem, nõ, non>nom* etc.). Seguimos também a norma atual para as nasais não finais (*senpre>sempre, cãtar>cantar*). Mantemos, no entanto, o *n* final na forma pronominal arcaica *en* (*isso, por isso*), de forma a diferenciá-la da preposição *em*. Sendo certo que, muito provavelmente, a sua pronúncia seria aberta (*én*), mas dado que a mesma abertura da vogal ocorreria em inúmeras outras formas vocálicas, hoje fechadas (*bém, qué*), optámos, no caso deste pronome, pela grafia que corresponde à do atual pronome francês *en*, o que talvez facilite a leitura (pelo menos a dos leitores que sabem esta língua). De resto, a opção pelo *m* final como marca de nasalização dificulta a transcrição do desenvolvimento do *n* que ocorria frequentemente em terminações nasais seguidas de vogal (*non o >non_o, ben o> ben_o*), motivo pelo qual o mantivemos nesses casos, mas seguido de apóstrofo (*nõn'o, ben'o*), opção que nos parece mais legível para um leitor atual do que a da forma aglutinada (*nõno*). A mesma regra quanto ao uso do apóstrofo seguimos para algumas formas que, nos manuscritos, surgem aglutinadas (*queno>quen'o*). Conservamos aglutinadas, no entanto, as combinações *eno, no* e *na*, que já no século XIII não se separavam. Ainda sobre as vogais nasais, mantemos a variação presente nos manuscritos, por vezes numa mesma cantiga, entre formas nasalizadas e desnasalizadas (*bõa, boa*);

(6) transcrevemos o *u, i* e *y* em situação consonântica como *v* ou *j* (*ui>vi, ia>já, oye>hoje*);

(7) transcrevemos o *j* e *y* vocálicos, bem como o *h* em situação de semi-vogal, como *i* (*mjn>mim, mays>mais, mha>mia*);

(8) uniformizamos, segundo a norma portuguesa atual, os sons *lh* e *nh*;

(9) ligamos por hífen os pronomes mesoclíticos às formas verbais de que dependem, os pronomes duplos onde se dá a apócope do *s* do primeiro (*vo-lo*) e também o artigo *el* à palavra *rei*;

(10) conservamos as vogais duplas sempre que a sua pronúncia, atestada pela métrica, era efetiva (*maa, seer*), mas usamos as vogais simples sempre que isso não tem

interferência métrica. Grafamos as formas *teem* ou *veem* (verbo *vir*) segundo a norma atual (*têm, vêm*), uma vez que a grafia atual não altera o seu valor silábico. Dadas as dificuldades técnicas de transcrição das vogais duplas nasais, que nos manuscritos aparecem muitas com um traço superior contínuo sobre as duas vogais, utilizamos o til apenas na primeira vogal;

(11) eliminamos as consoantes duplas, mantendo-as apenas nos casos com valor fonológico decorrente da norma portuguesa (*ss, rr*);

(12) adaptamos a grafia de todas as sibilantes (*s, z, ss, ç*) segundo o uso moderno (*çapato> sapato*), o mesmo acontecendo com o *f* e *g*. Conservamo-las, no entanto, nos casos de usos duvidosos, onde poderão ter valor fonológico específico (*mezquinho/mesquinho, Lixboa>Lisboa, fix/fiz*). Conservamos igualmente o *z* final nos apelidos que o indicam (*Fernándiz, Pérez*), já que, dada a variedade de nacionalidades das personagens referidas nas cantigas, a sua uniformização segundo a norma de uma das línguas ibéricas não parece defensável. Esta última regra sofre, no entanto, uma exceção no que diz respeito aos nomes de todos os autores que integram a base de dados, nomes que, enquanto autores, uniformizamos segundo a norma portuguesa;

(13) eliminamos os elementos e grupos consonânticos latinizantes, que parecem fonologicamente irrelevantes (*absconder>asconder, et>e, sancta>santa*), ou que correspondem a grafias arcaizantes, como é o caso do *n* intervocálico com valor de nasalidade (*bona>bõa*). Mas mantemos formas que, em certas cantigas de amigo, parecem deliberadamente arcaizantes, como *louçana, irmana* ou *pino*;

(14) usamos o apóstrofe para representar elisão. Nos casos de elisão vocálica, mantemos geralmente a correspondente consoante final (*faç'en, amig'eu, vosc'e*);

(15) resolvemos todos os outros casos particulares de normalização ortográfica seguindo os mesmos critérios;

(16) acentuamos segundo as normas do português atual, mas sempre tendo em conta o que podemos pensar ter sido a pronúncia primitiva;

(17) seguimos os critérios modernos de pontuação, utilizando-a sobretudo como forma de clarificar a leitura; nesse sentido, fomos parcos nos sinais com marcado caráter interpretativo (como o ponto de exclamação, por exemplo). Nos vários casos de equívocos sintáticos (duplos sentidos que jogam com as pausas), o leitor encontra assinalada, nas notas, a precariedade da pontuação proposta.

**ATIVIDADE 2** Assim como ocorre com inúmeras outras composições poéticas, a cantiga de João Nunes Camanês também está disponível no Cancioneiro da Biblioteca Nacional (B 224), copiado no século XVI, cujo fac-símile se encontra abaixo. Observe o manuscrito do Cancioneiro da Biblioteca Nacional e compare-o com o do Cancioneiro da Ajuda. Que semelhanças e diferenças podem ser encontradas? Utilize as seguintes perguntas como guia:

(a) No que se refere a questões de ordem paleográfica, podemos encontrar alguma diferença na morfologia dos grafemas?

(b) Há diferenças quanto à estruturação do texto?

(c) Há lacunas ou fragmentos incompletos no texto B 224, comparando-o a A 111?

(d) Há diferenças na grafia das palavras? Há diferenças na representação de algum som? Há diferenças na representação da nasalidade?

(e) Há diferenças no que se refere às abreviaturas, junção e segmentação, uso de maiúsculas e minúsculas, acentuação e pontuação?

(f) Há vocábulos ou construções sintáticas distintas nas duas cantigas?

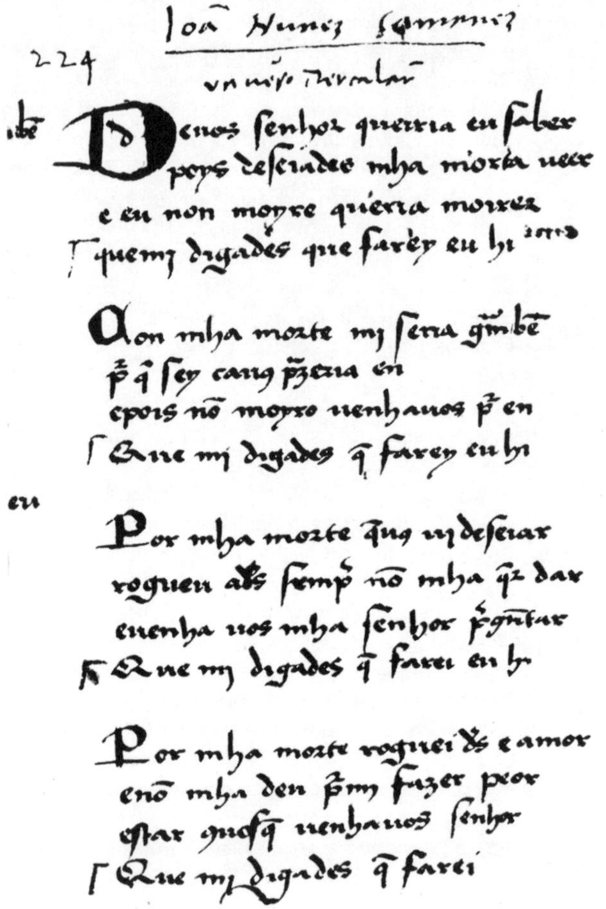

**ATIVIDADE 3** As cantigas medievais galego-portuguesas foram objeto de diversas edições ao longo do século XX e até mesmo nos dias de hoje. As edições disponíveis, no entanto, nem sempre coincidem em todos os momentos, como você mesmo teve a oportunidade de observar comparando as versões de Carolina Michaëlis de Vasconcelos (1904) e a do Projeto Littera (2011) para a mesma cantiga, na primeira atividade proposta. As edições podem divergir na medida em que seguem critérios de transcrição distintos, estabelecidos previamente por seus editores. Diante desse panorama, um grupo de professores de universidades da Galiza, tomando como base um evento destinado a discutir essa questão, decidiu buscar um consenso sobre o assunto e elaborar normas de edição unificadoras para a poesia trovadoresca galego-portuguesa medieval que pudessem ser aplicadas a

editores do âmbito românico. Leia atentamente as normas de edição propostas e faça, segundo essas normas, a edição da cantiga de amor de João Nunes Camanês disponível no Cancioneiro da Biblioteca Nacional (B 224). O fac-símile do manuscrito está disponível acima, na atividade complementar 2.

## NORMAS DE EDIÇÃO PARA A POESIA TROVADORESCA GALEGO-PORTUGUESA MEDIEVAL (FERREIRO; MARTÍNEZ PEREIRO; TATO FONTAÍÑA, 2007)

Depois de mais de um século de trabalho ecdótico, em volta da poesia medieval galego-portuguesa, constata-se a persistência de diferentes tendências com diversos critérios editoriais de maior ou menor entidade. Esta situação leva consigo a existência de um evitável 'ruído', especialmente heterográfico, para sua legibilidade e difusão que, com a gradual incorporação das possibilidades do âmbito digital e a maior facilidade para aceder aos manuscritos, parece conveniente tentar apagar, por meio de um consenso normativo de base, inicialmente galego, mas com a vocação e a potencialidade de extensão da proposta aos editores portugueses, brasileiros, italianos etc.

É assim que, considerando as estratégias e tácticas de edição possíveis e o campo editorial existente nesse âmbito, são propostas as normas (para edições críticas convencionais) que, a seguir, se apresentam. Por um lado, os princípios básicos que as norteiam, no caminho de uma equilibrada e convencional regularização, alicerçam-se de partida na ponderação dos usos gráficos da tradição manuscrita profana e religiosa, na consideração do peso das diversas escolas editoriais prévias e no equilíbrio entre estado de língua e regularização gráfica. Por outro lado, os referentes da sua adequação e capacidade representativas assentam na limitação imposta pela manutenção dos elementos fonológicos, isto é, por uma regularização, nivelação e simplificação gráfica (sem consequências fonológicas).

Portanto, e como resultado das sessões de trabalho do I Coloquio sobre Crítica Textual, "A Edición da Poesía Trobadoresca en Galiza", celebrado na Ilha de San Simón, nos dias 22 e 23 de junho de 2006, os seguintes investigadores da poesia trovadoresca galego-portuguesa medieval das universidades galegas decidiram acordar uma proposta conjunta de normas de edição: Carlos Paulo Martínez Pereiro (Universidade da Coruña); Elvira Fidalgo (Universidade de Santiago de Compostela); Henrique Monteagudo Romero (Universidade de Santiago de Compostela); José António Souto Cabo (Universidade de Santiago de Compostela); José Luís Rodríguez (Universidade de Santiago de Compostela); José Martinho Montero Santalha (Universidade de Vigo); Laura Tato Fontaíña (Universidade da Coruña); Manuel Ferreiro (Universidade da Coruña); Mariña Arbor Aldea (Universidade de Santiago de Compostela); Mercedes Brea (Universidade de Santiago de Compostela); Pilar Lorenzo (Universidade de Santiago de Compostela); Xosé Bieito Arias Freixedo (Universidade de Vigo).

**Proposta**

***I. Regularização, nivelação e redistribuição de grafias***

1. Regularização sistemática das seguintes grafias:

(a) vocálicas:

<u, v> /u/ > *u* (*vn* > *un*);

<i, y, j> /i/ > *i* (*ley* > *lei*, *uayamos* > *vaiamos*, *mjn* > *min*, *hy* > *i*, *soya* > *soia*);

<h> /i/ > *i* (*mha* > *mia*, *servha* > *sérvia*, *termho* > *termio*);

(b) consonânticas:
<u, v> /β/~/v/ > v (*uiuer* > *viver*);
<i, y, j> /ʒ/ > *j* ~ *g* (*ia* > *ja*, *oye* > *(h)oje*, *monje* > *monge*).

2. Regularização das grafias das consoantes lateral e nasal palatais:
(a) poesia trovadoresca profana: <lh, nh>;
(b) poesia trovadoresca religiosa (*Cantigas de Santa Maria*): <ll, nn>.

3. Redistribuição no uso de <s/ss, c/ç, z, g/j> conforme os padrões habituais (ç+a, o, u; c+e, i...): *ssair* > *sair*, *çedo* > *cedo*, *(h)oge* > *(h)oje*, *monje* > *monge*...:
(a) manutenção de <ç> inicial etimológico (*çapato*) ou outras grafias que se correspondem com os usos históricos, ainda que não modernos (*enserrar*);
(b) conservação dos usos duvidosos, quanto à etimologia ou pronúncia, no âmbito das sibilantes: *mezquinho/mesquinho*, *cĩisa/cĩiza*...
(c) recomenda-se a conservação gráfica da correspondente consoante final (depois da elisão vocálica) nos encontros com vocábulo iniciado por vogal: *faç' i* (= faço i), *amig' e* (= amigo e), *log' eu* (= logo eu), *vosc' e* (= vosco e).

4. Nivelação das grafias <gu/g> /g/ (*roguar* > *rogar*, *gerra* > *guerra*), <g/j> /ʒ/ (*ango* > *anjo*) e <r/rr/ir> /r/ ou /R/ (*guera* > *guerra*, *moirer* > *morrer*), mas conservando as vacilações fonéticas significativas [g/gw] (*gualardon/galardon*, *guardar/ gardar*...).

5. Nivelação e redistribuição de <h> /ø/ inicial e medial:
(a) Eliminação de <h-> inicial não etimológico: *hy* > *i*, *hu* > *u*, *ha* > *a*, *heu* > *eu*...
(b) Eliminação de <-h-> intervocálico: *Johan* > *Joan*, *ha* > *a*, *veher* > *veer*, *vehestes* > *veestes*...
(c) No que diz respeito a <h-> etimológico, admitem-se duas opções:
- a eliminação sistemática de <h-> quando aparecer nos manuscritos: *home* > *ome*, *ham~han* > *an*...
- restauração dos usos etimológicos nesta posição: *ome* > *home*, *aver* > *haver*, *ouvi* > *houvi* (cf. *ouvi*).

(d) Acomodação gráfica de <nen hun, nenhun...> a *nen un* (cf. *nẽun*, *nẽũu*...).

6. Simplificação e regularização actualizadora:
(a) das consoantes geminadas gráficas em qualquer posição (<ff-, -ff-, rr-, ss-...), excepto <-ss-> /s/ e <-rr-> /R/ em posição intervocálica: *ffazer* > *fazer*, *affan* > *afan*, *peccado* > *pecado*, *conssigo* > *consigo*, *onrra* > *(h)onra*, *rrogar* > *rogar*, *ella* > *ela* (vs. *passo*, *guerra*).
(b) dos elementos e grupos consonânticos latinizantes, fonologicamente irrelevantes: *absconder* > *asconder*, *et* > *e*, *dicto* > *dito*, *sancta* > *santa*.
(c) das sequências gráficas distorcidoras <th; qu, ch; ph...> /t, k, f/: *barqua* > *barca* (mas *quando/cando*), *Theophilo* > *Teofilo*...
(d) dos grupos gráficos pseudolatinos não etimológicos: *escrepver* > *escrever*, *dapno* > *dano*...

7. Desenvolvimento da abreviatura <-9> como *-us* ou *-os*, segundo os casos (*meus* vs. *nossos*, por exemplo). Em consequência, reconversão dos esporádicos <-us> de *nus*, *vus*, *nossus*, *levamus*... em *nos*, *vos*, *nossos*, *levamos*...

***II. Tratamento dos hiatos***

1. Manutenção dos hiatos etimológicos (*caente*, *creer*, *maa*, *poos*, *veerei*...) e simplificação das geminações vocálicas anti-etimológicas: *mãao* > *mão*, *aveeo* > *aveo*, *naturaaes* > *naturaes*.

2. Manutenção dos hiatos vocálicos gráficos, ainda que a métrica indique pronúncia unissilábica (*veerei/verei, bõo~boo/bon, sõo~soo/son, ũu/un*...), o mesmo que na desinência da P3 de pretérito dos verbos da segunda e terceira conjugação (*vio/viu, vendeo/vendeu*...).

***III. Representação das nasais e da nasalidade***

1. Vogais nasais:

(a) Manutenção do til de nasalidade nas vogais fonologicamente nasais, deslocando-o, se for necessário, da vogal anterior ou posterior, ou limitando-o à vogal nasal quando o til abrange duas (ou mais) vogais: *irmãa, irmão, bõo, tẽer, vĩir*...

(b) Transformação de <n> intervocálico indicador de nasalidade no correspondente til (*bona > bõa, poner > põer*), mas parece recomendável manter as formas propositadamente arcaizantes, próprias das cantigas de amigo: *irmana, louçana, sano, pino, amena, arena* etc.

(c) Reconversão da consoante nasal implosiva gráfica indicadora de nasalidade fonológica para o correspondente til de nasalidade (*doando > dõado, unha > ũa*), mas conservação do til de nasalidade naqueles casos em que modernamente se desenvolveu uma consoante nasal, em coexistência com formas que já apresentam esse desenvolvimento: *vĩides/viindes*.

(d) Conservação do estado de língua no que respeita ao processo de desnasalização, que provoca a coexistência de formas nasais e orais, às vezes a conviver no corpo de uma mesma composição (*bõa/boa*, por exemplo).

2. Consoantes nasais:

(a) Desenvolvimento do til de nasalidade em <n> quando corresponde a uma abreviatura de consoante nasal, tanto em posição interior como em final de palavra (*quãdo > quando, cõ > con*), salvo antes de <p> ou <b>, em que se utilizará <m> (*tenpo > tempo, nenbrar > nembrar*); consequentemente, transcrição de <-m> final e dos esporádicos <m> implosivos interiores como <n>: *com > con, auem > aven, premder > prender*...

(b) Transformação do til de nasalidade na consoante nasal correspondente quando indicar consoante nasal explosiva: *descõunal > descomunal, dõa > dona, ẽ eu > e meu; vĩo > vinho, fremosĩa > fremosinha*.

(c) Desenvolvimento da consoante nasal indicada com til nalgumas formas aglutinadas e assimiladas do artigo: *ẽno > en no, cõno > con no, quẽno > quen no*.

***IV. Aglutinação/deglutinação de elementos lexicais***

1. Separação e união de palavras, conforme o critério actual, mantendo certos usos específicos da língua antiga: *toda via, por én, des i*...

2. Conservadorismo na união gráfica de elementos modernamente aglutinados: *con migo* (vs. *comigo, contigo, convosco*), *des oimais, en doado*...

***V. Sinais tipográficos***

1. Apóstrofo:

(a) Na elisão da vogal final nas crases por fonética sintáctica: *d' amor, nunc' amou, vej' e, m' eu*...

(b) Nas crases da preposição *de* com os indefinidos, com os advérbios *aqui* e *ali* e com a forma *el* do artigo (*d' un, d' outro, d' algun, d' algo; d' aqui, d' ali; d'el-*

-*Rei*), mas omissão da indicação de crase nos encontros da preposição *de* com o artigo *o(s), a(s)*, com os demonstrativos e com os pronomes pessoais *el(e), ela, elo: do, deste, del(e)*... Assim mesmo, não se usará apóstrofo nas formas pronominais contraídas do tipo *mo, to~cho, lho*.

(c) Naqueles casos em que a preposição *de* contrai com o artigo e pronome *o(s), a(s)* ou com a preposição *a*: *punhei sempre d' o seu amor gaar; non me partirán d' o amar; por tanto me maravilho / d' a esto seer chegado.*

2. Hífen:

(a) Na forma assimilada do artigo após *-r* e *-s* (*sabede-lo mal que mi ven, de-lo dia, todo-los, mai-lo, Deu-lo*...), inclusive quando se regista no original a integridade gráfica do primeiro elemento: *pois-lo, todos-los, Deus-lo, bever-los vinhos, miraremos-las ondas*. Mas a aglutinação *polo/pelo* mantém-se ligada graficamente e também quando aparecerem grafias conservadoras (*porlo, perlo*).

(b) Na forma do artigo *el* com o substantivo *Rei* (*el-Rei*).

(c) Na união dos pronomes enclíticos e mesoclíticos à forma verbal correspondente (*façamo-lo; provar-vos-an, perder-m'-ei, loar-mi-o-edes, contar-vo-lo-ei*), assim como noutras aglutinações pronominais, algumas frequentes e mesmo monossilábicas (*mi-o, mi-a; vo-lo*...) e outras mais esporádicas (*a vó-lo devo*, por exemplo).

(d) No encontro da preposição *por* com o pronome *o(s), a(s) (fora po-lo dizer eu)*.

(e) Para indicar partícula intensificador-perfectiva *per* (*per-fazer, per-desasperar*...).

(f) Recomenda-se o uso do hífen em certas aglutinações pronominais de carácter indefinido do tipo *ja-que, ja-quanto, que-quer, quen-quer, quis-quanto*...

### *VI. Intervenções editoriais*

1. Colchetes [...] para indicar acrecentamento de texto ausente no original manuscrito, por lacuna, por erro ou para evitar a repetição (refrães).

2. Indicação tipográfica do refrão por meio do itálico.

3. Actualização do texto: maiúsculas e minúsculas, pontuação sóbria para facilitar a compreensão e/ou interpretação do texto, marcas de diálogo e/ou aspas etc.

4. Sinais de interrogação (?) e de exclamação (!) só em posição final.

5. Unicamente acentuação diacrítica: *dé, nós, vós, én, sén, éste, esté, é, dá, lá, mí, máis, seí, terrá, está*..., assim como todas as P1, P2, P3 e P6 de futuro dos verbos regulares: *oirá(s)* vs. *oira(s), oirán* vs. *oiran*.

Admite-se a possibilidade de utilizar o acento grave para a crase *à(s)* (e na esporádica *àquel*). Do mesmo jeito, poder-se-á utilizar o acento circunflexo quando as necessidades diacríticas exigirem um til diacrítico numa vogal fechada (*chôvia* vs. *chovia* – cf. *sérvia-, leixô-o, vendê-o* etc.).

### *VII. Alia*

1. Indicação explícita das fontes manuscritas utilizadas, junto com os sistemas referenciais de Jean Marie d'Heur e Giuseppe Tavani.

2. Incorporação das rubricas explicativas antes do início do texto das cantigas profanas (ou, nalguns casos, no final do mesmo), assim como os títulos das *Cantigas de Santa Maria*.

3. Recomenda-se a numeração de cada cantiga à esquerda do texto, reservando a direita para a possível numeração de conjunto.

**ATIVIDADE 4** *A cantiga da Garvaia*, atribuída a Paio Soares de Taveirós, datada dos primeiros momentos da expressão da lírica galego-portuguesa, destaca-se, no quadro das cantigas trovadorescas, pela polêmica e discussão em torno ao seu significado, sua classificação (se de amor ou satírica), seus personagens, sua autoria e sua datação (considerada por muitos como a primeira cantiga medieval galego-portuguesa). Por ser uma das mais notáveis cantigas medievais, *A cantiga da Garvaia* é frequentemente encontrada em livros didáticos de língua portuguesa do ensino médio. Nesses manuais, devido à dificuldade provocada pelo significado de algumas palavras, as cantigas geralmente vêm acompanhadas de uma *tradução* que, em muitos casos, é elaborada pelo próprio autor. Abaixo você encontrará dois exemplos retirados de livros didáticos distintos.

No que se refere ao texto "original", observe as versões da cantiga nos dois materiais e contraste-as. Que semelhanças e diferenças podem ser encontradas nas edições utilizadas? Veja também o fac-símile da cantiga, que consta do *Cancioneiro da Ajuda* (A 38), e teça comentários a respeito dos critérios utilizados pelos filólogos.

Em relação às *traduções* disponibilizadas, leia-as atentamente e compare-as. Em que medida se afastam ou se aproximam do texto dito "original"? Há diferenças de leitura entre as duas propostas didáticas? Faça uma pesquisa sobre *A cantiga da Garvaia*, sobretudo no que se refere ao seu significado, e compare os seus resultados com as traduções presentes nos materiais didáticos.

| MANUAL 1[3] | |
|---|---|
| **CANTIGA[4]** | **TRADUÇÃO** |
| No mundo non me sei parelha,<br>mentre me for como me vai,<br>ca já moiro por vós — e ai!<br>mia senhor branca e vermelha,<br>queredes que vos retraia<br>quando vos eu vi en saia!<br>Mau dia me levantei,<br>que vos enton non vi fea!<br><br>E, mia senhor, dês aquel di', ai!<br>me foi a mi mui mal,<br>e vós, filha de don Paai<br>Moniz, e ben vos semelha<br>d'haver eu por vós guarvaia,<br>pois eu, mia senhor, d'alfaia<br>nunca de vós houve nem hei<br>valia d'ũa correa. | Não conheço ninguém no mundo igual a mim<br>enquanto me acontecer o que me acontece<br>pois eu morro por vós — ai!<br>Minha senhora alva e rosada,<br>quereis que vos lembre<br>que já vos vi na intimidade?<br>mau dia aquele (que vos vi sem o manto),<br>pois vi que não sois feia.<br><br>E, minha senhora, desde aquele dia, ai!<br>venho sofrendo de um grande mal,<br>e enquanto vós, filha de D. Paio Moniz,<br>julgais forçoso<br>que eu vos cubra com a 'guarvaia' [manto luxuoso],<br>eu, minha senhora,<br>de vós nunca recebi<br>a coisa mais insignificante. |

[3] *Ser protagonista: língua portuguesa, 1º ano: ensino médio.* Obra coletiva concebida, desenvolvida e produzida por Edições SM; editor responsável: Rogério de Araújo Ramos, 2ª ed., São Paulo: Edições SM, 2013, p. 56.

[4] Fonte: Paio Soares de Taveirós, apud Massaud Moisés. *A literatura portuguesa através dos textos.* 17ª ed. São Paulo: Cultrix, 1988, p. 16-17.

| Manual 2[5] | |
|---|---|
| **Cantiga[6]** | **Tradução** |
| No mundo non me sei parelha,<br>mentre me for' como me vay,<br>ca ja moiro por vos — ei ay<br>mia senhor branca e vermelha,<br>queredes que vos retraya<br>quando vus eu vi em saya!<br>¡Mao dia me levantei,<br>que vus enton non vi fea!<br><br>E, mia senhor, des aquel di', ¡ay!<br>me foi a mi muyn mal,<br>e vos, filha de don Paay<br>Moniz, e ben vus semelha<br>d'aver eu por vós guarvaya,<br>pois eu, mia senhor, d'alfaya<br>nunca de vos ouve nem ei<br>valía dũa correa. | Não há no mundo ninguém que se compare a mim em infelicidade, enquanto a minha vida continuar assim, porque morro por vós e, ai, minha senhora branca e de faces rosadas, quereis que vos retrate quando vos vi sem manto. Mau dia foi esse em que me levantei, porque vos vi tão bela (ou seja: melhor seria se vos tivesse visto feia).<br><br>E, minha senhora, desde aquele dia, ai, tudo para mim foi muito mal, mas vós, filha de D. Paio Moniz, parece-vos muito bem que eu tenha de vós uma garvaia [manto de luxo] quando nunca recebi de vós o simples valor de uma correia. |

## Fac-símile[7] d'*A cantiga da Garvaia*, de Paio Soares de Taiverós, Cancioneiro da Ajuda (A38):

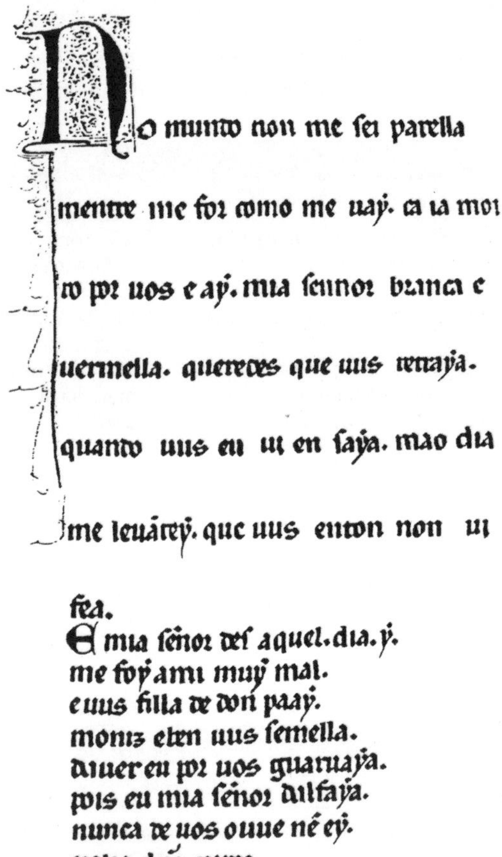
No mundo non me sei parella
mentre me for como me uay. ca ia moi
ro por uos e ay. mia señor branca e
uermella. queredes que uus retraya.
quando uus eu ui en saya. mao dia
me leuantey. que uus enton non ui
fea.
E mia señor des aquel. dia. y.
me foy a mi muy mal.
e uus filla de don paay.
moniz e ben uus semella.
daver eu por uos guaruaya.
pois eu mia señor dalfaya.
nunca de uos ouue né ey.
ualia dũa correa.

[5] M. L. M. Abaurre; M. B. M. Abaurre; M. Pontara. *Português: contexto, interlocução e sentido.* 2ª ed., vol. 3. São Paulo: Moderna, 2013, p. 70.

[6] Fonte: Paay Soares de Taveiroos. In: Carolina Michaëlis de Vasconcelos. *Cancioneiro da Ajuda*. Reimpressão da edição de Halle (1904). Lisboa: Imprensa Nacional/Casa da Moeda, 1990, v. I, p. 82.

[7] Graça Videira Lopes; Manuel Pedro Ferreira *et al.* (2011-). *Cantigas medievais galego-portuguesas [base de dados online]*. Lisboa: Instituto de Estudos Medievais, FCSH/NOVA. Disponível em: <http://cantigas.fcsh.unl.pt> [último acesso: 01Mar2018].

**ATIVIDADE 5** Façamos uma atividade relativamente semelhante à proposta na atividade anterior. Abaixo você encontrará uma cantiga de amor de João Garcia de Guilhade disponibilizada em um manual de ensino médio e, ao lado, sua tradução. Em que medida a tradução oferecida se afasta ou se aproxima da cantiga? Faça um estudo sobre o vocabulário e as estruturas que julga merecer uma atualização e elabore uma versão modernizada da cantiga. No que se refere ao texto-base, contraste a edição apresentada com os fac-símiles da mesma cantiga disponíveis nos três cancioneiros: *Cancioneiro da Ajuda* (A 234), *Cancioneiro da Biblioteca Nacional* (B 424) e *Cancioneiro da Vaticana* (V 36). Há muitas diferenças entre eles? A qual cancioneiro o texto editado presente no livro didático mais se aproxima?

<table>
<tr><th colspan="2">Manual Didático[8]</th></tr>
<tr><th>Cantiga[9]</th><th>Tradução[10]</th></tr>
<tr><td>Quantos an gran coita d'amor<br>eno mundo, qual og' eu ei,<br>querrian morrer, eu o sei,<br>o averian én sabor.<br>Mais mentr' eu vos vir', mia senhor,<br>sempre m'eu querria viver,<br>e atender e atender!<br><br>Pero ja non posso guarir,<br>ca ja cegan os olhos meus<br>por vos, e non me val i Deus<br>nem vos, e non me val i Deus<br>nem vos; mais por vos non mentir,<br>enquant' eu vos, mi senhor, vir',<br>sempre m'eu querria viver,<br>e atender e atender!<br><br>E tenho que fazen mal-sen<br>quantos d'amor coitados son<br>de querer sa morte, se non<br>ouveron nunca d'amor ben,<br>com' eu faç'. E, senhor, por én<br>sempre m'eu querria viver,<br>e atender e atender!</td><td>Quantos o amor faz padecer<br>penas que tenho padecido,<br>querem morrer e não duvido<br>que alegremente queiram morrer.<br>Porém enquanto vos puder ver,<br>vivendo assim eu quero estar<br>e esperar, e esperar.<br><br>Sei que a sofrer estou condenado<br>e por vós cegam os olhos meus.<br>Não me acudis; nem vós, nem Deus.<br>Mas, se sabendo-me abandonado,<br>ver-vos, senhora, me for dado,<br>vivendo assim eu quero estar<br>e esperar, e esperar.<br><br>Esses que veem tristemente<br>desamparada sua paixão,<br>querendo morrer, loucos estão.<br>Minha fortuna não é diferente;<br>porém eu digo constantemente:<br>vivendo assim eu quero estar<br>e esperar, e esperar.</td></tr>
</table>

8 M. L. M. Abaurre; M. B. M. Abaurre; M. Pontara. *Português: contexto, interlocução e sentido.* 2ª ed., vol. 3. São Paulo: Moderna, 2013, p. 71.

9 Fonte: Garcia de Guilhade, João. In: Natália Correia (sel., intr. e notas). *Cantares dos trovadores galego-portugueses.* 2ª ed. Lisboa: Editorial Estampa, 1978, p. 124.

10 Natália Correia (adap.). *Cantares dos trovadores galego-portugueses.* 2ª ed. Lisboa: Editorial Estampa, 1978, p. 125.

Fac-símile[11] da cantiga de João Garcia de Guilhade, Cancioneiro da Ajuda (A234):

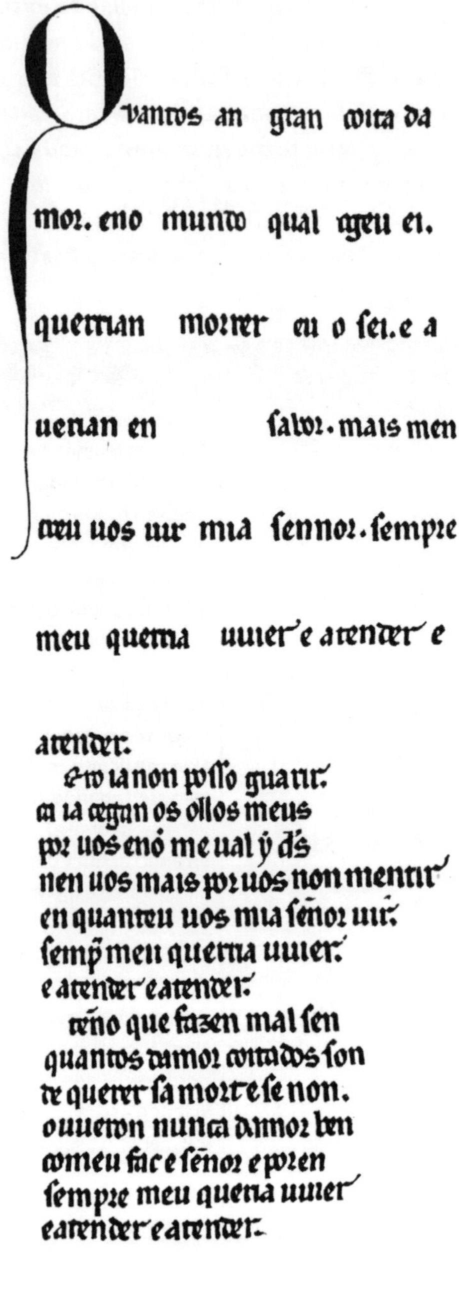

Quantos an gran coita da
mor. eno mundo qual oieu ei.
querrian morrer eu o sei. e a
uerian en salor. mais men
ceu uos uir mia sennor. sempre
meu querria uiuer e atender e
atender.
Eu ia non posso guarir.
ca ia cegan os ollos meus
por uos e nõ me ual y d̃s
nen uos mais por uos non mentir
en quanteu uos mia señor uir.
semp̃ meu querria uiuer.
e atender e atender.
Teño que fazen mal sen
quantos damor coitados son
de querer sa morte se non.
ouueron nunca damor ben
comeu faç e señor e poren
sempre meu queria uiuer
e atender e atender.

[11] Graça Videira Lopes; Manuel Pedro Ferreira *et al.* (2011-). *Cantigas medievais galego-portuguesas [base de dados online]*. Lisboa: Instituto de Estudos Medievais, FCSH/NOVA [disponível em: <http://cantigas.fcsh.unl.pt> [último acesso: 01Mar2018].

## Fac-símile[12] da cantiga de João Garcia de Guilhade, Cancioneiro da Biblioteca Nacional (B424):

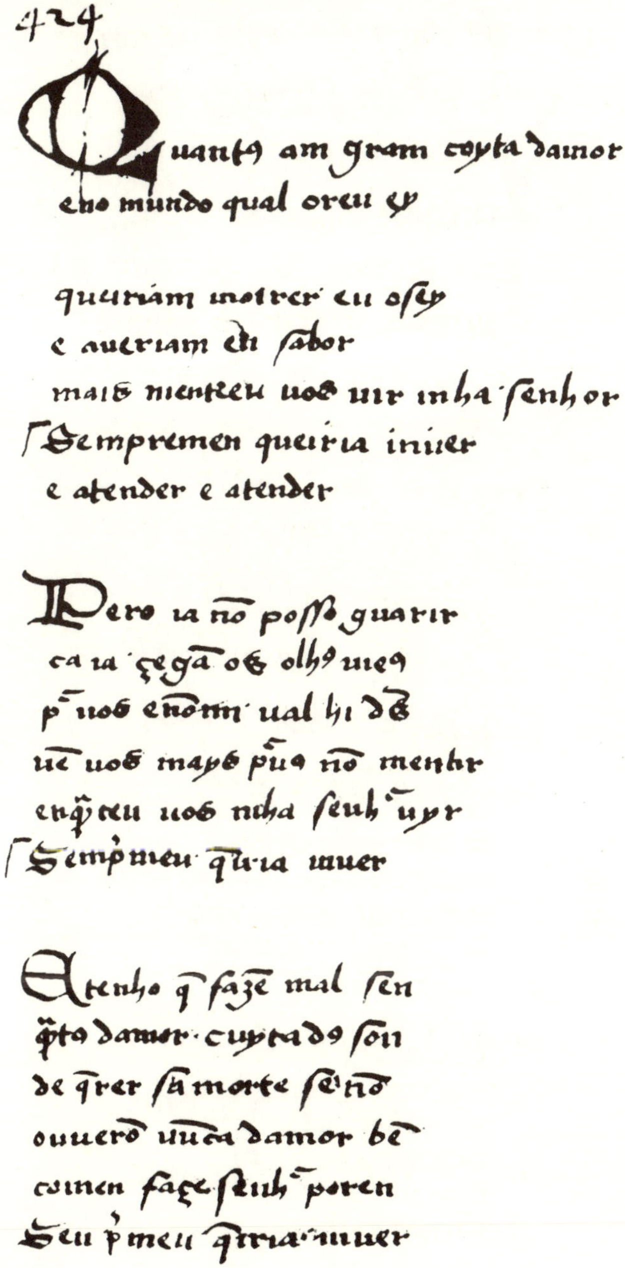
424

Quantos am gram coyta damor
eno mundo qual oreu ey
queriam morrer eu osey
e averiam en sabor
mais mentreu vos vir mha senhor
Sempremen queiria viver
e atender e atender

Pero ia no posso guarir
ca ia cegã os olhos meus
por vos e nom val hi deus
ue vos mays pro no mentir
enquanteu vos mha senhor vyr
Sempremeu quiria viver

Atenho q faze mal sen
quanto damor cuytados son
de querer sa morte se non
ouuero nunca damor ben
come faço senhor poren
Seu p meu querria viver

---

[12] Graça Videira Lopes; Manuel Pedro Ferreira *et al.* (2011-). *Cantigas medievais galego--portuguesas [base de dados online]*. Lisboa: Instituto de Estudos Medievais, FCSH/NOVA [disponível em: <http://cantigas.fcsh.unl.pt> [último acesso: 01Mar2018].

Fac-símile[13] da cantiga de João Garcia de Guilhade, Cancioneiro da Vaticana (V36):

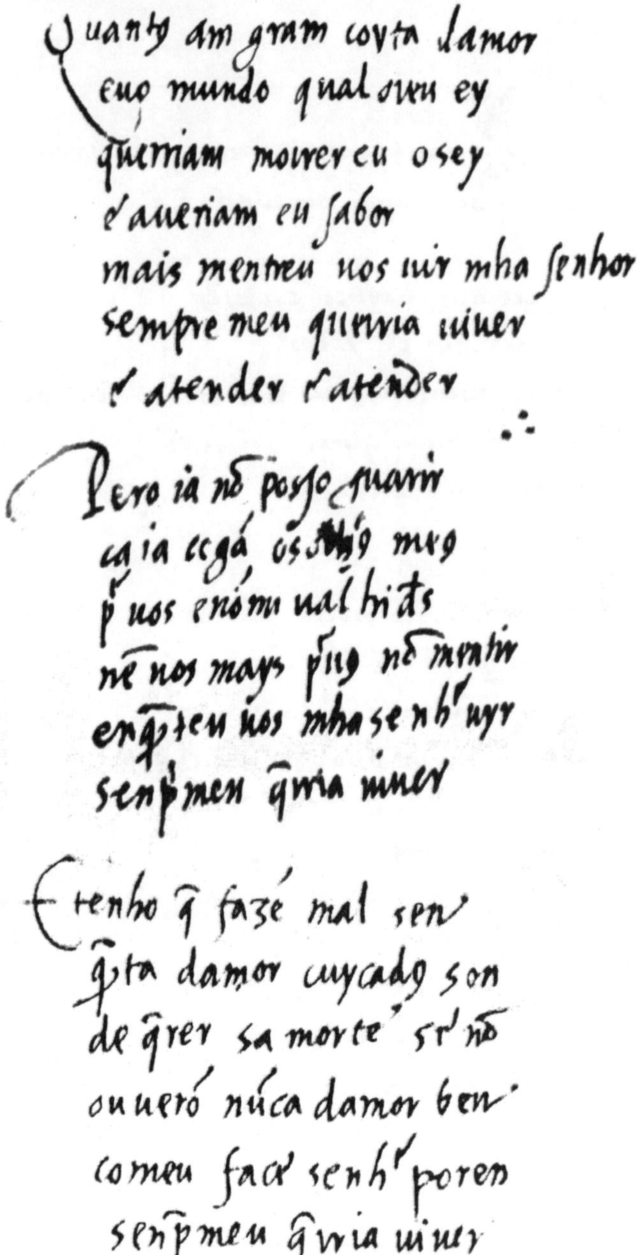

[13] Graça Videira Lopes; Manuel Pedro Ferreira *et al.* (2011-). *Cantigas medievais galego--portuguesas [base de dados online]*. Lisboa: Instituto de Estudos Medievais, FCSH/NOVA [disponível em: <http://cantigas.fcsh.unl.pt> [último acesso: 01Mar2018].

**ATIVIDADE 6** Os diversos *corpora* disponíveis para o estudo do português medieval são de natureza diferenciada, obedecendo a critérios predefinidos pelos investigadores de determinado grupo de pesquisa. Como usuários desses *corpora*, devemos estar atentos à maneira segundo a qual estão organizados para poder utilizá-los de forma que os interesses de nossa investigação sejam garantidos. Explore alguns desses *corpora* (ver anexo *Corpora para o estudo do português medieval: orientações para a pesquisa*) e elabore fichas que considerem as seguintes questões:

1. Qual é o lapso temporal coberto pelo *corpus*?
2. Que tipologias textuais podem ser encontradas?
3. Os textos foram editados especificamente para o *corpus* ou o *corpus* compila edições elaboradas por outros filólogos?
4. Os critérios de transcrição e edição são divulgados?
5. Que tipos de edição estão disponíveis (diplomática, semidiplomática etc.)?
6. No caso de edições inéditas, há informações arquivísticas sobre os originais? O fac-símile do manuscrito (ou impresso) é oferecido ao usuário?
7. No caso de compilações de edições de terceiros, há informações bibliográficas sobre as fontes?
8. O *corpus* disponibiliza os textos integrais ou somente fragmentos dos textos?
9. Há ferramentas de buscas de dados? Se sim, que tipos de buscas essas ferramentas permitem?
10. Que outros recursos podem ser encontrados (glossários, etiquetas morfológica, anotações sintática etc)?

## O labor linguístico (I): aspectos grafemáticos e fonético-fonológicos

**ATIVIDADE 7** Na leitura do *Testamento*, vimos alguns casos de polimorfismo gráfico, ou seja, distintas possibilidades de grafar o mesmo vocábulo: *fa**c**er~fa**z**er, **s**i~**ss**i, com**e**~com**o*** etc. Releia os trechos a seguir extraídos da *Demanda do Santo Graal* e identifique casos de mesma natureza, apontando as hesitações na grafia.

(a) *— Eu demando, disse ela, por dom Lançarot do Lago. É aqui?*
*Como a donzela disse a Lancelot que fosse com ela.*
*— Ai, donzela, disse Lançalot, que ventura vos adusse aqua?*

(b) *Entam se filharom andar e entrarom na foresta.*
*Entom se saio Lançarot do paaço e subio em seu cavalo e a donzela em seu palafrém*

(c) *Ele, tanto que a vio recebeu-a mui bem*
*E quando el viu Lançarot ir e a donzela*

(d) *E ele disse:*
*El respondeo baldosamente:*

(e) *E o irmitam respondeu a esto:*
*Como Galaaz prometeo ao ermitam o que lhe pedia.*

(f) *que Deus te faça homem bõõ.*
*e milagres que Deos por ti fará*

(g) *fora que era manso sobejo em seu continente*
*O corpo havia bem talhado e o contenente era manso.*

**ATIVIDADE 8** Ao fazer um levantamento sobre a questão do polimorfismo gráfico no fragmento da *Demanda do Santo Graal*, um estudante considerou que *viu*, *vio* e *veo* seriam evidências de polimorfismo gráfico. Observe os dados a seguir e responda: qual seria o problema dessa análise?

(a) "*E quando el-rei **viu** que se fazia armar a tam gram coita* (...)"

(b) "*Ele, tanto que a **vio** recebeu-a mui bem e abraçou-a* (...)"

(c) "*Quando eles chegarom a[a] abadia, levarom Lançarot pera ũa camara e desarmarom-no. E **veo** a ele [a] abadessa com quatro donas* (...)"

**ATIVIDADE 9** No *Testamento*, identificamos a variação de formas latinas ao lado de formas que já apresentavam evoluções fonéticas, como foi o caso de *regno* ao lado de *reino*. Na *Demanda*, encontramos alguns latinismos gráficos como "***regno***", "***escripto***", "*gram **mala** ventura*" ao lado de outras formas que mostram processos fonéticos mais avançados, como é o caso de "***direitamente***", "foste ***feito***", "covardo nem ***mao***". Tendo em vista o étimo latino básico que deu origem às três formas em destaque (DIRECTO, FACTO, MALU-), comente quais fenômenos fonéticos estão em jogo nesses casos.

**ATIVIDADE 10** Como vimos, o período medieval do português é caracterizado por um grande número de palavras com vogais em hiato, formado após a síncope de consoantes em contexto intervocálico. A presença, na escrita, dessas vogais ainda em hiato talvez seja um dos aspectos que mais chamam a atenção nos textos medievais a um leitor de hoje. Organize os dados extraídos da *Demanda* a partir das características semelhantes que apresentam, ou seja, explique o processo fonético-fonológico, indicando a natureza da consoante sincopada. Para facilitar seu trabalho, apresentaremos o étimo latino das palavras. Mostre, por fim, como esse hiato foi resolvido posteriormente. Veja o exemplo:

**Exemplo**: *seer* (<SEDERE): SEDERE > *seer* > *ser*: síncope da consoante /d/ intervocálica, crase das vogais do hiato.

**Dados da *Demanda* para análise**: *veer* (<VIDERE), *paaço* (<PALATIUM), *creemos* (<CREDERE, 1ª p. pl. pres. ind.), *pee* (<PEDE), *mao* (<MALUM), *teer* (<TENERE), *freesta* (<FENESTRA), *viim* (<VENIRE 1ª p. sg. pret. perf.)

**ATIVIDADE 11** Outro aspecto que nos chama a atenção na escrita do período medieval é a representação variada da nasalidade. Separamos alguns dados retirados da *Demanda*. Novamente, organize os dados, observando o étimo latino de cada forma e explique os processos fonético-fonológicos que atuariam até o período histórico em questão. Olhe o exemplo:

**Exemplos**:

**(a)** *ũũ* (<UNUS): Síncope do -n- intervocálico e nasalização das vogais do hiato representada no período medieval pelo til;

**(b)** *ũ* (<UNUS): Síncope do -n- intervocálico, nasalização das vogais em hiato e crase das vogais. A nasalidade ainda aparece representada pelo til no texto medieval em questão.

**Dados da *Demanda* para análise**: *bõõ* (<BONUS), *manhãã* (< latim vulgar [HORA] MENEANA), *niuũ* (<NEC +UNUS), *ũa* (<UNA), *bõa* (<BONA); *mão* (<MANUS); *raía* (<REGINA); *vĩir* (<VENIRE).

**ATIVIDADE 12** Autores como Teyssier (2001: 55) defendem que algumas das terminações primitivas em *-an* ~ *-am e -on* ~ *-om* convergiram para uma só terminação em *-ão* por volta de 1500. Como vimos, a *Demanda* é um texto anterior a tal unificação e as terminações nasais ainda não estavam resolvidas. Observe os dados extraídos do texto, consulte o glossário para recuperar o étimo latino e organize os dados tendo em vista os diferentes tipos de processos que lhes deram origem:

(a) perda das consoantes finais nas desinências número-pessoais de 3ª pessoa do plural (-UNT, -ANT > *-om, am*);

(b) perda de vogal átona final (CANE > *can*);

(c) etimologia latina (NOM > *não*), entre outros.

**Dados da *Demanda* para análise**: *tam, nom, falecerám, razom, entam~entom, senam, ermitam~irmitam, mão.*

**ATIVIDADE 13** No texto da *Demanda*, como se representavam graficamente os novos sons consonânticos do português /v/, /ts/, /dz/, /tʃ/, /ʃ/, /(d)ʒ/, /ʎ/, /ɲ/? (Por mais que tenha havido intervenções, por parte do editor, na representação de alguns desses fonemas, esse exercício é válido para praticarmos a sistematização de dados referentes à relação grafema-fonema.)

## O labor linguístico (II): aspectos morfossintáticos

Ao longo dos capítulos 5 e 6, analisamos e discutimos uma série de aspectos morfossintáticos que caracterizam fortemente os textos remanescentes do português arcaico e chamam a atenção dos leitores contemporâneos. Nas atividades propostas a seguir, trabalharemos com textos diferentes dos que constam no livro, assim você poderá exercitar seus conhecimentos e praticar sua habilidade de historiador da língua. Sempre que for necessário, retorne à seção na qual determinado tópico foi abordado, releia as explicações e compare seus dados com aqueles analisados na seção. O trabalho de comparação também faz parte da rotina do linguista histórico. Consulte o glossário ou um dicionário etimológico, pois eles são instrumentos fundamentais no trabalho do pesquisador.

**ATIVIDADE 14** São listados a seguir pequenos trechos extraídos de textos do período medieval. A partir das ocorrências dos verbos *ser* e *estar* destacadas, analise o comportamento desses verbos segundo dois parâmetros:

(i) o tipo de construção predicativa (*descritiva* ou *locativa*);

(ii) a noção temporal expressa (*permanência* ou *transitoriedade*):

(a) — Senhor, eu ***sou*** abade deste moesteiro de Sã Pedro de Cardenna, onde jaz o corpo do mui õrrado Çide, voso bisavoo (*Cronica Geral de Espanha*, 1344).

(b) Estes que agora, madre, aqui ***som*** | dizem que hé sandeu meu amigo (*Lírica profana galego-portuguesa*, século XIV).

(c) Ca esta cuita, senhor, tan grand' ***é*** | com' eu vus dixe ja, o[u] ***é*** mayor, | e ben creede que non ***é*** mẽor (*Lírica profana galego-portuguesa*, século XIII).

(d) — Nom sei, disse Galvom, se é ele leal ou desleal, mais eu o defendirei a todo meu poder, pois comigo ficou em esperança de minha ajuda. / — Pois ora ***somos*** na batalha, disse ele (*A Demanda do Santo Graal*, século XV).

(e) Se deuedor dalguu fugir a ygreya, nenhuu nõ seya ousado de o sacar end(e) p(er) força nẽ d(e) lhy uedar com(er) nen beu(er) ment(re) ***esteu(er)*** ena eyg(re)ya (*Foro Real*, 1280).

(f) E sse cada hũũ bem conssiirar e tever razoado entender e lembrança, vera que algũũs feitos lhe parecem grandes, fortes ou periigosos d'acabar, por teer em ello nom boa e fraca voontade, ou tal se tornar por razõões que lhe digam ou cuidados que de ssy filha, e assy por o corpo ***estar*** mal desposto (*Leal Conselheiro*, 1437-1438).

**ATIVIDADE 15** O trecho a seguir pertence à *Demanda do Santo Graal*, texto com o qual você teve grande contato no livro. Leia-o atentamente e desenvolva as questões propostas:

— Senhor, disse Queia, já tempo é de comer, ***ca*** já é preto de meo dia; ***mais***, se vosso custume ***que*** mantevestes ataa aqui em todalas grandes festas queredes manteer, nom me semelha ***que*** comer possades, ca a tam gram festa como esta nom veeo aventura nhũa; que tanto que aventura vos veesse, nom soíades vós a comer em nhũa gram festa.

— Verdade, disse el-rei; este custume manteve sempre dês que foi rei, e manterrei mentre viver. E polas grandes aventuras ***que*** aa minha corte vierem [me] chamam o Rei Aventuroso ***ca*** a sazom que elas sairám deve mostrar, ***mas*** bem sei ***que*** a Nosso Senhor nom prazerá que muito reine dês aqui a diante. ***Mas*** como quer que as venturas soíam avĩir nas festas grandes, em esta eu sei bem que o dia d'hoje nom falezerám, ante verám i as mais grandes e as mais maravilhosas que nunca i veerom, [adivĩa] meu coraçom esto. Nom me em chal de atendermos uũ pouco, ***ca*** bem sei verdadeiramente que nossa festa nom é hoje sem ventura; ***mais*** houve tam gram prazer da viinda de Lançalot e de seus coirmãos que me esquecia o custume (*A Demanda do Santo Graal*, título 8, fólio 3a, séc. XV).

(a) Analisando as ocorrências do item *ma(i)s* no mesmo fragmento, Rocha (2006: 99) afirma: "O fato de ele estar, em todos os casos, seja na fronteira sentencial seja na fronteira oracional, apenas confirma que, sintaticamente, ele se encontrava gramaticalizado já no português medieval". Amparando-se nos dados, responda: a afirmação da autora procede? Comente a partir de uma análise sintática, semântica e discursiva dos contextos em que *ma(i)s* ocorreu no fragmento.

(b) Analise os dados dos conectores *ca* e *que* destacados no fragmento e identifique as funções e valores assumidos por cada forma.

**ATIVIDADE 16** Imagine que um amigo seu encontrou em um livro a famosa "Lenda do Rei Lear" e ficou interessado em lê-la, mas a versão encontrada está escrita em português arcaico. Embora ele tenha tentado modernizá-la, deixou várias lacunas na versão, pois não conhece as características dessa fase da língua. Leia a versão original e a criada por seu amigo e preencha as lacunas com os itens ou as expressões que melhor se encaixem dentro do contexto. Em seguida, comente as características morfossintáticas do português arcaico que geraram dificuldade de entendimento.

| (II) Lenda do Rei Lear | (I) Lenda do Rei Lear |
|---|---|
| Este rrey nom ouue filho, mas ouue tres filhas muy fermosas e amaua-as muito. E huum dia ouue sas rrazõoes com ellas e disse-lhes que lhe dissessem verdade, qual d'ellas o amaua mais. Disse a mayor que nom auia cousa no mundo que tanto amasse | Este rei Lear não (a)______ filhos, mas (b)______ três filhas muito formosas e amava-as muito. E um dia (c)________ com elas e disse-lhes que lhe dissessem a verdade, qual delas o amava mais. Disse a mais velha que não havia coisa no mundo que amasse |

| | |
|---|---|
| como elle; e disse a outra que o amaua tanto como ssy mesma; e disse a terçeira, que era a meor, que o amaua tanto como deue d'amar filha a padre. E elle quis-lhe mall porém, e por esto nom lhe quis dar parte do rreyno. E casou a filha mayor com o duque de Cornoalha, e casou a outra com o rrey de Scocia, e nom curou da meor. Mas ela por sa vemtuira casou-se melhor que nenhüa das outras, ca se pagou d'ella el-rrey de Framça, e filhou.a por molher. E depois seu padre d'ella em sa velhiçe filharomlhe seus gemrros a terra, e foy mallandamte, e ouue a tornar aa merçee d'ell-rrey de Framça e de sa filha, a meor, a que nom quis dar parte do rreyno. E elles reçeberom-no muy bem e derom-lhe todas as cousas que lhe forom mester, e homrrarom-no mentre foy uiuo; e morreo em seu poder. | tanto como a ele; e disse a outra que o amava tanto como a si mesma; e disse a terceira, que era caçula, que o amava tanto como deve uma filha amar um pai. E ele lhe quis mal (d)_______, e por isso não lhe quis dar parte do reino. E casou a filha mais velha com o duque da Cornualha, e casou a outra com o rei da Escócia, e não cuidou da caçula. Mas ela por (e)_____________ casou melhor que as outras, (f)_______ se agradou dela o rei da França, e tomou-a por mulher. E depois a seu pai em (g)________ velhice tiraram-lhe os genros a terra, e (h)________, e (i)_________ à mercê do rei da França e de (j)______ filha, a caçula, a quem não quis dar parte do reino. E eles o receberam muito bem e deram-lhe todas as coisas que lhe foram necessárias, e o honraram (k)______ foi vivo; e morreu na casa deles. |

**ATIVIDADE 17** Os itens ***(h)i~(h)y*** e ***en(de)***, formas pronominais bastante recorrentes nos textos arcaicos, eram importantes articuladores textuais que, em fases posteriores, desaparecem e são substituídas por outras formas. Ainda que sejam utilizados, em alguns textos, com valor *dêitico*, isto é, fazendo referência a uma entidade extratextual, fora do universo do texto, esses itens atuavam principalmente como elementos *fóricos*, remetendo a entidades textuais, inseridas no universo do próprio texto (são *anafóricos*, se o referente antecede o pronome, ou *catafóricos*, se o referente sucede o pronome). É fundamental identificar as entidades textuais referidas, a fim de que a leitura seja coerente. Nos exemplos abaixo, temos alguns dados dessas formas pronominais. A partir da leitura atenta dos exemplos,

(i) identifique a função dos itens em *dêiticos*, *anafóricos* ou *catafóricos*;
(ii) para os casos de pronome fórico, localize a entidade textual referida;
(iii) proponha uma versão modernizada dos exemplos.

(a) Rogar-vos quer[o] -eu, mha madr' e mha senhor, | que mi non digades oje mal | se eu for | a Bonaval, | poys meu amigu' ***i*** ven (*Lírica profana galego-portuguesa*, século XIII).

(b) Todos os que ***hi*** presentes stavam(os) q(ua)ndo esto ouvim(os), e vim(os) esta molh(e)r m(er)etriz e publica com tanto e tam grande desejo de sua saude acesa, dem(os) muytas gracas a Deos (*Vidas de santos de um manuscrito alcobacense*, século XIV).

(c) E, despois que estas gentes de que vos fallamos acharon aquella terra prouguelhe della e começaron de pobrar todas essas montanhas, ca elles nõ poboavã senõ em as cabeças dos mõtes por medo do deluvyo. E fezeron ***hy*** muy grandes poboações (*Crónica geral de Espanha*, 1344).

(d) Don Bernaldo, quero-vos conselhar | ben, e creede-m' ***en***, se vos prouguer: | que non digades que ides amar | bõa dona, ca vos non é mester | de dizerdes de bõa dona mal (*Lírica profana galego-portuguesa*, século XIII).

(e) E el rey Vualamer, que era homen de grãde coraçom, sayu a elle muy esforçadamente. E ouverom ambos muy esquyva batalha, ẽna qual foy morto el rey Hernac e vençudos os Unus; e morreron muytas gentes delles e os que ***ende*** escaparon fogyron (*Crónica geral de Espanha*, 1344).

(f) Verdade foi que [a dona] que era [tia] de Persival foi das fremosas donas do mundo e tam amiga de Deus e da Santa Egreja que todos aqueles que a conhiciam falavam ***ende*** (*A demanda do Santo Graal*, século XV).

**ATIVIDADE 18** Reproduzimos a seguir um excerto do primeiro capítulo da obra *Castelo perigoso*, uma adaptação livre de uma longa carta francesa ("Le chastel périlleux") escrita pelo monge Frère Robert para sua prima, também monja, no final do século XIV. O texto era originalmente destinado ao público religioso da época, mas acabou se estendendo ao público cristão em geral. O "castelo" de que se fala é, na realidade, uma metáfora da verdadeira vida interior, que deveria obedecer aos preceitos divinos. Leia o trecho com atenção e analise as *estratégias de indeterminação* empregadas no texto. Qual delas é particular ao português arcaico? Disserte sobre ela utilizando os dados presentes no texto.

[capítulo primeiro] — Com quem deve a aver paz quem q(ui)s(er) edeficar hũu castello:

Quem quer fazer hũu castello deve-o edeficar em t(e)rra de paz, porque quanto homem fezesse em comarca de guerra em hũu dia, em outro seeria derrubado. E por em ant(e) q(ue) comecemos de edeficar nosso castello, conpre esguardar e ap(r)ender com quem devemos d'aver paz e como devemos a viver p(er)a nossa saúde

Eu digo que homem deve d'aver paz primeiro com D(eu)s; dês i com se(us) maiores. Terceira com se(us) prouxim(os). Quarta conssigo meesmo. E se algũa destas pazes fallece, mall se pode edeficar castello que dure

Digo p(ri)meiro que homem deve fazer paz com D(eu)s em três maneiras

Primeira que homem leixe e rrenuncie os pecados de feito e de voontade

Dês i, que se meta esforçadament(e) aa pendemça e a fazer boas obras

A terceira que p(er)severe em bem ataa fim. E destas três cousas hũa sem outra nom vall nada.

(*Castelo perigoso*, livro 1, capítulo 1, fólio 1v, séc. XV)

**ATIVIDADE 19** Leia os dados extraídos de outros textos escritos no período medieval e comente a utilização dos verbos *haver* e *ter*. Explique o sentido de cada um deles no texto, analisando os seus contextos de uso e as construções de que participam:

(a) Esta dona que tenno por Sennor || e de que quero seer trobador, || se eu per ren poss' ***aver*** seu amor, || dou ao demo os outros amores (*Cantigas de Santa Maria*, século XIII).

(b) Ora se per alguũ destes modos sobreditos, ou per outro que aqui nõ poemos, acomteçeo a viimda de frei Joham, a que depois chamarom da Barroca, disto nom ***avemos*** mais conheçimento, salvo quamto achamos escprito que comtam delle alguũas estorias (*Crónica de D. João I*, século XV).

(c) Pouco ama sua necessidade q(ue)m com D(eu)s ***há*** de fazer, que se p(r)imeiro nom encomenda a esta voguada p(er) cujas mäaos todos os bëes de D(eu)s n(os) veem, segundo diz Sam Bernardo (*Castelo perigoso*, século XV).

(d) E pera esto he de saber que hũũ boo cavalgador deve ***aver*** estas cousas que se seguem (*Livro da Ensinança de Bem Cavalgar Toda Sela*, século XV).

(e) — Oo padre e senhor dom Afonso, rey de Leon, que sanha ou desaventuira he esta ou por que me fazees tal sen razon, non vollo merecendo eu? Bẽ parece que vos pesa do meu bem e de eu seer rei, pero muito vos devya prazer por ***averdes*** hũũ filho rey en Castella que sempre sera a vosso serviço e a vossa honrra (*Crónica Geral de Espanha*, século XIV).

(f) Estes outros linhagẽẽs, des que ***ouverõ partidas*** as terras (*Crónica Geral de Espanha*, século XIV).

(g) Per meus negros pecados, ***tive*** un castelo forte | e dei-o a seu don[o], e ***ei*** medo da morte (*Lírica profana galego-portuguesa*, século XIII).

(h) E bem creo que se vosa alteza aquy mandar quem mais antr'eles de vagar ande. que todos seram tornados ao desejo de vosa alteza. E pera Jsso se alguem vjer. nom leixe logo de vijnr clerjgo pera os bautizar porque Ja emtam ***teeram*** mais conheçimento de nossa fe pelos dous degradados que aquy antr'eles ficam os quaaes ambos oJe tambem comungaram (*Carta a el-rey dom Manuel sobre o achamento do Brasil*, século XVI).

(i) E, segundo conta o filosopho que chamã Fissiolago, depois que esta aue ha quinhentos ãnos, sabe que o tenpo da sua morte ***he chegado*** (*Orto do Esposo*, século XV).

(j) E sabede ben, mia senhor, | leixei -vus por én [de] veer | até agora, que poder | non ***ouve*** de fazer end ' al (*Lírica profana de Fernan Rodriguez de Calheiros*, século XIII).

(k) Mas queremos aqui dizer quaaes foron aquelles que em esta batalha ouverõ avãtajem e per que ella foy vençuda, por que os seus nomes e bõõs feitos nõ sejã esqueecidos, ca, como quer que os corpos som mortos, vyvẽ as suas boas famas; e outrossi por que todos os que ***hã*** coraçõões e desejo de bem fazer achem bõõs exẽpros daquelles que esta batalha vencerõ (*Crónica Geral de Espanha*, século XIV).

**ATIVIDADE 20** No período arcaico, o item ***ca*** poderia ter diversos valores. Identifique nos dados a seguir os valores de ***ca***, indicando a classe gramatical de cada forma em destaque a partir do contexto de ocorrência:

(a) Poys mi dizedes, amigo, **ca** mi queredes vós melhor | de quantas eno mundo son, dizede, por nostro Senhor!: | se mi vós queredes gram ben, | ir como podedes d ' aquen?| (*Lírica profana*, Bernal de Bonaval, 1220).

(b) E poys dizedes **ca** poder non avedes d ' al tant ' amar | come min, ay, meu amigo!, dizede, se Deus vos anpar!: | se mi vós queredes [gram ben, | ir como podedes d ' aquen]?| (*Lírica profana*, Bernal de Bonaval, 1220).

(c) Que forçad ' og(e) e sen sabor | eno mundo vivendo vou, | **ca** nunca pùdi aver sabor | de min nen d ' al, des que foi sou, | se non d ' ela (*Lírica profana,* Osoir Anes, 1220).

(d) asy como nos queremos gardar os nossos corpos das espinhas e das outras cousas que os chagam asy as maas palauras ençuiã e matã a alma de aqueles que as dizẽ e daqueles que as ouuem de boamente. ***Ca*** diz Sancto Ambrosyo: Antre aquele que diz mal e o que o ouue de grado nom sey qual deles demandara Deus mays porque nom auiria hy maldizemte se nom ouuese maao escuytador (*Tratado de Confissom*, 1489).

(e) Et contou cõmo despois desto nõ quisera muyto morar en aquel porto, **ca** logo ouuo muy bõo uento, et aportou en Miçenas cõ grã prazer, **ca** aquela era sua terra (*Crónica Troiana*, 1373).

(f) E per bõa fe, mia señor, | amei vus muito mais **ca** mi, | e se o non fezesse assi, | de dur verria ' qui mentir | a vos, nen m ' iria partir | d ' u eu amasse outra moller | mais **ca** vos; mais pois que Deus quer | que eu a vos queira mellor, | valla m ' El contra vos, sennor, | **ca** muito me per é mester! (*Lírica profana*, Fernan Garcia Esgaravunha, 1220).

(g) Ha de ser crara a cõfissom, ha de ser inteira, **ca** de outra maneira nõ presta (*O catecismo pequeno de Dom Diogo Ortiz*, 1504).

(h) Mais se me Deus cedo non val, | muit ' ei gran coita de soffrer: | pois m ' ela perdõar non quer, | Deu -lo sabe, que m ' é mester | mui mais mia morte **ca** viver (*Lírica profana,* Johan Soarez Somesso, 1220).

**ATIVIDADE 21** Os trechos abaixo pertencem a momentos históricos distintos do português: século XIV (português arcaico) e século XVI (português clássico). Diferencie os fragmentos indicando por suas **características morfossintáticas** os que apresentam propriedades **arcaicas** e aqueles que foram escritos do século XVI em diante (**português clássico**):

(a) "E este rey dom Afomso foy filho del rey dom Fernando e da raynha dona Costança. E os que ouverõ nome dom Fernando, con este rey dom Fernãdo, padre deste dom Afomso, filho del rey dõ Sancho, foron quatro. E, con aqueste filho del rei dom Afomso, foron sete."

(b) "Depois deste, os reys que reynarom ẽ Espanha que ouverõ nome dom Afonsso, ataa este rei dom Afonsso postumeiro que ora he, que venceu el rey de Bellamarim e el rei de Bugia e el rei de Tuniz e de Tremecem e el rei de Graada, foron vençudos."

(c) "eu vy na cidade de Recalem hũ arvore que debaixo dela agasalhavamos trezentos e vimte cavallos em suas estrebarias hordenadas, e por toda a terra vereis muy poucos arvores."

(d) "E, elles estando assy coytados por que estavã assi soos e sem outra ajuda nem hũa, meteu Deus em coraçõ a algũũs dos cristããos que estavã cõ Ruy Vaasquez que os vehessem ajudar. E apartaronsse logo de sa companha bẽ myl cavalleiros. E, elles hyndo ja pera os ajudar, diserõno a Ruy Vaasquez. E elle foy empos elles e fezeos tornar, dizendolhes assy:
- Amigos, leixade vos os meus sobrinhos e amostrensse a lidar, ca, se lhes mester for, eu lhes acorrerei."

(f) "Espam, sobrinho de Hercolles, despois que assy ficou por rey e senhor em Espanha, andou pella terra e fezea pobrar e correger como aquella terra que era muy destroyda e muy mal tragida das muy grandes guerras e destruymentos que Hercolles avia feytos."

(g) "Dom Rodrigo, a vos fez Deus a mayor mercee que nũca fez a homen que nos possamos saber. E vedes o que vos fez: deuvos que ouvessedes de seer regedor d'Espanha e que vos façades como se fossedes rey. E esto nõ foy por vos seerdes herdeiro do reyno, mas foy por outra cousa por que vos devedes de teer por muy mais ben andante, ca foi per outorgamẽto e grado de quantos nobres homẽẽs vos aqui veedes, assi clerigos como leigos."

(h) "Todas estas terras que ditas avemos forõ pobradas como vos cõtamos e ouve en estes tempos hy muytos caudees que foron senhores dellas e que ouverõ grandes guerras antre sy."

(i) "Mas a dõzella porque suas roupas nam andassem pola villa dando occasiam de algũa sospeita lhe disse. Senhora se quereis vender esse vestido eu o comprarey."

**ATIVIDADE 22** Identifique **características morfossintáticas** relativas ao português arcaico nos fragmentos abaixo:

"E dom Fernam Rodriguez foi pera la quanto pode, e travou no peom, e enquanto o matava, fugio ela pera casa e colheo-se sô o leito u sa senhor jazia dormindo com seu filho dom Pero Fernandez nos braços. E dês que Fernam Rodriguez matou o peom, endereçou pera o leito u jazia sa molher dormindo com seu filho, e chantou o cuitelo em ela e matou-a (...)."

"(...) E andou assi reteudo algũus dias ataa que o emperador houve a dar sentença, e a sentença foi esta. Disse: "Dom Fernam Rodriguez, eu vos dou por boo e por leal, ca este feito bem parece que foi mais cajam que al, e assi sodes vós sem culpa. Mais pero metestes-me mui gram pesar no meu coraçom, mais porque era mui boa ca por ser minha filha" (*História e antologia da literatura portuguesa.* Séc. XIII-XIV, Nar. Livr. Linh., p. 38).

**ATIVIDADE 23** Identifique características morfossintáticas do português medieval na cantiga abaixo:

**Cantiga de amor**
(D. Dinis)

Senhor fremosa, vejo-vos queixar
porque vos am', e no meu coraçom
hei mui gram pesar, se Deus mi perdom,
porque vej' end' a vós haver pesar,
e queria-m'em de grado quitar,
mays nom posso forçar o coraçom,

Que mi forçou meu saber e meu sem;
des i meteu-me no vosso poder,
e do pesar que vos eu vej'haver,
par Deus, senhor a mim pesa muit'em;
a partir-m'ia de vos querer bem,
mays tolhe-m'ende o coraçom poder,

Que me forçou de tal guisa, senhor,
que sem nem fôrça nom hei já de mi;
e do pesar que vós tomades i
tom' eu pesar, que nom posso maior,
e queria nom vos haver amor,
mais o coraçom pode mais ca mi (CBN 543 - CV).

# Referências bibliográficas


ADAMS, J. N. Some Neglected Evidence for Latin HABEO with Infinitive: the Order of the Constituents. *Transactions of the Philological Society*, 89.2, 1991, pp. 131-96.

ANKERSMIT, F. R. *The Reality Effect in the Writing of History: the Dynamics of Historiographical Topology*. Amsterdam: Noordhollandsche, 1990.

ANTUNES, J.; OLIVEIRA, A. R. de; MONTEIRO, J. G. Conflitos políticos no reino de Portugal entre a Reconquista e a Expansão: estado da questão. *Revista de História das Ideias*, v. 5, 1984, pp. 25-160.

ARBOR ALDEA, M.; RODRÍGUEZ GUERRA, A.; VARELA BARREIRO, X. As abreviaturas no *Cancioneiro da Ajuda*: tipos, valores e distribución. *Revista Galega de Filoloxía*, v. 15, 2014, pp. 11-51.

AVELAR, J. On the Emergence of TER as an Existential Verb in Brazilian Portuguese. In: CRISMA, P.; LONGOBARDI, G. (eds.). *Historical Syntax and Linguistic Theory*. Oxford: Oxford University Press, 2009, pp. 158-175.

AVELAR, J.; CALLOU, D. Sobre a emergência do verbo possessivo em contextos existenciais no português brasileiro. In: CASTILHO, A. *et al. Descrição, história e aquisição do português brasileiro*. São Paulo: Pontes, 2007, pp. 375-402.

BARRETO, T. M. M. *Gramaticalização das conjunções na história do português*. Salvador, 1999. Tese de Doutorado. Universidade Federal da Bahia.

BASÍLIO, M. *Formação e classes de palavras no português do Brasil*. São Paulo: Contexto, 2004.

BEIRANTE, M. A. Para a história da morte em Portugal (séc. XII-XIV). In: *Estudos de História de Portugal*. Homenagem a A. H. Oliveira Marques, vol. I, Lisboa: Editorial Estampa, 1982-1983, pp. 340-368.

BLOCH, M. *Apologia da história ou O ofício de historiador*. Rio de Janeiro: Jorge Zahar, 2002.

_____. *Os reis taumaturgos: o caráter sobrenatural do poder régio. França e Inglaterra*. São Paulo: Cia. das Letras, 1993.

BLUTEAU, R. *Vocabulario Portuguez & Latino* — volume 8 <http://dicionarios.bbm.usp.br/pt-br/dicionario/1/ubi>, 1728 [último acesso: 28Jan2018].

BOULLÓN AGRELO, A. I.; MONTEAGUDO, H. *De verbo a verbo*. Documentos en galego anteriores a 1260. Anexo 65 de Verba. Santiago de Compostela: Universidade de Santiago de Compostela, 2009.

BRANDÃO, C. *Sintaxe clássica portuguêsa*. Belo Horizonte: Imprensa da Universidade de Minas Gerais, 1963.

BROCARDO, M. T. *Mudanças morfológicas na história do português — alguns aspectos da flexão verbal (lição de agregação)*. Lisboa: FCSH-UNL. Disponível em <http://bit.ly/2Cqly4u>, 2007 [último acesso: 28Fev2018].

_____. *Tópicos de história da língua portuguesa*. Lisboa: Edições Colibri, 2014.

BROWN, P.; LEVINSON, S. C. *Politeness: Some Universal in Language Usage*. Cambridge: Cambridge University Press, 1987.

BUESCU, M. L. C. *Literatura portuguesa medieval*. Lisboa: Universidade Aberta, 1990.

BURKE, P. *A revolução francesa da historiografia: a Escola dos Annales. 1929-1989*. São Paulo: Editora da Universidade Estadual Paulista, 1991.

BYBEE, J. *Language, Usage and Cognition*. Cambridge: Cambridge University Press, 2010.

CABRERA MORALES, C. Reflexiones sobre grafemática histórica. Usos y mecanismos grafémicos en los documentos romances peninsulares. In: BORREGO NIETO, J.; FERNÁNDEZ GONZÁLEZ, J.; SANTOS RÍOS, L.; SENABRE SEMPERE, R. (eds.). *Cuestiones de actualidad en lengua española*. Bogotá/Salamanca: Instituto Caro y Cuervo / Universidad de Salamanca, 2003, pp. 161-169.

CAMARA JR., J. M. *História e estrutura da língua portuguesa*. Rio de Janeiro: Padrão, 1979.

CAMBRAIA, C. N. *Introdução à crítica textual*. São Paulo: Martins Fontes, 2005.

CARDEIRA, E. *Entre o português antigo e o português clássico*. Lisboa: IN-CM, 2005.

CARDOSO, C. F. *Narrativa, sentido, história*. Campinas: Papirus, 1997.

_____. *Ensaios racionalistas*. Rio de Janeiro: Campus, 1988.

CARDOSO, C. F.; VAINFAS, R. História e análise de textos. In: _____. (ed.). *Domínios da história*. Rio de Janeiro: Editora Campus, 1997, pp. 375-399.

CARDOSO, W.; CUNHA, C. *Português através de textos: estilística e gramática histórica*. Rio de Janeiro: Tempo Brasileiro, 1978.

CARR, D. *Time, Narrative, and History*. Bloomington, Indiana: Indiana University Press, 1986.

CASTILHO, A. A gramaticalização. *Estudos Linguísticos e Literários*, 19, 1997, pp. 25-64.

_____. Língua falada e gramaticalização. *Filologia e Linguística Portuguesa*, v. l, 1997b, pp. 107-20.

CASTILHO, C. M. de. *Fundamentos sintáticos do português brasileiro*. São Paulo: Contexto, 2013.

CASTRO, I. *A primitiva produção escrita em português. Orígenes de las lenguas romances en el Reino de León. Siglos IX-XII*. León: Centro de Estudios e Investigación San Isidoro, vol. II, 2004, pp. 69-97.

_____. *Curso de história da língua portuguesa*. Lisboa: Universidade Aberta, 1991.

_____. Enquanto os escritores escreverem... (Situação da crítica textual moderna). Atas do IX *Congresso Internacional da Associação de Linguística e Filologia da América Latina (ALFAL)*. vol. 1. Campinas: Unicamp,1992, pp. 97-127.

_____. *Introdução à história do português*. Lisboa: Colibri, 2006.

CINTRA, L. F. L. *Sobre "formas de tratamento" na língua portuguesa*. Lisboa: Livros Horizonte, 1972.

CONDE SILVESTRE, J. C. *Sociolingüística histórica*. Madrid: Gredos, 2007.

COSTA, A. de J. da. Os mais antigos documentos escritos em português. Revisão de um problema histórico-linguístico. *Revista Portuguesa de História*, v. XVII, 1979, pp. 263-310.

COUTINHO, I. de L. *Pontos de gramática histórica*. Rio de Janeiro: Acadêmica, 1976.

CUNHA, A. G. *Dicionário etimológico da língua portuguesa*. Rio de Janeiro: Lexikon, 2010.

_____. *Dicionário etimológico Nova Fronteira da língua portuguesa*. Rio de Janeiro: Nova Fronteira, 1986.

CUNHA, C.; CINTRA, L. F. L. *Nova gramática do português contemporâneo*. Rio de Janeiro: Nova Fronteira, 1985.

DIAS, E. A. da S. *Sintaxe histórica portuguesa*. Lisboa: Livraria Clássica, 1959.

DUARTE, M. E. L. Clítico acusativo, pronome lexical e categoria vazia no português do Brasil. In: TARALLO, F. (org.). *Fotografias sociolinguísticas*. Campinas: Pontes. 1989, pp. 19-34.

_____. *A perda do princípio "evite pronome" no português brasileiro*. Campinas, 1995. Tese de doutorado, UNICAMP.

_____. Do pronome nulo ao pronome pleno: a trajetória do sujeito no português do Brasil. In: ROBERTS, I.; KATO, M. (orgs). *Português brasileiro: uma viagem diacrônica.* Campinas: Editora da UNICAMP, 1993, pp. 107-125.

_____. *Variação e sintaxe: clítico acusativo, pronome lexical e categoria vazia no português do Brasil.* São Paulo, 1986. Dissertação de Mestrado em Língua Portuguesa, PUC-Rio.

DUPRONT, A. Sémantique historique et histoire. *Cahiers de Lexicologie*, v. I/II, 1969, pp. 12-41.

EMILIANO, A. H. de A. *Latim e romance em documentação notarial da segunda metade do século XI.* Lisboa, 1995. Dissertação de Doutoramento. Universidade Nova de Lisboa, v. 1.

_____. Sobre a questão dos mais antigos textos escritos em português. In: CASTRO, I.; DUARTE, I. (eds.). *Razões e emoção: miscelânea de estudos em homenagem a Maria Helena Mira Mateus.* Lisboa: Imprensa Nacional/Casa da Moeda, 2003, pp. 261-78.

ENGEL, M. G. Cultura popular, crimes passionais e relações de gêneros — Rio de Janeiro, 1890-1930. *Gênero*, v. 1, n. 2, 2001, pp. 107-122.

ERNOUT, A., MEILLET, A. *Dictionaire etymologique de la langue latine.* Paris: Klincksieck, 1951.

FARACO, C. A. O tratamento *você* em português: uma abordagem histórica. *Fragmenta*, v.13, 1996, pp. 51–82.

FARIA, E. *Gramática superior da língua latina.* Rio de Janeiro: Livraria Acadêmica, 1958.

FEBVRE, L. *Combates pela história.* Lisboa: Editorial Presença, 1977.

_____. *O problema da incredulidade no século XVI: a religião de Rabelais.* São Paulo: Companhia das Letras, 2009.

FERREIRO, M.; MARTÍNEZ PEREIRO, C. P.; TATO FONTAÍÑA, L. (eds.). *Normas de edición para a poesía trabadoresca galego-portuguesa medieval.* A Corunha: Universidade da Corunha: Servizo de Publicacións, 2007, pp. 19-28.

GAFFIOT, F. *Dictionnaire illustré latin-français.* Paris: Hachette, 1934.

GALVES, C. "Periodização e competição de gramáticas: o caso do português médio". In: LOBO, T. *et al.* (orgs.) *ROSAE: Linguística histórica, história das línguas e outras histórias.* Salvador: EDUFBA, 2012, pp. 65-74.

GOFFMAN, E. *Interaction Ritual: Essays on Face to Face Behavior.* Garden City/New York: Doubleday, 1967.

GUILHERME, A. R. B.; BERMEJO, V. L. Quão cortês é *você*? O pronome de tratamento *você* em português europeu. *Labor-Histórico*, v.1, n. 2, jul-dez 2015, pp. 167-180.

HEINE, B. *et al. Grammaticalization: a Conceptual Framework.* Chicago: University of Chicago Press, 1991.

_____. Grammaticalization. In: JOSEPH, B.; JANDA, R. D. (eds.). *The Handbook of Historical Linguistics.* Oxford: Blackwell, 2003, pp. 575-601.

HERMAN, J. *El latín vulgar.* Barcelona: Ariel Linguística, 2010 [1975].

HERNÀNDEX-CAMPOY, J. M.; CONDE SILVESTRE, J. C. *The Handbook of Historical Sociolinguistics.* Oxford: Wiley-Blackwell, 2012.

HOPPER, P. J. On Some Principles of Grammaticization. In: TRAUGOTT, E. C.; HEINE, B. (eds.). *Approaches to Grammaticalization*, v. I. Philadelphia: John Benjamins Company, 1991.

HOUAISS, A. *Dicionário Houaiss da língua portuguesa.* Rio de Janeiro: Editora Objetiva, 2001.

HUBER, J. *Gramática do português antigo.* Lisboa: Fundação Calouste Gulbenkian, 1986.

ILARI, R. *Linguística românica.* São Paulo: Ática, 2001.

KANTOROWICZ, E. *Os dois corpos do Rei: um estudo sobre teologia política medieval.* São Paulo: Cia. das Letras, 2000.

KOCH, P. Tradiciones discursivas y cambio lingüístico: el ejemplo del tratamiento *vuestra merced* en español. In: KABATEK, J. (ed.). *Sintaxis histórica del español y cambio lingüístico: nuevas perspectivas desde las tradiciones discursivas.* Madrid/Frankfurt: Iberoamericana/Vervuert, 2008, pp. 53-88.

LABOV, W. *Principles of Linguistic Change: Internal Factors.* Oxford: Blackwell, 1994.

LANGLOIS, C. V.; SEIGNOBOS, C. *Introdução aos estudos históricos.* São Paulo: Renascença, 1946.

LAROCA, M. N. de C. *Manual de morfologia do português.* Campinas: Pontes, 1994.

LEHMANN, C. Grammaticalization: Synchronic Variation and Diachronic Change. *Lingua e Stile*, v. XX, n. 3, 1985, pp. 303-318.

LEITE DE VASCONCELLOS, J. *Textos arcaicos. Para uso da aula de filologia portuguesa da Faculdade de Letras da Universidade de Lisboa*. Lisboa: Livraria Clássica Editora A. M. Teixeira & C.ª Filho Lda., 1959.

LOBO, T., LUCCHESI, D. e MOTA, J. A. A norma culta brasileira e as prescrições gramaticais: colocação dos pronomes átonos. *Estudos linguísticos e literários*, v. 10, n. 11, 1991, pp. 147-158.

LONGHIN-THOMAZI, S. R. Gramaticalização de conjunções coordenativas: a história de uma conclusiva. *Gragoatá*, v.11, n.21, 2006, pp.59-72. Disponível em http://bit.ly/2F83UDL [último acesso: 28Fev2018].

LOPES, C. R. dos S. *A inserção de 'a gente' no quadro pronominal do português*. Frankfurt am Main/Madrid: Vervuert/Iberoamericana, 2003.

_____. *A norma brasileira em construção: fatos linguísticos em cartas pessoais do século XIX*. Rio de Janeiro: UFRJ/Pós-Graduação em Letras Vernáculas/FAPERJ, 2005.

LOPES, C. R. S.; DUARTE, M. E. L. De *Vossa Mercê* a *você*: análise da pronominalização de nominais em peças brasileiras e portuguesas setecentistas e oitocentistas. In: BRANDÃO, S. F.; MOTA, M. M. (org.). *Análise contrastiva de variedades do português: primeiros estudos*. Rio de Janeiro: In-Fólio, 2003, pp. 61-76.

LÓPEZ MARTÍNEZ, M. S.; MOSCOSO MATO, E. Morfoloxía do *Cancioneiro da Ajuda*. In: AGRELO, Boullón (ed.). *Na nosa lyngoage galega: a emerxencia do galego como lingua escrita na Idade Media*. Santiago de Compostela: Consello da Cultura Galega/Instituto da Lingua Galega, 2007, pp. 557-577.

LORENZO, R. (ed.). *La traducción gallega de la Crónica General y de la Crónica de Castilla*. Edición crítica anotada, con introducción, índice onomástico y glosario de ---. Tomo I: Introducción, texto anotado e índice onomástico; Tomo II: Glosario. Ourense: I. E. O. P. F., 1975.

LYOTARD, J. F. *The Post-Modern Condition*. Manchester: Manchester University Press, 1984.

MACHADO FILHO, A. V. L. A pontuação em João de Barros: preceitos e usos. In: MATTOS E SILVA, R. V.; MACHADO FILHO, A. V. (orgs.). *O português quinhentista: estudos linguísticos*. Salvador: EDUFBA; Feira de Santana: UEFS, 2002, pp. 351-366.

_____. *A pontuação em manuscritos medievais portugueses*. Salvador: EDUFBA, 2004.

_____. *Dicionário etimológico do português arcaico*. Salvador: EDUFBA, 2013.

_____. *As formas de tratamento no teatro brasileiro e português dos séculos XIX e XX*. Rio de Janeiro, 2011. Tese de Doutorado em Língua Portuguesa, Faculdade de Letras, Universidade Federal do Rio de Janeiro.

MAESTRI, M.; CARBONI, F. *A linguagem escravizada: língua, poder e luta de classes*. São Paulo: Expressão Popular, 2006.

MAIA, C. A. O Tratado de Tordesilhas: algumas observações sobre o estado da língua portuguesa em finais do séc. XV. *Biblos*, v.70, 1994, pp. 33-91.

_____. *História do galego-português. Estado linguístico da Galiza e do noroeste de Portugal desde o século XIII ao século XVI*. Lisboa: INIC, 1986.

MARINS, J. *As repercussões da remarcação do parâmetro do sujeito nulo: um estudo diacrônico das sentenças existenciais com ter e haver no PB e no PE*. Rio de Janeiro, 2013. Tese de Doutorado, Faculdade de Letras da UFRJ.

MARQUILHAS, R. Fenómenos de mudança na história do português. In: RAPOSO, E. B. P. *et al.* (orgs..). *Gramática do português*, v. 1. Coimbra: Fundação Calouste Gulbenkian, 2013, pp.17-45.

MARTELOTTA, M. E. *Mudança linguística: uma abordagem baseada no uso*. São Paulo: Cortez, 2011.

MARTINS, A. M. *Clíticos na história do português*. Lisboa, 1994. Tese de doutoramento. Faculdade de Letras da Universidade de Lisboa.

_____. O primeiro século do português escrito. In: AGRELO, B. (ed.). *Na nosa lyngoage galega: a emerxencia do galego como lingua escrita na Idade Media*. Santiago de Compostela: Consello da Cultura Galega/Instituto da Lingua Galega, 2007, pp. 161-184.

_____. Ainda 'os mais antigos textos escritos em português. In: FARIA, I. H. (ed.). *Lindley Cintra: Homenagem ao homem, ao mestre e ao cidadão*. Lisboa: Edições Cosmos/Faculdade de Letras da Universidade de Lisboa, 1999, pp. 491-534.

MARTINS, M. C. Os complementos de lugar em latim clássico e latim vulgar: uma comparação. *Organon*, v. 44/45, jan-dez, 2008, pp. 89-102.

MATEUS, M. H. M. (ed.). *Vida e feitos de Julio César*, 2 vols. Lisboa: Fundação Calouste Gulbenkian, 1971.

MATTOS E SILVA, R. V. A Carta de Caminha: prólogo. *Estudos Linguísticos e Literários*, v. 13, 1992, pp. 103-110.

_____. A variação 'ser'/'estar' e 'haver'/'ter' em 1540. *Revista Portuguesa de Filologia*, v. XXIII,1999-2000, pp. 71-96.

_____. A variação HAVER/TER. In: MATTOS E SILVA, R. V. (Org.). *A Carta de Caminha: testemunho linguístico de 1500*. Salvador: EDUFBA/UEFS/EGBA, 1996, pp. 181-193.

_____. *Ensaios para uma sócio-história do português brasileiro*. São Paulo: Parábola Editorial, 2004.

_____. *Estruturas trecentistas. Elementos para uma gramática do português arcaico*. Lisboa: IN-CM, 1989.

_____. *O português arcaico. Fonologia, morfologia e sintaxe*. São Paulo: Contexto, 2006.

_____. Observações sobre a variação no uso dos verbos ser, estar, haver, ter no galego-português ducentista. *Estudos Linguísticos e Literários* 19, 1997, pp. 253-285.

_____. Vitórias de ter sobre haver nos meados do século XVI: usos e teorias em João de Barros. In: MATTOS E SILVA, R.V.; VENÂNCIO FILHO, A. (eds.). *O português quinhentista — Estudos linguísticos*. Salvador: EDUFBA/UEFS, 2002, pp. 121-142.

MATTOS, M. B. (org.). *História: pensar e fazer*. Rio de Janeiro: Laboratório Dimensões da História, 1998.

MATTOSO, J. *D. Afonso Henriques*. Lisboa: Temas e Debates, 2014.

MAURER JR., T. H. *Gramática do latim vulgar*. Rio de Janeiro: Livraria Acadêmica, 1959.

McNALLY, D. Língua, história e luta de classe. In: WOOD, E. M.; FOSTER, J. B. (eds.). *Em defesa da história: marxismo e pós-modernismo*. Rio de Janeiro: Jorge Zahar Editor, 1999, pp. 33-49.

MEDEIROS, C. S. L. *Ter/haver + particípio passado: um caso de mudança no português arcaico*. Rio de Janeiro, 2014. Dissertação de Mestrado, PPGLEV, Faculdade de Letras da UFRJ.

MOTA, A. B. M. *Testamentos régios — Primeira Dinastia (1109 — 1383)*. Lisboa, 2011 Dissertação de Mestrado, Departamento de História da Universidade de Lisboa.

NAMIUTI, C. *Aspectos da história gramatical do português: interpolação, negação e mudança*. Campinas, 2008. Tese de Doutorado, Instituto de Estudos da Linguagem, UNICAMP.

NOUSCHI, A. *Le commentaire de textes et de documents historiques*. Paris: Fernand Nathan, 1969.

NUNES, I. F. *A Demanda do Santo Graal*. Versão revista e digitalizada para o CIPM com base na edição publicada pela Imprensa Nacional/Casa da Moeda. Lisboa, 2001 [1995].

NUNES, J. J. *Compêndio de gramática histórica portuguesa*. Lisboa: Livraria Clássica Editora, 1989 [1945, 1960].

NÚÑEZ CONTRERAS, L. *Manual de paleografía. Fundamentos e historia de la escritura latina hasta el siglo VIII*. Madrid: Ed. Cátedra, 1994.

OLIVEIRA, C.; MACHADO, S. *Textos portugueses medievais*. Coimbra: Coimbra Editora Limitada, 1964.

PAGOTTO, E. *A posição dos clíticos em português: um estudo diacrônico*. Campinas, 1992. Dissertação de Mestrado, UNICAMP.

PAGOTTO, E. G; DUARTE, M. E. L. Gênero e norma: avós e netos, classes e clíticos no final do século XIX. In: LOPES, C. R. dos S. *A norma brasileira em construção: fatos linguísticos em cartas pessoais do século XIX*. Rio de Janeiro: UFRJ/Pós-Graduação em Letras Vernáculas/ FAPERJ, 2005, pp. 67-82.

PENA, X. R. *Historia da literatura galega I. Das orixes a 1853*. Vigo: Edicións Xerais de Galicia, 2013.

PEZATTI, E. G. O Advérbio *então* já se gramaticalizou como conjunção? *D.E.L.T.A.*, v. 17, n. 1, 2001, pp. 81-95.

PIEL, J. M. A flexão verbal do português (estudo de morfologia histórica). *Estudos de Linguística Histórica Galego-Portuguesa*. Lisboa: IN-CM, 1989[1944].

PROVOST-CHAUVEAU, G. Problèmes théoriques et méthodologiques en analyse du discours. *Langue Française*, v. 9, n. 1, 1971, pp. 6-21.

RIBEIRO, J. *Grammatica portuguesa*. Rio de Janeiro: Livraria Francisco Alves, 1914.

ROCHA, A. P. A. *Gramaticalização das conjunções adversativas em português: em busca da motivação conceptual do* processo. Rio de Janeiro, 2006. Tese de Doutorado em Letras, PUC-Rio.

RODRIGUES, V. V.; DIAS, M. L. V. S. Justaposição: processo sintático distinto da coordenação e da subordinação? In: RODRIGUES, V. V. (org.). *Articulação de orações: pesquisa e ensino*. Rio de Janeiro: UFRJ, 2010, pp. 11-30.

RODRÍGUEZ GUERRA, A.; VARELA BARREIRO, X. As grafías no *Cancioneiro da Ajuda*. In: AGRELO, B. (ed.). *Na nosa lyngoage galega: a emerxencia do galego como lingua escrita na Idade Media*. Santiago de Compostela: Consello da Cultura Galega/Instituto da Lingua Galega, 2007, pp. 474-556.

ROMERO, J. *Modelo de comentario de texto histórico*. s/d. Disponível em http://bit.ly/2HOeRbT [último acesso: 28Fev2018].

ROTH, N. Calendar. In: GERLI, M. (ed.). *Medieval Iberia: An Encyclopedia*. London-New York: Routledge, 2003.

RUMEU, M. C. de B. *Língua e sociedade: a história do pronome "você" no português brasileiro*. Rio de Janeiro: Ítaca, 2013.

SAID ALI, M. *Gramática histórica da língua portuguesa*. São Paulo: Melhoramentos, 1964 [1931].

_____. *Gramática secundária e Gramática histórica da língua portuguesa*. Brasília: Editora Universidade de Brasília, 1964 [1931].

SANTALHA, J. M. M. *O texto do* Testamento *de 1214 de Dom Afonso II, rei de Portugal*. Edições filológica, crítica e paleográfica. Santiago de Compostela: Academia Galega da Língua Portuguesa, 2015.

SANTOS, M. J. A. *Ler e compreender a escrita na Idade Média*. Lisboa: Edições Colibri, 2000.

SARAIVA, F. R. S. *Dicionário latino-português*. Rio de Janeiro: Garnier, 2000.

SARDINHA, T. B. Linguística de *corpus*: histórico e problemática. *D.E.L.T.A.*, v. 16, n. 2, 2000, pp. 323-367.

SCHEI, A. *A colocação pronominal na língua literária contemporânea do português contemporâneo*. Stockholm, 2000. Tese de Doutorado, Stockholms Universitet.

SCHERRE, M. P. *et al*. Usos dos pronomes *você* e *tu*. In: MARTINS, M. A.; ABRAÇADO, J. (orgs.). *Mapeamento sociolinguístico do português brasileiro*. São Paulo: Contexto, 2015, pp. 133-172.

SEARLE, J. A Classification of Illocutionary Acts. *Language and Society*, v. 5, 1976, pp. 1-23.

SERRÃO, J. V. (ed.). *História de Portugal*, vol. I. Lisboa: Editorial Verbo, 2001.

SILVA, J. F.; OSÓRIO, P. *Introdução à história da língua portuguesa: dos factores externos à dinâmica do sistema linguístico*. Chamusca: Edições Cosmos, 2008.

SOUSA JUNIOR, A. M. de. *As duas faces da realeza na Castela do século XIII: os reinados de Fernando III e Afonso X*. Niterói, 2009. Dissertação de Mestrado, PPGH-UFF.

SOUZA, J. P. F. *Mapeando a entrada do* você *no quadro pronominal: análise de cartas familiares dos séculos XIX-XX*. Rio de Janeiro, 2012. Dissertação de Mestrado, Universidade Federal do Rio de Janeiro.

SPINA, S. (org.). *História da língua portuguesa*. Cotia: Ateliê Editorial, 2008.

TARALLO, F. *Tempos linguísticos*. São Paulo: Ática, 1994.

TEYSSIER, P. *História da língua portuguesa*. Trad.: Celso Cunha. São Paulo: Martins Fontes, 2001 [1980].

TORRES, A. P. *Antologia da poesia trovadoresca galego-portuguesa*. Porto: Lello e Irmão Editores, 1977.

ULLMANN, W. *Principles of Government and Politics in the Middle Ages*. New York: Routledge, 2010.

VASCONCELOS, C. M. de. *Cancioneiro da Ajuda*, vol. I. Lisboa: IN-CM, 1990 [1904].

VASCONCELOS, J. L. de. *O livro do Esopo: fabulário português medieval, publicado conforme manuscrito do século XIV*. Lisboa: Imprensa Nacional, 1914[1906].

VERÓN, E. *A produção de sentido*. São Paulo: Editora Cultrix/Edusp, 1981.

VIARO, M. E. Sobre a origem das preposições ibero-românicas *hasta, ata e até*. *Estudos Linguísticos — GALEGA*, v. 5, 2013, pp.189-212.

VILAR, H. V. *Morrer* e *testar* na Idade Média. *Lusitânia Sacra*, t. IV, 2ª série, 1982, pp. 282-308.

_____. A vivência da morte no Portugal medieval. *Patrimónia*, 1995, pp. 45-73.

_____. Do arquivo ao registo. O percurso de uma memória no reinado de Afonso II. *Penélope*, v. 30/31, 2004, pp. 3-48.

VOGT, C.; DUCROT, O. De *magis* a *mas*: uma hipótese semântica. In: VOGT, C. *Linguagem, pragmática e ideologia*. São Paulo: HUCITEC, 1980.

VOVELLE, M. *La mort et L'Occident — de 1300 à nos jours*. Paris: Gallimard, 1983.

WEINREICH, U.; LABOV, W.; HERZOG, M. I. *Fundamentos empíricos para uma teoria da mudança linguística*.Trad.: M. Bagno: São Paulo: Parábola, 2006.

WILLIAMS, E. B. *Do latim ao português: fonologia e morfologia históricas da língua portuguesa*. Trad.: A. Houaiss. Rio de Janeiro: Tempo Brasileiro, 1994 [1939].

# Os Autores

**Leonardo Lennertz Marcotulio** é professor adjunto de língua portuguesa desde 2012 no Departamento de Letras Vernáculas da Faculdade de Letras da Universidade Federal do Rio de Janeiro. Atua também, desde 2014, como professor do Programa de Pós-Graduação em Letras Neolatinas da mesma universidade. É bacharel e licenciado em Letras: Português-Espanhol pela UFRJ. Fez mestrado e doutorado em Letras Vernáculas — Língua Portuguesa na UFRJ. Realizou estágio de doutorado-sanduíche com bolsa CAPES na Universidade de Lisboa em 2010. Fez pós-doutorado com bolsa CAPES no Instituto da Lingua Galega da Universidade de Santiago de Compostela em 2015. É Jovem Cientista do Nosso Estado (Faperj). Tem experiência na área de letras, com ênfase em filologia, linguística histórica e história das línguas portuguesa e espanhola. É editor-chefe da revista *LaborHistórico*, periódico dedicado à linguística histórica românica.

**Célia Regina dos Santos Lopes** é professora associada de língua portuguesa na Faculdade de Letras da UFRJ desde 1994, onde se doutorou em 1999. Atua na graduação desde 1994 e na pós-graduação (PPG-Letras Vernáculas) desde 2000. Foi coordenadora do Programa de Pós-Graduação em Letras Vernáculas por dois mandatos. É bolsista de produtividade do CNPq desde 2006 e bolsista 1D desde 2013. Fez, com bolsa de estágio sênior da CAPES, pós-doutoramento na Universidade de Tübingen, Alemanha, em 2010. Tem experiência em sociolinguística, linguística histórica e história da língua portuguesa, atuando principalmente nas seguintes áreas: história do português, gramaticalização, sistema pronominal do português e mudança linguística.

**Mário Jorge da Motta Bastos** é professor associado de história da Universidade Federal Fluminense, onde atua na graduação desde 1992 e no programa de pós-graduação, desde 2002. É bolsista de produtividade do CNPq. Atua como pesquisador do "*Translatio Studii* — Núcleo Dimensões do Medievo" e do "Núcleo Interdisciplinar de Estudos e Pesquisas sobre Marx e o Marxismo — Seção Pré-Capitalismo (NIEP-Marx-PréK-UFF)", grupos de pesquisa registrados no CNPq. Fez bacharelado em história pela Universidade Federal do Rio de Janeiro, mestrado em história social pela Universidade Federal Fluminense e doutorado em história social pela Universidade de São Paulo. Fez pós-doutorado na Universidade de São Paulo e no Instituto de História do Consejo Superior de Investigaciones Científicas (CSIC-Madri) com bolsa da Fundación Carolina. As suas principais linhas de pesquisa e de orientação são: economia, religião e sociedade na Idade Média Ocidental.

**THIAGO LAURENTINO DE OLIVEIRA** é doutor em Letras do Programa de Pós-Graduação em Letras Vernáculas (Língua Portuguesa) da UFRJ. É mestre em Língua Portuguesa pela UFRJ (2014). É bacharel (2011) e licenciado (2012) em Letras: Português-Literaturas pela UFRJ. Foi professor substituto de Língua Portuguesa (Departamento de Letras Vernáculas) na Faculdade de Letras da UFRJ (2013-2015), tendo ministrado a disciplina de história da língua portuguesa nos cursos de graduação. Atualmente, é professor substituto de filologia românica (Departamento de Linguística) na mesma instituição. Tem experiência em sociolinguística, linguística histórica e história da língua portuguesa, atuando principalmente nos seguintes temas: gramaticalização, variação e mudança no quadro pronominal do português e linguística centrada no uso.

## Coleção Lingua[gem]

1. *Português ou brasileiro? Um convite à pesquisa*, Marcos Bagno
2. *Linguagem & comunicação social*, Manoel Luiz Gonçalves Corrêa
3. *Por uma linguística crítica*, Kanavillil Rajagopalan
4. *Educação em língua materna: a sociolinguística na sala de aula*, Stella Maris Bortoni-Ricardo
5. *Sistema, mudança e linguagem*, Dante Lucchesi
6. *"O português são dois"*, Rosa Virgínia Mattos e Silva
7. *Ensaios para uma sócio-história do português brasileiro*, Rosa Virgínia Mattos e Silva
8. *A linguística que nos faz falhar*, Kanavillil Rajagopalan & Fábio Lopes da Silva [orgs.]
9. *Do signo ao discurso*, Inês Lacerda Araújo
10. *Ensaios de filosofia da linguística*, José Borges Neto
11. *Nós* cheguemu *na escola, e agora?*, Stella Maris Bortoni-Ricardo
12. *Doa-se lindos filhotes de* poodle, Maria Marta Pereira Scherre
13. *A geopolítica do inglês*, Yves Lacoste [org.], Kanavillil Rajagopalan
14. *Gêneros*, José Luiz Meurer, Adair Bonini & Désirée Motta-Roth [orgs.]
15. *O tempo nos verbos do português*, Mª Luiza M. S. Corôa
16. *Considerações sobre a fala e a escrita*, Darcilia Simões
17. *Princípios de linguística descritiva*, Mário A. Perini
18. *Fundamentos empíricos para uma teoria da mudança linguística*, U. Weinreich, W. Labov & M. I. Herzog
19. *Por uma linguística aplicada indisciplinar*, Luiz Paulo da Moita Lopes
20. *Origens do português brasileiro*, Anthony Julius Naro & Maria Marta Pereira Scherre
21. *Introdução à gramaticalização*, Sebastião Carlos Leite Gonçalves, Mª Célia Lima-Hernandes & Vânia Cristina Casseb-Galvão [orgs.]
22. *O acento em português*, Gabriel Antunes de Araújo [org.]
23. *Sociolinguística quantitativa*, Gregory R. Guy & Ana Maria Stahl Zilles
24. *Metáfora*, Tony Berber Sardinha
25. *Norma culta brasileira*, Carlos Alberto Faraco
26. *Padrões sociolinguísticos*, William Labov
27. *Gênese dos discursos*, Dominique Maingueneau
28. *Cenas da enunciação*, Dominique Maingueneau
29. *Estudos de gramática descritiva*, Mário A. Perini
30. *Caminhos da linguística histórica*, Rosa Virgínia Mattos e Silva
31. *Limites do discurso*, Sírio Possenti
32. *Questões para analistas do discurso*, Sírio Possenti
33. *Linguagem & diálogo*, Carlos Alberto Faraco
34. *Nomenclatura Gramatical Brasileira*, Claudio Cezar Henriques
35. *Língua na mídia*, Sírio Possenti
36. *Malcomportadas línguas*, Sírio Possenti
37. *Linguagem. Gênero. Sexualidade*, Ana Cristina Ostermann & Beatriz Fontana [orgs.]
38. *Em busca de Ferdinand de Saussure*, Michel Arrivé
39. *A noção de "fórmula" em análise do discurso*, Alice Krieg-Planque
40. *Geolinguística*, Suzana Alice Marcelino Cardoso
41. *Doze conceitos em análise do discurso*, Dominique Maingueneau
42. *O discurso pornográfico*, Dominique Maingueneau
43. *Falando ao pé da letra*, Roxane Rojo
44. *Nova pragmática*, Kanavillil Rajagopalan
45. *Bakhtin desmascarado*, Jean-Paul Bronckart & Cristian Bota
46. *Gênero textual, agência e tecnologia*, Carolyn R. Miller
47. *Linguística de texto: o que é e como se faz?*, Luiz Antônio Marcuschi
48. *A gramática passada a limpo*, Maria Helena de Moura Neves
49. *O sujeito em peças de teatro (1833-1992)*, Maria Eugênia Lammoglia Duarte [org.]
50. *Português no século XXI*, Luiz Paulo da Moita Lopes [org.]
51. *Da linguística formal à linguística social*, Roberto Gomes Camacho
52. *Estudos do discurso*, Luciano Amaral Oliveira [org.]
53. *Gênero*, Anis B. Bawarshi & Mary Jo Reiff
54. *Introdução à teoria enunciativa de Benveniste*, Valdir do Nascimento Flores
55. *Linguística aplicada na modernidade recente*, Luiz Paulo da Moita Lopes [org.]
56. Gramáticas contemporâneas do português, Maria Helena de Moura Neves & Vânia Cristina Casseb-Galvão
57. *Letramentos sociais, na etnografia e na educação*, Brian V. Street
58. *A ordem das palavras no português*, Erotilde Goreti Pezatti
59. *Frases sem texto*, Dominique Maingueneau
60. *Espanhol e português brasileiro*, Adrián Pablo Fanjul & Neide Maia González [orgs.]
61. *Sujeitos em ambientes virtuais*, Maria Cecilia Mollica, Cynthia Patusco & Hadinei Ribeiro Batista [orgs.]
62. *Vološinov e a filosofia da linguagem*, Patrick Sériot
63. *A história das línguas*, Tore Janson
64. *Discurso e análise do discurso*, Dominique Maingueneau
65. *Sobre a fala dialogal*, Lev Jakubinskij
66. *Retórica da ação letrada*, Charles Bazerman
67. *Teoria da ação letrada*, Charles Bazerman
68. *Unidade e variação na língua portuguesa*, André C. Valente
69. *Linguística funcional*, Maria Angélica Furtado da Cunha, Mariangela R. de Oliveira & Mário Eduardo Martelotta [orgs.]
70. *O texto e seus conceitos*, Ronaldo de Oliveira Batista [org.]
71. *Gramáticas brasileiras*, Carlos Alberto Faraco & Francisco Eduardo Vieira [orgs.]
72. *Saussure, o texto e o discurso*, Marcio Alexandre Cruz, Carlos Piovezani & Pierre-Yves Testenoire [orgs.]
73. *O efeito Saussure*, Carlos Alberto Faraco [org.]
74. *Dinâmicas funcionais da mudança linguística*, Marcos Bagno, Vânia Casseb-Galvão & Tânia F. Rezende [orgs.]
75. *Gêneros no contexto brasileiro*, Benedito Gomes Bezerra
76. *A pessoa no discurso*, Adrián Pablo Fanjul
77. *O todo da língua*, Vânia Casseb-Galvão & Maria Helena de Moura Neves [orgs.]
78. *Saussure e Benveniste no Brasil*, Valdir do Nascimento Flores
79. *Mikhail Bakhtin*, Alastair Renfrew
80. A *gramática tradicional - História crítica*, Francisco Eduardo Vieira
81. *Filologia, história e língua - Olhares sobre o português medieval*, Leonardo Lennertz Marcotulio; Célia Regina dos Santos Lopes; Mário Jorge da Motta Bastos & Thiago Laurentino de Oliveira

Esta obra foi composta em Cambria 10/14 e Calibri 9/11
e impressa em papel Lux Cream 70g
para a **Parábola Editorial** em maio de 2018.

**Impressão e acabamento:**
Gráfica Paym